KB190098

민족사회학

일러두기

1. 본문에서 고딕체와 볼드체로 강조된 것은 원문에 따른 것입니다.

2. 본문에서 첨자로 부연 설명된 내용 중 '❖'로 표시한 것은 원서 영역판 옮긴이(Michael Millerman) 주이고, '＊'로 표시한 것은 이 책의 옮긴이가 작성한 것입니다.

민족사회학

알렉산드르 두긴 지음

신영환 옮김

민족주의와 다극화 시대

원초적 물음: 나에게 민족은 무엇인가

나는 국민으로서도 불안한 존재다. 그레고르 잠자(카프카 소설 『변신』의 주인공)처럼 벌레로 깨어날지도 모르지만 어느 날 아침 재 한 줌으로 사라질런지 알 수 없다. 핵폭탄은 상시적으로 한반도의 상공에 걸려 있다. 분단국가이기 때문이다. 한 사람의 국민으로서 묻는다. 나는 국내법에 의한 대한민국 국민인가, 국제법에 의한 south korea의 국민인가, 아니면 통일된 조국의 예비 국민인가?

19세기 말 20세기 초 근대국가를 세우지 못하고 식민지로 전락한 데 따른 결과다. 제국주의 침략 앞에서 풍전등화였던 이 나라는 무엇으로 싸웠을까? 민족을 의지해서, 민족의 말과 민족의 역사와 민족의 전통과 민족의 종교, 민족의 풍습, 민족의 문화, 민족의 정, 의리에 의지해서 버티고 지탱하고 독립운동을 하였다.

국가가 없는 국민은 있을 수 없지만 국가 없는 민족은 존재한다. 식민지에서 독립운동을 하는 것은 존재하지도 않은 국민을 가지고 할 수는 없는 일이고 오랜 역사를 가진 민족이 주체가 돼서 해 온 것이다. 독립은 곧 자주적인 국민국가의 수립을 뜻하며 그런 의미에서 독립국가의 주인은 자주적인 국민이다.

이 국민을 국민이게 하는 원초가 민족이다. 민족이 국가를 세우기 전까지는 국민이 될 수 없다. 독립운동을 하는 주체는, 탈민족 같은 소리를 하는 포스트-유식자들이 있어서 다시 말하지만, 민족이다. 식민지에서 국가 수립이 독립운동의 역사와 함께 시작되고 그것이 정통성을 갖는 것도 이 때문이다. 당연히 민족은 독립과 함께 국가를 세워서, 자연법칙처럼 국민으로 이동한다. 근대국가의 구성원은 국민이어야 하기 때문이다.

1948년 남한만의 선거에 의한 단독정부 수립은 국가 분단 이전에 민족을 분단한 것으로서, 현대사의 비극은 여기서 시작한다. 민족은 결코 분단 '-할 수도', '-될 수도' 없는 생물적 개체다. 그게 국가나 국민과 다른 점이다. 이 책의 저자 알렉산드르 두긴은 모든 인류사회의 기초에 민족이 있음을 강조한다. 그런 점에서 "보편적 민족은 존재하지 않는다. 민족은 항상 구체적이다"라는 그의 말이 "나에게 민족은 무엇인가"라는 원초적 물음에 대한 응답으로 온다.

피부가 먼저 구별하는 민족과 국민

민족과 국민은 이처럼 판연히 다르다. 가령 민족대명절을 맞은 민족대이동이라 하지 국민대명절을 맞은 국민대이동이라 하지 않는다. 생각나는 대로 쭉 나열해 보자. 민족반역자 처단이라 하지 국민반역자 처단이라 하지 않는다. 삼국사, 고려사를 민족사라 하지 국민사라 않는다. 독립운동을 민족해방운동이라 하지 국민해방운동이라 않는다. 향가, 시조, 『홍길동전』, 『춘향전』을 민족문학이라 하지 국민문학이라 하지 않는다. 민족과 국민을 우리는 이렇게 단숨에 구별한다.

그런데 학자들은 90년대 이후 왜 그토록 애먹을까? 언어의 서식처를 떠나서 연구실에서 번역어와 씨름하기 때문이다. 뿐 아니라 빅브라더 아카데미와 매스컴의 인정 시스템으로 인해서, 이에 혼연일체로 추종하는 학적 경향과 더불어서, 사태는 점입가경 어지러워지고 있다. 그러자 우리 시야에 정말 생소하게, 들이밀려 온 'ethnos'가, 새로운 번역 문제를 일으키는 중이다.

일본 메이지 시대 'nation'을 오역한 '민족'이란 단어

네이션(nation)을 가장 먼저 번역한 나라는 동아시아에서 일본이다. 후쿠자와 유키치(福澤諭吉)가 최초인데 그는 네이션을 '국가' 또는 '국민'으로 번역했다. 『서양사정』 초편(1866), 외편(1867)[1]에서다. 두말할 나위 없이 정확한 번역이다.

후쿠자와는 메이지 초의 자유주의 사상가로 사회계약설에 입각한 '국민'을 주창했다. 민권론자, 여권론자로도 잘 알려져 있다. 그러나 정한론자인 데다 부국강병을 통한 제국주의로 그의 사상은 치닫는다. 이것은

---

1   초편이 자신의 저서인 것과 달리 외편은 William and Robert Chambers, *Political economy, for use in schools, and for private instruction*, 1852를 번역한 것이다. 이밖에 일본의 네이션 개념 수용사에 관련된 내용은 박양신, 「근대 일본에서의 '국민' '민족' 개념의 형성과 전개」, 『동양사연구』 104, 동양사학회, 2008을 참조.

서구 자유주의사상이 일본에 와서 왜곡된 현상이 아니다. 일례로 존 로크의 '사회계약설'과 '통치론' 그리고 미 식민지에서의 그의 행적을 보면[2] 자유주의 자체가 제국주의적이라는 것을 알 수 있다.

이제 우리가 문제 삼는 네이션이 '민족'으로 번역된 경위를 알아보자. 결정적 역할을 한 사람이 가토 히로유키(加藤弘之)인데, 그는 독일 법학자 요한 블룬칠리(Johann Kasper Bluntschli)의 『Allgemeines Staatsrecht』를 『국법범론』(1876-1879)이란 제목으로 번역 출판하면서 Nation을 민족, Volk를 국민으로 옮겼다. 이 민족이란 번역어가 대한제국으로 들어온 것이다. 1900년 1월 12일자 《황성신문》에 처음 등장한다.

그런데 문제는 Nation=국민, Volk=민족으로 해야 맞는데, 두 단어의 번역이 뒤바뀐 것이다. 물론 독일어 Nation(나치온)에는 혈통의 의미가 강하다. 이 때문에 메이지 천왕의 시강이었던 가토 히로유키가 천왕에게 강의하기 위해 블룬칠리의 위 저작을 번역한 것이며, 이런 배경에서 '민족'이란 번역어가 탄생했다.

메이지 시대 네이션의 번역어로는 처음에 '국민'이 많이 쓰였다. 그렇다 해도 시민적 국민이 아닌 국가주의적 국민이었다. 청일전쟁 이후 제국주의 본색을 드러내면서 혈연공동체가 강조되는 민족이란 단어가 부상한다. 만주사변기에 이르면 민족주의/nationalism은 황실을 국민의 종가로 강요하는 가부장적 쇼비니즘 이데올로기가 된다. 세계에서 유일한 일본제국주

2 　존 로크는 북미 식민지 경영을 위한 '영국 통상식민지위원회' 사무총장을 역임하고, 식민지 통치를 위한 '캐롤라이나 헌법의 기초'를 마련했다. 로크의 자연법과 사회계약론은 북아메리카의 식민통치를 배경으로 한 것이었다.

의의 창작품이다. 곧 보겠지만 이를 우리나라에 적용하는 것은 어불성설이다. 그럼에도 포스트-지식계를 중심으로 어불성설이 횡행하고 있다.

민족과 민족주의는 이미 "우리나라 말"이다

20세기 벽두에 이 땅에 들어온 '민족'과 '국민'이란 단어는 불과 10여 년 지나서 오늘날의 의미와 대동소이하게 고정된다. 이는 일본과 결정적으로 상반된 현상이다. 1908년《대한매일신보》에서 논설로 '민족과 국민의 구별'을 요청한 이래 지금 우리가 100년 넘게 쓰고 있는 용법이 여기서 이미 자리 잡았다.

지난 1990년대 미국의 신자유주의 전략하에 세계화주의가 도래한 이래로 민족과 민족주의는 별안간 기피와 혐오와 타도와 추방의 대상이 됐다. 여기에 이론적으로 앞장선 그룹이 포스트모던 지식인들이다.

> 포스트 담론의 대두 이후 '민족'이나 '민족주의'에 관한 논의는 말할 것도 없거니와 '민족국가' 또는 '국민국가'에 관한 논의도 '위기'나 '종말', '소멸'이라는 관념과 결부되어 줄곧 부정적 평가의 대상이 되었다. 심지어 그것은 다양한 포스트 담론을 원용하는 이들에 의해 괴물로 치부되기도 하고 국민들에게 노예적인 삶을 강요하는 전체주의나 파시즘의 대명사로 낙인찍히기도 했다.[3]

---

3 진태원, 「어떤 상상의 공동체? 민족, 국민, 그리고 그 너머」, 『역사비평』 96, 2011.

나 역시 경험이 있다. 일본군 위안부 문제를 다룬 〈주전장〉이란 영화 자막을 한번 봐 달라는 부탁을 받은 적이 있다. 극찬하고 싶은 영화다. 옥에 티라면 한국의 내셔널리즘을 국수주의로 번역한 부분이 몇 군데 나온다. 이를 민족주의로 고쳤으면 좋겠다는 의견을 전달했으나 반영되지 않았다.

지금 우리 사회에서 민족주의는 일본의 民族主義/내셔널리즘이 우리말 민족주의에 곧바로 투사되는 현실이다. 『제국의 위안부』(박유하)나 『반미 문학을 통해 본 식민지 남성성의 형성』(정희진) 등은 그것을 입증하듯 '민족'에 극도의 알레르기를 일으킨다. 이들은 『반일 종족주의』(이영훈 외)의 뉴라이트와 동일선상에 있다.

포스트모던 지식인과 뉴라이트는 '민족과 민족주의'를 전체주의, 가부장주의, 개발주의에 의한 환경 파괴 등과 동의어로 취급한다. 이들의 파급력은 대중에게는 별 볼 일 없지만 지식사회에서는 막강하다. 문화계를 장악한 이들은 마치 표지판이 세워진 길목의 cctv처럼 국민의 민족 관념을 감시하고 지도 편달하려 한다.

그러나 결론적인 말을 먼저 한다면 우리 앞에 오고 있는 다극화 시대와 함께 포스트의 유행도 헌옷으로 처리될 일만 남았다. 전문가들이 직업상 그리고 인정욕구에서 원어 'nation'을 역사적, 사회적으로 분석, 검토하고 연구하는 것은 당연하다. 그러나 흔들릴 수 없는 것은 언어는 그 서식처에 기반한다는 사실이다.

민족과 민족주의란 말은 100여 년 동안 이 땅의 공동체에 뿌리내렸다. 개념어의 사전적 정의가 아니라 뿌리의 이 언어를 중심으로 개념과 쓰임을 재정의해야 한다. 전자는 도우미로서 큰 역할을 할수록 좋다. 그러나 이 뿌리가 흔들리면 모든 게 다 흔들리고 이 뿌리가 뽑히면 모든 게 다 뽑힌다.

국민과 민족의 명백한 차이

우리를 곤혹스럽게 한 것은 그러면 '언어, 역사, 신화, 관습, 그리고 아마도 종교를 포함하는 기본적인 삶의 경험으로 말미암아 하나의 공동체에 속하는 인민'을 말하는 'ethnic group'은 어떻게 옮겨야 하느냐 하는 점이다. 사실 이것이야말로 바로 '민족'으로 옮겨야 하는 것이며, 그러기에 '내셔널리즘'의 발원지라고 할 수 있는 독일에서도 nation/ethnic group의 구분법을 Nation/Volk로 유지했던 것이다.[4]

최갑수 교수는 네이션을 국민, 내셔널리즘을 국민주의 그리고 에트노스를 민족으로 번역하자는 제안을 1995년 이래 수차례 내놓았다. 프랑스사를 전공한 그는 특히 프랑스 혁명에서 왕정 권력이 제3신분에게 이동한 연후에야 국민주권과 함께 '국민'(nation)이 탄생함을 강조했다. 요컨대 국민은 근대국가의 수립에서 '권력이 국민에게 있는 형식'[주권재민]을 갖출 때에야 성립한다.

그가 역사 고찰을 통해 내린 이 같은 규정은 이론의 여지가 없다. 왜냐면 크게 보아서 예외적인 역사 코스를 발견할 수 없기 때문이다. 일찍이

---

4   최갑수, 「내셔널리즘의 기원과 특성」, 〈제3회 한일역사가 회의 : "내셔널리즘 – 과거와 현재"〉 발표문, 2004.

이 단어를 번역한 메이지 지식인들의 다양한 주장 속에서도 이 같은 네이션의 규정에 이의를 제기한 자는 없었다. 다만 왜곡을 행하거나 감수할 뿐이었다.

놀랍게도 허세의 대한민국 포스트-지식인은 이 규정을 부정하는 정신 상태에 있다. 과문한 소치로는 식민지를 경험한 나라에서 유일무이하지 않을까 싶다. 이들은 네이션을 국민이 아니라 종족에 더 가까운 집단 쪽으로 밀어붙이면서 탈레반 같은 테러 집단을 연상시킨다.

그런데 UN이 무엇인가? United Nations 즉, 네이션들의 연합이다. 유엔 가입 국가 총 193개국이 아직 국민이 못 되는 '종족 같은 민족들'의 집단들이란 말인가? 오호 통제라. 일본의 내셔널리즘은 국가/국민을 넘어 군국주의적인 초우월 황족의식의 사디즘인 반면, 이 나라 포스트-지식인의 내셔널리즘은 한갓되이 자기나라 국가/국민을 해체하는 데 극열한 성취감을 느끼는 마조히즘이다. 이 나라에서 민족을 뿌리째 파내면 결국 국가/국민은 존립할 수 없다. 이것은 자연법칙과도 같은 필연이다.

Ethnos는 윤리적, nation은 젠더적/혈연적 색채의 단어

네이션을 어원으로 보면 출생, 번식, 혈통을 뜻하는 라틴어 nationem에서 유래했다. 이는 nasci(옛 라틴어 gnasci)에서 파생되었는데, 거슬러 올라가면 고대 인도유럽어 어근 gene-에 이른다. 젠(gen(e))-은 젠더, 유전자, 우생학의 어근이기도 한다. 블룬칠리가 이와 같은 것을 고려했는지는 모르나 이것만 봐도 네이션이 인종주의를 배태할 소지가 충분한 어휘임을 알 수 있다.

한스 콘은 내셔널리즘을 서구형과 동구형으로 나눈다. 전자는 civicnationalism[시민적 국민주의]이라며 합리성으로, 후자는 ethno-nationalism[민족적 국민주의]이라며 전체주의로 보는 이분법이다. 이러한 구분 자체도 정당성을 상실하고 있지만, 그전에 civic-nationalism이 자유주의를 허울로 할 뿐, 하나의 인종주의적 이념을 내포하고 있는 점이다. 영, 프, 독, 미 등 소위 시민적 국민국가가 아프리카, 아메리카, 아시아에서 행한 식민지 침탈의 역사가 스스로 인종주의를 웅변하고 있다. 이처럼 서구형 내셔널리즘은 시민적 성격이라기보다는 어떤 문명보다도 현실에서 가장 혈통지상주의/인종주의적 성격이다.

반면 에트노스는 전혀 다른데 이 책의 저자 알렉산드르 두긴이 자세하게 설명하고 있으므로 여기에 옮겨 온다. 에트노스(ethnos)는 '사람(people)'을 의미하는 그리스어 έθνος에서 왔다. 어근 eth-는 ethic[윤리], ethos[5][에토스: 공동체 정신]의 어근이기도 한다.

같은 사람이어도 도시(polis)의 사람인 필레(phyle)와 다르다. 정치(Politics)는 polis에서 유래했다. 반면 윤리나 신뢰는 도시가 아닌 시골 마을에서 형성됐다. 바로 이 시골 마을이 '에트노스'을 형성시킨 공간이며, 여기에 윤리 도덕, 관습, 기질이 결합된 게 '에트노스'(민족) 개념이다.

이것이야말로 민족 개념의 원형이다. 요약하면 민족(에트노스)은 정해진 영토에 위치하고 공통의 윤리 도덕에 의해 구별되는 유기체 사회다. 두긴이 정의한 민족은 이처럼 인류 사회의 가장 기본적인 단위이다.

---

5   아리스토텔레스는 ethos[에토스]를 로고스(논리)나 파토스(정념)보다 우위의 것으로 보았다. 논리나 감정에 호소하는 것보다는 에토스에 입각한 진실한 말이 공동체의 공감과 신뢰를 얻는다고 본 때문이다.

Ethnos의 잘못된 번역과 올바른 '민족' 개념의 정립

에트노스를 종족, 족류 또는 인종으로 번역하는 게 요즘 대세다. 내셔널리즘 분야에서 인구에 회자되는 앤서니 스미스의 책 중에서 2종의 번역서를 관람해 보자.

- 『Ethno-symbolism and Nationalism』: 족류 상징주의와 민족주의 라고 번역했다. (내 관점에서는 '민족적 상징주의와 국민주의')
- 『The Ethnic Origins of Nations』: 민족의 인종적 기원 (내 관점에서는 '국민의 민족적 기원')

이러한 번역들이 탈근대 담론의 여파라고 생각한다. 하지만 그 이전에 원저자에게 문제가 있다. 미 서구가 신자유주의를 추진하면서 자신들의 지난 이념인 내셔널리즘을 언제 그랬냐는 듯이 던져 버리고 지구촌을 내려다보는 전망대에서 (마치 식민지 영토 분할을 지도 위에 자를 대고 연필로 그어서 했던 그 시절처럼) 3세계 글로벌사우스의 민족자주화 흐름을 종족주의로 뒤집어씌우기 위해 프랑스어 에트니(ethnie, 에트노스)를 애용하고 있다. 그나마 앤서니 스미스는 에트니에 어떤 새로운 긍정적 의미를 부여하고 있다. 이렇게 볼 때 두건이 에트노스를 우리가 독립운동사에서 써 온 것에서 벗어나지 않는 민족 개념으로 정립한 것의 의의는 아무리 강조해도 지나치지 않다.

그렇다면 우리나라 '민족' 개념은 무엇이 가장 미래지향적이면서 과거와 현재를 포괄할 수 있을까? 그것은 동학혁명을 계승한 것이어야 한다. 그런 한편 국제적인 활동을 한 한인사회당의 독립운동에서 나는 개인적으로 민족 개념의 진면목을 본다. 이 당은 '독립'과 '사회주의' 건설을 기치로 내걸고 러시아 하바롭스크에서 1918년 출범했다.

제2차 당대회(1919년 4월 25일)에서 한국 혁명의 진로를 강령으로 작성했는데 여기에 향후 당이 동학농민혁명 경험[6]을 수용할 것이 나온다. 그리고 임시정부에 참가하는 것과 연해주의 한인 무장투쟁을 발전시킬 것을 결정했다. 또한 당대회는 제3인터내셔널인 코민테른에 가입할 것을 결의했다.

박진순 등 3인이 사절로 선정돼 모스크바로 갔다. 1920년, 레닌은 박진순의 제2차 한인사회당 당대회 보고서(제목 '한국 사회주의운동')에 흥미를 느껴 그를 여러 차례 불러 단독으로 토론했다. 동학농민혁명에 관한 것과 동아시아 3국인 한국, 중국, 일본에 사회주의혁명을 일으키는 것 등이었다.

레닌이 동학농민혁명에 지대한 관심을 가졌다는 자료가 있다. 해월 최시형의 후손 최정간 선생이 쓴 『해월 최시형가의 사람들』에 나온다. 거기보면 레닌은 1909년에 발간된 러시아 작가 브세로프스키의 『고려』라는 저서를 통해서 이미 동학농민혁명과 최시형에 관한 사상을 알고 있었다.

지난 동학농민혁명과 당시 조선의 혁명운동은 (박진순이 참석한 코민테른 제2회 대회에서 발표한) 레닌의 〈민족 식민지 문제에 대한 테제〉에 반영된 것으로 여겨진다. 특히 같은 시기 발표된 윌슨의 민족자결주의와 비교할 때 '민족'에 대한 인식이 양자 간에 얼마나 크고 다른가를 알 수 있다.

---

6   정확히는 '1890년대에 농민봉기 형태로 나타난 우리의 고유한 혁명의 경험'으로 나온다.

민족자주화와 다극화 시대로의 물결

세계는 격변하고 있다. 서구가 전 지구를 침략한 지 500년 만에 뒤집어지는 상황이다. 그 거대한 힘의 한가운데 민족주의가 있다. 제2차 세계대전 이후 정점에 이른 미 일극체제가 급속히 무너지고 있는 오늘이다.

척양척왜 보국안민의 깃발을 든 동학농민혁명이 일어난 지 130년이 지난 현 시점에서 그때와는 정반대의 세계 힘이 형성되고 있다. 도저한 기운이 지구촌 곳곳에서 미 서구를 포위하기 위해 일어나고 있다. 이를 한마디로 표현하면 "민족자주화와 다극화 시대로의 물결"이다.

한반도는 높은 파고 위에 놓여 있다. 지속되는 분단은 미 일극체제의 산물이다. 다극화 물결은 분단 해체를 인과관계로서 요구하고 있다. 130년 전과는 완전히 거꾸로인 역물결로! 이에 호응하기 위해서는 민족, 민족주의를 동학농민혁명의 이념을 계승하는 민족노선에서 다시 일으켜 세워야 할 것이다. 또한 이는 우리 자체가 질곡에서 벗어나기 위한 민족 내부의 요구이다. 이 요구가 '거대한 뿌리'를 되찾게 한다

제3인도교의 물속에 박은 철근 기둥도 내가 내 땅에

박는 거대한 뿌리에 비하면 좀벌레의 솜털

내가 내 땅에 박는 거대한 뿌리에 비하면

괴기영화의 맘모스를 연상시키는

까치도 까마귀도 응접을 못하는 시꺼먼 가지를 가진

나도 감히 상상을 못하는 거대한 뿌리에 비하면…

_김수영의 「거대한 뿌리」에서

16

알렉산드르 두긴의 『민족사회학』(Ethnosociology: The foundations)의 출판을 기획한 발행인의 변이다.

2025년 3월
김영종

차례

제2장 민족사회학의 근본 개념, 도구, 방법

제3장 민족사회학 방법론의 이론적 패러다임

제4장 다른 나라의 민족사회학

제1장

민족사회학:
정의, 주제, 방법론

제1절
고전적 사회학에 대한 개요

사회학의 기본 개념: 일반 개념 및 특정 개념

민족사회학은 사회학적 장치를 이용하여 민족을 연구한다. 따라서 우리는 사회학이라는 학문 분야의 기본 개념을 먼저 살펴볼 필요가 있다. 먼저 여기에서는 사회학의 근본적 토대에 대해 간략히 설명하고자 한다.

사회학은 사회를 구성하는 부분이 아니라 이에 앞서는 사회 전체를 다루는 학문이다. 사회를 기계적인 것이 아니라 유기체에서 나타나는 현상으로 본다. 그리하여 개별적이고 특수한 사안이 아니라 사회적이고 공통적인 사안에 비중을 두고 탐구한다. 심리학은 개별 인간을 연구하는 학문인 반면, 사회학은 전체로서 사회를 연구한다. 이에 사회학의 기본 원칙은 다음과 같이 요약할 수 있다. 즉 개별성은 공통성에서 연유한다.

사회계층과 사회집단

사회학적 지식의 기본틀은 X와 Y의 두 개 축을 교차한 그림으로 이해할 수 있다. 여기에서 X축은 사회계층을, Y축은 사회집단을 나타낸다.

물론 사회학은 잘 확립된 과학적 학문 분야이다. 사회학에는 사회를

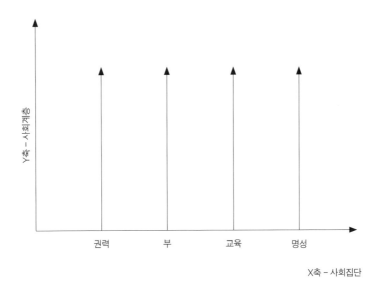

그림 1. 사회학의 기본 모델

연구하기 위한 여러 이론, 개념, 방법이 있지만, 사회학의 근본적 의미, 과학적 패러다임, 그리고 에피스테메(episteme)＊그리스어로 지식 혹은 학문이라는 뜻으로, 철학적으로 '참된 지식'을 의미한다. 미셸 푸코는 특정 시대의 지배적인 인식의 체계로 이해했다.는 [그림 1]과 같이 매우 단순한 그림으로 요약할 수 있다.[1]

이 두 개 축에서 어떤 사람이 어디에 위치하는가는 곧 그 사람의 지위를 결정한다. 지위는 관련된 역할들의 구성에서 찾을 수 있다.

계층 혹은 계급(사회학적으로 이해되는)이 표시된 Y축을 사회적 계층화(social stratification)의 축이라고 부른다. 사회학적 관점에서 계층은 여

---

1   Kravchenko, S. A. *Sociology: Paradigms and Themes.* Moscow: 1997 참조.

타의 형상들과 관련하여 가장 중요하다. X축에는 사회집단이 배열되어 있다. 이것은 비위계성의 원칙에 따라 작성한 직업, 성별, 나이, 지리적 영역, 민족 또는 행정적 위치에서 어디에 소속되는지 표식에 따라 사람들을 모아 놓은 것이다. 계층은 이 부분에서 위계의 의미를 가진다.

이 두 축을 중첩시켜서 보면, 특정 사회의 구조가 나타내는 기본적인 의미를 알 수 있으며, 집단으로서든 혹은 개인으로서든, 고려 대상이 되는 사회 구조 속의 특정 개체가 어디에 위치해 있는지 파악할 수 있다. 사회현상, 제도, 개인은 두 개의 축을 따라 각기 어떤 요소로 구성되어 있는지 분석할 수 있다. 이것이 사회학적 분석이며, 바로 전문 사회학자들이 하는 일이다.

사회학은 불평등이라는 개념을 다룬다. 이것은 Y축을 따라 특정 지점에 위치하며 양적인 지표로 표현된다. 반면 X축은 질적 지표이다. 특정한 사회집단 혹은 다른 사회집단에 속하는지 여부, 아니면 몇 개의 집단에 동시에 속하는지가 표현된다.

계층은 사회적 위계를 결정하며, Y축이 세로로 수직인 이유이기도 하다. 사회집단은 그 자체로 더 높은 지위에 있거나 혹은 더 낮은 지위에 있다고 말할 수 없다. 따라서 사회집단은 X축을 따라 수평으로 표시된다. 어떤 사람이 특정한 연금 수급자, 정교회 기독교인 또는 무슬림 그룹에 속한다는 사실만 가지고는 연금 수급자나 기독교인이 사회에서 누가 더 높은 위치에 있는지 말할 수 없다. 따라서 사회집단은 수평적으로 배치되며 때때로 서로 중첩된다. 누군가는 연금 수급자가 될 수 있고 아니면 기독교인이 될 수 있으며, 또한 동시에 둘 다가 될 수도 있다.

계층의 관점에서, 어떤 개인은 부유하고 높은 교육 수준의 유명한 감독일 수 있고, 또는 종속적이고 가난하며 교육 수준이 낮으면서 전혀 알려지지 않은 지역의 사람일 수 있다. 이처럼 접근성이 상대적으로 높고 낮음을 기준으로 하여 전체로서의 사회를 계층화 척도 위에 표현할 수 있다. 사회학자들은 보통 상류층, 중산층, 하류층의 세 가지 주요 계층을 구분한다. 세 계층 어디에 속하는지를 평가할 때에는 매우 엄밀한 기준이 적용된다. 여기에는 소득, 피고용인의 수, 교육 연수, 학업 수준, 인용지수 등이 있다. 주머니에 단돈 30달러를 가진 사람이 있다고 치자. 이 사람이 만일 가난한 사람이 구걸하는 것을 본다면 스스로 '부자'라고 생각할 수도 있다. 그러나 사회학자가 한 달 수입이 얼마인지 질문한다면, 이 사람은 금방 현실로 돌아올 것이다. 명성도 마찬가지 원리이다. 어떤 사람이 두세 개의 동료 집단에서 이름이 알려져 있고 이들 사이에서 성공을 즐긴다면, '유명한' 사람처럼 보일 수 있다. 그러나 인용지수를 측정해서 연관된 출처 중에 그 사람에 대한 언급이 없다는 것을 증명한다면 명성에 관한 그 사람의 현실적 위치가 어디인지 보여 줄 것이다.

극장의 은유

사회학의 관점에서 인간은 개개인이 가진 지위 혹은 지위의 총체, 즉 지위의 집합체와 다르지 않다. 지위에는 일련의 역할들이 포함되어 있다. 동일한 개인임을 알 수 있도록 해 주는 지위의 총체는 곧 역할 집합의 총체이다. 그런 이유로 극장의 은유는 사회학적 방법론의 기초에 자리 잡고 있다. 셰익스피어의 말에 따르면, "세상이라는 무대에서 모든 인간은 그저 배우일 뿐이다." 배우의 사생활은 존재하지 않는다. 그 배우는 배역 즉 역할에 따라 살아간다. 그리고 다양한 역할들이 존재할 수 있다. 같은 배우가 악당이나 영웅, 사랑에 빠진 젊은이나 탐욕스러운 고리대금업자 등을 연기할 수 있다. 가면 아래에 감추어진 존재는 무대라는 공간의 한계

를 벗어나게 되면 극장이나 관객이나 제작자 그 누구에게도 관심의 대상
이 되지 못하는 것이 보통이다.

사회학도 마찬가지다. 사회학자는 역할을 연구하고, 그 역할이 잘 수
행되는지를 연구한다. "누가 역할을 수행하는가?"라는 질문은 사회학자
의 관심이 아니다. 예를 들어, 사회학자는 어떤 소녀를 볼 때 한 명의 행
위자로서 인식하며, 역할을 잘 수행할 수 있는지에 관심을 가진다. 즉 사
랑하는 아내, 신부, 어머니, 딸, 비서, 미래의 과학자, 체조선수, 수영선수,
요리사 등의 역할에 대처하는 능력을 본다. 다시 말해서, 사회학자는 한
사람이 가진 일련의 사회적 지위를 본다.

사회에서 파생된 인간

사회학적 관점에서 인간은 두 축의 파생물이다. 사회학적 개인의 핵심
은 우리가 도표상에서 점을 어디에 찍는지에 따라 정의된다. 사회학에서

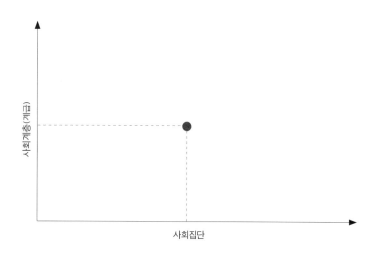

그림 2. 사회학적 좌표축에서 사회적 지위

지위는 개인의 자질에 우선한다.

개인은 사회적 지위들이 결합된 집합체이기에 스스로 지위를 만들어 내지 못한다. 따라서 개인은 파생된 존재라고 할 수 있다. 개인은 지위를 수용하며 지위 속에 개인의 모습이 새겨진다. 지위는 개인이 아니라 다른 무엇이 창조해 낸 것이다.

사회학에서 한 개인은 거대한 구조의 산물이자 결과물이며 작은 일부일 뿐이다. 개인이 드라마를 쓰는 것도 아니고 감독 역할을 하는 것도 아니다. 그저 누군가가 써 놓은 것에 따라 배역을 연기할 뿐이다. 극장은 의문의 여지없이 이미 만들어져 있다. 그 극장을 일컬어 바로 '사회'라고 한다. 사회학은 사회의 기원이 무엇인지 탐구하는 문제를 우선시하지 않는다. 이것은 매우 추상적이며 철학적인 질문이다. 여기에 분명한 사실이 있다. 우리가 역사를 볼 때, 그리고 사람들과 관계할 때, 우리는 언제나 사회와 마주치게 된다. 우리는 사회를 어디에서나 만난다. 고대인, 원시인, 그리고 고도로 발달된 사람들에서도 사회를 보게 된다. 게다가, 사회는 항상 집단적인 기반, 개인을 초월한 기반 위에 세워진다. 고도로 복잡한 사회이든 아니면 매우 원시적인 사회이든 모두 계층과 집단이 존재한다.

누가 사회를 만들어 냈을까? 사회학자들은 답을 알지 못할뿐더러 이러한 질문도 하지 않는다. 사회는 절대적이다. 사회는 항상 있었고, 개인에 대해서 항상 우선이었다. 그 개인은 사회의 산물이고, 이는 사회학에서 수용되는 일반적인 관행이자 규칙이다. 사회를 벗어나 개인은 존재할 수 없으며 이것은 자명한 현상이다. 오로지 사회적 인간으로서 개인을 알수 있을 뿐이며, 다시 말해 사회적 지위들을 보유한 존재로서 인식한다고 할 수 있다.

이 기본 원칙을 고려하여, 이제 '민족'(ethnos)에 대한 연구를 시작한다.

제2절
'민족' 개념의 소개

'민족' 및 동의어들의 어원론

민족(ethnos, 에트노스)은 복수의 '사람'(people)을 의미하는 그리스어다. 다른 유의어인 '게노스'(γένος, génos), '필레'(φυλή, phylé), '데모스'(δῆμος, démos), 그리고 '라오스'(λαός, laós)와 같은 단어들과 모두 특정한 의미적으로 미묘한 뜻의 차이가 있다.

민족은 나로드(narod)를 지칭하는 또 다른 이름이기도 하다. 그리고 나로드는 점차 학문적 용어가 되었다.❖러시아어 'narod'는 번역하지 않고 전문 용어로서 그대로 사용했다. 그리스어 에트노스(éthnos)는 러시아어로 에토스(этос, etos)와 가까운데, 여기에서 '윤리'(ethics)라는 개념이 형성됐다. 에토스는 '기질', '행동', '도덕'을 의미한다. 윤리는 도덕과 의미상 유의어이다. 민족(ethnos)과 에토스의 언어적 기원은 모두 고대 그리스어 어근인 에트(ἔθ, éth-)에서 찾을 수 있다. 에트는 사람들이 모여 있는 장소 혹은 지역을 의미했다. 즉 '마을이나 정착지가 있는 장소' 또는 '지방의 정착지'를 의미했는데, '도시'(city)와는 구분이 되었다. '도시'는 폴리스(πόλις, polis)로 지칭했는데, 여기에서 정치(politics)라는 용어가 유래했다.

따라서 민족 개념에는 나로드의 의미와 마찬가지로 사람들이 모여 있는 도시가 아닌 지방의 시골 지역(에트, ἔθ)이라는 공간적인 개념과 '기질', '도덕', '관습'이라는 에토스(ἔθος)의 개념이 결합되어 있다. 민족은 유기적인 사회로서, 한정된 영역 내에 자리 잡고 있으며 공통된 도덕을 공유하는 것으로 구별된다.

사회는 복잡하고 뒤얽힌 모습부터 단순하고 원시적인 모습까지 다양할 수 있다. 이에 대해 민족은 단순한 사회이다. 본질적으로 특정한 지리적 영역과 유기적으로(자연적으로) 결합되어 있고 공동의 도덕, 관습, 상징체계를 통해 하나로 묶여 있다.

민족의 정의

러시아에서 '민족'이라는 용어를 도입하여 학문적으로 사용한 것은 세르게이 미하일로비치 시로코고로프(Sergei Mikhailovich Shirokogoroff, 1887-1939)였다. 그는 위대한 민족학자로서 러시아 민족학의 창시자였다. 러시아 역사학자이자 민족학자이며 유라시아주의자인 레프 니콜라예비치 구밀레프(Lev Nikolaevich Gumilev, 1912-1992)에게 영향을 미쳤다.

시로코고로프는 민족을 이렇게 정의하고 있다.

> 민족이란 사람들의 집단으로서, (1) 같은 언어를 구사하고, (2) 단일한 기원을 가지고 있다고 인식하며, (3) 다른 집단의 관습과 구별되는 생활 방식으로서, 전통에 따라 보존하고 신성시하는 복합적인 관습을 가지고 있다.[2]

---

2   Shirokogoroff, S. M. *Ethnos: A Study of the Basic Principles of Change of Ethnic and Ethnographic Phenomena*. Shanghai: 1923.

전통에 따라 신성시하고 다른 집단과는 구별되는 관습이라는 범주는 매우 분명하게 에토스를 가리킨다. 즉, 특정 전통과 관습과 도덕적 관행을 가지고 있다는 것은 민족을 정의할 때 주요한 부분을 구성한다. 따라서 도덕적 기반은 민족의 핵심적인 모습의 하나이며, 이에 민족은 통일된 도덕적 관행과 관습, 즉 모두가 함께 옳다고 인정하는 도덕적 가치를 바탕으로 한다.

프리드리히 니체(Friedrich Nietzsche, 1844-1900)가 그의 저서 『도덕의 계보』(The Geneology of Morals)에서 보여 준 놀라운 통찰을 상기해 보자. 니체는 인간 집단들이 저마다 가지고 있는 도덕적 관행이 상호 얼마나 다른지에 주목했다.[3] 기독교 민족에게는 "이웃을 사랑하라"와 "살인하지 말라"와 같은 진리가 있다. 그러나 이란인들에게는 윤리적인 것에 대한 이해가 다르게 표현된다. 이를테면, "활을 쏘는 것과 진실을 말하는 것은 선한 것"으로 이해된다. 이렇듯 민족은 각기 서로 다른 에토스를 가지고 있다.

시로코고로프의 정의에 따르면, 관습과 삶의 방식 및 전통 등이 한데 어우러진 복합성으로 특정 민족의 성격이 형성되는데, 따라서 개별 민족마다 서로 다른 특징을 보여 준다. 민족과 에토스를 이렇게 정의하게 될 때, 거기에는 민족의 다원성과 에토스, 관습, 도덕의 다원성이라는 생각이 포함된다. 그러한 이유로, '보편적 민족'이란 표현은 어떠한 의미도 가질 수 없다. 다원성에 대해 반대할 수 있는 어떠한 근거도 없기 때문이다. 보편적인 민족이란 존재하지 않는다. 민족은 항상 구체적이다.

누군가는 범지구적 소시움(socium)을 인위적으로 사회학적, 정치적 구

---

3 Nietzsche, F. *Genealogy of Morals*. Moscow: Azbuka. 2007.

조물로 말할 수는 있지만, 범지구적 민족을 말하는 것은 불가능하다. 소시움을 범지구적이고 보편적인 것으로 상상하는 것은 이론적으로 가능하겠지만, 민족은 항상 구체적이고 개별적이다. 도덕의 중심과 마찬가지로 민족의 중심에는 항상 특정한 가치체계의 주장이 존재한다.

언어의 통일성은 민족의 또 다른 질적 특징이다. 하나의 언어를 사용하는 사람들은 동일한 기호, 감각 및 의미 체계에서 살고 있으며, 아이디어, 도덕, 심리 및 사회적 관계의 영역에서 특유의 지형을 나타낸다. 이것이 이들을 하나로 묶는 한편 문화적 특성에 따라 통합한다. 따라서 민족은 영적인 세계를 창조하게 되고 여기에 참여한 사람들은 모두 공유된 의미의 공간에서 살아가게 된다.

'러시아 세계'라는 말이 있다. 이것은 러시아어로 의사소통이 가능한 지리적 영역을 일컫는다. 마르틴 하이데거(Martin Heidegger)가 말한 것처럼, 언어란 '존재의 집'(house of being)이다.[4] 그리고 이 집은 항상 민족과 관련된다. 언어, 즉 하나의 공통된 언어를 공유한다는 것은 정신의 영역에서 공통된 지리적 공간의 통일성을 구성하는 것이다. 이 지리적 공간이 하나 혹은 두 개의 국가에 속하는지 여부는 중요하지 않다. 마찬가지로 정치적 혹은 종교적 경계가 민족들 사이를 구분하는지 여부도 중요하지 않다. 만약 사람들이 하나의 언어로 말하고 생각한다면, 그 언어가 속한 민족의 공간에 존재하는 자신을 발견하게 된다.

시로코고로프는 민족이 단일한 기원을 가진다고 인식하는 것에 대해서 논의했다. 인간의 공동체는 과연 단일한 기원을 가지고 있는가? 사회학과

---

4 Heidegger, M. *Elucidations of Holderlin's Poetry*. SPB: Academic Project, 2003.

역사학의 관점에서 이것은 매우 어려운 질문이다. 왜냐하면 사람들과 민족 문화와 전통은 거의 항상 신화적 기원에 대한 주제로 전환하기 때문이다. 예를 들어, 플라톤은 자신을 포세이돈 신의 후손이라고 생각했다.

민족의 근원에는 항상 신화가 있다. 예를 들어, 티베트 사람들은 조상이 붉은 원숭이였다고 생각하고, 이러한 이유로 티베트 사람들은 자신을 붉은 원숭이의 후예로 여긴다.[5] 모든 인간 집단은 각기 문화적으로 시조를 가지고 있다. 이때 이 시조가 실제로 존재했는지를 밝히는 것은 중요하지 않다. 누구도 알 수 없다. 중요한 것은 다른 데 있다. 즉 어느 정도의 강도로 어떻게 민족이 공동의 민족적 기원을 인식하고 경험하는지에 대한 것이다. 물론 이것은 순전히 신화에 관한 것이기도 하다. 자신이 민족적으로 '러시아인'이라고 칭하는 많은 사람들은 대부분 러시아 제국에 속한 토착 소수 민족의 대표자들이다. 그리고 러시아인이라고 칭하는 이 같은 '러시아성'은 러시아어와 러시아 문화에 소속되는 인식과 결부되어 민족을 형성한다.

열린 공동체로서 민족

혈통의 뿌리로서 유전적 공통성의 실재(reality)는 민족적 자의식에 그다지 큰 영향을 미치지 않는다. 이러한 이유로, 시로코고로프는 '단일한 기원을 가진' 사람들의 공동체에 대해 이야기하지 않는다. 오히려 특별히 인간 공동체가 '인정하는' 기원에 대해 말한다. 바꾸어 말하면, 시로코고로프가 정의한 데서 알 수 있는 것처럼, 민족은 상당 부분 선택의 문제

---

5   Kychanov E.I. & Melnichenko, B.I. *The History of Tibet from Ancient Times to Today.* Moscow: Vost. Lit, 2005.

이다. 그러므로 한 사람이 어떤 민족에 속하는지도 바뀔 수 있다. 서로 다른 민족적 기원을 인정하고, 다른 시조에게 충성을 표하고, 다른 언어로 말하기 시작하고, 다른 의식과 관습에 참여하게 된다면, 그 사람은 민족적 위배 행위를 하는 것이고 하나의 민족에서 다른 민족으로 이동하게 되는 것이다.

시조로서 붉은 원숭이의 후손임을 인정하는 사람이 있다고 하자. 이 사람은 불교적 전통을 신봉한다고 공언하면서 티베트어를 배우고 티베트에 정착해서 마니차를 돌리며 기도를 한다. 그렇다면 그 사람은 민족의 관점에서 보면 티베트인이다. 심지어 그 사람이 모스크바국립대학교에서 사회학 학위를 마치고 민족적, 종교적 연구 여행을 떠나면서 다시는 돌아오지 않겠다고 다짐했다고 하더라도, 그가 티베트인임은 변함없다.

한 개인은 어떤 민족으로 통합될 수 있다. 민족은 열린 공간이다. 가장 폐쇄적이고 가장 위계적인 민족이라도 통합을 위한 경로, 관습 및 규범적인 시나리오를 가지고 있다. 민족으로 들어가서 일원이 되는 것은 가능하다.

한 가지 상황을 상정해 보자. 어떤 민족 사람들이 숲속에서 어린아이를 잃어버렸다. 그런데 다른 민족 사람들이 그 아이를 발견하고 불쌍히 여겨 자신들이 사는 곳으로 데려갔다. 그리고 이후에 그 아이는 자신을 찾아 길러 준 민족의 일원이 되었다. 이때 그 아이의 민족적 정체성은 자신이 태어난 원래 민족이 아니라 현재 속해 있는 민족에서 형성될 것이다.

민족성의 정의

사회학의 초기 선구자 중 한 명인 막스 베버(Max Weber)는 민족(ethnos) 혹은 민족성(ethnicity)에 대한 두 번째 정의를 내놓았다. 그는 민족성이 문화적 동질성과 공통의 기원에 대한 믿음으로 통합된 민족 집단에 속한다고 주장했다.[6] 여기서 시로코고로프의 정의와 유사한 점을 발견할 수 있는데, 언어 문제가 빠져 있는 점만이 유일하게 다르다. 시로코고로프와 마찬가지로 베버도 민족을 정의할 때 단순히 공통의 기원이 아니라 공통의 기원에 대한 믿음을 중요하게 인식한다는 점이 특징적이다. 민족은 인간 정신의 개념이자 의지에 따른 결정이다. 결코 생물학적으로 사전에 정해지는 것이 아니다(참고로, '생물학'이라는 말에 대해서는 신중한 사회학적 분석이 필요하다. 어떤 유기체의 신체적, 동물학적 또는 생리학적인 세세한 특징들을 검토함으로써 공동체의 일정한 현상들을 설명하는 것을 과연 신뢰할 수 있겠는가?).

러시아 학계에서 민족 이론: 레프 구밀레프의 민족형성론

저명한 민족사회학자이자 민족 연구자인 레프 니콜라예비치 구밀레프(Lev Nikolaevich Gumilev)는 시로코고로프의 추종자이자, 유라시아주의 철학과 문화학 전문가였다. 니콜라예비치는 자신을 '최후의 유라시아주의자'라고 불렀다.[7] 민족 연구와 '민족' 및 '민족성' 개념의 대중화에 구밀레프만큼 중요한 기여를 한 사람은 흔치 않다.

구밀레프와 시로코고로프가 민족에 접근하는 방식은 (고전적 마르크스주의 접근법과는 대조적으로) 민족을 '유기적이고 생명력 있는 통일체'로 생각하는 학파의 틀을 따르는 경향으로 이해할 수 있다. 이 학파는 민족이 고

---

6   Weber, M. *Selected Works*. Moscow: Progress, 1990.

7   Gumilev, L. N. *Historico-Philosophical Works of Prince N. S. Trubetskoi* (Notes of the Last Eurasianist); Trubetskoi, N. S. *History, Culture, Language*. Moscow: Progress, 1995; *Notes of the Last Eurasianist, Interview with L. N. Gumilev* // Our Heritage. 1991, no. 3.

립된 개인과는 구별되며, 긴 시간의 과정 속에서 큰 규모로 존재하는 하나의 살아있는 존재이자 집단이라고 본다. 사람은 몸에 갇혀 몸 밖을 벗어날 수 없지만, 민족의 가능성은 훨씬 더 광대하다. 민족은 수많은 다양한 몸을 만들어 낼 수 있다. 그러나 구밀레프에 따르면, 살아있는 사람과 마찬가지로 민족도 발생과 발전, 성숙과 쇠퇴, 그리고 노년을 겪는다. 즉 민족의 삶과 운명은 그러한 사이클로 구성되어 있다.

민족에 전념한 구밀레프의 저작은 『민족형성론과 지구의 생물권』(Ethnogenesis and the Biosphere of the Earth)이다.[8] 민족사회학적 관점에서, 이것은 가장 진지하고 심오하며 일관된 연구 성과이다. 구밀레프는 실제로 자신의 모든 역사 연구에서 민족이라는 주제를 다루었는데, 이것은 그 저작들이 민족사회학에 대한 지대한 관심을 끌고 민족사회학 연구의 기초가 되는 이유이다.

율리안 블라디미로비치 브롬리의 민족 이론

러시아 민족사회학의 또 다른 방향은 율리안 블라디미로비치 브롬리 (Yulian Vladimirovich Bromley, 1921-1990)의 연구와 연결된다. 그는 공식적인 소련 학문의 도그마 속에서 민족 문제를 연구했다. 즉 고대 사회를 포함하여 모든 사회를 이해할 때 계급을 중심으로 보고 경제적 성격을 근본으로 하는 학문적 배경에 있었던 것이다.[9] 수용 가능한 범위 내에서, 그는 민족 현상에 대한 연구를 소련의 마르크스주의, 정치적 국면의 특성,

---

8   Gumilev, L. N. *Ethnogenesis and the Biosphere of the Earth*. Moscow: Progress Publishers, 1992.
9   Bromley, Y. V. *Outlines of a Theory of the Ethnos*. Moscow: 1983.

국제주의적 수사(修辭), 그리고 진보 사상 등 당시의 풍조에 맞추어야 했다. 즉 '민족'과 같은 현상은 소련에 전혀 존재하지 않으며, 아마도 원칙적으로 현재의 사회적 발전 단계에서 사회주의 국가는 당연하고 자본주의 국가에서도 민족은 존재하지 않는다는 풍조였다. 브롬리의 저작들을 오늘날 제대로 읽기는 사실상 불가능하다. 브롬리는 마르크스주의 도그마를 매우 복잡하게 참조하고 있는데, 사실상 의미가 없는 이 교리를 걸러 내고 브롬리가 말하고자 했던 바를 파악하는 것은 믿을 수 없을 정도로 어렵기 때문이다. 유감스럽게도, 이러한 '불분명성'은 브롬리 학파의 후대 민족학 학자들에게서도 특징적으로 나타난다. 즉 이들은 복잡하고 근거 없는 학술적 용어를 사용하고 정치적 상황에 과도하게 의존하는 모습을 보여 준다. 이는 민족 문제가 오늘의 러시아에서와 마찬가지로 당시의 리더십과 사회에게도 매우 고통스러운 주제였기 때문이다. 이런 이유로 이들의 연구 결과는 과학적 엄밀성과는 상당한 거리를 두고 멀어지게 되었다.

우리는 별도의 장에서 러시아 민족사회학의 기원과 그 구조를 보다 자세히 살펴볼 것이다.[10]

해외의 민족사회학

다른 나라의 사회학은 이 분야의 초기 창시자 중 한 명인 독일 사회학자 막스 베버로 거슬러 올라간다. 그는 '민족성'(ethnicity, Ethnizität)이라는 개념을 학문의 주제로 도입한 인물이다.

---

10 이 책 제5장을 참고하라.

최초의 본격적인 민족사회학 학파는 독일에서 등장했으며, '민족사회학'(ethnosociology)이라는 용어를 사용하기 시작했다. 리하르트 투른발트(Richard Thurnwald, 1869-1954)와 빌헬름 뮐만(Wilhelm Mühlmann, 1904-1988)은 독일의 민족사회학 창시자로서 이 분야의 개념적 기초를 세웠다.

미국의 문화인류학 학파는 위의 독일 학파와 직접적인 유사성을 가지고 있다. 문화인류학은 독일 이민자 출신 프란츠 보아스(Franz Boas, 1858-1942)가 미국에서 창시하였으며, 이를 통해서 세계적으로 저명한 수많은 일류 민족학자, 사회학자, 인류학자가 배출되었다.

영국에서도 민족학과 사회학은 사회학적 접근법과 밀접하게 얽혀 있다. 이러한 전통은 브로니슬라프 말리노프스키(Bronisław Malinowski, 1884-1942)와 앨프리드 래드클리프 브라운(Alfred Radcliffe-Brown, 1881-1955)과 연결된다.

프랑스에서는 민족학자이자 철학자인 클로드 레비스트로스(Claude Lévi-Strauss, 1908-2009)가 민족사회학에 가장 가깝다. 그는 '구조주의 인류학'(structural anthropology)의 창시자이기도 하다.

이들의 사상에 대한 더 자세한 분석은 별도의 장에서 다룰 것이다.[11]

민족과 인종

일부 언어에서는 민족이 '인종'(race)과 동의어로 인식되며, 민족적 소속이 인종적 소속과 동일한 것으로 간주된다. 예를 들어, 독일어에서 '인종'(Rasse)과 '민족'(Ethnos)은 거의 같은 의미를 가진다. 그러나 엄격한

---

11 이 책 제4장을 참고하라.

의미에서 그리고 일반적으로 수용되는 학술적 용법에서, '인종'은 필연적으로 생물학적 결합을 의미한다. 즉 하나의 동일한 조상으로부터 유래한다는 사실을 인증하는 것이라 하겠다. 그렇기 때문에 '인종'을 엄격하게 정의하게 되면 '공동의 기원에 대한 믿음'을 뜻하지 않는다.

예를 들어, 우리가 '황인종'에 대해서 이야기한다면, 여기에 속하는 사람이라면 황색 피부, 좁은 눈, 넓은 광대뼈, 둥근 얼굴, 천골뼈의 특정한 자국, 아이의 출생 직후에 두드러지게 나타나는 이른바 '몽고점', 검은 머리 등을 가지고 있어야 한다. 이때 그 연구 대상이 되는 사람이 자신을 '황인종'에 속한다고 생각하는지 여부는 중요하지 않다. '인종'의 개념에서 중요한 것은 생리학 부문에서 유전적 특성과 함께 이것이 환경의 영향과 결합되어 나타나는 형질의 총합에 있다. 어떤 한 인종에 속한다는 것은 어떤 과학적 수단으로 증명된 신체라는, 유기체의 생리학적 정체성을 의미한다.

인종의 속성을 판단하는 많은 다른 방법들이 존재한다. 19세기 이론들은 시각적으로 관찰할 수 있는 피부색, 키, 신체에서 팔과 다리의 비율, 특징적인 체모의 길이와 구조 등과 함께 신체 비율의 측정을 근거로 인종을 판단했다.[12] '인체측정학'(anthropometry)이라고 불리는 그러한 접근법의 틀에 따라, 두개골을 측정하고 귀와 근육 및 얼굴의 구조를 묘사했다. 인체측정학에는 그 자체로 두개골을 측정하는 두부측정법(cephalometry)과 뼈의 길이와 폭을 연구하는 골경검사(osteoscopy) 등이 포함된다. 20세기에는 혈청 구조 연구를 기반으로 혈청학적 방법이

---

12   Gobineau, G. A. *Experience of the Inequality of Human Races.* Moscow: Samoteka, 2007.

사용되기 시작했다.[13]

오늘날에는 유전학 이론이 보다 광범위하게 확산되었다. 이것은 이른
바 휴먼게놈프로젝트로 다양한 사람들의 인종적 기원을 추적하여 공동
의 조상을 찾는다.[14]

그러나, 우리가 과학의 관점에서 이러한 방법을 수용할 수도 있지만,
또 많은 과학자들이 신뢰성을 놓고 갑론을박을 하지만, 그럼에도 이것은
민족학(ethnology), 민족지학(ethnography) 및 민족사회학(ethnosociology)
에서 민족을 이해하는 방식과는 전혀 상관이 없다. 민족사회학에서 민족
은, 사용된 방법론을 막론하고 과학적으로 검증된 어떤 사람의 생물학적,
생리학적 특성과는 아무런 관련이 없다. 과학적 맥락에서, '민족'이라는
용어는 인종을 고려하지 않고 사용된다. 시로코고로프와 베버 모두 이
이슈를 정확히 어떤 인간 집단이 공통의 기원을 가지고 있다는 '인정'
(acknowledgement)✦공언의 문제로 본 것은 우연이 아니다.

예를 들어, 자신을 러시아인이라고 생각하는 사람이 있다고 하자. 인
종적 관점에서 볼 때, 이 사람은 동슬라브-대러시아인 인구들이 주요하
게 가지고 있는 특성과는 다른 인류학적 유형도 함께 가지고 있을 수 있
다. 이는 전적으로 가능하다. 하지만 민족이라는 관점에서 볼 때, 자신을
러시아인으로 인식하고, 러시아어를 사용하고, 러시아 식으로 사고하며,
러시아 문화에 소속된 일원이라면 그가 러시아인이라는 것은 의심의 여
지가 없다. 그의 생물학적 또는 인종적 소속은 극도로 모호할 수 있다. 그

13   Lenz, F. *Die Rasse als Weltprinzip. Zur Erneuerung der Ethik*. Munchen: Lehmann 1933; Bauer, E.,
     Fischer, E., Lenz F. *Grundriss der menschlichen Erblichkeitslehre und Rassenhygiene*. Munchen:
     Lehmann, 1921.

14   http://www.ornl.gov/sci/techresources/Human_Genome/home.shtml.

러나 민족사회학의 관점에서 우리는 의심할 여지 없이 러시아 민족의 일원을 다루고 있는 것이다.

이제 질문을 달리 해 보자. 민족은 생물학적 결속을 배제하는가? 물론 그렇지 않다. 게다가, 사람들이 서로 가까이 살고, 같은 언어를 말하고, 세대를 거듭하면서 밀접하게 그리고 빈번하게 관계를 맺고, 가족을 구성하고, 아이들을 낳게 되면, 외형상 유사한 모습이 명백하게 나타난다. 사회학적 의미에서 동일한 언어와 공통된 기원에 대한 믿음, 공통된 전통과 생활방식을 공유하는 민족성이 강한 민족 사회에서, 이 민족에 속한 사람들이 번식을 통해 자신과 유사한 외모를 가진 다음 세대를 재생산하는 것은 법칙이다. 그러나 민족사회학은 실체적 혹은 의미적인 표시를 신체적 외형의 유사성에 돌리지 않는다. 민족사회학은 사회 구조와 사회 그 자체만을 연구한다. 그리고 민족사회학이 연구하는 사회는 민족 사회이고, 이것은 민족이라는 특정한 종류의 사회라 하겠다. 더불어 이 사회의 생리학적, 생물학적, 동물학적 및 인체측정학적 요소들은 단지 중요하지 않다는 것이 아니다. 이 요소들에 대해서는 전혀 연구된 바가 없는데, 왜냐하면 사회적으로 나타나는 특별한 현상들이 이들 요소와 연관 있다고 설득력 있게 보여 주는 신뢰할 만한 연구가 전혀 없기 때문이다. 물론 인종주의적 몰지각성은 논외이다.

민족과 국민

인종의 범주가 아니기 때문에, 민족은 정치적이거나 법적인 범주가 아니다. 민족(ethnos)과 국민(nation)을 구별하는 것은 민족과 인종을 구별하는 것 못지않게 중요하다.

시로코고로프와 베버가 내린 민족의 정의에서 민족의 정치적 소속이나 특정한 국가와의 관계 또는 다른 종류의 행정 단위와의 관계 등에 대한 어떠한 말도 없다. '국민'이라는 용어에 대한 고전적 이해는 정치적으로 연합하여 통일된 국가를 형성하는 시민(citizens)을 의미한다. 이러한 이유로, 프랑스어에는 확립된 정치학 용어로 '국민국가'(État-Nation, nation-state)가 있다. 이를 통해 국민은 정치체제로서의 국가와 불가분의 연결성을 가지며, 하나의 특정한 형성물(formation)✦ 러시아어 '오브라조바니에'(образование)는 교육(education) 혹은 헌법(constitution)이라는 의미도 된다.로 국가의 시민들을 결속시킨다.

모든 국가가 '국민국가'는 아니다. 국민국가(nation-state 혹은 national state)는 현대 유럽형 국가로 대부분 세속적이며 부르주아 계급의 정치적 지배에 기반을 두고 있다. 따라서 그러한 현대적이고 세속적인(비종교적인) 부르주아 국가의 시민들에 대해서만 '국민'이라는 명칭을 사용하는 것이 타당성을 확보할 수 있을 것이다. 그렇지 않은 상황이라면 하나의 의미론적 복합체를 완전히 다른 의미론적 복합체로 근거 없이 바꿔 버릴 수 있다.

고대와 현대, 서양과 동양, 정치적으로 조직화된 사회와 공동체를 형성한 사회 등 모든 사회에서 민족의 모습을 볼 수 있다. 그러나 국민(nation)이라는 모습은 오직 현대의 서구와 서구의 조직 및 서구의 정치화된 사회들에서만 발견된다.

우리는 국민이라는 현상과 그것의 민족과의 관계에 대해서는 별도의 장에서 더 자세히 이야기할 것이다.[15]

---

15 필자의 다음 문헌 제5장을 참고하라. *Ethnos and Society*. London: Arktos, 2018.

민족과 사회

이제 민족과 사회의 관계를 살펴보자. 이로써 우리는 민족사회학이 연구하는 근본적인 현실을 직접 대면하게 될 것이다.

시로코고로프는 민족을 '한 집단의 사람들'이라고 부른다. 한 집단의 사람들은 사회 조직의 한 형태이다. 따라서, 우리는 민족을 사회의 특정한 형태로 생각할 수 있다. 그런데 여기에서 다음과 같은 상황에 주목하는 것이 중요하다. 사회학계에 '민족성'(ethnicity)의 개념을 도입한 막스 베버는 그것에 특별한 의미를 부여하지 않았다. 심지어 '민족'이라는 범주는 그것이 사회학의 고전적인 방법들에 새로운 것을 추가하지 않는다는 점에서 불필요한 측면도 있다고까지 말했다. 사회학은 민족의 범주를 포함한 모든 사회를 동일한 과학적 도구를 이용하여 연구하며, 그러한 이유로 민족은 사회의 다른 형태와 마찬가지로 보편적인 기반 위에서 고려해야 한다.

게다가, 고전사회학의 좌표 체계를 민족에 적용하면(그림 1 참조), 우리는 매우 흥미로운 규칙성을 발견하게 된다. 순수한 형태의 민족 사회는 원칙적으로 X와 Y의 두 축을 따라 최소한의 차별성(차별의 정도)을 보인다. 즉 민족 공동체에서 사회 계층이나 계급에 따른 위계적 계층화와 집단에 따른 차별성이 모두 매우 낮다는 것을 의미한다. 민족 집단은 모든 구성원을 평등하게 하고 결합함으로써, 전체로서 하나의 단일하고 불가분의 존재가 되도록 한다. 그러한 집단에서는 차별성과 위계 둘 다 모두 최소화되며, 설령 존재하더라도 차별성과 위계가 민족성과 그 구조를 결정하는 것이 아니라 구성원을 단일하고 불가분의 전체로서 결속시키는 것이 결정한다. 다시 말해, 민족의 구조에서 모두가 모두와 함께 평등하고 하나로 통일되는 것이 중요하다.

민족은 집단 정체성이 최대화되고, 총체적이며, 모든 것을 포용하는 사회이다. 이 집단 정체성은 다른 모든 형태의 차별성보다 우위에 있으며 그 차별성을 완전히 종속시킨다.

베버는 정확히 이러한 이유로 '민족성'에 큰 의미를 부여하지 않았다. 그의 사회학(사회학 이해)은 주로 개인의 행동에 대한 연구에 기초하고 있으며, 고도로 차별화된 사회 유형(고대와 현대)에 초점을 맞추고 있다. 그러나 민족은 개별적이지도 차별적이지도 않다. 민족을 사회학적 시스템 좌표에 배치해 보자(그림 1 참조). 그러면 흥미로운 그림을 얻는다. 즉 X와 Y 두 축 모두에서 값이 0으로 향하는 것을 볼 수 있다. 민족에서는 계층화와 개별 집단으로의 분화가 최소화된다.

여기서 우리는 두 가지 결론을 도출할 수 있다.

첫 번째는, (베버주의 또는 마르크스주의 사회학의 정신으로, 계급 기반 및 경제적 차별성에 주된 관심을 집중하는 것으로) 민족은 사회학자의 특별한 관심을 끌 수 있는 이점이 없다는 사실이다. 왜냐하면 사회의 기본적인 특성이 미미하고 민족 안에서 차별성은 0으로 수렴하기 때문이다.

반면에, 두 번째 결론은 민족 사회가 기초적이고 근본적인 것으로 특별히 우선적 연구 대상으로서 가치가 있음을 확인한다. 이는 민족이 근원적이고 주요한 모체로서, 민족으로부터 시작하여 혹은 민족을 토대로 하여 더 많은 복잡하고 차별적인 여러 형태의 사회가 발생하고 수립되기 때문이다. 민족사회학과 문화인류학이 이러한 위치를 견지하고 있다. 바로 이 위치가 민족사회학의 학문적 기초를 형성하며, 이렇게 볼 때 민족사회학은 일반 사회학의 부수적이고 도구적인 분파가 아니라 사회학 지식의 가장 중요하고 원리적인 부분으로 입지를 가지게 된다.

민족은 모든 사회의 토대에 존재하는 근원적인 사회이다. 인류의 근본인

민족의 특성을 강조하기 위해, 민족사회학의 창시자 리하르트 투른발트(Richard Thurnwald)는 자신의 가장 중요한 과학적 저작으로 『민족사회학적 토대에서 인간사회』를 꼽았다.[16]

코이논으로서 민족

우리는 사회의 기본 형태인 민족을 기하학의 한 점에 비유할 수 있다. 기하학에서의 점은, 한편으로는 무수한 점들이 만들어 내는 공간으로서 면을 이룰 수도 있지만, 다른 한편으로는 점이 가진 본래의 정의에 따라 어떠한 공간적 영역을 가질 수 없기도 하다. 공간 형성에서 기하학적 점의 기능은 역설적이다. 점은 공간을 생성하지만 점 자체는 면적이나 범위가 없기 때문에 공간이 아니다.

전반적으로 보아 민족과 사회의 관계도 대체로 유사하다. 민족은 사회를 만들어 내며 수직적, 수평적 차별화를 바탕으로 사회의 구조도 형성한다. 따라서 이에 상응하게 0이 아닌 지표들을 가지게 된다. 민족은 사회와 사회 구조의 토대에 존재한다. 그러나 민족 자체는 고유의 사회 구조를 가지고 있지 않다. 즉, 민족은 무(無)차별화(null-differentiation)의 사회이다. 수학에서 점이 어떠한 범위나 영역을 가지지 않는 무영역(null-area)이라는 것과 유사하다.

물론, 모델로 묘사되거나 채택되는 어떠한 물리적 점이라도 영역과 범위를 모두 가질 수 있다. 하지만 그 값들이 너무 작아서 측정 시에 무시될 수 있다. 그것은 민족의 경우도 마찬가지이다. 현실에서의 민족은 계층화

---

16   Thurnwald, R. *Die menschliche Gesellschaft in ihren ethno-soziologischen Grundlagen*, 5 volumes. Berlin: de Gruyter, 1931-1934.

와 사회집단으로의 분화가 미약하게나마 나타나겠지만, 다른 유형의 사회와 비교하면 그 값이 매우 미미하여 무시할 수 있고 이론적으로는 없는 것으로 간주할 수 있다. 사회의 목적은, 목표, 프로젝트, 또는 개별 부분의 결집으로서만이 아니라 주어진 유기적 실체로서 그리고 유일하게 가능한 자기 정체성의 형태로서 집단정체성을 강조하고 주장하는 것이다. 여기에서 또 다른 정의가 뒤따른다.

민족은 사회이며, 민족 사회에서의 차별화는 미미하고 0에 수렴하여 이론적으로 존재하지 않는다.

다른 학문 분야에서, 부분으로 쪼갤 수 없는 주요한 요소를 지칭하는 특정한 용어가 있다. 이 주요 요소로부터 보다 복잡한 구조들이 만들어진다. 물리학에서는 '원자'(atom)를 들 수 있다. 원자는 어원상 '더 이상 쪼개질 수 없다'는 뜻을 가지고 있다. 언어학에서는 최소 단위의 '의의소'(意義素, semes)가 있다. 이 용어는 동일한 그리스어 어원을 가지고 있으며, 여기에서 기호와 언어의 의미를 연구하는 학문으로서 의미론(semantics)이 나왔다. 음성학에서, '음소'(音素, phoneme)는 음성 표현의 가장 작은 원자이다. 신화의 구조를 연구한 레비스트로스는 신화의 스토리텔링에서 최소의 불가분의 핵심을 지칭하는 용어로 '신화소'(mytheme)를 제안하기도 했다. 즉 하나의 신화는 여러 신화소가 결합되어 구성되는 것이다. 계속해서 이런 방식으로, 우리도 새로운 용어를 도입할 수 있다. 여기에서 제시하는 신조어는 '코이님'(koineme)이다. 이는 그리스어 코이논(κοινόν, koinón)에서 만들어진 것이다. 코이논은 '공통의', '보편적인'이라는 의미를 가지고 있으며, 코이노니아(κοινωνία, koinounía)는 '사회', '공동체'를 뜻한다. 이 경우에 코이님은 사회의 기초에 존재하는 불가분의 기원을 의미한다. 신화소가 신화의 토대에 존재하고 의의소가 의미론의 토대에 존재하는 것과 같은 이치이다.

이와 같은 개념에서 민족은 코이님이다. 넓은 의미의 사회는 민족이라는 기반 위에 만들어지며, 마치 씨앗에서와 마찬가지로 민족적 핵심(대개의 경우 복수의 몇 가지 핵심)에서 성장한다.

민족의 전체형태성

모든 사회는 기능성의 원칙에 따라 배열되며, 이것을 전체형태성(holomorphism)으로 부를 수 있다. 이 용어의 그리스 어원은 '전체(whole)'(ὅλος, hólos)와 '형태(form)'(μορφή, morphé)로 되어 있다. 이것은 사회가 그 자체로 사회 통합의 측면에서 자기 구조의 패러다임을 포함하고 있다는 것을 의미한다. 이를테면, 만약 어떤 부분(예를 들어 구성원 중 한 명)이 사회에서 제거된다면, 도마뱀이 꼬리를 다시 만들어 내듯이 일정한 시간이 지나면 그 사회는 사라진 요소들을 회복하게 되는 것과 같다. 메커니즘과는 반대로, 전체형태성은 유기체에 내재해 있다. 유기체는 세부의 집합이 아니라 기능들의 총체로 구성되어서 어떤 하나의 요소가 결핍되면 유기체의 기능적 중요성이 보전되어야 한다는 사실에 따라 결핍을 메우게 된다. 사회는 스스로 그리고 사회 내부의 자원을 기반으로 완전성을 다시 수립할 수 있다. 이것은 도마뱀의 꼬리, 도롱뇽의 다리, 사람의 머리카락이나 손톱이 다시 자라는 것과 같은 이치이다.

전체형태성은 다양한 유형의 사회에서 다양한 정도로 존재한다. 하지만 어떤 사회에서는 결핍 요소의 기능적인 대체 과정이 빠르고 용이하게 일어나는 반면, 다른 사회에서는 천천히 그리고 문제를 일으키며 나타나기도 한다. 사회의 구조가 복잡할수록 계층과 집단의 차별성 수준이 높기에, 기능적 대체의 문제도 보다 복잡해지며 그 과정도 더욱 기계적이다. 단순한 사회는 자동적으로 전체형태성을 재건한다. 복잡한 사회에서는 이를 위한 관리 장치가 필요하다.

민족은 완전하고 절대적인 전체형태성을 가진 유형의 사회이다. 민족은 개인을 넘어서는 전체이다. 이러한 초개인적(trans-individual) 특성으로 인해, 민족은 한 개인이나 무리를 잃었을 때 이를 알아차리지 못할 수 있다. 또한 구성원 개개인을 구별하지 못할 수도 있다. 민족의 존재는 순수하게 기능적이다. 특정한 징후, 주제, 현상 또는 사건은 일반적인 전체형태성의 구조 속으로 통합된다. 그리하여 전체가 우위를 점한다. 유럽인들은 원시부족과 거래하면서 놀라지 않을 수 없었다. 왜냐하면, 원시부족들은 값비싼 재물을 내어 주고 오래된 고물로 교환하거나 값싼 장신구를 갖고자 비옥한 땅을 내어 주는 모습을 보여 주었기 때문이다. 원시부족 사회의 전체형태성 구조에서 '고물'과 '장신구'는 매우 중요한 것으로 간주되었다. 그리고 기능적 중요성 또한 매우 크다고 인식되었다. 유럽인들은 이 점을 놓쳤던 것이다. 보다 차별화되고 기계적인 시각에서 유럽인들은 이 문제에 접근했기 때문이다.

말리노프스키(Malinnowski)와 래드클리프 브라운(Radcliffe-Brown)은 이러한 고대 원시사회의 기능주의에 대해 면밀하게 연구했다. 핵심만 요약하자면, 그들의 재구성은 극단적인 형태의 전체형태성을 설명한다.

말리노프스키와 래드클리프 브라운이 극단적으로 표현하는 기능성과 전체형태성은 민족사회의 특성들을 식별하는 열쇠이다. 민족사회에서 전체(hólos)는 부분을 절대적으로 압도한다. 그리고 특정 부분은 전체를 위해 기능하는 것으로만 존재한다. 전체를 벗어나면, 부분은 아무런 의미가 없으며 존재조차도 잃게 된다.

개념으로서의 민족과 현상으로서의 민족

민족사회학의 주제와 대상

러시아의 학문적 전통에는 모든 학문 분야에서 주제(subject-matter)와 대상(object)을 구분한다는 법칙이 있다. 러시아의 학문적 접근 방법이 서양의 그것과 점차 수렴하는 한, 이 규칙에 대해서는 끊임없이 의문이 제기된다. 왜냐하면 대부분 유럽의 언어에서는 '주제'라는 단어는 '대상'이라는 단어와 완전히 동일한 의미와 중요성을 가지며, 라틴어 오브젝툼(objectum, 글자 그대로 '우리 앞에 던져진 것'이라는 의미)에서 파생된 동일한 뜻을 의미한다고 종종 표시되기 때문이다. 독일어에는 같은 개념을 표시하는 게겐슈탄트(Gegenstand, 글자 그대로 '[우리] 앞에 발견되는 것')라는 단어가 있다. 라틴어에서 있는 그대로 차용한 것이다. 비교적 이후에 만들어진 러시아 학계의 신조어로서 '프리드미에트'(pred-met, 글자 그대로 '우리 앞에 던져진 채로 있는 것')도 마찬가지이다. 이렇듯 세계 학문의 맥락에서, 국제 학술대회나 심포지움, 학술회의 등에서 민족사회학에 대한 정의에 엄격하게 접근하고자 한다면 이 점을 고려해야 한다.

유럽의 학문적 전통의 틀에서 볼 때 민족사회학의 대상(또는 주제)은 민족이며, 이때 사회학적 방법을 사용하는 것이다.

그러나 러시아의 학문적 전통의 틀에서 볼 때, 민족사회학의 대상은 사회이고 주제는 사회의 한 형태로서 민족이라고 말할 수 있다.

그러나 민족사회학의 구조는 사회학적 방법을 민족사회에 단순하게 적용하는 것만으로 철저하게 규명되지 않는다. 민족은 단순히 또 다른 형태의 사회가 아니다. 민족은 사회의 기초에 존재하는 본질적인 형태로, 앞서 설명한 코이넴(koineme)이다. 이것이 바로 민족사회학의 핵심 주제이다. 그리하여 민족사회학은 사회를 연구하는 학문으로서 사회의 가장 깊고도 근본적인 기초를 연구하는 학문이다. 이 기초를 시작점으로 해서 공간이 만들어지고, 또는 이 기초 위에 문화적, 언어적 의미들의 거대한 구조가 생성된다. 이러한 이유로 민족사회학의 대상과 주제에 대해 또 다른 정의를 내릴 수 있다. 민족사회학의 대상은 사회 저변의 깊은 토대이며, 다시 말해 민족사회 즉 코이넴이다. 그리고 민족사회학의 주제는 이 토대의 구조와 배열이다. 유럽의 맥락에서, 대상과 주제는 결합될 수 있으며, 이에 다음과 같이 정의할 수 있다. 민족사회학의 대상(objectum)은 순수하고 근본적인 사회의 구조 혹은 무차원(null-dimension)의 기본사회의 구조이다. 다시 말해, 역사적으로 보다 복잡한 유형의 사회가 아직 출현하지 않은 시작점으로서 사회 구조의 원형이라 할 수 있다.

요컨대, 민족사회학은 민족을 떼 놓고 연구하는 것이 아니라 사회의 기초로서 민족을 연구한다. 이를 위해 각기 다른 역사적 단계에서 민족이 변형되는 과정을 추적하고, 이 과정에서 다양한 변증법적 파생물들을 포함한다. 여기에 때로는 진정한 민족이라 할 수 없는 것도 있을 수 있고, 또 종종 직접적인 적대적 모습을 띠면서 여타의 방식으로 민족과 연관되는 것도 있을 수 있다.

우리가 거부해야 할 민족사회학의 정의

현대 영국의 사회학자 앤서니 기든스(Anthony Giddens)는 민족사회학을 "사회학적이기도 하고 동시에 민족방법론적이기도 한 '이중 해석학'의 한 형태"라고 정의한다.[17] '민족방법론'(ethnomethodology)은 사회학적 접근법으로, 현대 미국의 사회학자 해럴드 가핑클(Harold Garfinkel)이 개발했다. 그런데 민족방법론은 실제로 민족과 직접적인 관련이 없으며, 단지 한 사회 구성원들('사람들' 혹은 '대중')의 행동의 기초에는 우연한 상황, 경험, 감정의 혼돈이 있는 것이 아니라 과학적으로 연구할 수 있는 특유의 사회학적 모델이 있다고 제시하는 방법론이다.[18] 젊은 시절 가핑클은 배심원들의 행동과 그들의 동기, 논리 등을 체계적으로 설명해야 하는 사회학적 문제에 직면했다. 판단을 내릴 때 명백히 드러났던 자발성, 우연성, 무근거성에 대해, 일반적인 전문가도 특수 분야의 전문가도 아닌 무작위의 단순한 사람들의 집단이 보여 주는 행동에서 가핑클은 특유의 논리적 구조를 보았으며 이것은 전적으로 연구의 주제가 된다고 생각했다. 이 경우 '민족'은 무작위의 비전문가 집단을 나타내기 위한 확장된 비유에 불과하며, 실질적으로 어떤 것도 이 양자 간에 관련이 없다.

고전적인 사회학적 방법과 가핑클의 민족방법론(기든스가 민족사회학을 이해하는 방식)을 결합하는 것은 사회학에서 매우 생산적이고 유망한 접근법이다. 이것은 사회학자 알프레드 슈츠(Alfred Schutz)가 개발한 현상학적 접근법에 견줄 만했다.[19] 그러나 이것은 민족사회학의 고전적 개념과

---

17   Giddens, A. *Central Problems in Social Theories*. London, MacMillan Press, 1979.
18   Garfinkel, H. *Studies in Ethnomethodology*. Englewood Cliffs, NJ: Prentice-Hall, 1967.
19   Schutz, A. *The Phenomenology of the Social World*. Evanston, IL: Northwestern University Press, 1967.

는 관련이 없다. 민족은 인간의 어떤 문제에 대해 결론을 내리기 위해 우연하게 소집된 보통 사람들의 집단과는 전혀 다르기 때문이다.

또 다른 유명한 사회학자인 피에르 부르디외(Pierre Bourdieu, 1930-2002)는 '민족사회학'을 가핑클이 제시한 방법론에 가까운 것으로 이해했다. 이에 고도로 추상화된 이론적이고 규범적인 구조에서 작동하는 사회학의 형태와는 대비되는 분야로 민족사회학을 보았다. 즉, 민족사회학은 구체적이고 경험적인 사회의 특정 단위에 대한 것으로, 그에 내재하는 부조화, 변칙, 행동의 형태로 말미암아 일반 법칙을 적용하는 것이 불가능하다고 생각했다. 부르디외는 "사회학과 민족학 사이의 경계를 없애자"라고 제안했음에도 불구하고, 민족을 사회의 기본(코이님)으로 생각하지 않았을 뿐만 아니라 사회학적 연구의 대상으로 삼지도 않았다.

우리는 기든스와 부르디외, 그리고 그들과 유사한 다른 사람들의 정의를 유명한 사회학자들의 사적인 의견 정도로 받아들이는 것이 맞을 것이다. 그들 중 어느 누구도 민족사회학에 대한 본격적인 저서나 연구 논문을 저술하지 않았기 때문에 더욱 그렇다.

현상으로서의 민족과 현상학적 방법

민족사회학은 그 이름에서 완전하게 표현되어 있는 것처럼, 기본적인 사회 현상으로서 민족과 함께 작동한다. 민족은 민족사회학의 대상으로서 이론적 개념인 동시에 실제 생활에서 관찰할 수 있는 현상이다. 이러한 이유로 민족사회학은 민족을 주어진 것으로 인식한다는 근거에서 결론을 내리고, 이 주어진 것에 대한 연구로부터 이론적 구성을 도출한다.

우리가 시로코고로프의 정의로 돌아간다면, 민족은 다음의 사항에서 구별된다. 1) 언어, 2) 공통의 기원에 대한 믿음, 3) 공통의 관습과 전통 및 문화의 존재 등이다. 모든 사회에는 민족의 세 가지 구성 요소 모두가 필연적으로 존재한다. 우리는 오늘의 시대든 역사적 연대기에서든 이 세 가지 구성 요소 중 적어도 하나라도 가지고 있지 않은 사회를 알지 못한다. 정확히 이러한 이유 때문에 민족은 기본적인 현상이다. 우리에게 알려진 모든 사회는 어느 모로 보나 민족적이다.

민족의 현상학적 본질은 민족사회학이 민족을 연구하는 방법을 위해 극히 중요하다. 민족과 민족의 구조에 대한 신뢰를 바탕으로, 그리고 '그 속으로 들어가 살아가기' 혹은 '그 속으로 들어가 느끼기'와 같이 공감을 바탕으로, 이들 방법은 민족을 가능한 적절하게 설명하고 연구하여 이해하기 위해 필요하다.

역사상 여러 학파들은 사회 발생의 기원을 서로 다른 방식으로 연구한다. 아리스토텔레스는 사회가 가족에 기초해 수립된다고 생각했다. 진화론자들은 사회의 기원을 야생의 동물 무리의 발전 형태에서 찾는다. 마르크스주의자들은 사회가 경제적 관계 위에 상부 구조로서 형성되고, 그 기초에는 노동과 노동의 도구들이라는 현상이 존재한다고 생각한다. 이 모든 이론들은 우리가 알고 있는 인간 사회가 어떤 다른 요소들의 산물이라고 가정한다.

현상학적으로 이야기하면, 민족사회학은 이 문제를 다르게 접근한다. 사회는 하나의 현상이며, 그 뿌리에는 민족적 현상이 자리 잡고 있다. 오늘날 우리에게 알려져 있고 신뢰할 수 있는 정보가 보존되어 있는 모든 형태의 사회는 언제나 공통된 구조적 뿌리를 가지고 있었다. 실제 살아 있는 경험에서 이 뿌리는 민족으로서의 사회, 즉 같은 언어, 공통된 기원에 대한 믿음과 공통된 전통으로 결속된 사람들의 무리이다. 이는 관찰과 모든 형태의 검증으로 확인할 수 있다.

그러나 아리스토텔레스는 가족이 민족의 범위로 확장되는 것으로 설명했지만 우리는 이 과정을 볼 수 없고, 원숭이 무리가 인간 집단으로 변화하는 것을 추적할 수도 없으며, 사회적 형태가 수립되는 데 노동의 도구가 어떤 역할을 하는지에 대해 확정할 수도 없다. 민족은 단순하면서도 복잡하고, 오랜 것이면서도 발전된 것이다. 그러나 민족은 가족의 확장이나, 동물의 진화, 혹은 경제활동의 자율적 산물과는 다른 그 이상의 존재이다. 가장 작은 형태로서 부족과 같은 민족조차도 존재하기 위해서는 최소한 두 개의 혈족, 말하자면 두 개의 대가족이 필요하다. 이는 레비스트로스가 보여 준 바이다. 그러나 진화론적 가설이나 마르크스주의적 도그마가 민족에 대해 생각했던 것은 순전히 이론적인 구성이다. 반대로 민족은 쉽게 검증할 수 있는 현상이다. 우리는 이 현상을 언제 어디에서나 볼 수 있다. 그리고 가장 복잡하고 차별화된 사회에서도 그 기원을 보면 우리는 정확히 민족을 확인할 수 있다. 가장 복잡한 발전 단계에서조차도 민족은 그 자체로 존재하며 우리는 그 사실을 알 수 있다.

　　이러한 이유로 민족사회학은 민족에 관심을 집중하면서 무조건적으로 존재하는 실체, 즉 현상을 다루는 학문이다.

　　후설(Husserl)과 핑크(Fink)로 대표되는 '철학적 현상학'과 슈츠(Schutze)로 대표되는 '사회학적 현상학'은 모두 민족사회학 연구에서 우선적인 방법이다. 이것은 시로코고로프를 스승으로 여겼으며 민족사회학의 창시자 중 한 명이었던 빌헬름 뮐만의 저작에서 매우 분명히 나타난다.[20]

20　Mühlmann, W. *Rassen, Ethnien, Kulturen*. Neuwied, Berlin: Luchterhand, 1964.

민족의 사례: 현대 체첸

현대 세계에서 민족의 몇 가지 사례를 들어 보자. 여기에서 러시아의 체첸 민족에 대해 알아보기로 한다.

체첸을 민족으로 간주하고자 한다면, 체첸은 어떠 특성을 가져야 하는 것일까? 여기에서 다시 시로코고로프의 정의를 상기해 보자.

1. 언어. 체첸 사람들이 사용하는 체첸어가 있다. 그것은 바나크(Vainakh)어파와 관련이 있고 잉구시어(Ingush)와 매우 가깝다. 그렇지만 체첸인들은 잉구시인과 마찬가지로 자신들의 민족 언어가 잉구시어와 객관적으로 유사함에도 별개의 다른 언어라고 생각하며, 이 점을 그들의 민족적 자기결정성에 중요한 요소라고 여긴다.

2. 체첸인들은 그들 모두가 같은 부족의 후손이라는 공통된 기원에 대한 믿음을 가지고 있다. 거기서 점차 몇 개의 가지로 나뉘어졌다고 생각한다. 어떤 체첸인들은 그들이 노아(Noah)의 직계 후손이라고 생각하며, 자칭 체첸 노흐치(Chchens Nokhchi)라고 말하면서 '노아의 후손'(아랍어로 노이(Noi, [Noah])는 누흐(nuakh)라고 발음됨)이라고 해석한다.[21]

3. 체첸은 공통된 관습의 복합체를 가지고 있는데, 이는 진정한 민족적 관습과 종교적 이슬람의 관습이 특별하게 혼합된 것이다. 이와 함께 고유의 관행과 의식 및 교리를 가진 이슬람 수피교(Sufism)에서 나타나는 신비주의적 성격도 더해 함께 고려해야 한다. 체첸의 수피교 공동체는 위르드(wird)라고 부른다. 체첸인들이 추는 둥근 원형의 춤은 지크르(zikr)라고 하며, 수피교의 집단 예배의 형태는 모든 위르드마다 각기 다르다. 체첸의 관행과 관습과 문화는 순수하게 민족적이고 이슬람적이면서 수피교적 요소들

---

21 Nukhaev, H.A. *Vedeno or Washington?* Moscow: Arktogaia-Center, 2001.

이 결합된 고유한 성격을 가진다. 체첸인들은 스스로 자신의 존재를 인식하면서, 이러한 문화적 복합체를 통해 다른 민족들과 자신을 구분하고 고유의 정체성을 가지게 된다.[22]

　동시에, 체첸인들이 어떤 특정한 인종 유형을 공유하고 있다는 명백한 모습을 발견할 수 있을까? 이것은 불가능하다. 체첸인은 키가 크기도 하고 작기도 하며, 피부 빛이 어둡고 거무스름하고, 푸른 눈에 붉은 머리카락과, 전통적인 인도-유럽인을 연상시키며, 심지어 붉은색 수염을 가지고 있다. 캅카스 전역에는 지중해 유형이 널리 분포하고 있다. 체첸인은 단두형도 있고 장두형도 있다. 인종의 관점에서 볼 때, 다양한 생물학적 계통과 다양한 인종 집단이 결합하여 오늘의 체첸 인구를 형성했을 것이다. 다른 대다수의 민족들처럼 체첸 민족도 여러 다른 집단들이 연이어 모여들어 서로 섞이고 북부 캅카스 산맥에 정착하면서 형성되었다. 그러나 실제로 체첸인들은 하나의 유기적 통일체, 즉 민족으로서 자신들을 인식할 때 유전과 환경에서 비롯된 표현형의 차이와 유형의 변이를 결정적이거나 중요한 요소로 보지 않는다.

　민족사회학의 관점에서 볼 때 이는 결정적인 지점이다. 체첸은 자신을 민족으로 인식한다. 체첸인들과 함께 살고 있는 다른 민족들도 그들을 민족으로 간주한다. 동시에, 시로코고로프에 따르면, 민족을 표현하는 모든 징후가 존재한다. 따라서, 우리는 민족이라는 현상을 다루고 있는 것이며, 민족사회학적인 방법으로 이를 연구할 수 있다.

22　Ilyasov, L. *The Culture of the Chechen People*. Moscow: UNESCO, 2009.

다른 질문을 해 보자. 체첸인들을 오직 민족으로만 간주하는 것이 가능한가? 이 주장은 부정확할 수 있다. 민족적 정체성 외에도 시민적, 국가적(디아스포라의 구성원들을 제외한 체첸의 대다수는 러시아 연방의 시민이다), 영토 및 행정적(체첸인은 체첸공화국에 거주한다), 종교적(체첸인들은 대부분 이슬람교도이다) 정체성들도 존재하기 때문이다. 하지만 이 모든 다른 정체성들은 민족 정체성의 토대 위에 서 있다. 사람들은 저마다 이러한 상부구조들을 나름의 다양한 의미로 이해하지만, 자신을 체첸인이라고 생각하고 체첸인은 다르다고 생각하는 사람들은 처음부터 그들의 민족적 공통성에 의해 가장 깊은 수준에서 확실하게 결속되어 있다. 이것은 경험적 사실이다. 이를 통해 우리는 민족이라는 현상을 직접 만나게 된다. 체첸인들이 체첸인으로서 존재하는 한, 그들은 진정으로 민족인 것이다.

여기에서 체첸인들에 대해서 이야기한 것은, 러시아에서 살아가든 아니면 러시아 국경 밖에 있든, 다른 민족들에게도 적용될 수 있다. 민족은 하나의 현상이며, 현상으로서 연구해야 한다.

민족사회학의 주요 규칙: 민족의 다원성과 그 분류

민족사회학 연구 과정에서 우리는 일련의 규칙을 따라야 한다. 이 규칙들은 매우 중요하다.

한편으로, 우리가 구체적으로 민족을 민족으로서 연구할 때, 일반적인 기준을 적용한다. 순수한 형태로서 민족은 단순한 사회이다. 집단 정체성이 지배적이고 민족적 반응이 동시에 일어나는 한편, 수직적, 수평적 차별화는 극도로 낮다. 이러한 점들은 모두 시로코고로프의 세 가지 지표에 해당한다. 다시 말해 우리는 코이넘을 다루고 있는 것이다.

그러나 모든 민족들이 가지는 이러한 공통된 성격은 현실에서 매우 다양한 형태로 나타나며 때로는 예상할 수 없는 모습을 보여 주기도 한다. 가장 단순한 형태의 민족들까지도 그들 나름의 차별적인 구조로 만들어진 단순성을 가진다. 가령 인류가 말하는 언어가 모두 언어라고 할 수 있는 공통점을 가지고 있지만, 동시에 헤아릴 수 없을 정도의 수많은 차이점을 가지는 것과 같다.

결과적으로, 어떤 민족의 정체성을 확인한 후 민족사회학자는 코이닝을 다룬다. 그러나 이때 어떤 한 민족의 사례에서 코이닝이 다른 민족 사례에서의 코이닝과 정확히 동일할 것이라는 의미가 아니다. 가장 원시적이고 단순한 부족들조차도 서로 간에 상당한 차이가 있다.

결론적으로, 민족사회학은 개별화된 하나의 민족을 다루는 것이 아니라 복수로서 민족들을 다룬다. 하나의 코이닝은 보다 복잡한 사회체제와 다르고, 동시에 다른 단순한 코이닝들과도 다르다. 이 단순성의 구조가 각기 다르기 때문이다.

민족사회학의 첫 번째 규칙은 민족들의 다원성을 상기하는 것이다. 비록 가장 순수한 형태의 단순한 기반을 가지고 있다고 해도 다원성을 고려해야 한다.

두 번째 규칙은 민족들의 분류에 관한 것이다. 많건 적건 정도와 상관없이 '발전되었다', '문명화되었다', '진보적이다'라고 민족에 대해서 이야기하는 것은 민족을 '높음'과 '낮음'으로 구분하는 것으로, 민족에 대한 인종주의적 접근을 의미한다. 비록 이 인종주의가 독단적이거나 생물학적인 것이 아니며, 기술적, 경제적, 또는 다른 종류의 기준에 따른 분석에 기초한다고 하더라도, 인종주의는 여전히 존재한다. 베일에 싸인 교양 있는 모습이라 해도 인종주의인 것이다. 이는 절대적으로 비과학적이다. 이런 방식을 따르게 되면 우리는 하나의 민족을 연구할 때 다른 민족의 입장에서 바라보기 때문에, 멀리 떨어진 외부의 시각에서 그 민족의 상황과 가치 및 사회 구조를 평가한다. 그러한 접근법은 수용되어서는 안된다. 그렇게 되면 민족 현상의 전체 구조를 볼 수 없게 되어 버리기 때문이다.

그래서 민족사회학과 유사하다고 할 수 있는 미국 문화인류학의 창시자 프란츠 보아스는 에스키모-이누이트 원정대에서 썼던 편지에서 이렇게 말하고 있다. "나는 종종 스스로 묻곤 한다. '발전된' 사회가 가지고 있는 것 중에 '미개인'의 사회보다 우월하다고 할 수 있는 것은 무엇인가? 그들의 풍습에 대한 연구를 거듭할수록 내가 이해하게 되는 것은 우리가 마치 위에 서서 그들을 폄하할 수 있는 어떠한 권리도 없다는 단순한 사실이다. 우리 눈에 아무리 터무니없어 보일지라도, 그들의 형식과 성향을 심판할 수 있는 권리는 우리에게 없다. 우리 '고등교육을 받은 사람들'은 그들보다 훨씬 더 나쁠 수 있다…."[23]

민족을 분류할 때 유일하게 올바른 형태는 '단순-복잡' 척도에서 어디에 위치하는지 평가하는 것이다. 동시에, '단순'과 '복잡'의 개념은 어떤 식으로라도 긍정적이거나 부정적으로 해석돼서는 안 된다. 이 두 가지는 현상 기술을 기본으로 하는 중립적 상수다. '단순한 사회'와 '복잡한 사회'가 존재한다. 이 중 어느 하나가 다른 것보다 우월하다든지 혹은 열등하다고 말할 수 없다. 그들은 그저 다를 뿐이다. 이것은 비위계적인 분류(non-hierarchical classification)로, 문제의 상태에 따라 결정되는 것이지

23 Cole, D. (ed.) "Franz Boas' Baffin Island Letter-Diary, 1883-1884" / *Stocking, George W. Jr. Observers Observed. Essays on Ethnographic Fieldwork*. Madison, WI: The University of Wisconsin Press, 1983. p. 33.

결코 그것을 평가할 수 없다.

여기서 우리가 주목해야 할 것은, 사회가 단순할수록 민족적인 성격이 더 크게 나타나는 반면, 복잡한 사회일수록 민족성이 잘 나타나지 않는다는 점이다. 외견상으로도 한눈에 보아도 그러하다. 단순한 사회에서는 민족성이 분명히 드러나는 반면 복잡한 사회에서는 민족성을 살펴보지 않으면 안 된다. 복잡한 사회일수록 민족성이 더 깊이 숨겨져 있어서 표면에 잘 드러나지 않아 분명하게 보이지 않는다.

가장 단순한 사회는 순수한 민족사회다. 민족 외에 다른 내용이 없다. 우리의 용어를 사용하면, 이것이 실질적으로 코이님과 동일하다고 말할 수 있다.

가장 복잡한 사회는 민족적 요소가 근저의 토대 수준에서야 발견되는 사회로, 그 위에 수 개의 층위들이 건축되어 있기에 상상력을 동원하고 발휘해야 한다. 관찰자들은 대체로 이 층위들에만 주목하게 되며, 소수의 관찰자들만이 시선을 낮추어 기저의 토대층에 이르게 되거나 맨 아래층의 구성에 관심을 가지게 된다.

이 두 가지 규칙—민족의 다원성이라는 규칙과 '단순-복잡'이라는 비(非)평가적 기준의 규칙은 민족사회학의 기본 원칙이다.

민족과 생활세계

민족은 주변 환경과 떼어 놓고 고려할 수 없다. 민족은 언제나 실제 구체적인 공간에서 살아가며, 이 공간은 민족 고유의 구조에 통합된다. 민족은 공간으로 이해할 수 있고, 공간에 의해 변화하며, 바로 그 공간에 거주한다.[24] 구밀레프는 이 공간을 '수용환경'(accommodating landscape)이라고 불렀다. 이것은, 존재하는 민족은 주변 환경과 함께 하나의 전체를 이루고, 민족이 변화하는 각기 다른 시기마다 그 기저에는 민족과 환경 간의 상호작용❖ 상호 영향이 존재한다는 것을 강조한 것이다.

현상학 철학자이자 창시자인 에드문트 후설은 '생활세계'(Lebenswelt) 라는 매우 중요한 개념을 소개했다. 이는 의식의 배열이자 행위들이 모인 집합이며, 사람과 반대의 지점에서 발견되는 일련의 주제와 현상들, 즉 대상들(objects)을 따라 논리적으로 검증해야 하는 대상이 아니다.[25] '생활세계'는, 무엇이 '진짜'이고 혹은 '객관적'인지 그리고 무엇이 '상상'이고 혹은 '주관적'인지 개념화하는 '과학세계'와는 대조된다. '과학세계'에서는 의식이 종결되고 물질이 시작된다. '생활세계'는 그와 같은 엄격함을 알지 못하며, 단순히 사고를 실재와 동일시하고 표상과 모델이 실제로 그러하다고 여길 뿐이다. 이러한 이유로 '생활세계'는 사람과 사람이 그 안에서 사는 주위 환경을 구분하지 않고, 둘 다를 통합된 전체로서 이해한다.

'생활세계'는 민족이 살아가는 유일한 세계이다. 단순한 사회(코이넘)는 정확하게 이러한 방식으로 세워진다. 이 사회에서는 문명과 자연, 내부와 외부 사이에 경계가 없다. 사람과 그를 둘러싼 환경은 공동의 '생활공간'으로 불가분의 통일체를 구성한다. '생활세계'는 민족이 거주하는 그러한 층이다. 단순한 사회에서는 유일하게 이 층위만 있다. 반면 복잡한 사회에서는 이 층 위에 다른 층들이 구축된다.

민족사회학적 관점에서 '생활공간'과 민족 공간을 일치시키는 것은

---

24 Lefebvre, H. *La production de l'espace*. Paris: Anthropos, 1974. 또 Dugin A.G. *Geopolitics*. Moscow: Academic Project, 2010을 보라.

25 Husserl, E. "Philosophy as a Rigorous Science" / *The New Yearbook for Phenomenology and Phenomenological Philosophy II*. London: Routledge, 2002. PP. 249-295.

기본이다.[26]

민족 공간의 사례: 레즈긴족

실제에서는 이것이 어떻게 나타나는지 살펴보자. 여기에서 현대 캅카스 북부의 소수민족인 레즈긴족을 사례로 들고자 한다.

레즈긴족은 그들만의 언어와 공통의 기원에 대한 믿음을 가지고 있으며 전통을 공유한다. 우리는 여기에서 고전적인 민족의 사례를 다루고 있다.

오늘날 레즈긴족이 사는 공간은 민족 관점에서 통일된 장소라 할 수 있다. 캅카스의 산악 지역에 거주하는 레즈긴족에게 이곳은 '고향'이며 수용 공간이다.

그러나 영토적, 정치적 경계를 따르게 되면, 오늘날 레즈긴족의 일부는 다게스탄에, 또 다른 일부는 아제르바이잔에 거주한다. 다게스탄은 러시아 연방에 속해 있다. 아제르바이잔에서 레즈긴인은 아제르바이잔의 시민이고, 아제르바이잔 법률의 적용을 받으며, 국민(nation)의 관점에서 보면 아제르바이잔인으로 여겨진다. 다게스탄에 거주하는 레즈긴인은 다게스탄의 시민이며 따라서 러시아 연방의 시민이다. 이 레즈긴인들은 시민권상 러시아인이며, 다른 레즈긴인들은 시민권상 아제르바이잔인이다.

법적으로 러시아인이냐 아제르바이잔인이냐의 문제는 전적으로 다른 범주이다. 러시아인이라도 레즈긴민족이거나 대러시아민족일 수 있고, 아제르바이잔인이라도 다수의 아제르바이잔민족일 수도 있고 소수민족일 수도 있다. 그러나 시민권의 관점에서 러시아인과 아제르바이잔인을

---

26 필자의 다음 문헌 제1장을 참고하라. *Ethnos and Society*. London: Arktos, 2018.

구분하는 것은 두 개의 상이한 사회정치적 조직, 즉 민족이 아니라 정치적, 법적 국민의 범주에 근거한 것이다. 러시아 연방과 아제르바이잔 공화국의 법률에는 레즈긴인의 여권에 레즈긴족임을 명시하라는 조항이 없다. 따라서 만일 두 형제가 한 명은 러시아에, 다른 한 명은 아제르바이잔에 살고 있다면, 그 둘은 법적으로 서로 다른 사회, 서로 다른 정치적, 국민적, 행정적 공간의 구성원이다. 이 형제의 친족관계는 어디에도 기록되지 않는다. 한 집단은 보통의 시민이 되기 위해 러시아어를 알아야 한다. 다른 집단은 아제르바이잔어를 알아야 한다. 법적으로 어떤 레즈긴족의 가옥과 부지는 하나의 영토적, 행정적 단위에 뿌리를 내리고 있다. 반면 다른 레즈긴족의 가옥과 부지는 다른 곳에 속한다. 더구나 그들은 서로 다른 법률에 따라 살아가며, 서로 다른 사회와 서로 다른 공간에서 생활한다. 그들이 레즈긴족이라는 사실은 어디에도 표현되어 있지 않다.

그럼에도 불구하고, 직접적인 법적 규칙과 법률 밖에서 레즈긴인들은 그들의 민족적 통일성, 통합성, 불가분성을 분명히 인식한다. 그리고 레즈긴족은 국경이 가로지르는 양쪽 편의 땅에서 살아가고 있지만, 그들이 살고 있는 땅을 '고향', 즉 조상의 땅(motherland)으로서 공동의 땅으로 인식한다. 러시아와 아제르바이잔 양쪽 영토 및 다게스탄에 거주하는 주변 민족들은 침묵함으로써 레즈긴족을 민족적 통일체로 인정한다. 그리고 주변 민족들은 레즈긴족 및 레즈긴족이 전통적으로 살아온 영토와 특별한 관계를 발전시킨다.

따라서 구조화된 민족 공간은 법적, 국민적, 행정-영토적 국경과 별개이다.

여기에서 한 가지 질문을 제기할 수 있다. 만약 우리가 레즈긴민족을 공식화하고 레즈긴 영토의 구조를 해석하고 기술하고자 한다면, 어떤 방법에 의지해야 하는가? 민족의 지위는 어떤 국민정부의 법률에도 등록되어 있지 않으며 법적 범주도 아니다. 그런데 이것은 민족 공간 역시 법적 의미가 없음을 의미한다. 마찬가지로 민족은 (이 경우 레즈긴족) 정치적 범주가 아니다. 민족과 민족 공간을 기술하고 연구하고 이해하기 위한 유일한 도구는 민족사회학이다. 다른 어떤 학문도 올바르게 그리고 엄격한 과학적인 장치를 수단으로 이 문제에 대응할 수 없다.

제2장

민족사회학의 근본 개념, 도구, 방법

민족사회학의 기본 개념(사회의 유형)

민족사회학의 개념과 용어

민족사회학은 특정한 개념과 용어의 집합과 함께 작동한다. 이들 개념과 용어는 민족사회학이 아닌 다른 맥락에서나 일상에서 사용할 때 완전히 다른 의미를 가질 수 있다. 따라서 이러한 용어들의 특별한 의미에 강조점을 두고 기본 개념들의 의미적 구조를 설명하는 것이 중요하다. 그러면 민족사회학의 용어와 개념을 고전사회학 및 정치학과 연관시키는 것은 단지 기술적 문제일 것이다. 그렇지 않으면 개념의 혼란이 발생할 수 있다. 이 장에서는 민족사회학의 기본 개념과 용어를 설명하고 그 정의를 제시할 것이다.

동의어의 문제

앞 장에서 정의했던 민족의 개념부터 시작해 보자. 시로코고로프와 베버의 정의, 그리고 추가로 제시했던 사례들은 민족사회학이 작동하는 현상으로서 민족을 드러낸다. 이런 식으로 민족을 이해하게 되면 민족은 과학적 개념이 된다. 동시에 이 개념은 우리를 둘러싼 이 세계에서 그것을 지칭하는 대상으로서 구체적인 현상이다. 다시 말해, 민족 개념은 현상학적인 것으로서, 추상적인 것이 아니라 과학적 관찰의 산물이다. 그리하여 현상 그 자체로부터 유추된 것이라 할 수 있다. 어떤 의미에서 민족은 경험적인 개념이다. 우리는 민족이 존재하는 세계에 살고 있으며, 우리는 민족을 이론화의 기초로 받아들인다.

동시에, 일상적으로 '민족'이라는 용어를 사용할 때에는 매우 느슨한 의미가 있다. 즉 사람 혹은 인민(people), 인민의식(peoplehood), 국민(nation), 국민자격(nationality), 인종(race) 등의 동의어로 사용되기도 한다. 우리는 여기에 이 단어들이 유럽 언어로 번역될 때 얻게 된 의미의 미묘한 차이점들을 추가한다. 마지막 장에서 우리는 '민족' 개념의 그리스어 동의어들의 목록을 작성해 놓았다. 이를테면, 제노스(génos), 필레(phylé), 데모스(démos), 라오스(laós) 등이다. 라틴어에는 두 개의 단어, 파풀루스(populus)와 나티오(natio)를 고려할 수 있는데, 이 단어들로부터 현대 유럽 언어에서 상응하는 다수의 단어들이 형성되었다. 영어로는 '피플'(people)과 '네이션'(nation), 프랑스어로는 피플르(peuple)와 나시옹(nation), 이탈리아어로는 포폴로(popolo)와 나치오네(nazione), 스페인어로는 푸블로(pueblo)와 나시온(nación), 독일어 나치온(Nation) 등을 들 수 있다. 다양한 파생어를 추가할 수 있는 이 동의어들은 다소 미묘하다. 여기 동의어들은 거의 동일한 현상을 나타내지만, 개별 사례와 개별 언어의 맥락에서는 의미상의 변화가 일어난다. 여기에서 단어의 의미가 중요하게 달라지는 것이다. 이 때문에 이 용어들이 자유롭게 사용되는 정치 저널리즘, 데이터베이스, 토론 등에서 여러 문제가 발생할 뿐만 아니라, 학문 분야 특히 사회학에서 문제를 야기한다. 학술적으로 이 용어들의 뜻이 국가적 맥락, 학파, 심지어 특정 학자에 따라 상당히 다른 의미로 수정되는 것이다. 때때로 다른 현상이 같은 용어로 표시되기도 하고, 어떤 때에는 같은 현상이 다른 명칭을 갖기도 한다.

민족사회학의 기본적인 용어와 개념의 구조

민족사회학은 그 영역에서 엄격한 의미 구조를 확립하고 각 용어에 하나의 구체적인 의미만을 부여한다. 이를 통해 전체로서의 민족사회학 연구의 체계화가 가능해지고 필수적인 과학적 엄밀성을 확보할 수 있다.

민족사회학에서 앞에 나열된 동의어는 전혀 동의어가 아니다. 각각의 단어는 별개의 용어이며 전적으로 각기 다른 현상을 나타낸다. 그리하여 우리는 전체 학문의 근저에 있는 사회 현상과 구조에 대한 민족사회학 고유의 분류법을 얻을 수 있다.

민족사회학 분류법의 기본 개념은 다음에 제시하는 사슬과 같다

민족(ethnos) – 나로드(narod, 그리스어 라오스laós, 독일어 폴크Volk) – 국민(nation, 라틴어 나티오natio) – 시민사회(civil society) – 세계사회(global society) – 탈사회(post-society) 혹은 탈근대사회(post-modern society)

이 개념들 각각은 엄격하게 정의된 의미가 있으며 다른 개념들과 전혀 겹치지 않는다. 이 사슬은 논리적 연속성의 형태로도 그려 볼 수 있다. 서구 사회의 경우 전체적으로 역사적 연속성과 일치한다.

민족(ethnos) → 나로드(narod) → 국민(nation) → 시민사회(civil society) → 세계사회(global society) → 탈사회(post-society)

복잡, 기계화

단순, 유기적

탈사회

세계사회

시민사회

국민

나로드

민족

그림 3. 위계적 질서상의 민족사회학적 주요 개념

　민족사회학적 방법의 구조를 설명하기 위해 우리는 또한 이 개념들을 위계적으로 배열해야 한다. 그러나, 앞 장에서 보여 주었듯이, 위계가 오직 사회의 복잡성 정도만 나타내고 다른 것과는 상관없다면, '단순에서 복잡으로'라는 원칙, 즉 낮은 차별성에서 높은 차별성으로의 원칙에 따라 위계가 만들어진다. 동시에 우리는 이 위계를 유기적이고 통합적인 것에서 기계화되고, 결합되고, 복잡한 것으로 향하는 벡터로 설명할 수 있다.

정체성과 정체성 확인

　민족사회학적 문제의 본질을 소개하기 위해 기본적인 민족사회학 개념들에 대한 예비 설명을 제공하고자 한다. 이 개념들에 대해서는 이 책의 해당 장과 절에서 자세하게 다룰 것이다.

이를 위해서는 어떤 사회의 정체성이 민족사회학적 범주에서 다른 범주로 변화하는 경로를 생각해 보는 것이 편리할 것이다.

그러나 먼저 정체성(identity)과 정체성 확인(identification)의 과정을 정의해 보자.

정체성은 개인, 사회집단, 또는 사회 전체가 특정한 독립적인 구조를 갖는 것으로서 전체, 집단, 또는 개인과 동일시하는 정체성 확인의 한 형태이다. '정체성'(identity)이라는 용어는 라틴어 대명사 이드(id), 즉 '그것'(that, 러시아어 то)으로부터 만들어졌다. 러시아어로는 '토즈데스트보'(тождество, tozhdestvo)이다. '동일한'(identical)이라는 단어는 '토저(카모에)'(то же (самое))로 '같다'는 뜻이다. 라틴어로는 이드엔티(id-enti), 즉 '그것으로 존재함'(the being-that-thing)이라는 의미라 할 수 있다.

정체성의 구조는 '정체성 확인'(identification)의 행위 위에 수립된다. 이것은 어떤 개인이나 집단 혹은 사회가 "자신은 무엇이다"라고 확인하는 과정으로 의식적 혹은 무의식적 행위이다. 정체성 확인 과정에서 어떤 단위가 자신과 동일시하는 그 '무엇'의 내용, 구조, 의미, 중요성을 주장하게 되며, 이 행위를 통해 그 '무엇'과 자신을 동일시한 그 단위는 고유의 내용, 구조, 의미, 중요성을 나타내게 된다. 정체성은 인간 의식의 자산이다. 동물이나 다른 형태의 생명체는 이 원리를 알지 못한다. 새는 새이지만 이 사실은 의식을 통해 확인된 것이 아니다. 새는 자발적이고 의식적인 방법으로 '새'라는 유형에 속한다고 주장하지 않는다. 새가 되는 것은 '새의 정체성'을 갖는 것이 아니다. 유일하게 인간만이 최초이자 최고의 '자기 정체성 확인'(self-identification)이라는 정체성 확인의 행위를 실행한다. 인간은 그 '무엇'(id)에 호소함으로써 스스로의 자아와 존재, 그리고 의미를 규정한다. 그리고 그 '무엇'에 내용을 부여하고, 그 내용이 자신을 향하도록 만든다. 인간은 이 과정을 반추할 수 있으며 무의식적으로 수행할 수도 있다. 그러나 어떠한 경우에도, 이성이 개입하는 능동적 형태이든 자동으로 발휘되는 수동적 형태이든, 이 과정에서 의식이 작동한다.

민족 정체성 확인: 도 카모(Do Kamo)

가장 단순한 사회에서부터 가장 복잡한 사회에 이르기까지 모든 유형의 사회에 내재하는 집단 정체성의 기본 형태는 민족 정체성이다. 이것은 어떤 사람이 "나는 누구인가?"라는 질문에 "나는 민족이다"라고 대답하는 것을 의미한다. 이 경우 '무엇'(id)은 민족의 개념과 일치한다.

민족 정체성이 특별한 점은 완전한 비인격성에 있다. 민족에서 모든 구성원 간에는 유기적인 유대관계가 있다. 모두 언어와 공통된 기원에 대한 믿음, 그리고 공통된 관습을 공유한다. 민족에서는 모든 구성원들이 서로 그리고 공통된 (종종 신화적인) 조상들(토템, 영혼, 우두머리, 숭배 등)과 함께 집단 정체성을 형성한다. 그리고 집단 정체성의 거대함으로 개인적인 원칙은 거의 존재하지 않는다. 그 '무엇'으로서 민족 자체는 "나는 누구인가?"라는 질문에 대한 가능한 다른 모든 답변들을 아우르며 가장 우세하다. 이 질문은 민족이라는 구조 속에서 "우리는 누구인가?"라는 질문을 형성하게 되고, 그 답의 본질은 일종의 모든 것을 포용하고 불가분인 세계 전체를 의미한다. 이 전체가 민족이다.

그러한 민족 정체성은 민족의 시작에 대한 매우 구체적이고 체계적인 개념을 가진 어떤 고대의 부족에게서 매우 분명하게 드러난다. 민족학자이자 사회학자인 모리스 린하르트(Maurice Leenhardt, 1878-1954)는 도 카모(Do Kamo) 현상을 다룬 그의 유명한 저서에서 이 주제를 상세하게 연구했다.[1]

린하르트는 뉴칼레도니아에 있는 카나크인(Kanak) 멜라네시아 민족을 연구했다. 그리고 카나크인들 사이에는 개인으로서 '나'를 지칭하는 단어가 없다는 사실을 발견했다. 대부분의 언어가 '나', '나에게', '내 것'을 말해야 할 때, 멜라네시아인들은 도 카모라고 말한다. 이것은 '살아있는 존재'라는 의미이다. 도 카모는 개인이기도 하며, 사람들의 집단, 일족, 우두머리가 머리에 쓴 관에 장식된 뱀의 신(神)이 되기도 한다. 물론 우두머리의 아내도 남편을 도 카모라고 부른다.

린하르트는 멜라네시아 젊은이들이 결코 혼자 돌아다니지 않고 항상 무리를 지어 다닌다는 점에 주목했다. 그리고 자신들에 대해 말하자면, 그들은 항상 도 카모에게 호소했으며, 이는 그들의 집단이 공통의 존재이자 불가분의 존재임을 의미했다. 심지어 소녀를 만날 때에도 멜라네시아 젊은이들은 작은 무리를 지어 다녔고, 소녀들도 마찬가지였다. 카나크인은 개인의 신체에 대한 개념을 가지고 있지 않다. 그들은 몸이 '도 카모의 의복'이라고 생각한다.

만약 우리가 멜라네시아인에게 도 카모가 무엇을 나타내는 것인지, 그리고 개인으로서 '그 자신'은 어떤 존재인지 질문한다면, 그는 당황하여 어깨를 움츠릴 것이다. 도 카모가 바로 그 자신이며, 다른 어떤 것을 통해서도 그를 설명할 수 없다. 그러나 도 카모를 박탈하는 것은 가능하다. 만

---

1 Leenhardt, M. *Do Kamo la personne et le mythe danse le monde melanesien.* Paris: Galimard, 1947.

약 어떤 범죄나 위법 행위를 저지르게 되면, 그 사람은 사회 구조로부터 쫓겨나며 지위를 박탈당한다. 이후에 그는 이름도 없고 존재도 없다. 이와 같이 사회적으로 버림받고 도 카모를 잃어버리는 것은 멜라네시아인에게 가장 무서운 일이다. 이는 죽음보다도 더 두려운 것이다. 사회적 맥락에서 사망한 사회 구성원은 영혼이 되어 일족의 다른 부분에서 계속 살아 있기 때문이다. 즉 죽어서도 도 카모는 보존된다. 비록 생물학적인 개인이 여전히 남아 있다 해도, 도 카모를 잃는 것은 흔적도 없이 사라진다는 것을 의미한다.

이 경우 카나크인의 부족은 도 카모의 형상으로 민족이라는 현상을 보여 준다. 즉 자신들의 정체성을 확인하는 그 '무엇'을 도 카모로 만들어 낸다. 멜라네시아 부족은 민족사회학이 민족과 민족적 정체성의 확인이라고 부르는 것에 대한 나름의 이름을 가지고 있는 셈이다.

민족의 내부 구조: 가족, 혈통✦러시아어로 로드(rod)이다., 일족

민족사회보다 더 복잡한 사회 유형에 대해 논의하기 전에, 먼저 민족의 내부 핵심 구조를 생각해 보자.

민족사회학은 민족과 코이눔을 동일하게 본다. 민족보다 더 작은 규모를 가질 수 있는 독립적인 사회는 존재하지 않기 때문이다. 그러나 이것은 민족이 내부에서 나누어지지 않는다는 의미가 아니다. 민족도 내적 분할이 있다. 그러나 이 분할은 때때로 다양하게 나타나고 서로 중첩되어 있기도 한데, 독립적인 사회 구조를 형성하지는 않는다. 분할이 있어도 항상 다른 무엇의 일부로 존재하며, 그 무엇으로부터 근본적인 패러다임과 존재의 의미를 이끌어 낸다. 가장 최소 형태의 사회는 분명 민족이다. 반면, 민족이 분할된 부분들은 자율적이지도 자족적이지도 않다.

말하자면, 부분들은 그 자체로 성숙한 사회가 아니며, 보다 큰 전체로서 민족의 일부일 뿐이다.

코이님도 부분이 있을 수 있다. 더욱이 부분이 있어야 한다. 그러나 코이님이 기계적으로 부분들의 합으로 구성되는 것은 아니다. 코이님은 그 자체로 온전하고 전체적이지만, 내부 분할은 이 유기체의 속성이다.

유기체로서 인간 신체의 생물학적 구조를 예로 들어 보자. 이 유기체는 필수적으로 장기를 가지고 있다. 그러나 이 장기들은 전체 유기체에서만 의미를 가진다. 장기들은 독립적으로 유기체가 아니다. 신체의 부분들은 다른 부분들에서 자라나지 않는다. 예를 들어, 머리가 목에서 자라나거나 어깨에서 목이 자라는 것이 아니다. 이 부분들은 모두 통합된 유기체의 구조로서 함께 존재한다. 그리고 이 장기들이 모두 존재하는 경우에 유기체는 온전히 생존할 수 있다.

민족의 경우도 동일하다. 이것은 기초가 되는 사회 단위이다. 자율적이고 필수적이지만, 그 내부에는 다양한 매우 중요한 요소들이 기능하고 있다.

우리는 민족 내에서 기능상의 부분으로 혈통, 일족 및 가족을 구분해 낼 수 있다.

민족의 내부를 구분하는 여러 분류법이 있다. 이에 구밀레프는 '하위민족'(subethnos), '공동운명체'(consortia), '공동밀집체'(convictia)로 구분한다.[2] 인류학자와 사회학자의 특정 학파는 더 상세하고 미묘한 분류법을 사용하기도 하지만, 여기에서 우리는 가장 일반적인 것으로 제한하고자 한다.

---

2   Gumilev, L.N. *Ethnogenesis and the Biosphere.* Moscow: Progress Publishers, 1990.

민족의 가장 기본적인 사회적 세포는 가족이다. 가족은 남편과 아내, 그들의 자손(핵가족), 그리고 경우에 따라 그들의 부모와 친척(대가족)으로 구성된다. 가족 유형은 매우 다양하다. 일부일처제(남편 1명, 아내 1명), 일부다처제(남편 1명, 아내 여러 명), 일처다부제(아내 1명, 남편 여러 명) 등이 있다. 대가족의 유형도 매우 다양하다. 새롭게 결혼한 부부의 보금자리가 전통적으로 남편 부모의 집이나 마을인지, 아니면 아내의 부모가 거주하는 곳인지 등 대가족의 모습도 다르다.

모든 사회에서 가족의 구조는 예외 없이 족외혼 원칙에 기초하고 있다. 같은 가족 구성원 간의 혼인이라는 근친상간에 대한 사회 생성상의 근본적 금기는 모든 유형의 사회에서 공통적으로 확인된다. 우리는 다른 원칙에 기초하여 만들어진 사회에 대해 알지 못한다. 물론 이 규범으로부터의 부분적인 일탈 사례는 사회 역사의 일부 기간에 발견할 수 있다. 일탈 사례의 대부분은 이집트 파라오의 특정 계급이나 이란 조로아스터교의 형태로 특정 종교의 광신적 집단에서 나타난다. 여기에서 형사취수혼(兄死取嫂婚)이나 순연혼(順緣婚)은 구분해서 생각할 필요가 있다. 이들은 특별한 형태의 결혼 제도로, 죽은 형제의 아내에 대해 남은 형제들이 권리를 행사할 수 있도록 보호하고 여러 자매 중 한 여성의 남편에 대한 대칭적 권리를 확보하는 것이다.

가족의 족외혼 원칙은 적어도 두 개의 혈통이 존재한다고 가정한다. 그렇지 않으면 불가능하기 때문이다. 러시아어 로드(rod)는 용어상 그리스어 게노스(génos) 및 라틴어 게누스(genus)와 정확히 일치한다. 이러한 이유로 가족을 사회의 일차 세포로 간주할 수 없다. 하나의 가족이 만들어지기 위해서는, 두 개의 혈통 및 족외혼의 원칙이 필수이다. 그러나 두 개의 혈통과 족외혼 규칙은 혈통과 가족 모두보다 선행하는 것인 민족의 최소 형식이다. 가족은 서로 무관한 두 개의 혈통에 기초함으로써 구성될 수 있다. 이는 사회 그 자체의 절대적인 법칙이다.

가족과 혈통은 근본적인 규칙성으로 연결되어 있다. 레비스트로스에 따르면, 신화, 의식(儀式), 주변 환경과 관련된 기본적인 태도, 사물 분류법, 사회 제도 등 그 모든 본래의 문화적 특징들이 현실에서 각 사회가 가지게 되는 고유의 모습으로 구성되는 것이 이 근본적 규칙성에 의한 것이다.[3] 레비스트로스는 문자가 없는 사회에서 결혼 제도는 기초적인 '텍스트'와 문화 패러다임으로 이루어진다고 주장한다. 가족과 혈통 간의 관계에 대한 문제가 결정되는 구체적인 방식, 이를테면 어떤 종류의 결혼이 허용되며 또 어떤 방식은 금지되는지, 자손이 소속되는 혈통을 어떻게 판단할 것인지(모계인지, 아니면 부계인지), 신혼부부가 어디에 근거지를 둘 것인지(부계인 경우 아버지 쪽이 되며, 모계인 경우 어머니 쪽이 됨), 남편 및 아내의 형제자매 간의 관계에 대한 규범은 존재하는지 등에 대한 모든 결정의 방식이 한 민족의 신화와 의식, 철학과 문화의 핵심 열쇠이다.

최소 버전인 코이님으로서 민족은 두 개의 혈통으로 구성된다. 혈통의 이원성은 민족의 근본적인 모습을 구성한다. 이러한 이유로 대다수의 민족은 민족의 범위가 증가하는 경우에도 이 이원성을 유지한다. 민족은 족외혼의 조건을 지키기 위해 두 개의 절반으로 분할된다. 이 경우 하나의 절반은 다른 절반에 대해 외부인이 되며, 이로써 합법적 혼인을 보장할 수 있다.

---

3   Lévi-Strauss, C. *Les structures élémentaires de la parenté.* Paris: Mouton, 1967.

민족사회학과 인류학에서는 몇 개 혈통의 연합을 대개 일족이라고 부른다. '일족'(clan)이라는 단어는 켈트어 클란(clann)에서 유래했으며, 가장 가까운 그리스어 동의어는 필레(φυλή, phylé)이다.

일족은 몇 가지 서로 다른 방식으로 만들어진다. 어떤 혈통에서는 내부 결혼이 금지되기도 하고(이 경우 일족은 한 속(屬)의 확장된 형태임), 또는 어떤 혈통에서는 허용되기도 한다(이 경우 그 일족은 그 민족을 축소된 형태로 나타냄). 일족이 민족 내부에 존재한다는 것이 민족의 구조를 복잡하게 만들지만, 사실상 중대한 문제를 야기하는 것은 아니다. 이 복잡성은 민족사회학의 결정적인 문제를 수반하지 않으며, 단지 혈통이나 민족의 규모를 증가시킬 뿐이다. 일족의 존재와 구조는 필요하며 이 사실을 고려해야 하지만, 그것에 너무 큰 비중을 두어서 가장 중요한 요소들의 정체성 확인을 흐리게 하여 민족사회학적 분석이 축소되어서는 안 된다. 즉 민족 내에서 친족관계(kinship, rodstvo) 구조가 만들어지는 근저의 조직 원리를 간과해서는 안 된다.

우리는 다음과 같은 구조 공식을 제안할 수 있을 것이다.

외부혼인 일족 = 혈통(확장 유형)
내부혼인 일족 = 민족(최소 유형)

이런 이유로 일족이라는 범주는 유용하지만, 민족사회학적 지식의 구조에서 본질적인 것은 아니다.

가장 단순한 민족의 내부 구조는 [그림 4]처럼 나타낼 수 있다.

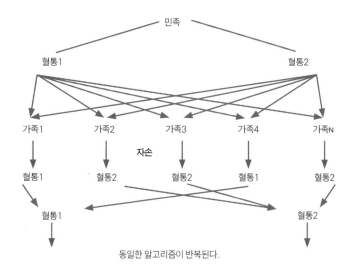

그림 4. 가장 단순한 민족에서 친족관계 구조

민족과 혈통-정체성: 쌍둥이 신화

우리는 첫 번째 장에서 민족과 인종을 정의하고 그 차이점을 이야기했다. 항상 두 개의 부분으로 구성된 민족의 내부 구조에 대한 분석에 근거하여, '공통의 기원'(common origin)이라는 말에 내재된 문제에 대해 추가해서 다루고자 한다.

어떤 민족에서 태어남과 동시에 그 민족의 정체성을 가진 사람은 반드시 어떤 하나의 혈통에 대한 정체성도 가지게 된다. 즉 다른 혈통에 대해서는 외부인이 된다고 할 수 있다. 그 결과, 모두가 공통의 조상을 가지고 있다고 믿는 내적 민족 정체성은 혈통 정체성과 중첩된다. 즉 한 혈통의 창시자의 후손에 소속되는 동시에 다른 혈통의 창시자의 후손에는 소속되지 않는 것이다. 민족 정체성이 민족의 모든 구성원을 통합한다면, 혈통 정체성은 구성원들을 구분한다.

  이것은 종종 쌍둥이의 모습에 대한 숭배에서 표현되지만, 이원적 대칭성을 추적하는 다양한 모습과 표시에서도 나타난다. 쌍둥이는 서로 닮았고, 고대의 인식에서는 닮았다는 이유로 쌍둥이가 동일한 존재라고 보았다. 그러나, 동시에 그들은 개인으로서 다른 존재이다. 쌍둥이의 모습에서, 우리는 이중 정체성의 가장 보편적인 상징을 다루고 있다. 부족의 절반은 쌍둥이 중 하나의 자손이고, 다른 절반은 다른 쌍둥이의 자손이다. 원시적 쌍둥이는 서로가 복잡한 관계에 있음을 발견한다. 그들은 형제이고 그 이유로 그들은 같은 속으로 결합되어 있다. 그러나 두 개의 서로 다른 혈통이 만들어지기 위해서는, 쌍둥이는 대립적이어야 한다. 그리하여, 쌍둥이 중 하나는 신이었고 다른 하나는 인간이었다고 하는, 한 예로 그리스 신화에서 카스토르(Castor)와 폴룩스(Pollux)의 이야기처럼, 쌍둥이에 대한 다양한 줄거리를 가진 이야기가 만들어진다. 많은 신화에는 쌍둥이가 서로를 죽이는 치명적인 전투를 벌이거나 쌍둥이 형제를 살해하는 이야기가 있다. 여기에 고대 부족에서 태어난 직후에 쌍둥이 중 한 명을 살해하는 관습을 심심치 않게 발견하게 되고 쌍둥이에게 초자연적인 힘을 부여하는 전설을 듣게 되는 이유가 있다.

  토템 모델에서는 한 부족을 절반으로 나누고 두 개의 족외혼 집단을 상정하여 서로 다른 신화적 조상을 섬기며 둘 사이에 종종 적대감, 경쟁심, 또는 적어도 어느 정도의 불균형, 예를 들면 위계가 있는 것으로 나타나기도 한다.

  모든 구성원의 최소 이중적 기원성의 패러다임은 이미 부족 내에 포함되어 있다. 그리고 전체로서 민족의 지침이 되는 패러다임으로서 족외혼의 유지에 대한 관심은 혈통 간의 거리가 보존되고 지워지지 않았다는 사실에서 지속적으로 나타난다. 따라서 민족 수준에서 공통 기원에 대한 신화는 부족의 수준에서는 서로 다른 기원들에 대한 신화로 배가된다.

공통성과 차별성이 서로서로 결합하는 정체성의 변증법으로서, 코이님 수준에서 창조된, 말하자면 가장 단순한 사회 형태를, 민족은 통합하였고 속은 차별화했다.

그러나 엄격한 과학적 방법으로 민족의 구성원들 서로의 생리적인 근접성을 증명하는 것처럼 정확히 같은 방식으로 혈통의 차이를 증명하는 것이 어려운 경우도 종종 있다. 문제는 하나의 혈통에 속하는 것이 생물학적 분류가 아니라 사회적이라는 것이다. 부부에게서 아이가 태어나고, 부부는 각기 분명 다른 혈통에 속한다. 이때 아이를 어떤 혈통으로 보아야 할 것인가는 복잡한 문제이며, 민족의 문화적 패러다임의 기초를 구성한다. 민족들은 이 문제에 대한 해법으로 각기 다른 방식을 가지고 있다. 예를 들어 아버지의 혈통에 속하게 된 사람은 어머니의 혈통과 관련해서는 '타인'이 된다. '타인'❖ 이방인, 외부인이라는 것은 사회학적인 관점이며, 생물학적으로 그 사람이 부계 및 모계 모두의 혈통과 관계가 있다는 사실과는 별개이다. 이러한 이유로, 혈통의 차이를 정당화하기 위해서는 서로 다른 조상에 대한 믿음 및 신화와 의례에 기대하게 되며 이 차이점이 점차 심화되는 과정을 밟게 된다.

이 모든 것은 쌍둥이 이야기와 이중 신화의 보다 광범위한 영역에서 충분히 표현되어 있으며, 대부분은 족외혼인 구조를 구성하는 사회적 기능을 가진다.

실제로는 사실이 아니었을 가능성이 매우 큰 친족관계에 대한 모든 민족 신화는, (마찬가지로 사실성이 의심스럽지만) 외래성의 혈통 신화로 배가된다. 그리고 물리적이고 유전적인(즉, 인종적인) 수준에서 둘 다 증명하기 어렵더라도, 사회적 사실의 수준에서는 반박할 수 없고 절대적인 것으로 존재한다. 사회의 가장 기본적인 형태로서 민족은 이중의 민족-혈통 정체성의 변증법 위에 수립된다.

민족사회학적 범주로서 나로드

민족사회학에서 나로드(naród)의 개념은 '민족' 개념과 본질적으로 다르다. 나로드는 사회에서 하나의 사회적 조직체로, 질적으로 민족보다 더욱 복잡하다.

우리는 그리스어 라오스(λαός, laós)를 사용하려고 하는데, 그 의미가 나로드를 민족사회학적 범주로 설명하는 데 가장 적합하기 때문이다. 그리스인들에게 라오스의 개념은 군사 작전에 함께 참여함으로써 결속된 사람들의 집단이나 특별한 목적을 위해 단순히 조직된 사람들의 집단을 일컫는다.

민족은 정적이다. 라오스는 동적이다. 라오스는 민족에 비해 보다 인위적이고 목표 지향적이며 조직적인 공동체이다. 라오스는 민병대에 비유될 수 있다. 즉, 역사적이고 대개는 군사적인 특정한 목표를 달성하기 위해 동원된 사람들의 집단이다. 그리스어 라오스는 대체로 독일어 폴크(Volk)와 러시아어 나로드(narod)에 조응한다. 러시아어 폴크(polk)＊'연대'라는 군사적 의미가 있다.가 독일어 폴크와 어원상 관련이 있다는 점은 중요하다. 조직된 집단이라는 의미가 무엇보다 군사적인 것(연대)을 뜻하므로 정확히 '나로드'의 개념과 일치한다.

시로코고로프와 같은 일부 민족사회학자들은 이 용어가 불필요하다고 간주하여 사용하지 않는다. 그러나 다양한 민족사회학적 구조에 규칙을 적용하기 위해 매우 유용하며 필수적이면서 중요한 개념임을 알게 될 것이다. 더욱이 민족사회학 이론에서 이 개념이 없으면, 수많은 용어 및 개념적 오해, 모순 및 적절치 못한 의미상의 변화가 생기기 마련이다. 나로드((λαός, populus, Volk 등) 개념의 도입은 전체 민족사회학 이론의 규칙성을 위해 필요하다. 이 핵심 개념이 없으면 의미의 간섭이 발생할 수밖에 없으며, 이는 완전하고 수준 높은 학문적 이론을 발전시키는 과정에서 극복할 수 없는 소음을 만들어 낼 것이다.

'나로드' 개념의 존재는 민족사회학에서 매우 중요하다. 이 용어가 엄격하게 정의된 의미를 가지고 상응하는 방식으로 도입되는 경우, 우리는 원숙한 과학적 학문 및 독립적인 이론으로서 민족사회학을 다루게 될 것이다. 그러나 나로드 개념이 없다면, 가장 좋게 보아도 우리는 민족사회학의 서론만을 다루게 될 것이며, 최악의 경우 고전사회학, 민족학 및 민족지학이 결합되는 지점에서 재활용되고 조각나고 무질서한 연구 및 방법을 다루게 될 것이다. 그러나 그러한 혼합주의는 아직 과학적 학문으로서의 성격을 가진 본격적 학문 분야를 나타내지 않는다. 러시아 및 다른 곳에서 민족사회학의 제도화가 지연된 것은 이 사실과 관련 있다. 우리 시야에서 나로드의 범주를 좁혀 버리면, 원숙한 이론의 발전 가능성을 스스로 빅탈히게 될 것이다. 결국 나중에 왜 이렇게 되었는지 깨닫게 될 것이다.

민족의 통합성은 나로드에서 불안하게 된다. 사회의 구조는 질적으로 열 배 더 복잡해진다. 사회 계층화와 뚜렷한 사회집단의 분리가 발생한다. 나로드에는 계급과 차별화된 직업 및 기타 사회적 등급이 존재한다. 분업의 과정이 시작된다.

나로드는 역사에 발을 들여놓은 민족이다. 신화가 뒷받침하는 영구적인 순환이나 영원한 귀환 대신 다른 형태의 일시성이 나타난다. 이 중 가장 눈에 띄는 것이 선형 시간이다.

나로드에서는 서로 고립된 여러 사회 계층의 분리가 시작된다. 각 계층에서는 고유한 사회학적 특성이 발달한다. 종종 계층은 불변의 카스트의 형태를 받아들이기도 한다. 한 카스트에서 다른 카스트로 이동하는 것은 어려우며 사실상 불가능하다. 노예 제도와 임금 노동 제도가 나타나는 것이다.

신화와 의례의 체계가 질적으로 변화한다. 카스트 원칙에 따라 신화와 의례도 달라지는 것이다. 설화와 신화가 민족의 특징이라면 서사시는 나로드의 특징이다.

성별 간의 차이는 더욱 뚜렷해지고, 가부장제 형태가 표준이 되기도 한다.

나로드를 형성할 때 반드시 두 개 이상 복수의 민족 집단과 함께해야 한다. 나로드는 결코 민족 집단의 양적 성장으로 형성되지 않는다. 나로드의 특성으로, 나로드의 기저에 적어도 두 개의 민족 집단(그리고 대부분은 두 개 이상) 사이의 접촉이 있다는 사실을 들 수 있다. 복잡한 사회학적, 정치적, 경제적 절차의 과정에서 민족들 중 어느 한 민족 혹은 민족들의 집단이 보다 높은 계층을 형성한다. 반면 다른 민족이나 민족들의 집단은 낮은 계층을 형성한다. 따라서 사회학적 범주의 기초로 엘리트와 대중이 형성된다.

나로드는 민족의 첫 번째 파생물이다

비록 가장 순수한 형태로서 민족은 아니지만, 나로드는 민족과 유기적인 연결을 유지한다. 나로드에는 민족의 한 단면, 민족의 한 측면이 있지만, 나로드가 민족의 유일한 구성 요소는 아니다. 사회의 특정한 역사적 형태로서의 나로드는 그 자체로 사회의 영원한 형태로서 민족을 포함하고 있지만, 민족에 포위되어 있는 것은 아니다. 우리는 나로드(또는 라오스)를 2층 건물로 상상할 수 있다. 첫 번째 층은 개념으로서의 민족이고, 가장 빈번한 현상으로서 복수로 존재하는 민족들이다. 두 번째 층은 고유한 나로드로서, 말하자면 민족에 포함되지 않으며 그 자체에 속하는 새로운 것이다.

'나로드'는 여러 매개변수에 의해 결정되는 민족사회학적 범주이다.[4]

나로드의 정체성은 민족의 정체성보다 더 복잡하다. 예를 들어 멜라네시아 부족의 도 카모의 경우처럼 민족에서는 비개인성과 그 자체로 모든 것을 포함하는 집단적 권위가 지배적이라면, 나로드에는 집단적 정체성과 개인적 정체성이 모두 존재한다. 그러나 개인적 정체성을 모두에게 공통적인 것으로 생각하는 것이 아니다. 개인적 정체성은 배타적인 것으로 영웅이나 우두머리 및 특출한 사람의 특권으로, 다시 말해 대체로 엘리트에게서 나타난다. 나로드의 구조에서는 집단적 정체성이 가장 광범위하게 퍼져 있는 반면, 개인의 정체성은 희귀하고 엘리트적이다.

따라서 사회 전체에 대한 자기 정체성 확인 과정은 더욱 복잡해진다. 전체로서 민족과 부분으로서 혈통의 모델은 사회집단으로의 계층화 및 분할의 규모로 보완되며, 이에 정체성이 추가되는 사례가 생겨난다.

이제, 민족과 혈통의 정체성 외에도, "나는 누구인가?" 또는 "우리는 누구인가?"라는 질문에 답하기 위해 ("나는 누구인가?"라는 질문은 이제 타당

---

4   다음 문헌의 제4장을 참고하라. *Ethnos and Society*. London: Arktos, 2018. 또한 다음 문헌도 참고하라. Dugin, A. G. *Sociology of the Imagination: Introduction to Structural Sociology*. Moscow: Academic Project. pp. 338 – 344.

성을 가진다) 카스트, 직업 및 장소 등에 대해 이야기할 필요가 있다.

신화소(mytheme)로부터 신화가 형성되듯이, 코이님으로부터 소시움(socium)이 만들어진다. 신화소나 코이님 또는 한 언어에서 단어는 양적으로 유한하지만, 신화나 사회 혹은 연설에서의 다양한 조합은 무한하다.

나로드의 세 가지 창조 형태: 국가, 종교, 문명

민족사회학적 범주인 '나로드'는 역사적 현상에 출현할 때 반드시 다음과 같은 형태를 만들어 낸다.

- 국가
- 종교
- 문명

이 형태들은 순차적으로 존재할 수 있으며(역사는 순차의 사례를 제공한다), 모두 함께 또는 다른 조합으로 존재할 수 있다. 나로드로서 사회의 존재는 한 형태에서 다른 형태로의 이행을 허용한다. 정확하게 나로드는 이러한 형태들에 연속성, 안정성 및 실제성을 제공한다.

나로드의 존재가 알려질 때마다 이 형태들 중 하나 또는 몇 가지를 동시에 창조하는 방식이 동원된다. 나로드는 독립적으로 스스로를 보여 주지 않고 오로지 이 형태들을 통해서만 보여 준다. 그 결과 많은 역사학 및 사회학 학파들이 민족사회학적 현상으로서 나로드를 보지 못하게 되었다. 나로드의 본질과 구조가 다른 현상들 뒤에 숨겨져 있기 때문이다. 나로드에 비해 국가, 종교, 문명은 분명하게 드러나는 현상으로 나로드보다 더 연구할 가치가 있는 것으로 간주되었던 것이다. 나로드는 이러한 형태들 뒤에 숨겨져 있다. 나로드를 밝히기 위해서는 특별한 노력이 필요하다. 이러한 노력들은 몇몇 학문 및 이념의 학파들이 가진 도그마적 장치와는 반대로 종종 여기저기 흩어져 있다. 마르크스주의자들은 국가의 본질에 대한 경제적인 해석에 무게를 두는 경향이 있다. 자유주의자들은 모든 것에서 개인, 시장 제도, 그리고 계약을 본다. 정치학자들과 역사학자들은 정치체제에 대한 연구에 몰두한다. 신학자들은 도그마와 제도에 집중하며, 문화학자들은 문명 양식 간의 비교에 열중한다. 나로드로서의 사회와 사회체제의 단위는 이들 현상의 이면에 있지만, 이 모든 접근법들의 과정에서 사라져 버린다. 만약 다른 학문들이 '나로드'의 범주를 무시하면서 일관된 구성을 정교화한다면, 민족사회학에서는 이 누락이 치명적이며 이론적으로 미싱 링크(missing link)를 노정함으로써 학문으로서의 민족사회학은 무너진다.

민족과 나로드 관계의 가역성

우리는 역사에서 두 가지 형태의 사회, 즉 민족과 나로드 사이의 관계가 상호 전환 가능하다는 것을 볼 수 있다. 민족 혹은 수많은 민족들로부터 나로드의 출현은 민족사회학적 과정에서 나타나는 한 가지 방향이다. 그러나 나로드는 또한 민족들로 해체될 수 있는데, 규칙으로서 그러하며 새로운 민족들이 된다. 이것은 역의 방향이다. 따라서 '민족-나로드'의 상호 관계는 가역적이다.

민족으로부터 나로드가 출현하고 나로드가 새로운 민족으로 해체되는 과정은 역사적 주기에서 나타나는 하나의 체계이다. 민족은 코이님이며, 말하자면 가장 기본적인 사회의 구조이다. 나로드는 보다 복잡한 구조를 가지고 있다. 위계적 순서로 복수의 코이님이 배열되어 구성된다.

국가, 문명, 종교 등 나로드가 그 구성 요소로 해체되는 것은 새로운 코이님에 생명을 불어넣는다. 동시에 나로드가 구성될 때 민족도 종종 변화를 겪는다는 점을 인식해야 한다. 단, 민족의 변화가 나타나는 방식은 나로드가 다시 해체될 때 과거의 민족이 유지되는 경우도 종종 있지만 전적으로 과거 민족으로의 회귀가 아니라 새로운 민족이 출현하도록 이루어진다. 동시에 최소 하나의 민족은 나로드 형성의 핵심 민족으로서 비가역적으로 변화한다. 나로드의 핵심으로 존재한 후 민족은 이전의 역사적 형태로 돌아가지 않고 그 대신 새로운 민족이 만들어진다.

그리스 문명의 사례에서 이 문제를 추적할 수 있다. 고대 그리스인들은 하나의 나로드로서 여러 민족으로 구성되어 있었으며 특정한 지중해 문명을 만들어 냈다. 이 문명이 해체되면서 다양한 새로운 민족이 그 자리에 출현했다. 그러나 그리스 문명의 핵심(펠로폰네소스와 발칸의 주민)은 완전히 새로운 민족지로 바뀌었고, 그중 현대 그리스인들이 전형적인 표본이다.

로마 제국을 만든 나로드는 세 개의 민족 집단(람네스Ramnes, 티티스Tities, 루체레스Luceres —이는 이후에 영어로 '부족tribe'이 된 트리부스tribus다)을 중심으로 탄생했다. 그리고 점차 '로마' 혹은 '라틴'이라는 일반적인 호칭을 갖게 되었다. '라티움의 거주민'이자 로마제국의 '핵심'이라는 의미였다. 로마 역사는 매우 복잡한 수많은 민족적 변화를 겪었다. 그러나 해체 이후 전적으로 새로운 민족들이 이탈리아를 포함한 그 지역에서 출현하였다. 나로드에 의해 만들어진 거대한 구조가 해체됨에 따라 전적으로 새로운 코이님들이 연이어 만들어졌다. 물론 법칙상 제국의 변방에 있었던 몇몇 민족들은 고대의 모습 그대로 바뀌지 않고 유지되었다. 바스크족이 대표적 예이다.

나로드노스트는 민족사회학의 범주가 아니다

'나로드'가 중요한 민족사회학 범주라면, 여기에서 파생된 '나로드노스트'(narodnost)의 개념은 '소수' 혹은 '작은 나로드'라는 의미에서 특별한 중요성이 없다. 민족사회학에서 나로드가 양적으로 큰지 작은지 여부는 중요하지 않다. 어떤 경우든, 나로드는 항상 질적으로나 양적으로 민족보다 더 크고 복잡하다. 민족은 코이넘이며, 나로드는 그로부터 파생된다. 그리고 우리가 구체적으로 이야기하는 것이 큰 나로드인지 아니면 작은 나로드인지는 중요하지 않다. 나로드는 민족사회학적 지위를 가진다. 민족사회학의 관점에서 볼 때, 나로드노스트는 공허한 용어일 뿐이다. 나로드노스트는 특정한 맥락적 의미를 가질 수 있는데, 엄밀하게 두 가지 중 하나이다. '민족'을 의미하는 사람들을 지칭하거나, 민족사회학적 의미에서 '나로드'를 의미한다. 그러나 양적 구성에서 소규모이거나 국가성, 종교성, 문명 정체성과 같은 질적 특성들의 일부를 상실한다. 그러나 질적 특성을 상실한 경우 '나로드'나 나로드의 파편화된 부분은 새롭게 '민족'으로 변형될 수 있다. 사회체제의 복잡화와 단순화의 과정은 원칙상 가역적이기 때문이다. 따라서 엄격하게 말하면, 나로드노스트라는 용어를 사용하는 대부분의 경우, '민족'이라는 보다 구체적이고 본질적이며 분명한 용어로 대체해서 사용해야 할 것이다. 만약 어떤 특정한 경우에 나로드의 작은 양적 매개변수를 표시할 필요가 있다면, 오귀스탱 코친(Augustin Cochin)이 제시한 사회학적 공식으로서 '소(小)나로드'(little narod)를 사용할 수 있다.

국민: 민족의 두 번째 파생물

뜨거운 논쟁을 야기하며 여러 가지로 해석되는 또 다른 개념이 있다.

그것은 '국민'(nation)이다. 국민에 대한 정의는 넓게 퍼져 있어서, 이 문제는 별도의 분석이 필요하다.[5] 먼저 이 개념의 내용에 대해서 개략적으로 설명하고자 한다.

민족의 첫 번째 파생물로서 나로드는 국가, 종교, 문명 등을 만들어 낸다. 민족이 국가를 만드는 경우, 우리는 특정한 유형의 사회를 다루는 것이라 할 수 있는데, 이때 그 속의 정치 구조, 제도, 형태, 법제 등을 명확히 추적할 수 있다. 이것은 모든 국가의 특징이다.

특정 유형의 국가, 이를테면 현대 유럽의 국가는 정치적 배열과 구성이 역사적으로 고유한 모델을 만들어 낸다. 즉 여타의 국가들과는 질적으로 상이한 바탕과 원칙 위에 수립되는 국가이다. 이러한 근본적으로 새로운 유형의 국가와 이에 대응하는 사회를 '국민국가'(national state, nation-state, 프랑스어로는 État-nation)라고 부른다. '국민국가'의 내용을 그 자체로 표시하는 사회가 바로 '국민'(nation)이다.

'국민'은 국가와 불가분한 엄격한 정치적 개념이다. 더욱이 현실의 국가인, 오늘날 유럽의 부르주아 근대 국가와 연결되어 있다.

민족사회학에서 '국민'은 가장 기본적인 개념 중 하나이다. 그리고 국민은 민족의 두 번째 파생물로 이해된다. 국민은 나로드보다 질적으로 훨씬 더 복잡하고 차별화된 사회이다.

민족이 나로드의 매트릭스였던 것처럼, 나로드는 국민의 매트릭스이다. 그러나 여기에 분명한 변증법적 순간이 있다. 역사에서 분명히 볼 수 있는 것처럼, 나로드는 민족을 밀어내고 그 자리를 차지한다. 그러면서

---

5   필자의 다음 문헌 제5장을 참고하라. *Ethnos and Society*. London: Arktos, 2018.

민족을 함축의 영역, 가장 밑바닥의 기저층이나 지하로 옮겨 놓고 겉모습 뒤에 숨겨 놓는다.

국민에서도 정확히 동일한 변증법적 순간이 있다. 국민은 유럽 근대의 정치사(다른 시대에는 국민과 유사한 자취를 찾을 수 없기에 '유럽 근대'를 명시함)에서 분명히 확인할 수 있는 것처럼 나로드를 대체한다. 마찬가지로 나로드를 함축의 영역으로 옮겨 놓고, 더 낮은 층으로 (이 경우 민족이 1층을 점하고 있기에 2층으로) 보내고 국민이라는 겉모습으로 나로드를 봉인한다.

겉모습 수준에서 보면, 나로드가 있을 때 민족은 없다. 그리고 국민이 있을 때에는 나로드가 없다. 그러나 더 깊이 들여다보면, 나로드 아래에 민족(코이넘)을 찾을 수 있고, 국민 아래에 민족의 첫 번째 파생물로서 나로드를 발견할 수 있다.

만약 나로드에 민족정체성(집단적, 대중적)과 개인정체성(최소, 엘리트)의 두 가지 정체성 모델이 있다면, 국민에서는 오직 개인정체성 하나만이 규범이 된다. 개인정체성은 국민의 모든 구성원에게 퍼져 있다. 나로드에서 개인은 귀족 중에서도 '영웅'이었다. 국민에서 개인은 '상인'이며, 말하자면 제3계급이고, 규범적으로 모든 사람이다.[6]

개인정체성은 국민의 기초에 존재한다. 그리고 구체적인 법률적 속성인 시민권(citizenship)으로 표현된다. 소여(所與)로서 국가의 시민은 국민의 한 요소이다. 이러한 정체성은 법적이며, 정치적이고, 견고하게 확립되어 있다.

언뜻 보기에, 국민은 민족이나 나로드와 같은 다른 형태의 정체성을

---

6   '영웅'과 '상인'이라는 유형의 사회학적 관념은 독일 사회학자 베르너 좀바르트가 제안했다. 다음 문헌을 참고하라. Sombart, W. *Merchants and Heroes*. Munchen: Dunkler & Humblot, 1915.

대체하고 폐지하는 것처럼 보인다. 법적인 관점에서 보면, 이것은 확실히 그러하다. 민족, 나로드, 신분, 직업, 거주지 등 어떤 것도 고전적 국민에서 법적 범주로 고려되지 않는다. 또한 어떤 것도 공식 문서나 법률에 나타나지 않는다. 그러나 더 깊은 수준에서는 역사적인 전체로서 민족의 요소와 나로드에 속하는 요소가 계층화 구조와 함께 보존되며, 특정한 환경에서 그 존재를 확인할 수 있다.

국민에서는 도시의 정치화된 대중이 주류를 이룬다. 그리스어로는 데모스(δήμος, démos)가 이 집단의 대부분을 가리키는 의미이다. 민족 및 '라오스'와는 대조적으로 '데모스'(demos)는 그리스 역사에서 '대중'(population)을 나타내는데, 분명한 민족정체성이나 계급정체성을 가지고 있지 않으며, 그들은 '도시 경계' 내의 거주민을 의미한다. 이런 이유로 아리스토텔레스는 민주정을 '폴리티'(polity)와는 대조적으로 정치체제의 부정적인 모델로 보았다. 아리스토텔레스에 따르면, 민주정과 폴리티는 모두 다수가 지배하는 정치체제이다. 이는 귀족정, 왕정, 전제정 및 과두정과는 대비된다. 그런데 폴리티는 자질과 사회적인 유능함과 조직화된 다수를 가지고 있는 반면(이것을 나로드와 연관지을 수 있다), 민주정은 모두가 차별 없이 살아가는 '도시 경계' 내 거주민들의 지배, 즉 우매한 다수의 지배이다.

국민은 시민으로 구성되어 있으며, 이들의 총합이 대중(데모스)이다.

따라서, 우리는 [그림 5]와 같이 여러 유형의 사회에 존재하는 정체성의 다양성을 설명할 수 있다.

국민과 가역성

민족과 나로드의 관계에서 가역성을 확인할 수 있다. 민족, 보다 정확

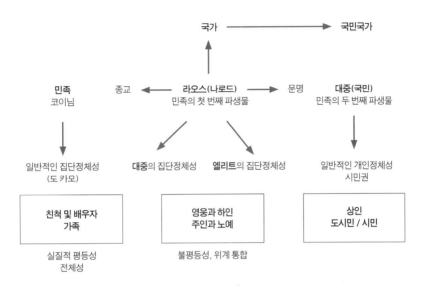

그림 5. 다양한 유형의 사회에 존재하는 정체성

히는 민족들로부터 나로드가 만들어지며, 다시 나로드는 해체되어 민족이 된다. 그렇다면 이 가역성의 원칙이 국민에도 마찬가지로 적용되는가?

여기서 모든 것이 더 복잡해진다. 민족과 대조적으로 국민은 유기적 공동체가 아니다. 그리고 나로드와 대조적으로 국민은 역사적 공동체가 아니다. 말하자면 사회학적 관점에서 영웅적 엘리트가 발전시킨 어떤 계획을 실현하기 위한 것이 아니다. 국민은 순수하게 합리적이고 계약적인 현상으로 생각되며, 계약의 아이디어에는 계약의 해지와 또 다른 계약의 체결 가능성이 포함되어 있다. 따라서 이론적으로 국민은 해체되면서 다른 참가자 집단과 새로운 합의를 근거로 새로운 국민을 생성한다. 그러나 실제로 이 문제는 다소 다르다. 예로써 1990년대 체코슬로바키아나

유고슬라비아를 들 수 있다. 이들 국민정부는 100여 년 전 오스트리아-헝가리제국과 오토만제국이 분열한 결과로 형성되었다. 그리고 이들이 해체될 때 새로운 공식 계약이 도입되었으며, 역사적으로 국민으로서 정부를 수립했던 민족의 코이님 혹은 나로드로 회귀하면서 실제로 새로운 국민을 만들어 냈다.

체코슬로바키아는 평화적으로 그리고 합의에 의해 두 개의 국민정부, 즉 체코공화국과 슬로바키아로 분리되었다. 그러나 이러한 분할의 바탕에는 민족적이고 민족고백적인 원칙이 있었다. 체코인은 대체로 개신교이며, 슬로바키아인은 대체로 가톨릭이다. 종교는 나로드의 사회학적 표시이다. 비록 동일한 언어를 사용하지는 않았지만, 체코와 슬로바키아는 슬라브문화권을 이루고 매우 밀접한 관계를 맺으며 높은 유사성을 가지고 있었다. 이에 이 둘의 분리는 이 둘이 가진 순수한 민족적 기원, 즉 코이님을 드러내는 것을 의미한다.

구유고슬라비아에서 나로드는, 유고슬라비아의 다른 민족과 문화 집단을 하나로 묶으려고 노력했던 세르비아 민족을 중심으로 형성되었다. 세르비아인은 나로드의 야망을 가진 민족이었으나, 국민으로 형성되었다. 유고슬라비아에서 연방 권력의 위계가 약화되었을 때, 여러 공화국의 민족, 즉 크로아티아, 슬로베니아, 마케도니아, 보스니아, 알바니아 및 몬테네그로 민족들이 국민국가를 허물기 시작했다. 세르비아인은 자신이 나로드이며 유고슬라비아가 그들의 국가라고 생각하면서 이에 필사적으로 반대했다. 이것은 비극적인 결말을 맞았다. 거의 모든 민족의 지역이 분리되고 새로운 국민정부를 형성했으며, 세르비아인은 나로드의 정체성에서 민족의 정체성으로 물러날 수밖에 없었다. 이러한 과정의 대부분은 학살, 전투 및 외부 국민국가(나토 국가들과 러시아)의 개입을 동반했다.

여기서 표면적으로는 유고슬라비아 국민이 새로운 국민의 조합을 만들기 위한 계약을 재고했다고 할 수 있다. 그리고 법적 관점에서도 그런 일이 일어났다. 그러나 실제로 이 비극적이고 피비린내 나는 과정에서 다음과 같은 일들이 먼저 발생했다.

- 민족의 부분적인 회복(세르비아인 제외), 즉 국민을 민족으로 역해체(코이님으로 복귀).
- 나로드 단계를 건너뛰고 민족을 국민으로 변환시키기 위한 인위적인 가속화 노력. 이 모든 과정이 근대성이라는 유럽의 법적 맥락에서 결정되었기 때문. 근대성에서는 오직 국민국가 원칙에 따라서만 사회를 수립한다는 규범이 인정됨.

따라서 민족사회학적 입장에서, 국민이 해체되는 경우에도 가역성이 있음을 확인할 수 있다.

국민자격은 민족사회학적 범주가 아니다

나로드노스트의 경우보다도 더 많은 문제가 '국민자격'(nationality)*보통 '국적'으로 이해하지만, 여기에서는 좁게는 국민국가의 일원으로서의 자격인 법적인 국적과 함께 인간 집단이 국민인지 여부를 구분한다는 의미를 포함하는 포괄적인 의미에서 '국민자격'으로 번역하였다. 의 개념에서 발생한다. 다른 유럽 언어에서 국민자격이라는 용어의 의미는 모호하지 않고 어떠한 혼란도 일으키지 않는 반면, 러시아어를 사용하는 (학문적, 법적) 맥락에서만 특정한 의미론적 비중이 부가되면서 문제가 복잡해진다. 국민자격(프랑스어 nationalité, 독일어 Nationalität)이란 특정한 국민국가에 속하는 것, 즉 '시민권'을 의미한다. 이것은 법적 범주이며 문서에 등록된다.

해당 장에서 자세히 고려하겠지만, 소련의 역사에서 벌어졌던 일련의 상황과 관련하여 국민자격의 개념은 완전히 다른 의미를 가지게 되었고, '어떤 민족 소속'을 의미하기 시작했다. 따라서 멀리 떨어져 있는 두 개의 사회학적 개념, 즉 코이님으로서 민족과 민족의 '두 번째 파생물'이자 정치적이고 인위적인 구조로서 국민이라는 개념 간에 상당한 혼란이 발생했다.

엄격한 학문으로서 민족사회학에서 국민자격이라는 용어를 사용하는 것은 나로드노스트라는 용어를 사용하는 것보다 훨씬 엄격하게 배제된다. 이 용어와 관련된 유일한 의미는 일반적으로 받아들여지는 유럽의 용례이며, 오직 '시민권'만을 나타내는 것으로 사용해야 한다.

우리의 경우 국민자격은 러시아연방의 시민권이고, 러시아 시민으로서 존재이다. 그러나 '타르타르'(Tartar), '대러시아'(Great Russian), '체첸'(Chechen), '야쿠트'(Yakut) 등은 민족자격 혹은 민족적 소속이다. 정확히 같은 방식으로, 프랑스 민족과 아프리카 또는 아랍 귀화자 모두를 포함하는 프랑스의 시민은 하나의 동일한 '국민자격'을 가진다. 즉 그들은 모두 '국민자격에 따른 프랑스인'이다. 그들은 민족적으로, 종교적으로, 표현형적으로, 그리고 시각적으로 구별되지만, 이 구분은 사법적이지도 합법적이지도 않다. 국민과는 아무런 관련이 없다. 심지어 가장 평범한 관찰자도 여기에 주목할 수 있지만, (우리가 이전 장에서 말했듯이) 정확하게 해석하고, 기술하고, 분류할 수 있는 것은 오직 민족사회학만이 가능하다.

혼란을 피하기 위해, 민족사회학에서 '국민자격'이라는 용어는 사용하지 않기로 한다.

민족사회학적 개념으로서 시민사회

이제 시민사회 문제로 넘어가 보자. 시민사회는 또 다른 파생물로 이번엔 국민으로부터 유래한다. 시민사회는 한편으로 국민 수립의 근거가 되는 동일한 원칙, 즉 개인 시민권의 원칙에 기초하고 있다. 그러나 국민과는 대조적으로 시민사회는 거대한 밀집체 구조로서 국가의 불변성을 부정한다. 즉 국가가 비록 잘 구축되고 기계적인 전체이지만, 현대의 수준에서 정치적 전체로서 국가가 역사적인 정당성을 가진다는 생각을 거부한다.

시민사회는 국민에서 격리되면 그 자체로 사회학적 추상이 되는데, 이는 국민국가 없는 시민의 프로젝트일 뿐이다. 말하자면 형식 없는 내용만 존재하는 셈이다. 국민 없는 시민사회는 민족, 나로드, 계급, 종교, 국민 등 모든 집단정체성의 형태와 상반되며 오로지 개인의 정체성에만 배타적으로 기초하는 것으로 간주된다.

시민사회의 이론은 철학자 임마누엘 칸트(Immanuel Kant, 1724-1804)가 평화주의와 인류학적 낙관주의의 정신으로 만들었다. 칸트는 궁극적으로 사람들이 국민국가를 수호하면서 서로 싸우는 것은 불합리하며, 협력하는 것이 훨씬 더 유리하고 유익하다는 것을 깨닫게 될 것이라고 생각했다.[7] 그 지점에서 이성과 도덕에 기반한 시민사회가 출현하게 된다. 칸트의 사상은 자유주의와 부르주아 민주주의의 정치사회적 전통에서 중심이 되는 사조의 바탕을 이룬다.

따라서 시민사회는 처음부터 국민정부들의 한계를 뛰어넘는다고 간

---

7   Kant, I. *Perpetual Peace, and Other Essays on Politics, History, Morals.* Indianapolis, IN: Hackett Pub. Co, 1983.

주되며, 언젠가는 점차 폐지될 수밖에 없는 조직 형태로서 국민정부와 대립한다. 집합체 형태의 국민정체성은 배타적인 개인정체성에 자리를 내주어야 한다. 그래야 개인들로만 이루어진 사회가 만들어지며, 여기에는 어떤 형태의 집단정체성도 존재하지 않는다.

어떤 의미에서 '시민사회'는 추상적인 것이다. 국가 지위 바깥에 존재하며 국민을 초월하는 현대의 사회를 우리는 경험적으로 알지 못하기 때문이다. 그럼에도 불구하고 이 개념의 이면에는 완전히 이해할 수 있는 사고체계가 있다. 이는 근대에 사회와 함께 발생했던 사회학적 변화의 주요 벡터를 이어 가고, 그러한 경로를 따라 우리가 조만간 도달해야 할 이론적 지평선을 그린다. 이 경로는 계급사회에서의 집단정체성과 개인의 영웅적 정체성에서 출발하여 순수한 개인정체성의 방향으로 간다고 간주되며, 이것이 역사의 의미와 진보의 방향이라고 선언된다.

서구의 문화와 서구 사회에서 볼 때 이러한 사고의 경로는 자연스러울 뿐만 아니라 정당한 것이다. 이러한 이유로 민족사회학에서 '시민사회'라는 범주를 우리는 완벽하게 사용할 수 있다.

개념으로서의 시민사회는 민족의 세 번째 파생물이다. 어떤 의미에서 시민사회는 민족에 대한 완전한 안티테제이다. 왜냐하면 모든 관계, 구조적 대칭성, 가치 및 이들 간의 정체성 확인의 형태가 반전되기 때문이다. 시민사회는 심연의 무의식 차원에서도 민족이 존재하지 않는다고 전제하는 사회학 모델이다.

시민사회의 가역성

이것은 의문을 제기한다. 시민사회는 가역적인가? 시민사회가 만들어지는 과정이 완전하지 않고 게다가 근거로 삼을 수 있는 선례가 없기 때문에, 이 질문에 명확하게 대답할 수 없다. 이와 관련하여 우리가 할 수 있는 유일한 것은 민족사회학의 관점에서 연구되었던 과거 사회의 가역성을 추적하는 것이다. 나로드에서 민족은 나로드가 붕괴되어도 살아남으며, 나로드가 역사적으로 만들어 냈던 형태들이 해체된 뒤에도 새로운 모습으로 나타난다. 국민의 해체를 보면, 국민국가에서도 역시 민족 요소와 나로드 요소는 부정되지 않으며 다시금 중요한 사회적 정체성의 형태가 될 수 있음을 알 수 있다. 그러므로, 가역성은 실제로 현상학적으로 관찰 가능한 모든 형태에서 발견된다. 민족에서 유래한 '첫 번째' 및 '두 번째 파생물'은 수학의 미분법에서 말하는 방식대로 다시 '독립 변수로 역추적'하는 방식으로 접근할 수 있다. 이에 근거해서 가역성이 민족사회학의 법칙들 중 하나이며, 역사적으로 알려진 사회와 (우리는 한 눈에도 이를 확신할 수 있다) 아직 실현되지 않은 미래의 사회를 포함하여 모든 유형의 사회에 가역성이 적용 가능하다고 말할 수 있다.

따라서 시민사회가 만들어지게 되면, 향후에 국민, 나로드 및 민족과 같은 덜 복잡한 민족사회학적 모델로 다시 변환될 가능성이 상당하다고 조심스럽게 말할 수 있을 것이다.

시민사회의 절정으로서 범지구사회

시민사회의 개념을 구체적인 역사적 맥락에 놓고 보면, 시민사회가 가진 특성상 세계적이고 초국민적이며 탈국가적일 수밖에 없다는 것을 알게 된다. 즉 시민사회는 궁극적으로 반드시 범지구적(global)이 되는 것을 의미한다. 따라서 우리는 시민사회가 가장 최적의 모습으로 구체적으로 실현된 최상의 형태로서 범지구사회(global society)를 생각할 수 있다.

범지구사회의 형성 과정은 다음의 단계를 거친다.

1. 범지구사회는 국민국가의 틀에서 개인의 정체성을 강화하는 것으로 시작된다. 이것을 일컬어 '민주화'(democratization)와 '사회 근대화'(social modernization)라고 부른다. 국민으로 이뤄진 집단정체성과 이에 상응한 국가의 집단정체성은 점차 엄격한 개인정체성에 그 자리를 내어 준다. 시민사회는 힘을 얻게 되며, 민주적 국민국가는 점점 더 민주적 성격이 강화되고 국민으로서의 성격은 점차 약화된다.

2. 그런 다음, 국민국가가 높은 수준의 민주화와 근대화 수준에 도달하게 되면, 그들 중 몇몇은 하나의 초국민적 형태로 합쳐진다. 그리하여 탈국민적, 민주적 초국가의 기초로 탈바꿈하게 되는데, 오늘날 우리가 현실에서 볼 수 있는 것이 바로 유럽연합(European Union)이다.

3. 두 번째 단계는 모든 사회와 국가가 최고 수준의 민주화에 도달하여 하나의 세계정부를 가진 유일한 범지구국가(Global State)로 연합할 때까지 지속된다. 이 행성의 국가, 이 '코스모폴리스'(Cosmopolis)의 시민은 전체 세계의 시민이 될 것이며, 이때 시민의 지위는 전적으로 인간의 지위와 동일해질 것이다. 이 이데올로기는 '인간의 권리'라는 이름을 부여받았다. 이것은 정확히 범지구시민권(global citizenship) 혹은 범지구사회의 개념을 내포한다.

사회학적 관점에서, 우리는 범지구사회 (그리고 시민사회도 함께) 개념의 주안점에 주목해야 한다. 이 사회는 모든 유형의 집단정체성의 형태를 부인한다. 즉 민족, 역사, 문명, 문화, 계급, 국민 등의 정체성이 사라진다.

진정한 시민사회만이 오직 범지구적일 수 있다.

민족사회학의 분류론적 관점에서 볼 때 범지구사회는 별도의 사회 패러다임을 나타내는 것이 아니다. 오히려 시민사회의 완성된 형태로 범지

구사회를 보아야 한다. 그러나 이러한 구분을 달리 볼 수도 있다. 범지구
사회를 최종 목표 및 패러다임으로 설정한다면, 시민사회는 국민에서 범
지구사회로 이행하는 과도기 단계로 볼 수 있다. 이 경우 시민사회의 모
든 질적 징후들(처음에는 순수한 개인 정체성)은 자동으로 범지구사회에로
넘어간다.

탈사회와 탈근대성의 사회학

코이님으로서 민족부터 범지구사회에 이르기까지 우리가 살펴본 사
회의 모델들은 모두 '인간 사회'이다.[8] 우리는 경험적으로 우리를 둘러싼
세계에서 민족, 나로드, 국민 그리고 마찬가지로 어떤 형태의 '시민사회'
와 만난다. 그리고 오늘날 이미 의심의 여지없이 존재하는 특정 경향들
을 미래로 확장함으로써 범지구사회를 상상할 수 있다. 이 모든 사회 유
형들은 인간을 참여자로 전제한다. 야수의 단계에서 원시 인류 사회로의
전환에 대한 모든 주장들은 가설로 남아 있다. 하지만, 이 가설들은 심지
어 사회학에서도 의외로 널리 퍼져 있다(예를 들어 저명한 사회학자 허버트 스
펜서Herbert Spencer(1820-1903)의 사회적 다원주의social Darwinism는 사회학에
서 높은 권위를 자랑하는 시카고 학파에 영향을 미쳤다).

오늘날 다른 가설들도 널리 인정되는데, 단순히 인류 이전의 과거로
회귀하는 가설적 시각이 아니라, 인류 이후의 미래를 전망하는 가설적
시각이다. 이 흐름은 탈근대주의, 즉 포스트모더니즘으로 알려져 있다.

범지구사회의 한계를 넘어 미래 사회의 다음 지평을 재구축하려는

---

8   Thurnwald, R. *Die menschliche Gesellschaft in ihren ethnosoziologischen Grundlagen.*
    Berlin: Walter de Gruyter & co., 1935.

탈근대 재구축이 있다. 이와 같은 재구축의 목적은 오늘날 존재하는 사회학적 경향의 벡터를 '내일'(범지구사회)뿐만 아니라 내일 그 이후까지도 확장하고자 하는 바람에 기초하고 있다. 시민사회와 범지구사회라는 개념보다 더 추상적인 이 가설은, 인류의 사회성 이전에 동물의 '서문'(序文)이 있었다고 보는 인간 사회의 견해에 대칭되는데, 이에 이 가설을 일컬어 인류의 사회성 뒤에 붙는 '기계의 발문(跋文)'이라고 말할 수 있다.*인류 사회 생성 이전의 동물적 세계를 '서문'으로 본다면, 그 이후 인간이 기계와 결합하거나 사이보그가 출현하는 탈인류 기계의 세계가 도래할 것이라는 가설을 '발문'에 비유하여 표현하고 있다. 이는 탈인류(post-human)의 사상이며, 결국 개인으로서 인간을 대체하게 될 것이다.

탈인류란, 정체성 해체의 벡터(집단에서 개인으로 그리고 민족에서 범지구사회로 정체성의 변환을 보여 주는 [그림 6]을 참조)를 또 다른 질적 수준으로 확장하고, 개인성을 그 구성 요소들로 분해할 것을 제안하는 개념이다. 인간 개인은 민족과 유사하게, 나눌 수 없는 전체이자 유기체와 같은 존재로 생각할 수 있다. 그리고 적어도 서구 사회에서 사회사(社會史)가 이 전체성을 원자 수준으로 분쇄하고자 하는 열망인 것처럼, 탈역사(post-history) 혹은 '탈인류' 개념은 인간 자체를 분쇄하여 기계, 사이보그, 클론, 돌연변이 등으로 대체할 것을 제안한다. 유전자의 해독이라는 바로 그 아이디어는 이미 그 자체로 인간의 기계적 코드에 대한 탐구를 포함하고 있다. 기계적 코드는 개선될 수 있으며, 통제하거나 조작하는 것도 가능할 것이라고 본다. 인간 자체를 하나의 기계 혹은 메커니즘으로 간주함에 따라, 인간의 기능에 간섭하거나 기능을 완벽하게 만드는 것도 가능하다고 본다.

현대 공상과학소설에서 이용되고 있듯이(유전공학, 복제, 나노 기술 등의 진보가 확장됨에 따라 점차 현실이 되고 있는 단편들), 그러한 사회학적 가설에 기초하여, 우리는 인간 사회의 한계를 초월하여 최후의 순수 이론 모델을 구축할 수 있다.

민족의 마지막 파생물은 탈인류사회 또는 탈사회가 될 것이다. 인류라는 틀 안에서 민족의 최대 안티테제는 범지구사회(시민사회처럼, 민족의 '세 번째 파생물')일 것이다. 그렇다면, 나눌 수 없는 개인(individual)이 아니라 이미 분할된 존재(dividual)인 탈인간(postpeople)을 조망하며 기존의 한계를 넘어서서, 우리는 민족의 조건부 '네 번째 파생물'의 윤곽을 점선으로 그려 볼 수 있다. 그것은 아마도 사이보그, 돌연변이, 클론, 기계 등이 결합된 존재일 것이다. 이것은 민족사회학이 인간의 가설적 미래를 분석할 때 멈추게 되는 논리적 한계이다.

민족사회학의 주요 개념은 이 분류에 의거해 철저히 다루었다.

[그림 6]은 이러한 모든 유형의 사회 모델들을 한데 모아 표현한 것이다.

민족사회학의 도구적 개념

스테레오타입 – 민족 스테레오타입

이제 민족사회학의 기본 도구적 개념을 개략적으로 살펴보자. 이를 통해 기초적인 민족사회학적 현상을 기술하고 해석할 수 있을 것이다. 민족사회학적 현상에는 민족, 나로드, 국민, 시민사회, 탈사회 등이 있다.

'스테레오타입'(stereotype)＊보통 '고정관념'으로 번역된다. 여기에서는 개인이 아니라 인간집단 혹은 사회 차원에서 형성된 인지와 해석의 경향성에 비중을 두어, 그대로 표기하기로 한다. 개념은 고대 그리스어 스테레오스(στερεός, '단단한', '공간'이라는 뜻)와 투포스(τύπος, '표시'라는 뜻)에서 유래하는데, 사회학자 월터 리프먼(Walter Lippmann, 1889-1974)이 학문적으로 처음 소개했다. 리프먼은 스테레오타입을 다음과 같이 정의했다. "스테레오타입이란 역사를 가진 사회가 채택하는 모델로, 그 사회가 과거의 사회적 경험에 근거하여 주변의 세계를 지각하고 인식하는 동안 정보를 감지하고 여과하고 해석하는 것을 말한다." 이 개념을 소개하는 목적은 사회의 본질, 특히 사회적 의견을 이해하기 위해 매우 중요하기 때문이다. 어떤 사회든 오래된 것으로 새로운 것을 설명하고 친숙한 것으로 낯선 것을 설명하려는 경향이 있다. 스테레오타입은 사회 의식의 구조를 보여 주는데, 이는 항상 주변 세계 및 그것의 변형과 선택적으로 연관된다. 이에 따라 이미 정착되어 있는 관념에 부합하는 것들은 받아들이고 새로운 것은 의심하며 접근한다(그리하여 종종 '새로운' 것을 이해하지 못하거나 아예 무시해 버리기도 한다).

사회는 스테레오타입 속에서 생각한다. 말하자면, 사회의 내부와 외부에서 전개되는 과정과 종종 충돌하는 관념 속에서 생각한다. 그러나 스테레오타입은 직접 경험으로 얻은 것보다 더 강력한 경우가 많다. 왜냐하면 의식에 갇혀 있기에 새로운 경험은 이미 수립되어 있는 스테레오타입에 따라서 다시 처리되기 때문이다. 스테레오타입과 충돌하는 모든 것은 거부당하거나 아니면 다시 해석된다.

민족사회학에서 스테레오타입 개념은 가장 광범위하게 적용된다. 예를 들어, 다양한 유형의 사회에 스테레오타입이 적용될 수 있다.

민족 수준에서 스테레오타입은 가장 안정적이고 완고하다. 새로운 것은 모두 거부되거나 무시된다.

나로드 수준에서 스테레오타입의 구조는 좀 더 복잡해지며, (역사의) 현장에서 새롭게 만들어진다. 그 속에서 새로운 것이 허용되는 것이다. 물론 이 경우에도 새로운 것은 스테레오타입의 도움을 받아 다시 해석되는 일이 매우 빈번하다.

국민은 인위적이고 합리적으로 스테레오타입을 만들어 내야 한다는 목적성을 가지고 있다. 스트레오타입을 생산하고 사회에서 이를 주입 교육하는 것은 이데올로기와 정치 및 프로파간다의 영역을 구성한다.

시민사회는 스테레오타입을 집단 수준에서 개인 수준으로 바꾸고자 분투한다. 범지구사회는 집단적 스테레오타입의 완전한 근절을 제안한다.

탈사회(그리고 이것은 포스트모더니즘의 매우 중요한 프로그램이다)는 심지어

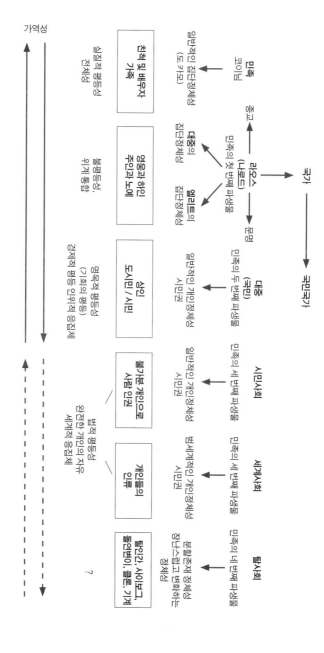

그림 6. 사회의 다양한 유형에서 나타나는 정체성

개인 수준에서도 스테레오타입의 분해가 이루어지는 영역이라고 생각할
수 있다.

보다 의미를 좁혀서 우리는 민족의 스테레오타입에 대해 이야기할 수
있다. 즉, 민족, 나로드 또는 국민에 대한 어떤 사회의 고정된 관념에 대
한 이야기이다.

스테레오타입은 오토스테레오타입(autostereotype)과 헤테로스테레오타
입(heterostereotype) 두 가지로 구분할 수 있다. 오토스테레오타입이란 한
집단이 자기 집단에 대해 가지고 있는 스테레오타입의 체계이다. 헤테로
스테레오타입은 이 집단이 다른 집단들에 대해 가지고 있는 관념 체계이
다. 민족사회학 연구에서는 오토스테레오타입과 헤테로스테레오타입을
밝혀내는 방법이 널리 채용된다.[9]

미국 사회학 창시자의 한 명인 윌리엄 섬너(William Sumner, 1840-1910)
는 정체성의 구조를 연구하기 위한 수단으로 '아집단'(we-group)과 '타집
단'(they-group)이라는 사회학적 개념을 만들었다.[10] 또한 '민족중심주의'
(ethnocentrism)라는 용어를 도입함으로써, '아집단'(이 경우 민족으로 이해됨)
이 항상 중심에서 발견되는 반면 '타집단'은 언제나 주변부에 있는 사회
정체성 구조의 특별한 성격을 강조했다. 아집단의 구조는 오토스테레오
타입에 의해 결정되며, 타집단의 구조는 헤테로스테레오타입에 의해 결
정된다.

9   Soldatova G.U. *Psihologiya Mezhetnicheskoy Napryazhennosti*. Moscow: Smysl, 1998.
10   Sumner, W. *Folkways: A Study of the Sociological Importance of Usages, Manners, Customs, Mores, and Morals*. New York, NY: New American Library, 1960.

태도: 민족의 태도

민족사회학 분석의 또 다른 매우 중요한 도구는 태도(attitude)에 대한 사회학적 개념이다.

태도는 어떤 대상이 어떤 상황에서 어떤 행동을 하는 성향의 심리적인 조건이다. 그 현상은 독일 심리학자 랑게(L. Lange, 1863-1936)가 발견했다. 미국의 사회학자 토머스(W. Thomas, 1863-1947)와 나네스키(F. Znaneskty, 1882-1958)는 이것을 사회학 영역에 적용했다. 그들은 사회적 태도(social attitude)가 "사회적 세계와 관련하여 고려되고 사회적 가치와 연결하여 가장 먼저 최우선으로 취하게 되는 심리적 과정"이라고 정의했다. 그들에 따르면, 가치란 "태도의 객관적인 측면"이다. "결과적으로, 태도는 사회적 가치의 개인적인 (주관적인) 측면"이라고 주장했다.[11]

태도는 사회적 행동에 앞서며 내부와 외부 사이의 경계선상에서 하나의 사실로 발견된다. 이 경계선에서는 사회적 환경과 직접 접촉하는 순간이 도래하기도 전에 사회적 행동과 사회적 인식의 전략이 만들어진다.

미국의 사회학자 밀턴 로키치(Milton Rokeach, 1918-1988)는 태도에 두 가지 유형이 있음을 보여 주었다. 하나는 대상에 대한 태도이며, 다른 하나는 상황에 대한 태도이다. 대상에 대한 태도는 어떤 현상, 사회적 또는 민족적 집단들에 대한 관계를 아는 것(기본 스테레오타입)이다. 이 태도에는 역(逆)의 연관성이 존재하지 않는다. 즉 특별한 구체적인 모습은 고려하지 않고 외부 세계에 투영된다. 다음으로 상황에 대한 태도는 역의 연관성을 포함한다. 이 태도는 어떤 문제를 구체적이고 개별적인 시점에 놓

---

11   Shihirev P.N. *Sovremennaya Sotsialnaya Psihologiya.* Moscow: Nauka, 1979, p. 86.

고, 그것으로 문제를 고려해야 하기 때문이다.

사회학에서 유명한 라피에르의 실험은 민족사회학적으로도 중요하다. 1930년대 초, 미국의 사회학자 리처드 라피에르(Richard Lapiere, 1899-1989)는 두 명의 중국인 조교와 함께 미국의 여러 도시를 여행했다. 당시 미국에서는 중국인들과 관계를 형성하는 것이 상당히 조심스러웠다. 라피에르가 두 중국인 조교와 함께 묵을 방을 예약하기 위해 숙소 주인에게 서신을 보냈을 때, 대부분 그는 회신을 받지 못하거나 방이 모두 찼다는 말을 들었다. 그러나 그가 두 중국인 조교와 호텔에 도착했을 때, 대다수 숙소 주인들은 특별한 문제없이 묵을 수 있도록 해 주었다. '대상에 대한 태도'(중국인)는 부정적이었지만(이는 민족적 헤테로스테레오타입으로 발현되었다) '상황에 대한 태도'는 많은 요인들(교수 개인의 매력, 중국인 학생들의 말쑥한 외모, 고객으로부터 돈을 벌 수 있는 가능성 등)에 의거해 결정되었으며, 빈번히 '대상에 대한 태도'를 무색하게 만들었다.

동화

두 민족 상호 간의 접촉에 관해 연구하게 되면, 민족 동화(assimilation)의 과정을 빈번히 발견할 수 있다. 이것은 어느 한 민족이 서서히 다른 민족에게 흡수되어 결국 사라지게 되는 것을 말한다. 보다 강하고 활력이 넘치며, 보다 능동적이고 집요한 어떤 민족의 영향력하에서, 보다 약하고 수동적이며 침체되어 있는 다른 민족은 특유의 성격을 상실할 수 있으며 더 강한 민족에 합쳐질 수 있다. 동시에 동화되는 과정에서 언어, 공통된 기원에 대한 믿음, 그리고 자신과 다른 민족들을 구분했던 특유의 전통을 상실하는 일이 발생한다.

동화는 순조로울 수도 있고 갑작스러울 수도 있다. 상대적으로 자발적일 수도 있으며 전적으로 강요에 의한 것일 수도 있다. 계획된 것일 수도 자연발생적일 수도 있으며, 전쟁 상황이나 평화의 조건에서 발생할 수 있다. 동화는 정복된 민족이 정복자에게 흡수될 때 종종 발생한다. 한 가지 사례로, 오늘날 불가리아인은 현재의 불가리아에서 발생한 슬라브민족이다. 고대에 불가리아의 슬라브민족은 튀르크의 아스파루크 칸(Khan Asparukh)에 의해 정복당했으며, 점차 튀르크 엘리트를 동화시켰다. 이에 튀르크 엘리트는 슬라브 대중 속에서 자체의 언어와 공통의 기원에 대한 기억, 민족적 전통을 상실해 버렸다.

동화는 외부에서 보면 단일의 방향으로 진행된다고 생각된다. 이러한 동화가 일어나는 동안 하나의 민족이 없어져서 다른 민족에게로 융해되는 것으로 이해되기 때문이다. 그러나 이 과정에서 민족들 간의 보다 깊은 상호작용이 발생한다. 흡수되는 민족이 다른 민족에 흡수될 때 원래의 특성을 들여오는 경우가 적지 않다. 이는 흡수의 주체이자 보다 능동적인 민족의 구조에 영향을 미칠 수 있다.

따라서, 대다수가 드라비다족이었던 인도의 토착 주민들이 인도-유럽의 유목민에 의해 점령당하고, 힌두교도들의 민족 문화, 전통, 언어 및 믿음을 수용한 이후에는, 원래의 베다 문화를 근본적으로 변화시켰고 그것에 완전히 고유한 성격을 이입했다.

민족 보전

동화의 반대는 민족 보전(conservation)이다. 보전은 다른 민족과의 거대한 영향에 직면하여 동화를 거부하면서 민족을 지키는 것을 의미한다. 어떤 상황에서는 취약한 민족이라도 동화를 피하고 정체성을 보존할 수 있다.

민족을 보전할 수 있는 가장 흔한 방법은 다른 강한 민족의 영향력 주변부로부터 후퇴하여 접근과 지배가 어려운 곳으로 옮겨 가는 것이다. 산악지대나 숲, 사막, 툰드라, 빙하지대 등을 예로 들 수 있다. 이처럼 살아가기 어려운 지역에 정착한 고대 민족의 구성원들을 어렵지 않게 찾을 수 있다. 이들은 보다 힘이 세고 호전적인 낯선 침입자들이 밀려드는 물결을 적지 않게 경험했다. 그리고 그 속에서 민족을 보전했다. 에스키모족(Eskimos), 추크치족(Chukchi), 에벤크족(Evenki)을 비롯한 북극 지대의 소민족들이 이러한 고대 민족의 사례이다. 몇몇 고지대 나로드도 많은 고대의 특징들을 가지고 있다. 오세티아족(Ossetians), 아바르족(Avars), 다르긴족(Dargins), 스반족(Svans), 체첸족(Chechens), 잉구시족(Ingush), 타바사란족(Tabasarans), 레즈긴족(Lezgins) 등을 들 수 있다.

문화변용

민족 간 영향의 또 다른 형태는 문화변용(acculturation)이다. 이 과정은 사회 전체가 아니라 사회의 특정 부분에 영향을 미친다. 문화변용은 한 민족의 문화적 코드가 다른 민족에게로 이전되는 것이다. 이때 문화변용이 일어나는 사회의 민족적 질서나 배열의 특정한 모델에 대해서는 고려하지 않는 것이 규칙이다.

문화변용 과정에서는 그 현상이 일어나는 사회집단에서 문화적 변환이 발생한다. 그러나 동화 과정과는 달리 여기에서는 두 개 집단의 완전한 병합이나 어느 한 집단이 다른 집단을 흡수하는 일은 발생하지 않는다.

19세기에 문화변용은 더 복잡한 사회의 문화적 코드를 더 단순한 사회로 (예를 들어, 나로드 또는 국민에서 민족으로) 전달하는 형태라고 쉽게 생각했다. 대부분의 경우에 이런 식으로 문화변용이 일어나는 것도 사실이다. 그러나 민족학자 보아스는 다른 사회의 문화적 영향을 받지 않을 수 있는 사회는 (단순하든 복잡하든) 존재하지 않는다고 강조했다. 여기에서 보아스는 노르웨이 어부가 사용하는 작살의 형태를 예로 제시한다. 이것이 그린란드의 에스키모족이 훨씬 오래전에 사용했던 낚시 도구를 그대로 복제한 것이라는 점을 보여 준다.[12]

문화변용은, 문화 교류 과정에서 문화의 혼합 없이 한 사회가 다른 사회에 문화적으로 영향을 주는 것으로서 넓은 의미로 이해할 수 있다. 이는 민족사회학자 레드필드(R. Redfield), 린턴(R. Linton), 헤르스코비츠(M. Herskovits)가 보아스의 접근법을 발전시켜 정립했던 이론에서 나타난다. 반면 협의로는 보다 복잡한 문화가 덜 복잡한 문화에 일방향으로 영향을 미치는 것으로 볼 수 있다.[13]

통합

민족 간 영향의 또 다른 형태는 통합(integration)이다. 그것은 한 민족 집단이 또 다른 민족에 포함되는 유형이다. 대부분 자주 자발적으로 이루어진다. 통합 과정은 의식적 성격과 의례적 형식화라는 점에서 동화와 다르며, 이 점에서 그 다른 민족 집단의 개별 구성원들에게 영향을 미친다. 통합이라는 목적을 달성하기 위한 여러 가지 방식이 있다.

통합의 주요 형태는 다음과 같다.

---

12 Boas, F. *Race, Language, and Culture*. New York, NY: Macmillan, 1940.
13 Redfield, R. & Linton, R. & Herskovits, M.J. *Memorandum for the Study of Acculturation* / American Anthropologist. 1936. Vol. 38, No. 1.

1. 입양

2. 피의 형제

3. 후원자/수혜자 모델

입양(adoption)은 규칙상 개인 차원에서 수용되는 사람의 요구에 따라 어떤 민족 공동체의 구성원을 다른 민족 공동체가 받아들이는 방식이다. 입양의 방식이 진행되는 과정에는 다양한 형태가 있다. 이 과정에서 신입 구성원은 민족 내부에서의 '탄생'을 모방하고, 부족에 공통적인 조상에 대한 믿음을 증명한다. 즉, 들어가려는 부족의 조상이 이제는 자신의 조상이 된다. 그리고 새로운 전통과 관습을 익히고 숙지한다. 입양된 구성원은 주어진 민족 공동체 가운데서 생활하고 그 공동체의 언어를 사용하게 된다.

피의 형제(blood brotherhood)도 마찬가지로 의식(儀式)과 연관된다. 즉 동일한 하나의 민족으로 통합되는 것을 상징하는 의식으로, 두 개인의 피를 섞는다. 이때 동일한 하나가 무엇인지 반드시 명시해야 한다. 다른 부족의 구성원과 '피의 형제'가 된 사람은 이제 금기, 결혼 규칙, 상과 벌과 같은 모든 사회적 형식을 따르게 된다. 그리고 다른 모든 사람들은 그 공동체의 완전한 구성원으로 받아들인다. 마치 ❖태어날 때부터 같은 부모의 피를 나눈 형제와 같이, 그는 이제 '피의 형제'와 같은 혈통에 속하게 된다. 사회학적 관점에서 볼 때, '피의 형제'가 되기 위한 의식은 결과적으로 실제 가족의 유대와 완전히 동일하다.

어떤 경우에는 두 민족 사이에 후원자/수혜자(patron/client) 형태의 관계가 수립된다. 이것은 후원자로서의 어떤 민족이 다른 민족을 보호한다는 목적으로 그 민족을 취하는 것으로, 후원자 민족은 적의 침략이 있을

시 이에 대해 보호할 의무를 지며, 그 대가로 수혜자인 다른 민족은 흔히 식량이나 다른 형태의 상품 등 여러 물품을 후원자 민족에게 제공할 책임을 진다. 때때로 후원자/수혜자 모델을 따라 민족이 통합되면, 매우 안정적이 되고 수세기 동안 지속된다. 이는 신화, 사회 제도 및 의식들 속에 묘사되기도 한다. 민족들은 서로에게 영향을 미치며, 불가분의 공생 관계에서 함께 살아가기도 하지만, 언제나 민족이 가진 고유한 특성은 잃지 않는다.

보다 복잡한 사회에서 통합과 동화 간에 차이가 나타나는데, 통합은 일련의 피통합 집단이 가진 특별한 민족적 기호를 보존할 수 있도록 허용하는 반면, 동화는 이를 허용하지 않는다. 즉 흡수되는 집단이 가졌던 특징들은 없어지고 이 자리에 동화를 주도하는 사회가 자리 잡는다.

복잡한 사회에 민족사회학적 방법의 적용 가능성

민족사회학은 사회의 가장 단순한 형태인 코이넘으로서 민족을 연구한다. 보다 복잡한 유형의 사회로서 나로드, 국가, 종교, 문명, 국민, 시민사회 등은 민족에서 유래한 파생물이다. 이들 파생물의 특성과 사회학적 의미에 대한 더 자세한 연구는 다음 장에서 논의될 것이다. 그러나 민족사회학적 접근법의 가장 중요한 벡터를 개략적으로 설명하는 것은 지금도 가능하다. 우리가 민족 수준에서 만났던 사회학적 개념과 도구적 개념은 보다 복잡한 사회체제에서도 쉽게 발견할 수 있을 것이며, 마찬가지로 이를 연구하는 데에도 적용할 수 있을 것이다. 이들 개념의 구조는 정체성의 변환(집단에서 개인으로, 더 나아가 '분할 존재dividual'로까지)과 함께 변할 것이다. 이에 이들을 **도구적 파생물**이라 부를 수 있다.

예를 들어, 동화의 과정은 하나의 민족적 질서를 가진 두 사회(두 개의 민족)의 경우에서도 볼 수 있고, 동화가 결정적인 역할을 하는 나로드의 형성에서도 확인할 수 있다. 뿐만 아니라 귀화와 유입 등을 통한 국민의 형성에도 동화가 나타난다. 그리고 시민사회에서 고유하게 나타나는 동화의 특징적 형태가 있다. 시민사회는 자유주의 이념의 프로파간다, 관용과 정치적 올바름이라는 원칙, 국민과 국가 구조에 대한 판단에서 시민사회의 특징이 표현된다. 이렇듯 한 개인을 '시민사회'의 구조로 수용하는 방법이 만들어진다. 모든 경우에서, 우리는 동화를 다루고 있지만 그 질과 구조는 그때마다 다르다. 이런 이유로 우리는 도구적 파생물에 대해 말하는 것이다.

코이닝 수준에서 투명하고 명백한 것은 복잡한 사회 모델 수준에서 점점 더 희미하게 베일에 싸인다. 민족사회학은 복잡한 것을 단순화할 것을 요구하지 않는다. 오히려 다음을 추적하도록 한다.

- 복잡한 사회의 구조화 과정이 단순한 것에서 출발하여 어떻게 발생하는지
- 그 사이에 단순한 사회에서 무슨 일이 일어나는지, 그리고 더 복잡한 사회의 일반적인 맥락에서 단순한 사회는 어디에 있는지
- 단순한 사회와 복잡한 사회 간의 공통점은 무엇인지
- 그들 사이에 주요한 차이점은 무엇인지

제3장

민족사회학 방법론의 이론적 패러다임

제1절
근원주의

민족 현상을 해석하는 기본적 방법

민족사회학에서는 민족의 본질을 이해하는 세 가지 접근법을 구분하는 것이 일반적이다.[1] 이러한 접근법으로는 근원주의(primordialism), 구성주의(constructivism), 도구주의(instrumentalism)가 있다.

근원주의는 '원시의'(primordial), '최초의'(primary)라는 뜻의 라틴어 프리모르디알리스(primordialis)에서 유래한다.

구성주의는 '인공적으로 생산된 무엇'이라는 뜻의 라틴어 콘스트룩티오(constructio)에서 유래한다.

도구주의는 도구적 목적을 위해 무엇인가를 사용한다는 의미의 단어 인스트루멘툼(instrumentum)에서 왔다.

근원주의는 '본질'(essence)을 의미하는 라틴어 에센티아(essentia)에서 유래한 '본질주의'(essentialism)와 밀접하며, 구성주의는 '모더니즘'

---

1   Arutyunyan, Yu.V., Drobizheva, LM, Kondrat'ev, VS, Susokolov, A.A. *Ethnosociology: objectives, methods, research results*, Moscow, 1984.

(modernism)과 가깝다. 때때로 이 세 가지 기본 방법에는 스미스(E. Smith)로 대표되는 '민족상징론자'(ethnosymbolist) 학파가 추가된다.

일부 민족사회학 연구자들은 마치 근원주의가 민족의 본질에 대한 다양한 관점을 다루는 것처럼 말하기도 한다.[2] 우리는 민족과 그 파생물들을 올바르게 구분해 나가는 과정 속에서 이 문제점이 저절로 사라지는 것을 보게 된다. 다양한 사회 유형에 접근하기 위해서는 서로 다른 기준이 필요하기 때문이다. 이렇게 하면 자동적으로 모순을 제거할 수 있을 것이다.

설명의 편의를 위해 근원주의(본질주의), 구성주의(모더니즘), 도구주의의 세 가지 접근법을 기본으로 하고, 그 토대 위에서 민족 현상과 민족 과정을 해석하는 방법론적 특성들을 보여 주고자 한다. 그런 다음 '민족상징론'(ethnosymbolism)의 접근법을 별도로 언급하겠다.

근원주의 접근법의 핵심

가장 광범위하게 해설할 때 **근원주의 접근법**은, 인간 사회와 인간 문화의 근원적(원시적) 성격을 민족으로 인식한다는 사실에 있다. 민족은 사회 구조들의 기초에 있으며, 그 구조들은 민족의 변형들이자 변증법적 국면들이다.

이 용어는 미국 사회학자 에드워드 실스(Edward Shils, 1910-1995)가 1957년에 처음으로 소개했다.[3] 그는 고대 사회에서 민족적 친족관계의

---

2 Eriksen, T. H. *Ethnicity and Nationalism: Anthropological Perspectives.* London: Pluto Press, 1993.

3 Shils, E. *Primordial, Personal, Sacred and Civil Ties* / The British Journal of Sociology. 1957. Vol. 8. No. 2. June. pp. 130 – 145.

특수성에 주목했다. 즉 민족적 친족관계에서는 개인으로서가 아니라 '근원적 관계성'(primordial relatiohship) 또는 '근원성'(primordial)으로 묘사될 수 있는 특별한 '중대한 관계성'을 가진 사람으로서 친척을 특별한 친밀감으로 인식했다는 것이다.[4] 실스는 '근원적 관계'의 구조를 대인관계의 기초 위에 세워지는 사회적 구조와는 엄격하게 반대에 놓고 본다. 앞서 우리는 모리스 린하르트가 연구한 도 카모의 모습에 대한 사례를 제시했다.

민족은 근원성의 표상 주변에서 나타나는 원초적이고 원시적인 존재이다.

모든 종류의 근원주의는 이 요지에 동의한다. 그리고 이 주장은 너무나 자명하고 역사적 관찰을 통해서도 확인할 수 있다. 이에 최소한 이러한 공식에서는 반박하기 어렵다. 대다수의 민족사회학자들이 이해하고 시로코고로프가 정의했던 것처럼 근원성을 민족의 관점에서 이해하게 되면, 실제로 언어, 공통된 기원에 대한 믿음, 그리고 관습(즉 민족)이 인간 사회의 특징을 규정하게 된다. 다시 말해 가장 오래된 고대의 원초적, 원시적 시대에서 시작되어 그대로 오늘에 이른다고 보는 것이다. 우리가 민족에서 파생된 것으로 정의한 사회에서도, 오래전에 민족이 사라져 더 이상 존재하지 않는 사회에서도, 민족적인 요소를 발견하는 것이 언제든 가능해진다. 이 점은 어떤 집합적 사건들이 발생하는 동안에 한 눈에 보아도 명백하게 드러난다.

근원주의가 정확히 이와 같은 방식으로 형성된다면, 민족에 대한 이러한 접근 방식을 반대하는 사람을 찾아보기 쉽지 않을 것이다. 그러나 민

---

4   Shils, E. *Primordial, Personal, Sacred and Civil Ties* / The British Journal of Sociology. 1957. Vol. 8. No. 2. June. p. 130.

족 근원주의에 대한 인식 외에도 많은 학자들이 다양한 추가적인 특성들을 부가했고, 이는 비판의 원인을 제공하였다.

다양한 형태의 근원주의

현대 영국의 사회학자 앤서니 스미스(Anthony Smith)는 저서 『국민의 신화와 기억』(Myths and Memories of the Nation)에서 근원주의를 탐구하는 다양한 접근법을 정리했다.[5] (스미스는 '민족상징론' 학파의 창시자로 이후에 다룰 것이다.)

스미스에 따르면, 근원주의에는 세 가지 종류가 있다.

- 본질론(essentialist): 민족이 고대로부터 현대의 국민에 이르기까지 사회 존재의 불변한 형태라고 말한다. 그리고 현대의 국민과 고대의 민족 사이에는 끊을 수 없는 연결성이 존재한다고 주장한다. (이것은 극단적 형태의 근원주의이다.)
- 친족관계: 민족적 상징 모두가 세대 간에 단절없이 연결된 친족관계(kinship)를 보여 준다고 주장한다.
- 이른바 기어츠의 근원주의(Geertz's primordialism): '상징 인류학'(symbolic anthropology) 이론의 저자인 클리포드 기어츠(Clifford Geertz, 1926-2006)의 이름을 딴 것으로, 민족의 역사적 형태 간에 직접적인 연결성을 밝히는 것은 불가능하지만, 이 연결성에 대한 믿음은 지속적인 사회학적 사실이라고 본다. 그리하여 이 연결성이 실제로 존재한다는

---

5   Smith, A. D. *Myths and Memories of the Nation*. Oxford: Oxford University Press, 1999; Smith, A. D. *Nationalism: Theory, Ideology, History*. Cambridge: Polity, 2001.

가정에서 사회를 분석할 때 고려해야 한다고 주장한다.[6]

　이처럼 스미스가 정의한 것에 대해서는 모두 즉각적인 논평이 필요하다. 스미스는, 민족과 국민을 전혀 구분하지 않고 민족을 유기적인 현상으로 역사가 흘러도 변하지 않는 것으로 보면서 나로드를 별도의 범주로 구분하지 않는 이론을 이 '본질론적 근원주의'의 범주에 포함시킨다. 이는 명백히 사실이 아니다. 왜냐하면 민족 사회와 같은 단순한 사회에서 복잡한 사회로 이행하는 동안 근본적인 변화가 발생하여 모든 사회 구조에 영향을 미치기 때문이다. 이것이 한편으로는 민족 사회에서의 민족과, 다른 한편으로 공인된 국가, 종교적 맥락 또는 문명에서의 민족이 현실에서 전혀 다른 이유이다. 훨씬 더 넓은 큰 범위에서 보면, 이것은 국민에 대한 문제이다. 국민은 민족이 수립되는 원칙과 전적으로 다른 원칙에 따라 수립된다. 따라서 '본질론적 근원주의'는 지나치게 순진하고 학문적 가치도 매우 제한되어 있다고 보는 것이 타당하다.

　'친족관계 근원주의'(kinship primordialism)는 허점이 더 많다. 이는 단절 없이 대대로 전해 내려오는 직계 역사를 주장하며, 이에 따라 문화의 발전이 일어나는 것으로 가정한다. 이미 민족이 구성될 때 몇몇 족외혼을 통한 혈족이 포함된다는 것을 살펴보았다. 이는 보다 복잡한 사회학적 시나리오에서 만들어지는 것이기도 하지만 가장 단순한 민족들에서도 발견할 수 있는 관계성이다. 혈통의 유대 관계들은 민족을 구성하는

6　Geertz, C. J. *The Interpretation of Cultures: Selected Essays.* New York, NY: Basic Book, 1973: Geertz, C. J. *Local Knowledge: Further Essays in Interpretive Anthropology.* New York, NY: Basic Book, 1983.

요소들 중 오직 하나일 뿐이며, 민족 문화는 복수의 혈통(최소 두 개 이상)을 인정하고 이를 바탕으로 한 혼인관계의 규칙으로 구성된다. 따라서 가장 단순한 사회에서는 직계보다 그 기본적인 문화 패턴이 훨씬 더 복잡하며, 보다 차별화된 사회에서는 이 복잡한 구조가 훨씬 더 복잡해진다. 그것이 '친족관계 근원주의'를 제외해야 하는 이유이다.

가장 적절한 것이 '기어츠의 근원주의'로 보인다. 이는 민족을 정확하게 사회로 그리고 사회적 현상으로 간주하고 사회적 정체성을 형성하는 복잡한 요인들 중에서 민족이 가장 중요하다고 본다는 점이다.

우리는 스미스가 '영속론'(perennialism)이라고 불렀던 학파를 이와 같은 범주의 접근법에 놓을 수 있다. 이는 '긴', '불변하는', '지속적인'이라는 뜻의 라틴어 페레니스(perennis)에서 나왔다. 그리고 보다 구체적으로 변종들 중의 하나로 '영구적 영속론'(perpetual perennialism)이 포함된다. 민족에 대한 영속론적 접근법의 결론은 민족을 유기적인 것이 아니라, 권력, 지배, 경제적 이해, 자원을 위한 투쟁 등 외부 동기와 연결되어 끊임없이 변화하는 역사적인 범주로 본다는 점이다. 전반적으로 영속론은 민족을 하나의 변수로 생각한다. 그러나 '기어츠의 근원주의'와 흡사한 '영구적 영속론'은 민족이 항상 존재한다고 말한다. 그렇지만 지속적으로 변화한다고도 말한다. 이러한 '영구적 영속론'은 역사에서 민족의 사회학적 구조가 변화한다는 점을 강조한다는 점에서는 온전하게 수용할 수 있다. 실제로 민족의 변화는 발생한다. 변화가 발생하는 것은 민족이 역사 속으로 등장할 때이다. 그리고 이것을 우리는 나로드 단계로의 이행이라고 부른다. 이런 점을 수정한다면, 역사에서 민족이 다양한 형태로 변모한다는 것을 고려해야 한다고 제안하는 점에서 이 접근법은 유용할 것으로 인정될 수 있다.

이제 근원주의의 또 다른 중요한 부분에 대해 이야기해 보자. 일반적으로, 두 가지 근원주의 접근법을 구분할 수 있다. 하나는 민족을 사회이자 사회적이고 문화적인 현상으로 인식하는 접근법이다. 여기에는 투른발트와 뮐만의 독일사회학, 보아스와 그 추종자의 미국 문화인류학, 말리노브스키와 래드클리프 브라운의 영국 기능주의, 레비스트로스의 프랑스 구조인류학, '기어츠의 근원주의', '영구적 영속론' 등이 있다. 다른 하나는 생물학적, 유전적, 인종적 요인을 추가하는 접근법이다.

이 중에서 첫 번째 접근법만이 충분히 적절하다고 인정해야 할 것이다. 그러나 완전한 그림을 얻기 위해서는 두 번째 접근법도 살펴보아야 할 것이다.

생물사회적 ✤또는 '사회생물학적'(Sociobiological) 접근법

민족에 대한 생물사회적(biosocial) 접근을 지지하는 사람들은 특정한 인류학적 태도를 따른다. 즉 인간이 이원적 현상이라는 입장을 가지고 있다. 인간은 한편으로는 생물학적 유기체로서 수많은 포유동물의 하나이며, 다른 한편으로는 합리적이고 지적인 원칙을 전달하는 매개체로서 이를 바탕으로 소시움(socium), 즉 사회 구조를 발전시킨다. 이성을 부여받은 특별한 동물로 인간을 이해하는 것은 고대 그리스에서 기원을 찾을 수 있다. 이미 아리스토텔레스가 인간을 정의할 때 "이성을 부여받은 동물"(ζῷον λόγον ἔχον [zóon lógon échon])이라고 했는데, 라틴어로는 아니말리스 라티오날리스(animalis rationalis)이다.

이것은 인간에게서 발견할 수 있는 두 가지 방식에서, 즉 생물학적, 동물학적인 야수의 요소와 인간에게 고유한 이성적이고 합리적인 본성에서 행동, 창조, 반응 및 행위의 모든 것을 이해할 수 있도록 해 준다. 생물사회학 이론의 지지자들은 이러한 접근 방식을 통해 민족을 고려하며, 민족에서 생물학적(동물적) 요소와 합리성의 요소를 발견한다. 이 경우 전체로서 민족은 동물의 요소가 추가된 속(屬, genus)의 확장으로 여겨지는데, 이 속을 이루는 구성원들은 여타의 동물 종과 다르지 않게 스스로를 한 무리로 인지한다. 그들은 서로 보듬고 서로 돕는 한편, 약탈, 식량, 영토 및 기타 물질적 자원을 쟁취하기 위해 다른 계열 혈통들과 싸움을 벌인다. 합리적인 본성은 이러한 동물적 충동과 동기를 억제하며 그것들을 제한하기 위해 노력한다. 그리고 이 충동과 동기를 관리하고 검열하고 억누르며 대체하기 위해 노력한다.

이 이론에서, 민족은 동물적인 요소와 이성적인 요소 간의 타협에 기반한 사회이다. 더욱이, 여기에서 동물적 원리가 다른 사회 형태에 비해 상당한 정도로 분명히 나타난다.

사회사의 일반적 논리는 생물학적, 동물적 원리와 관련하여 이성적 원리가 강화되는 과정으로 이해된다. 다음과 같은 각각의 사회 형태는 이성적 구성 요소를 강화하여 사회의 법률로 격상시킨다. 그러나 생물학적 원리는 여전히 그 위치를 보존하며, 가장 단순한 영역(생존을 위한 투쟁)에서 가장 복잡한 영역(권력에의 의지)에 이르기까지 인간 행동의 원동력으로 계속 작용한다. 이러한 이유로, 인간은 가장 복잡하고 고도로 차별화된 사회 체계에서도 마치 동물이 동족과 무리에 대해서 가지는 감정의 흔적처럼 생물사회적 본성을 계속 보전하고 어떠한 민족적인 특성을 유지한다.

생물사회적 접근법의 이론적 전제는 이와 같다. 이 접근법은 민족적 요소의 근원성과 지속성을 주장한다는 점에서 근원주의로 분류할 수 있다.

이 접근법을 주의 깊게 분석하면, 우리는 진정으로 민족적이라는 것이 여기서는 정확히 생물학적 요소의 발현으로 해석되며, 그리하여 속(屬)에 대한 관심이 증가한다는 것을 알 수 있다.*민족의 유전적이고 인종적인 요소를 강조하게 되는 것으로 풀이할 수 있다. 또한 이런 식으로 보게 되면 단순한 민족사회는 동물적 원리가 최대한으로 발휘되는 반면 사교적이고 이성적인 것은 최소한이 되는 사회로 이해된다. 따라서 민족은 인간의 생물학적 측면이라고 선언된다. 그리고 복잡한 사회에서 보존되는 것은 인간의 동물적 측면이 기여한 것으로 해석된다.

우리는 이미 그러한 접근법의 불충분함을 반복적으로 말했다. 그리고 몇 가지 더 구체적인 형태가 어떻게 표명되는지를 고려한 다음 이 문제를 다시 논의할 것이다.

진화론: 허버트 스펜서

생물사회학적 접근법의 고전적인 표현은 종의 진화론(찰스 다윈Charles Darwin, 1809-1882)인데, 이것이 사회와 사회의 역사에 적용되었다. 영국의 사회학자이자 저명한 자유주의 이론가인 허버트 스펜서(Herbert Spencer, 1820-1903)는 10권으로 된 저서 『종합철학의 체계』(A System of Synthetic Philosophy)[7]에서 이 이론을 완성된 형태로 정립했다.

스펜서의 아이디어는 다음과 같이 구성된다. 세계는 단순한 것에서 복잡한 것으로 끊임없이 비가역적으로 발전하는 과정이다. 이것은 물질과 살아있는 유기체 및 사회의 공통적인 특성이다. 시스템의 복잡성은 항상 긍정적이고 창의적이다. 단순한 것에서 복잡한 것으로의 이행이 '진보'

---

7   Spencer, H. *A System of Synthetic Philosophy*. V. 10. London-Edinburgh: Williams and Norgate, 1862-1896.

이자 '선'(善)이며 '가치 있는 것' 등으로 간주되는 까닭은 이 때문이다. '복잡성'(complexity), '복잡화'(complication), '차별화'(differentiation)는 단순히 중립적 상수가 아니라 민족의 범주로 생각된다.* '복잡성'은 사회의 수많은 기능적 요소들의 상호 작용과 반작용이 복잡하게 얽혀 있는 상태를 일컬으며, '복잡화'는 분화와 중첩으로 점차 더욱 복잡해지는 것으로 이해할 수 있다. 복잡한 사회가 되기 위해서는 사회 내의 기능적 분화와 계층화가 일어나는데, 이것이 '차별화'이다.

하나의 시스템이 복잡화하는 움직임은 갈등의 형태에서 발생한다. 생물 종에 대한 연구에서 스펜서는 다윈의 이론에 의존한다. 다윈의 이론에서 일반 진화론에 관한 자신의 아이디어에 확신을 가졌는데, 이 일반 진화론의 아이디어는 철학자 프리드리히 빌헬름 요제프 셸링(Friedrich Wilhelm Joseph Schelling, 1775-1854)과 시인 사무엘 콜러리지(Samuel Coleridge, 1772-1834)와 같은 낭만주의의 영향을 받아 체계를 수립한 것이었다. 그리고 몇 년 뒤에는 다윈의 역작인 『종의 기원』(On the Origin of the Species)[8]을 섭렵했다.[9] 다른 동물 종과 마찬가지로, 진화의 주 법칙을 구성하는 '생존을 위한 투쟁'(struggle for survival)은 인류 역사에서도 동일한 기본 벡터이다. 이 투쟁에서 행동 전략을 복잡화할 수 있는 능력을 가진 '가장 적합한 존재'(적자, 適者)가 항상 승리한다. 이에 따라 동물과 인간 사이에는 연속성이 존재하며, 이 연속성은 보편적인 진화 법칙의 통일성에 의해 제공된다.

스펜서와 그의 사회다윈주의는 인간에 내재한 동물적 원리를 통해 인

---

8   Darwin, C. *On the Origin of Species by Means of Natural Selection, or the Preservation of Favoured Races in the Struggle for Life.* London: John Murray, 1859.

9   Spencer, H. *First Principles of a New System of Philosophy.* London: Williams & Norgate, 1862.

간 행동을 설명하고자 하지만, 그 설명력은 만족스럽지 않다. 이는 동물과 인간 행동 모두의 알고리즘을 시스템 복잡화의 일반 법칙에서 나타나는 개별적 사례로 간주하기 때문이다. 그리고 이 일반 법칙은 심지어 무생물에서도 작동한다고 본다. 인간 사회는 다른 모든 수준의 현실에서와 마찬가지로 전쟁터가 된다. 동물 세계에서, 우리는 인류 역사를 설명하기 위한 사례가 되는, 진화의 장대하고도 그림같이 생생한 지평을 볼 뿐이다. 인간 사회는, 그 자체로 동물 무리보다 더 복잡하며 종의 진화에서와 같은 궤적을 따라 복잡화의 방향으로 움직인다. 자원을 위한 투쟁은 사회가 보다 효과적인 전략을 만들어 내고 상황에 적응하도록 강제한다. '가장 적합한' 사회만이 이 여정에서 승리한다.

스펜서는 사회를 군인(militant) 사회와 산업(industrial) 사회의 두 가지 기본 유형으로 구분한다. 강제적 사회(forceful society)에서 생존을 위한 투쟁은 지배, 폭력, 강권을 동반하여 진행된다. 이 사회는 위계적인 질서를 가진다. 가장 '적합한' 사람들은 '덜 적합한' 사람들을 무자비하게 착취하고 그들의 희생으로 살아간다. 강제적 사회는 비교적 단순하다.

산업사회에서 사회의 투쟁전략은 더욱 복잡해지고 경제와 계약의 영역으로 옮겨 간다. 생존을 위한 투쟁의 본질은 동일하게 유지되지만 그 행위의 규칙은 더욱 복잡해진다. 특별한 법률이 도입되어 허용되는 투쟁의 형태와 합법적인 행위의 영역을 엄격하게 결정한다. 산업사회에서 생존을 위한 전쟁은 경제적 경쟁으로 변모하고, 보다 복잡화한 방향으로 사회를 이끈다. 스펜서에 따르면 이러한 움직임은 목적을 가지고 있으며, 사회체제의 복잡화가 정점에 도달할 때 보편적 균형(universal equilibrium)이 달성됨으로써 이 목적은 완수된다.＊스펜서는 사회진화의 최종 단계로 보편적 균형을 설정했다. 사회 구성원들 간의 자유로운 경쟁을 통해 사회는 점차 진화하고

128

종국엔 모든 구성 요소들이 서로 조화롭고 안정을 이루는 최적의 균형 상태에 도달한다고 보았다. 그렇게 되면 국가는 사멸하고, 각 개인이 최대한으로 복잡한 자율적 시스템이 될 것이다. 이런 종류의 사회는 점차 '적자'만을 남기고, 나머지는 진화의 법칙에 부응하지 못함으로써 사라진다.

스펜서는 민족에 대해 직접 언급하지는 않는다. 그는 강제적 사회로부터 시작되는 사회 유형의 분류 체계를 구축하기 시작한다. 강제적 사회는 민족사회학에서 나로드 단계에 해당한다.

민족사회학적 관점에서 스펜서의 사회다윈주의는 사회의 복잡화 과정을 설명하는 부분에 대해선 수용 가능하다. 이 과정은 적어도 서구 유럽 문명화의 기본틀에서 경험적 데이터에 부합한다. 그러나 거부되어야 할 것은 인간 행동의 기본 동기에 대한 그의 생물학적이고 다윈주의적 해석이다. 순수한 생물학적 접근은 인간의 주된 동기의 추동력이 물리적 즐거움을 추구하는 것이라고 생각하며, 이는 영국 실용주의에서 말하는 '행복'과도 동일한 것이다. 뿐만 아니라 진화와 진보의 과정이 불가역적이고 한 방향으로만 이루어진다는 확신도 받아들일 수 없다. 다수의 사회가 그 체제의 단순한 지점 혹은 복잡한 지점 어디에서든 양 방향으로 움직일 수 있다는 사실을 우리는 이미 알고 있다.

"생존을 위한 투쟁"에 사회적으로 합법적 지위를 부여한 스펜서의 아이디어는 20세기에 두 개의 정치 이념에서 채택되었다. 먼저 신자유주의(neoliberalism)가 있다. 부유하고 성공한 자들이 가난하고 불운한 자들 위에 군림하는 불평등성이 경제적 삶의 규범이라고 인식하는 입장이다. 다른 하나는 인종주의(racism)인데, 이것은 인종들 간의 불평등과 전 지구적인 백인의 지배가 이러한 투쟁의 결과라고 정당화한다. 이 투쟁에서 가장 '적합한' 인종인 백인이 승리했다고 보는 것이다.

진화론의 아이디어는 일련의 인류학자 전체에 영향을 미쳤는데, 그들은 단순한 사회로서 민족에 관한 중요한 자료를 축적하였다. 그들의 접근 방식은 자신들이 높은 위치에서 보다 아래에 있는 사회적 삶의 유형과 형태를 연구하고 있다는 확신에 기초하고 있었다. 따라서 그들의 결론과 방법은 매우 의심스럽다. 그들은 고대 부족에서 현대 사회 또는 역사적으로 고정된*역사 발전의 단계상 필연적으로 도래한다는 의미이다. 복잡한 사회와 유사한 것을 발견하고자 노력했다. 이에 고대 사회를 해석할 때, 그들이 알고 있는 현대의 복잡한 사회의 조잡하고 원시적인 형태라고 보았다. 그들은 이러한 개념에 맞지 않는 모든 것을 무시했다. '진화론적 인종주의'의 연구 결과가 가지는 가치가 매우 저급한 것은 사실이지만, 그럼에도 민족사회학자에게 필요한 재료라고 생각할 수 있다. 물론 적절한 조정이 선행되어야 하는 것은 당연하다.

이 계통의 고전적인 대표 인물로는, 미국의 민족학자 루이스 모건(Louis Morgan, 1818-1881), 영국의 인류학자 에드워드 테일러(Edward Taylor, 1832-1917)와 제임스 조지 프레이저(James George Frazier, 1854-1941), 프랑스의 인류학자 뤼시앵 레비 브륄(Lucien Lévy-Bruhl, 1857-1939) 등을 꼽을 수 있다.

인종이론

널리 이해되는 인종이론은 인간학적, 사회학적 또는 문화학적 시스템이며, 공통된 기원(인종)을 나타내는 사람들의 표현형(외모), 심리학적, 생리학적 및 기타 생물학적 특성이 이러한 사람들에 의해 형성된 사회의 구조에 직접적이고 실제적으로 영향을 미친다는 가정이 기초해 있다. 따라서 인종이론은 사회와 민족을 이해할 때 생물학적 및 사회적 요인 간의 직접적인 연관성을 주장하며 근거로 삼는다. 인종이론은 이러한 연관성을 설명하고 정당화하고자 노력한다.

시로코고로프는 다양한 인종이론의 특징을 다음과 같이 말한다.

> 근대 자연주의자 칼 폰 린네(Carl Linnaeus)는 모든 사람을 세 가지 유형으로 구분했다.
>
> 1) '야생인간', '호모 페루스'(homo ferus): 주로 인간의 양육 없이 남겨진 아이들이 야생적이고 동물적인 상태로 변화한 사례
> 2) '괴물인간', '호모 몬스트루어수스'(homo monstruosus): 소두증 및 기타 병리학적 사례
> 3) '올바른 사람', '호모 디우르누스'(homo diurnus): 여기에는 아메리카인, 유럽인, 아시아인, 아프리카인 등 네 인종이 있다. 이들은 각기 서로 다른 일련의 물리적 특성을 가지고 있다. 린네는 민족지학적 표식도 명시한다. 그에 따르면, 아메리카인은 관습, 유럽인은 법, 아시아인은 의견, 아프리카인은 무법이 주도한다. (…)

18세기 말 요하네스 프리드리히 블루멘바흐(Johannes Friedrich Blumenbach, 1752-1840)는 완전히 독립적인 분류법을 발전시켰다. 이 분류법은 머리카락과 피부의 색깔 및 두개골 형상에 근거한 것이다. 블루멘바흐는 인종을 다섯으로 분류했으며, 세부 내용은 다음과 같다.

> 1) 코카시아 인종: 피부가 희고 두상이 둥글며, 아메리카, 유럽 및 아시아에서 고비 사막에 이르는 지역에서 거주함

2) 몽골 인종: 네모난 두상, 검은 머리, 노란 얼굴, 기울어진 눈매를 가지고 있으며, 말레이시아 군도를 제외한 아시아에 거주함

3) 에티오피아 인종: 피부가 검고, 평평한 두상을 가지고 있으며 아프리카에 거주함

4) 아메리카 인종: 구리빛 피부와 일그러진 두상을 가지고 있음

5) 말레이 인종: 밤색 머리카락과 적당히 둥근 두상을 가지고 있음. 이 분류는 순수하게 인류학적이고 신체적인 것으로 간주되어야 한다.

밀러(Fr. Miller)는 인종을 분류할 때 언어를 표식으로 삼았다. 그는 체모 색깔과 언어가 가장 안정적인 표식이며 인간을 하위 분류인 인종으로 세분화하는 데 기초가 될 수 있다고 제안했다. 그는 다음과 같은 인종 분류법을 수립했다.

1) 양털 체모(wooly-haired): 호텐토트인(Hottentot), 부시맨, 파푸아인

2) 부드러운 양털 체모(fleecy-haired): 아프리카인, 니그로, 카피르인(Kaffir)

3) 직모(straight-haired): 호주 원주민, 아메리카 원주민, 몽골인

4) 둥글게 말린 체모(curly-haired): 지중해인

요컨대, 이들 인종은 또 다른 12개 집단으로 나뉜다.

예를 들어 4개의 혈통과 34개의 인종으로 인식한 실러(Schiller), 화이트(White), 헤켈(Haeckel)과, 6개의 인종과 18개의 변종으로 인식한 콜먼(Coleman)을 비롯하여 다른 학자들의 분류법은 생략한다. 여기에서는 가장 독창적인 노력으로 13개 인종과 29개 집단을 수립한 데니케르(Deni-ker)의 분류법을 다룬다. 데니케르는 식물학자처럼 모든 인류학적 표식

에 근거하여 인종을 분류했다. 마지막으로, 이바노프스키(Ivanovski) 교
수는 또 다른 41개의 집단을 제시했다.[10]

인종주의

항상 그런 것은 아니지만 종종 인종이론은 정도를 넘어 인종주의가 되
는 경우도 있다. 인종주의(racism)는 인종이론의 극단적 표현이다.*인종주
의는 단지 사회현상을 설명하는 변수로서 인종을 다루는 것이 아니다. 이는 여러 인종들
간의 우열을 수용하는 인종 차별적 입장에 있다.

인종주의는 한 개인의 특성과 사회질서의 구체적인 성격이 사실상의
인종적 기질에 의해 상당 부분 결정된다고 주장하는 이론이다. 이러한
토대 위에 구축된 인종의 위계에 따라 사회는 더 높은 계층과 낮은 계층
으로 세분화된다. 인종의 불평등이라는 주제는 인종주의의 근본적인 표
식이다.

프랑스 사회학자 조제프 아르튀르 드 고비노(Joseph Arthur de Gobin-
eau, 1816-1882)는 저서 『인류의 불평등에 관한 소고』(Essay on the Inequali-
ty of Human Races)[11]에서 처음으로 인종이론을 수립하고자 했다. 총 네 권
으로 구성된 이 장편 저작에서, 고비노는 엄청난 양의 데이터를 요약했
다. 여기에는 그가 직접 수행한 관찰과 연구도 포함되어 있다. 이를 근거
로, 그는 세 개의 인종, 즉 백인종, 흑인종, 황인종이 각각 다르게 구조화
된, 생생하게 표현된 (타고난) 성향, 기술, 우선순위, 그리고 사회적 태도

---

10 Shirokogoroff, S. M. *Etnos. Issledovanie osnovnyih printsipov izmeneniya etnicheskih i
    etnograficheskih yavleniy.* Shanghai, 1923.
11 Gobineau, J. A. *Essai sur l'inégalité des Races humaines.* Paris: Pierre Belfond, 1967.

를 보여 준다는 가설을 발전시켰다. 백인종은 합리성, 시스템의 질서를 수립하려는 경향, 그리고 기술에 대한 관심을 특징으로 한다. 황인종은 사색적이고 느긋하다. 흑인종은 무질서하고 무정부적이지만, 음악, 춤, 그리고 조형에 재능이 있다.

통념적인 의견에도 불구하고, 고비노는 인종을 위계로 순서를 매기지 않는다. 오히려 각각의 사회학적인 행태에서 지배적인 차이점으로 불평등을 이해했다. 인종주의에 대한 가장 권위적이고 근본적인 반대론자 중 한 명인 클로드 레비스트로스(Claude Lévi-Strauss)는 그의 책 『인종과 역사』(Race and History)에서 고비노의 생각을 인종주의자들이 그의 연구로부터 내린 결론들과 혼동해서는 안 된다고 명시하고 있다.[12]

사회학자이자 사회심리학의 창시자인 구스타브 르 봉(Gustave Le Bon, 1841-1931)은 여러 나로드의 심리에 내재하는 불평등성에 주목한다. 그의 책 『인간 진화의 심리학적 법칙』(The Psychological Laws of the Evolution of Peoples)에서, 그는 고비노의 생각을 이어받아 서로 다른 민족, 나로드, 그리고 인종들이 대부분 다양한 행동 영역에 제각기 비중을 두게 되는데, 이때 심리적으로 한 가지 경향의 태도를 선택하면서 다른 부분들은 방기하는 모습을 보인다고 쓰고 있다.[13] 르 봉은 예를 들면서, 영국인은 자기들만 남겨지게 되면 신속하게 자치정부 체제를 구축하고자 할 것이며, 스페인인, 포르투갈인, 이탈리아인과 같은 낭만적 나로드의 구성원들은 무정부와 혼돈 상태에 빠질 가능성이 높을 것이라고 말한다.

인종을 차이로 이해하는 불변의 '차별성'으로부터 인종의 위계화로

---

12 Lévi-Strauss, C. *Race et histoire*. Paris: Gonthier, 1961.
13 Le Bon, G. *Lois psychologiques de l'évolution des peuples*. Paris: Felix Lacan, 1894.

의미론적 이행은, 인종주의 확립의 핵심 인물인 영국 사회학자 휴스턴 스튜어트 체임벌린(Houston Stewart Chamberlain, 1855-1927)과 함께 나타 났다. 체임벌린은 주요 저서인 『19세기의 토대』(Foundations of the 19th Century)에서 나름의 세계 역사 버전을 설명하고 있다. '백인종'('아리아 인')은 긍정적인 힘으로 작용하고 '하위'('유색') 인종들의 반대에 직면한 다고 말한다. 체임벌린에 따르면, 대부분 유대인인 셈족 나로드는 '아리 아인'에게 가장 큰 해를 입힌다. '상위' 인종들('아리아인')과 '하위' 인종 들 간의 투쟁은 고대와 근대 모두 역사의 본질을 구성한다. 체임벌린의 이론은 단순히 인종적일 뿐만 아니라, '하위'와 '상위' 인종을 인정한다 는 점에서 인종주의적이다. 이 이론은 독일 국가사회주의의 근거가 되 었고 실제로 독일 나치정권에서 세계사를 해석하는 공식적인 버전이 되 었다.

프랑스 사회학자 조르주 바셔 드 라푸쥐(Georges Vacher de Lapouge, 1854-1936)는 '장두형'(dolichocephalics, 길쭉한 타원형의 두개골을 가진 사람들) 과 '단두형'(brachycephalics, 둥근 두개골 구조를 가진 사람들)을 대비시키고 이를 바탕으로 인종이론을 수립했다.[14] 그는 첫 번째 '상위' 사람들('아리 아인')과 두 번째 '하위' 사람들을 고려했다. 그리고 유럽에서 인종을 세 가지로 구분했다.

- 호모 에우로페우스(homo europeus): 이 유형은 애초에 독일에서 기원한 북유럽 국가들의 특징이다.

---

14 Vacher de Lapouge, G. L'Aryen et son rôle social. Paris: Albert Fontemoing, 1899; Vacher de Lapouge, G. Race et milieu social: essais d'anthroposociologie. Paris: M. Rivière, 1909.

- 호모 알피누스(homo alpinus): 중부 유럽 거주민
- 호모 메디테라네우스(homo mediterraneus): 지중해 주변에 가장 많이 분포하는 유형

드 라푸쥐는 호모 에우로페우스가 '순수한' 인종 유형이며, 호모 메디테라네우스는 다른 비유럽 인종과 섞여 있으므로 하위에 있다고 주장하면서 유럽 인종들 간의 위계를 설정한다. 그리고 호모 알피누스는 '중간 사례'로 본다.

미국 인류학자인 매디슨 그랜트(Madison Grant, 1865-1937)는 두 명의 미국 대통령인 시어도어 루스벨트(Theodore Roosevelt)와 허버트 후버(Herbert Hoover)의 막역한 친구였다. 그는 인종주의에 '과학적' 성격을 부여하고자 노력했다. 그리하여 그랜트는 외국인의 미국으로의 이민을 제한하고 "인종 순결에 관한 법률"(Act Concerning Racial Purity, 1924)을 촉진하여 공식적으로 인종 간 혼인을 금지하는 등의 입법 활동을 추진했다.

그랜트는 저서 『위대한 인종의 실종』(Disappearance of Great Race)에서 '노르딕 인종'(Nordic race)을 칭송한다. 그는 노르딕 인종을 북유럽인으로 이해한다. 그리고 미국이 가진 세계적 힘은 노르딕 인종 덕분이라는 의견을 제시하고, '우생학'을 실천할 것을 요구한다. 즉 혼인법에 특별한 규칙을 제정함으로써 인종 순수성의 유지와 발전을 이루어야 한다는 생각이다. 그는 '인종 순결'의 원칙을 미화하고 '하위 인종' 구성원들을 빈민지역으로 강제로 내몰아 그 지역을 벗어나지 못하도록 금지할 것을 제안한다.

드 라푸쥐 및 매디슨 그랜트와 함께 20세기 인종주의에 가장 큰 영향을 미친 이론가의 한 사람으로 한스 프리드리히 칼 귄터(Hans Friedrich

Karl Günther, 1891-1968)가 있다. 그는 유럽의 인종을 다음과 같은 분류법 으로 구분했다. [15, 16]

1. 노르딕 인종(Nordic)
2. 디나르 인종(Dinaric)
3. 알파인 인종(Alpine)
4. 지중해 인종(Mediterranean)
5. 서유럽 인종(Western)
6. 동부 발트해 인종(Eastern-Baltic)

권터는 키가 크고 푸른 눈에 장두형의 노르딕 인종 구성원이 문명의 창조자라고 생각했다. 그리고 아프리카인들과 아시아인들은 결함이 있다고 보았다. 유대인은 최악으로 간주했는데, 권터는 '유럽에 있는 아시아의 대리인'으로 유대인을 연결시켰다. 그리하여 가장 주된 '인종의 적'이라 보았다.

나치 정부의 사상가이자 뉘른베르크 재판소의 판결에 따라 처형된 알프레드 로젠베르크(Alfred Rosenberg, 1893-1946)는 그의 저서 『20세기의 신화』(The Myth of the 20th Century)에서 실제로 이러한 사상을 실행하기 위한 목적으로 정치 도그마적 인종주의를 제시했다.[17]

---

15 이 목록에 권터는 종종 '팔릭'(Phalic) 인종*노르딕 인종의 하위 유형.을 포함시켰다.
16 Günther, H. *Rasse und Stil: Gedanken uber ihre Beziehungen im Leben und in der Gesitesgeschichte der europeischen Volker.* Münich: Lehmann, 1926.
17 Rosenberg, A. *Der Mythus des 20. Jahrhunderts. Eine Wertung der seelisch-geistigen Gestaltenkämpfe unserer Zeit.* München: Hoheneichen-Verlag, 1934.

인종주의는 국가사회주의(National-Socialist) 이념의 근본적인 부분이 되었고, 인종주의 원칙들이 실제 현실에서 발현되자 수백만 명의 무고한 사람들의 죽음이 동반되었다.

인간 게놈 연구의 인종주의적 측면

우리 시대에, 인간 게놈의 구조를 밝히기 위해 연구하는 과학자들은 종종 인종주의자라고 비난받는다. 특히 여러 민족 집단 및 인종 집단의 유전자에 대한 사실들이 축적될 수 있는 중앙집중식 유전자 은행을 설립하려는 시도는 두려움을 불러일으킨다.

그러한 연구 활동의 선봉에 서 있는 '인간 게놈 다양성 프로젝트'(Human Genome Diversity Project, HGDP)와 관련하여 스탠퍼드대학교의 프레임워크에서 활동하는 '인구 및 자원 연구소'(모리슨 연구소: Institute of Population and Resource Studies, Morrison Institute)가 특히 두드러진다.[18]

이 프로젝트의 목표는 민족 및 인종적 표식에 따른 분류법에 따라 지구상의 수많은 주민들의 혈통 구성에 관한 데이터를 수집하는 것이다. 이를 통해 먼 과거 조상들의 계보를 추적하고자 한다. 원하는 사람은 누구나 정해진 방법에 따라 자신의 혈액을 몇 방울 모아서 용기에 담아 이 기관에 보내면, 최초의 인간에 이르기까지 자신의 유전적 기원을 알 수 있다. 별도의 비용을 지불하면 이 기관의 직원들은 조상들의 완전한 민족적 계보를 재구성하여 그 진위에 대한 인증서도 보내 준다.

과거의 유전자 재구성 모델이 다소 다툼의 여지가 있는 패러다임에 기

---

18   Online at: http://www.stanford.edu/group/morrinst/hgdp.html (accessed 29.08.2010).

초하고 있으며 과학적 신뢰성을 담보하기 어렵다는 사실은 차치하고, 미래의 유전자 정보 사용은 심각한 우려를 불러일으킨다. 많은 사람들이 이로 인한 유전자 무기 개발을 두려워한다. 유전자 무기는 특정한 민족이나 구체적인 인종의 구성원만을 표적으로 삼을 수 있는 무기이다. 국가 안보를 강화하기 위한 목적으로, 특히 중국을 비롯하여 많은 나라들이 자국 영토 내에서 이러한 정보의 수집을 금지하고 있다.

인종 및 생물학적 접근법에 대한 비판

민족사회학에서는 여러 이유로 인종적 접근법과 인종주의적 접근법을 허용할 수 없다. 이 문제의 도덕적 측면과 나치 정부가 '인종법'을 도입한 범죄적 만행에 대한 기억, 이로 인해 희생된 수백만 명의 생명에 대한 문제는 더 이상 논의할 필요조차 없다. 그럼에도 이들 이론이 학문적으로 적절하지 않다는 점을 설명하는 것은 여전히 훨씬 더 중요하다.

첫째, 시로코고로프가 보여 주었듯이 인간의 인종에 대한 바로 그 개념은 대단히 부정확하며, 다른 분류 체계들은 인종을 정의하는 데에 상호 배타적인 형태를 제시한다. 세 개 혹은 네 개 정도의 너무 적거나 또는 너무 많은 인종들을 구분한다. 이처럼 불안정하고 정확하지 않은 분류법에서, 어떤 종류의 타당한 사회학적 결론을 내리는 것은 그저 불가능할 뿐이다.

둘째, 한 사회의 구조와 그것을 창조한 사람들의 인종적 특성 사이에 직접적인 연관성을 과학적으로 증명하는 명확하고도 타당한 근거를 가진 연구는 존재하지 않는다. 이 인종집단 혹은 저 인종집단의 다른 경향성을 증명하는 관찰이 있다 하더라도 그것이 사회적, 문화적, 역사적 요인이 아니라, 유전적이고 인종적인 요인이라는 것은 여전히 전적으로 불분명하다.

셋째, 우리가 다양한 인종들과 그 인종들 간의 위계 등을 이야기할 때, 연구자 자신이 속한 사회에서 지배적인 특성, 가치관 또는 태도가 기준이 된다. 연구자는 암묵적으로 자신의 가치관을 표준으로 받아들이고, 자신의 가치관과는 다른 집단의 가치관은 평가절하한다. 스스로를 '하위 인종'으로 간주하려는 인종주의 이론가는 존재하지 않는다. 결과적으로 이 경우 우리는 과학이 아니라 이념을 다루는 셈이다.

넷째, 어떤 사회가 더 큰 복잡성과 차별성을 가진 특성이 있다고 해서 우월하다는 표식을 부여할 이유가 없다. 더 복잡한 사회는 그저 더 복잡한 것뿐이다. 그것으로 종결된다. 복잡하다고 해서 단순한 사회보다 더 좋은 평가가 따라오는 것이 아니다. 우리는 복잡한 사회 속에 살고 있다. 그렇지만, 이것이 단순한 사회가 우리 사회보다 열등하다는 것을 뜻하는 것은 결코 아니다.

다섯째, 한 사회의 기술적, 물질적 발전이 그 우월성을 판단하는 최종 기준이 되거나, 사회의 발전이 그 사회의 기초를 이루는 인종적 요소와 관련이 있음을 증명하는 것은 아무것도 없다.

여섯째, 오늘날 존재하고 이전에 존재했던 모든 민족 집단은 반복적이고 다방면적인 혼합의 산물이며, 여기에는 인종적 혼합도 포함된다. '순수한' 요소를 분리해 내는 것은 이론적으로나 실제적으로 불가능하다. 우리 시대에 금발과 파란 눈을 가진 사람들을 가장 많이 발견할 수 있는 것이 피노-우그리아 어족(語族)에 속하는 사람들이다.＊우랄어족의 언어를 사용하는 민족을 일컫는데, 여기에는 핀란드어, 에스토니아어, 헝가리어(마자르어), 북부 중앙 아시아어 등이 포함된다. 그러나 어떤 인종이론도 이들을 '아리아인'과 연관 짓지 않는다는 것은 매우 의문스럽다.

일곱째, 인종의 유전적 연속성 연구에서 신뢰할 수 있는 표식으로 사용할 수 있는 하나의 기준(표현형, 두개 계측, 골격 계측, 체모 분포 구조 등)이 없다.

여덟째, 생물사회적, 인종적 접근을 바탕으로 하는 것으로, 인간에게 존재하는 '동물적' 원리의 생물학적 구성 요소와 가설은 사회현상에 대한 설명을 제공할 수 없다. 왜냐하면, 인간에게 존재하는 제대로 된 인간성은 정확히 동물적인 것이 아니라 또 다른 원리로서, 인간을 야수와 다른 생명체 및 외부 세계의 어떤 존재와도 구분하기 때문이다. 이것이 바로 인간이 사회 없이 존재할 수 없다고 하는 근본적인 사실이다.

이 모든 것은 적절하게 인종이론 및 인종주의 이론에 적용된다. 뿐만 아니라 인종주의적 책임을 뒤에 감추면서도 여전히 가지고 있는 사회다윈주의 및 진화이론에도 마찬가지로 적용된다. 보다 발전한 복잡한 사회는 저개발의 단순한 사회에 비해 더 좋은 것으로 간주된다. 기술 발전과 물질적 성공을 거둔 사회는 그렇지 못한 사회와 비교하여 더 높게 평가된다. 이처럼 호소력 있는 주장을 하는 추론과 이론 체계는 인종주의의 논리를 완벽하게 재생산한다. 백인종은 보다 강하고 발전했으며 더 성공적이기에, 결과적으로 '유색' 인종들에 비해 우월하다는 주장이다. 진화론자들과 진보 이론의 지지자들은 백인과 비백인 인종에 호소하지 않는다. 그러나 사회는 위계화될 수밖에 없다고 본다. 즉 발전된 사회는 강하고 더 좋은 설비를 갖춘 성공적 사회이고, 결과적으로 저개발 사회보다 우월하다는 것이다. 두 경우 모두, 연구자 자신이 차지하고 있는 지위가 더 높게 평가된다. 그리고 이것이 바로 인종주의이다.

학문의 한 분야로서 민족사회학은 생물사회학적 접근도, 더 중요하게는 인종적 접근도 받아들이지 않는다. 민족사회학은 인간 현상으로서의 민족과 민족의 파생물인 사회, 즉 동물적, 물질적 구성 요소 어느 것도 지배적이거나 결정적이지 않은 '인간 사회'에 대한 연구를 바탕으로 한다.

민족사회학은 '하위 사회'와 '상위 사회', '더 발전된'과 '덜 발전된', '보다 완벽한'과 '덜 완벽한' 같은 용어들을 사용하는 사회 분석을 거부한다. 우리는 서로 다른 유형의 사회와 다른 형태의 사회적 과정이 존재한다는 사실을 알고 있다. 우리는 과거 사회를 비교하고 다른 사회들의 성향을 밝혀낼 수 있지만, 이 모든 것은 도덕적 평가 없이 이루어져야 한다. 또한 사회의 역사가 궁극적으로 목표로 하는 지향점을 우리가 알고 있다는 확신도 가지면 안 된다. 사회의 역사는 가역적이다.

민족사회학 분석의 기본 패러다임으로 받아들일 수 있는 근원주의는 오로지 문화적인 접근이다.

문화 근원주의

문화 근원주의(cultural primordialism)는 민족사회학의 토대이다. 문화 근원주의는 민족을 기본적이고 근본적인 범주로 보며 사회의 원시적인 기초로서 고려한다는 것을 의미한다. 그러나 문화 근원주의는 민족의 개념에 생물학적인 구성 요소를 포함하지 않는다. 반면, 혈통 및 혈통의 소속 문제는 민족 구조의 일반적인 맥락에서 고려한다.

문화 근원주의는 민족을 내부 혼인이 가능한 사회집단의 가장 기본적인 형태, 즉 코이넘으로 간주한다.

'민족'이라는 용어의 정의에 대한 많은 논쟁은, 민족이 상수인지 아니면 변수인지, 역사적 차원을 가지고 있는지, 민족성이 복잡한 사회에서도 보존되는지 등에 대한 질문을 중심으로 전개된다. 우리는 이러한 질문들에 대해서 이 책의 해당 부분에서 자세히 검토할 것이다. 여기서는 몇 가지 기본적인 논제를 기술한다.

문화 근원주의는 민족이 기본적으로 안정적이지만, 이 안정성 내부에는 안정성을 보존하기 위하여 지속적으로 역동적이고 때로는 매우 강도 높은 과정이 지속되고 있다고 생각한다. 우리는 이것을 '활동적 보수주의'(active conservatism)라고 부를 수 있다. 변화 없이 안정적으로 존재하기 위해 민족은 내부의 광범위한 역동성의 현장에서 다양한 노력들을 함께 기울여야 한다.

실제로 민족의 구조가 변화하기 시작하고 역사적 요소가 등장하게 되면, 우리는 더 이상 민족이 아니라 민족의 파생물을 다루게 된다. 이와 같은 민족은 불변이지만, 민족의 구조 변화가 돌이킬 수 없는 (역사적) 성격을 획득한다면, 순수한 민족 사회는 더 복잡하고 차별화된 다른 어떤 것으로 변모하게 된다. 이러한 민족은 역사적인 것이 아니다. 민족이 역사에 편입되었다고 입증되면, 민족은 더 복잡한 사회 구조로 변모한다.

마지막으로, 좀 더 분화된 사회에서 민족적 요소의 보존에 대한 질문이다. 앤서니 스미스의 분류법에 따르면, 문화 근원주의는 이 질문에 대해 '영구적 근원주의'(perpetual primordialism)에 입각하여 답변한다. 현실에서 민족적 차원은 관찰할 수 있는 모든 사회 유형에 존재한다. 민족적 차원은 심지어 명목적으로 그리고 규범적으로 민족이 존재하지 않거나 존재하지 않는다고 유추되는 곳에서조차 존재한다. 그러나 이것이 복잡한 사회에 있는 민족이 그 자체로 존재하는 단순한 사회의 민족과 전적으로 동일하다는 의미는 아니다. 그것은 일종의 '하부 구조' 또는 '사회적 무의식'이 되어 또 다른 역할을 하고 또 다른 능력을 가지고 있다.[19]

---

19 Dugin, A.G. *Sociology of the Imagination, Introduction to Structural Sociology*. Moscow: Academic Project, 2010을 보라.

기본적인 민족사회학 방법으로서의 문화 근원주의의 개념은 근원주의 전체에 대한 비판을 제거한다. 즉 고대의 민족, 역사적 나로드, 현대의 국민, 그리고 오늘날 세계의 민족적 현상은 완전히 서로 다른 현상이며, 범주상 서로 동일할 수 없다는 사실을 절대적이고도 정당하게 보여준다. 이것은 순진한 근원주의, 사회생물학적 접근, 진화론자들과 인종이론의 지지자들이 하는 것과 같다. 문화 근원주의는 이에 전적으로 동의한다. 우리는 오직 '원시적' 사회에서만 순수한 모습의 민족을 다룬다. 복잡화를 받아들이게 되면, 우리는 민족이 아니라 민족의 파생물을 이야기하는 셈이다. 그리고 그에 따라, 사회의 이러한 파생물들의 기준, 원칙, 구조, 규칙, 기능 등도 파생물로 고려되어야 한다. 한편, 다양한 과정들의 질적인 차이를 강조하면서, 그들 사이에 유사점들을 유용하게 그려 볼 수 있다.

우리는 다음과 같은 방법으로 이를 설명할 수 있다. 시로코고로프가 민족을 정의한 데에서 우리는 세 가지 주요 기준을 생각할 수 있다. 첫째는 언어이며, 둘째는 공통의 기원에 대한 믿음, 셋째는 공통의 의식(儀式)이다. 이것들은 오직 민족의 속성이다.

민족의 '첫 번째 파생물'인 나로드(피오스)의 경우, 우리는 언어로부터의 파생물(공동의 표준어 및 여러 방언들), 공통의 기원에 대한 믿음으로부터의 파생물(공동의 목표에 대한 믿음이 추가되어 역사적인 시간의 화살을 창조), 공유된 의식으로부터의 파생물(계급-재산 원리에 따라 차별화 발생)을 가질 것이다.[20, 21] 국민에서도 이와 동일한 세 가지 기준은 세 가지 다른 '파생된' 성격을 나타낼 것이다. 첫째, 언어, 표준어 및 방언에 더하여 겔너(Ernest Gellner)가 말한 숙어(idiom)가 나타나며, 둘째, 공통의 기원에 대한 믿음은 행정 및 영토적 질서의 합리적 근거가 대체한다. 셋째, 공유된 의식 대

신에 세속적 달력과 노동과 여가의 편성(예를 들어 주 5일 근무)을 따르게
된다.

이러한 기준은 시민사회 및 세계사회의 맥락에서 '네 번째 파생물' 수준
에서 훨씬 더 복잡해질 것이다. 인간이 만들어 낸 세계 언어, 개인의 자연
발생(autogenesis) 개념, 그리고 개인 인격의 신성화가 나타날 것이다.

미래학을 들여다보면, 탈사회는 기계(컴퓨터) 언어, 시스템-네트워크
창의성, 효율성과 최적화에 대한 숭배와 함께 출현할 것이다.

---

20 코이네(Koine)는 '전체'라는 의미를 가진 그리스어(κοινή)에서 유래한 것으로, 특정한 역사
    적 상황으로 인해 둘 이상의 민족들이 공통으로 사용하는 언어를 일컫는다. *여기에서는 공식
    표준어로 이해할 수 있다.
21 폴리글로시아(Polyglossia)는 그리스어로 '많다'(πολύς)와 '언어'(γλῶσσα)에서 유래한 것으
    로, 한 사회에서 다수의 언어가 공존할 때를 일컫는다. *여기에서는 여러 개의 방언들로 이해할
    수 있다.

제2절
구성주의

고전적 구성주의: 어네스트 겔너, 베네딕트 앤더슨, 에릭 홉스봄

빈번이 학술 저작에서 근원주의 접근법은 구성주의와 대조된다. 가장 일반적인 특징에서 구성주의는 민족이 유기적 공동체가 아니라고 주장한다. 오히려 권력과 재산 관계를 구성하는 동안 발생하는 특정한 문제의 해결을 위해 다른 것들과 함께 만들어진 인공적인 사회 구조물이라고 말한다.

구성주의는 민족이 하나의 추상물이며, 정치 엘리트들의 특정한 의식적인 행위의 산물이라고 주장한다.

때로는 민족사회학의 구성주의적 접근이 '모더니즘'(modernism)과 동일시되는데, 다수 구성주의자들이 공유하는바 근대 시대의 정치 전략에 따라 '국민'(nation)은 엄밀하게 근대적 기원을 가진다고 생각한다.

철학자이자 사회학자인 어네스트 겔너(Ernest Gellner, 1925-1995), 사회학자 베네딕트 앤더슨(Benedic Anderson), 마르크스주의 역사가인 에릭 홉스봄(Eric Hobsbawm) 등은 구성주의 접근법의 가장 중요하고 대표적인 인물로 꼽힐 수 있다.

어네스트 겔너는 현대 국민의 기원에 관한 가장 권위 있는 학자 중 한 명이다. 그의 주장에 따르면, 국민의 등장은 실제로 '빈 공간'에서 이루어졌는데, 이는 구체적인 물질적 목표의 달성 과정에서 효과적인 관리를 목표로 근대 국가가 인구를 조직하고 규율하며 동원하고 통합할 것을 합리적으로 요구한 결과이다.[22] 겔너는 국민이 부르주아 국가와 동시에 출현했음을 보여 준다. 부르주아 '제3계급'은 자본주의 사회의 새로운 정치 조직이라는 역사적 문제를 놓고 지배세력으로 등장하며 국가를 만들었다. '국민'이라는 개념은 이 문제를 가장 최적의 방법으로 해결하여 근대 사회를 조직하는 정치 원리로서 자리 잡는다.

겔너는 국민이라는 현상의 기저에는 신화가 아니라 의식적인 신비화(mystification)가 존재함을 보여 준다. 인위적으로 수립된 '사회'(게젤샤프트, Gesellschaft)와 자연적으로 발생한 '공동체'(게마인샤프트, Gemeinschaft)를 구분한 페르디난트 퇴니스(Ferdinand Tönnies, 1855-1936)의 사회학적 용어를 빌려, 겔너는 구체적인 행정적 과제를 실현하기 위해 게마인샤프트의 성격을 게젤샤프트에 그릇되게 부여한 것으로 '국민' 개념을 이해한다. 유럽에서 국민 형성의 첫 단계에서 조응하는 모든 '이야기'(설화)는 조잡한 이념적 날조이다. 내용인즉 처음부터 현대 인간 및 고대의 민족과 나로드가 민족적, 인종적 소속에서 연속성을 가진다는 생각이다.

또 다른 저명한 사회학자인 베네딕트 앤더슨은 이와 같은 접근법을 보다 발전시키면서, '국민'을 "상상된 공동체"(imagined community)라고 불렀다. 이 말에는 '상상', '환상', '기망', 그리고 조잡하고 의도적인 날조라

---

22   Gellner, E. *Nations and Nationalism*. Oxford: Blackwell, 1983.

는 의미를 포함하고 있다.[23]

마르크스주의자인 에릭 홉스봄은 여기에서 한 걸음 더 나간다. 즉 부르주아 계급이 지배를 정당화하기 위해 '고대성'과 '전통'이라는 의미를 만들어 냈다는 것이다. 이러한 이유로, 민족, 국민, 종교는 근대의 재구축물이며, 이는 자본가 계급의 현실적인 과제를 해결하는 데 필요했다.[24]

구성주의의 적정성과 한계

다양한 구성주의적 접근법과 구성주의와 유사한 접근법 중에서 특히 두 가지를 구별해야 한다. 두 가지 모두 근원주의적 접근법을 부인하고 있지만, 그 접근법 자체에서 우리는 상당한 차이와 심지어 모순(예를 들어, 문화적 근원주의와 사회생물학적 근원주의 사이의 차이와 모순)을 보았다. 개략적으로만 보면, 근원주의와 구성주의의 차이는 다음과 같이 서술할 수 있다. 근원주의는 민족이 항상 존재해 왔으며 오늘날까지도 존재하는 유기적이고 자연적인 현상이라고 주장한다면, 구성주의는 이에 반박한다. 즉 민족 및 민족과 유사한 나로드나 국민 등 모든 것은, 지배 엘리트 부문에서 나타나는 정치적 조작(manipulation)의 산물이며, 특정한 역사적 환경에서만 존재하고 이념적인 허구라는 것이다. 이러한 서로 다른 두 개의 정의를 생각하면, 실제로 우리는 두 가지 상호 배타적인 접근법을 다루고 있으며, 둘 중 하나만 취할 수 있다는 원리에 따라 하나만 선택해야 한다.

23 Anderson, B. *Imagined Communities: Reflections on the Origin and Spread of Nationalism*. London: Verso, 1991.

24 Hobsbawm, E & Ranger T. O. *The Invention of Tradition*. Cambridge: Cambridge University Press, 1983.

그러나 우리가 이 두 가지 일반적인 접근법 모두를 우리의 민족사회학 모델인 '민족-나로드-국민'에 놓고 생물학적 형태의 근원주의는 과학적으로 부적절하다고 기각하는 순간 모든 것이 변한다. 그러면 우리는 다음과 같은 그림을 얻는다.

가장 순수한 상태의 민족(사회의 가장 단순한 형태인 코이님 혹은 고대 공동체)은 유기적이고 원시적인 현상으로, 사회 계층화, 정치 및 경제 엘리트, 노동의 분할이 존재하지 않는다. 따라서 더욱이 어떤 민족의 목표 실현을 위해 민족을 구성할 수 있는 권위는 어디에도 없다. 오직 그리고 배타적으로 근원주의 접근법만이 민족 연구에 적합하다.

그러나 우리가 국민을 민족에서 유래한 '두 번째 파생물'로 받아들인다면, 반대로 가장 순수한 상태의 근원주의는 여기에 적용할 수 없다. 반면 구성주의나 모더니즘이 연구를 위해 가장 효과적인 수단이 될 것이다. 구성주의자들이 민족이 '상상된', '고안된', 그리고 '조작된' 성격을 가지고 있다고 말하는 의미는 민족사회학에서 파생물이라고 부르는 것에 대응한다. 국민은 근대 유럽의 부르주아 국가들에서 출현한 인위적인 구축물이다. 국민을 민족과 직접 연결하여 일치된 것으로 보는 것은 절대 불가능하다. 국민과 민족은 사회 형태가 전적으로 다르기 때문이다. 민족은 게마인샤프트로서의 '공동체'이며, 국민은 게젤샤프트의 의미에서 '사회'이다. 국민과 관련하여서는 구성주의자들이 전적으로 옳다고 할 수 있다. 반대로, 민족과 국민을 구분하지 않는 근원주의자들은 뿌리깊은 오류를 품고 있다. 그러나 구성주의자들이 국민을 "상상된 공동체"로 보는 견해를 민족이라는 유기적인 공동체로 옮기고 이 공동체가 인위적이라고 주장한다면, 그들 또한 오류를 범하고 있음이 명백하다. 근대의 패러다임을 고대의 사회로 이전하는 것은 독단적이며 인정받을 수 없기 때문이다.

나로드(라오스)는 민족과 국민이라는 두 개의 양극 사이에서 발견된다. 이러한 이유로 민족으로서 유기적인 요소와 인위적으로 만들어진 것이라는 성격 모두를 나로드에서 발견할 수 있다. 나로드에는 이미 사회적 계층화, 정치 경제적 엘리트, 그리고 사회를 투영한 조직으로서의 문제점들이 존재한다. 그러나 나로드를 구축하는 것은 민족의 구축과 질적으로 다르다. 이에 대해서는 설명이 필요하다. 따라서 민족사회학에서 나로드를 분석하기 위해서는 근원주의적 접근과 구성주의적 접근을 조합하여 사용할 필요가 있다.

이처럼 종합해 보면, 문화적 근원주의와 올바른 구성주의 간의 명백한 모순이 해결되고, 이 두 접근법 중 하나만을 사용하는 선택적 방법이 아니라, 우리는 필요에 따라 이 두 접근법을 동시에 사용할 수 있고 교대로 사용할 수도 있다. 우리가 연구하는 사회가 어느 단계에 있는지 엄격하게 정의한 다음에 적절한 접근법이 무엇인지 판단할 수 있다.

앤서니 스미스의 민족상징주의

현대 영국의 사회학자 앤서니 스미스(Anthony Smith)는 방법론적 모순을 극복하기 위해 또 다른 접근법의 도입을 제안했다. 그는 이 접근법을 '민족상징주의'(ethnosymbolism)라고 불렀으며, 이 접근법 또한 유사한 입장을 가지고 있다.[25]

스미스는 극단적 구성주의자들과 논쟁을 벌였다. 극단적 구성주의자는 국민과 민족 사이에 공통된 특성이 없으며, 그것들이 근본적으로 별

---

25 Smith, A. D. *Myths and memories of the Nation*. Op. cit.

개의 현실이라고 주장한다. 대체로, 스미스는 민족이 인위적인 건축물이라는 데 동의하면서도, 국민이 민족과 완전히 단절된 것은 아니며, 민족이 상징적인 형태로 국민 내부에 존재한다고 주장한다. 여기에서 스미스는 상징인류학자 기어츠의 경로를 따르고 있다. 국민에서, 우리는 민족에 관한 '설화'를 가지고 민족이 상징적인 모습으로 존재하는 것을 다루고 있다. 따라서 민족적 요소와 민족 정체성은 특정한 방식으로 국민이라는 현상에 참여하고 있으며, 이로써 민족은 지배 계급의 조작이라는 것으로 완전히 축소될 수는 없다.

스미스의 민족상징주의는 두 가지 관점에서 민족사회학 분야에 중요하며 운영상 유용하다.

첫째로, 스미스는 구성주의적 접근에 의해 전면적으로 부정되는 민족과 국민(민족의 두 번째 파생물로서) 간의 연결성을 수립하지만, 이 경우 스미스의 '상징적'이라는 관념은 의미상 우리가 사용하는 '파생물'이라는 관념에 해당한다. "국민 내부에 민족이 상징적으로 존재한다"라는 생각은 "민족의 두 번째 파생물로서 국민"이라는 우리의 논지와 동일하다.

둘째, 민족이 비법률적, 비규범적, 그리고 사회적 무의식의 차원에서 국민 사회 내에 존재하는 것처럼, 이 경우 '상징주의'(symbolism)는 정신분석학적으로 집단적 무의식에 내재된, 배제되고 검열된 요소에 대한 기억으로 이해될 수 있다. 근대의 국민국가(nation-state)에서, 민족은 명목상 폐지되었다. 그러나 민족은 집단적 무의식의 형태로 남아 있으며, '상징적'인 모습으로 스스로를 드러낸다. 예를 들어, 수많은 비합리적 특성들을 가진 국민주의(nationalism), 외국인 혐오증, 광신적 애국주의(chauvinism) 등이 있다. 스미스의 민족상징주의는 문화적 근원주의와 적절히 사용되는 구성주의를 성공적으로 보완한다. 따라서 민족사회학자도 부가적 지원을 위한 접근법으로 민족상징주의를 사용해야 할 것이다.

제3절
도구주의

도구주의의 출현

이제 도구주의적 접근을 고려하는 일이 남았다. 도구주의(instrumentalism)는 구성주의와 상당히 유사하다. 다만, 구성주의자이자 모더니스트인 겔너와 앤더슨과는 달리 근대 시기와 민족을 연결시키지 않는다는 점과 국민 및 국민주의 현상을 우선적인 것으로 고려하지 않는다는 점에서 도구주의는 차별성을 가진다.

민족의 과정에 대한 연구에서 도구주의는 1960~1970년대 미국에서 유색인종 인구의 통합과 인종 간 결혼, 백인종 인구의 지위에 대한 사회학적 분석 과정을 거치면서 구체적인 모습을 가지게 되었다.[26] 이들 연구는 이 과정에서 정치 엘리트의 결정적 역할을 밝혀냈다. 초기 이들 엘리트는 사회 행정의 인종차별적 분리주의 모델을 지지하는 데 관심을 가지고 있었다. 그러나 점차 중산층의 확대와 인구의 소비자 잠재력 확대가 필요해짐에 따라, 인종적 통합의 기법을 고안하게 되었다.

---

26 Smith, A. *Nationalism: Theory, Ideology, History*. Cambridge: Polity, 2001.

여기에 미국과 현대 유럽 등과 같은 다민족 사회에서 소수민족의 행태에 관한 연구가 추가되었으며, 이를 통해 부가적인 물질적, 사회적 재화를 획득하려는 목적에서 민족 소속감을 배타적으로 이용했다.[27] 사회적 목적 달성을 위한 도구와 다르지 않은 민족이라는 그림이 형성되었다.[28] 도구론적 접근을 정의하면서 사회학자 스티븐 코넬(Steven Cornell)과 더글라스 하트먼(Douglas Hartmann)은 다음과 같이 쓰고 있다. "민족과 인종은 여기서 구체적 목적 달성을 위한 수단으로 조직된 도구적 실체로 이해된다."[29]

이처럼 특정 상황에서 타당한 이러한 도구주의자들의 결론은 사회의 역사적 맥락이나 특정한 사회적 성격을 고려하지 않고 원칙적으로 모든 민족 과정에 적용되었다.

도구주의자들은 특히 민족 과정에 대한 연구에 집중했다. 그러나 이때 구체적인 정치 집단의 이익을 위해 사회 계층화를 강화하거나 재편하려는 목표를 가지고 민족이 인위적으로 조직화된 것이라고 보았다.

전략으로서 민족

사회학자 필립 양(Philip Yang)은 온건한 도구주의 입장에 있는데, 그의 저서 『민족 연구: 이슈와 접근법』(Ethnic Studies: Issues and Approaches)에

27   Portes, A. & Bach R. L. *Latin Journey: Cuban and Mexican Immigrants in the United States.* Berkeley, CA: University of California Press, 1985.

28   Cohen, R. *Ethnicity: Problem and Focus in Anthropology* / Annual Review of Anthropology. 1978. No.7. pp. 379 – 403.

29   Cornell, S. & Hartmann D. *Ethnicity and Race: Making Identities in a Changing World.* Thousand Oaks, CA: Pine Forge, 1998. p. 59.

서 미국 도구주의 학파와 유사하게 민족에 대해 정의하고 있다.[30]

네이선 글레이저(Nathan Glazer)와 다니엘 모이니한(Daniel Moynihan)은 도구주의적 접근법의 개념을 발전시킨 최초의 미국 사회학자였다. 그들은 저서 『국민성: 이론과 경험』(Ethnicity: Theory and Experience)[31]에서 도구주의 접근의 기초를 수립했다. 글레이저와 모이니한에 따르면, 민족성은 단순히 감정과 적극적인 감정의 집합이 아니라, 국민 및 계급과 함께 사회적 전략을 실현한 형태이다. 그들의 관점에서 보면, 민족은 공통의 이익을 가진 집단이며, 바꾸어 말하면 인위적인 조직이다. 글레이저는 이후에 저서 『민족의 딜레마』(Ethnic Dilemmas)[32]에서 이 주제를 더욱 발전시켰는데, 여기에서 그가 제시한 접근법은 훨씬 더 급진화되었다.

자메이카 출신의 또 다른 사회학자 올랜도 패터슨(Orlando Patterson)은 '백인종' 국민들이 '유색인종' 국민들을 지배했던 제국주의의 구조를 분석하면서, "민족적 요소의 힘, 구조, 효과, 토대는 민족적 요소를 사용하고 민족적 요소가 봉사하는 개인과 집단의 이익에 전적으로 달려 있다"라고 주장한다.[33]

예를 들어 미국 사회학자 마이클 헤처(Michael Hetcher)와 같은 도구주의자들은 민족 정체성 연구에 합리적 선택 이론을 적용한다. 이 방식을 따르게 되면, 개인의 행동은 가장 짧고 단순한 경로로 특정 목표를 달성

30 Yang, P. Q. *Ethnic Studies: Issues and Approaches*. Albany, NY: State University of New York Press, 2000.

31 Glazer, N. & Moynihan D. P. (ed.) *Ethnicity: Theory and Experience*. Cambridge, MA: Harvard University Press, 1975. p. 348.

32 Glazer, N. *Ethnic Dilemmas, 1964 - 1982*. Cambridge, MA: Harvard University Press, 1985.

33 Patterson, O. *Dependence and Backwardness*. Mona, Jamaica: Institute of Social and Economic Research, 1975. p. 348.

하려는 노력에 의해 좌우되며, 이는 또한 그의 정체성 구조를 사전에 결정한다. 즉, 개인은 집단적 형태로 어떤 행동을 하는 것이 유리할 때 그 집단적 형태를 자기 것으로 받아들인다.[34] 그러므로 민족은 구체적인 목표 달성을 위한 수단에 지나지 않는다. 민족이 어떤 사람의 목표를 달성하는 데 도움이 된다면, 그 사람은 민족을 강조하게 되는 반면, 만일 민족이 방해가 된다면, 그 사람은 민족을 무시하게 된다.

도구적 영속론

앤서니 스미스는 민족 현상의 영속성에 대해 확신을 가지고 주장하는 자들을 강조하여 '도구적 영속론자'(instrumental perennialists)라는 별도의 범주를 두었다.

도구주의 학파의 일원인 사회학자 도널드 노엘(Donald Noel)은 한 집단의 사람들이 다른 집단에 대해 권력을 행사하려는 목적을 가지며 이를 위해 특별한 형태의 민족적 혹은 종교적 공동체를 도구적으로 구성하여 활용하는 경우로 민족 정체성의 요소를 축소한다.[35] 민족과 민족 정체성은 사회 계층화를 공고화하기 위해 엘리트가 만들어 낸 것이다. 노엘은 그러한 계층화를 '민족적'이라고 부르며 그것을 사회적 계층화의 특별한 사례로 간주한다. 민족 계층화는 민족 정체성이 충분히 표현된 두 민족이 충돌하여 서로 섞일 때 가장 빈번하게 이용된다.

영국의 사회학자이자 도구주의 지지자인 데이비드 메이슨(David Mason)

---

34 Hechter, M. *Containing Nationalism*. Oxford and New York: Oxford University Press, 2000.
35 Noel, D. L. A *Theory of the Origin of Ethnic Stratification* / Social Problems, 1968. No. 16 (2) pp. 157–172.

은 "민족은 상황적이다. 다른 상황에 있는 다른 사람들은 다른 민족적 소속을 선언한다"라고 주장한다.[36]

상황적 영속론

'상황적 영속론'(situational perennialism)은, 민족과 민족사회는 특정한 역사적 상황에서 출현하며 구체적인 정치적 이익 또는 집단적 이익의 실현에 이용된다고 주장한다. 이것은 도구주의의 또 다른 버전이다. 동시에 이러한 접근법의 지지자들은 민족, 나로드, 국민을 구분하지 않는다.

스미스는 저명한 민족사회학자 프레드리크 바르트(Frederick Barth)와 자이드너(S. Seidner)를 상황적 영속주의자로 분류한다.[37]

노르웨이의 민족사회학자 프레드리크 바르트의 주요 아이디어는 민족과 국가를 고정된 사회로 간주하는 것을 거부하고, 민족 정체성을 서로 다른 사회적 분절들 사이에 있는 끊임없이 변화하는 '경계'(border)로 이해할 것을 제안한다.[38] 바르트에 따르면, 다른 맥락에서 한 개인은 다른 민족적 정체성의 전달자로서 완벽하게 행동할 수 있는데, 이때 전달자로서 행동은 주어진 구조가 단 한 번에 결정하는 것이 아니라 유연하게 변화하는 상황이 결정한다.

여기에 구성주의자와 상황적 영속론자 간의 차이점이 발견된다. 구성주의자는 '민족의 인위적인 생산'과 관련된 정치, 경제 엘리트들의 전략

36 Mason, D. *Race and Ethnicity in Modern Britain*. Oxford: Oxford University Press, 1995.

37 Seidner, S. S. *Ethnicity, Language, and Power from a Psycholinguistic Perspective*. Bruxelles: Centre de recherche sur le pluralinguisme, 1982.

38 Barth, F. *Ethnic Groups and Boundaries: The Social Organization of Culture Difference*. Oslo: Universitetsforlaget, 1969.

이 사회 발전의 특정 단계에서 특징적이며, 따라서 다른 단계에서는 그 필요성이 감소한다고 생각한다. 반면 '상황적 영속론자'는 사회의 통치 및 경제적 권력을 재배열한 불변의 영속적인 형태로서 민족은 항상 존재할 것이라고 확신한다.

도구주의 접근법 등장의 역사적 맥락

도구주의가 민족을 이해하는 방식은 언뜻 보기에 근원주의 접근법과 매우 상충되는 것으로 보인다. 그래서 민족 현상의 본질을 이해하는 데 전혀 적절하지 않은 것으로 보인다. 단순한 사회로서 민족은 '합리적 선택'이나 '개인의 이익과 사회적 지위 향상의 실현을 위한 정체성의 이용'과 같은 범주 밖에서 발견되는 것이 분명하다. 코이님에는 민족을 위한 전제조건이나 공간이 존재하지 않기 때문이다. 사회적 계층화, 더 나아가 개인적 특성의 원칙은 사회의 다른 단계와 유형에서 먼저 발생한다. 도구주의자는 민족과는 전혀 다른 어떤 현상에 대해 말하고 있다는 인상을 받는다. 그리고 구성주의자도 종종 실패하는 것처럼, 도구주의자가 민족과 국민(매우 드물게 언급한다는 것은 말할 것도 없고, 단지 나로드의 중요한 범주로 민 나군다)을 구별하지 않는다면, 그들의 개념도 완전히 혼란스럽고 불충분해진다.

그러나 이 접근법을 좀 더 자세히 살펴보고 도구주의자가 무엇을 염두에 두고 있는지 이해하려고 노력할 필요가 있다.

우리가 이 접근법이 등장한 시기와 장소, 즉 1860년대와 1870년대의 미국에 주목한다면 많은 것이 분명해질 것이다. 이 시기에 미국은 20세기까지 미국 정치에서 흔히 나타나는 특징이었던 인종 및 민족 차별의 마지막 잔재를 폐지하기 위한 폭풍에 휩싸여 있었다. 1920년대에 인종

간 결혼을 법률로써 금지하고자 했던 매디슨 그랜트의 계획을 기억한다면, 그 시기에 민족에 대한 질문이 얼마나 신선하고 적절한 것이었는지 이해할 수 있다. 동시에 공식적이고 대중적으로 표현된 규범으로서 '정치적 올바름'(political correctness)의 근거가 마련됨에 따라 민족적 규범을 고려해야만 했다. 여기에는 평등, 관용, 인권 존중 및 인종, 성별 또는 사회적 지위에 따른 차별의 거부 등이 포함된다.

도구주의자는 여전히 인종주의적 견해를 고수하고 있고 민족 정체성은 사회적 관습에 불과하다는 확신을 가져야 했던 미국의 서클들과 논쟁했다. 따라서 도구주의자는 논쟁을 벌이는 열정과 몽상가로서의 명백한 모습을 보여 주었다. 이러한 입장을 잘 이해하고 지지할 수도 있다. 그러나 도구주의자 연구의 전체적인 본체에서, 어떤 것이 민족사회학을 위해 실질적인 학문적 가치가 있는지, 혹은 어떤 것은 과도함과 이념적 논쟁으로 폐기되어야 하는지 구별하는 것이 필요하다.

도구주의의 적절성과 한계

1950년대부터 오늘날까지 미국 사회가 차지하는 위치를 민족사회학의 척도로 판단해 보자. 미국에서 우리는 높은 수준으로 발전된 시민사회 제도를 토대로 수립된 현대의 국민국가를 발견할 수 있다. 시민사회 제도는 활발한 발전 단계에 형성되며, 높은 개방성, 관용, 글로벌리즘 및 인권에 대한 관심의 측면에서 형성된 국민 의식을 공격한다. 도구주의는 그것에 앞서 나타난 모든 형태의 집단 정체성(이를 테면 민족, 인종 및 국가의 혼합)에 대해 시민사회가 공격할 때 이를 위한 이론적, 개념적 무기가 된다. 시민사회에게 모든 형태의 집단 정체성은 '적대적'이며 해체를 요구한다. 이러한 태도가 도구주의 접근법의 토대에 존재한다. 도구주의 접근법의 과제는 사회를 개인 수준까지 분석하고 개인의 상호 작용에 기초하여 사회 구조를 설명하는 것이다. 이것은 도구주의에서 많은 것을 설명하고 도구주의가 어울리는 자리가 어디인지 찾을 수 있도록 해 준다.

민족, 국민, 인종 등과 같은 개념들을 계속해서 혼동하지만, 동시에 도구주의자는 때때로 적절한 의미에서 민족과 민족성을 우연히 발견한다. 이때가 전체로서 민족사회학에게 매우 가치 있는 순간이 될 수 있다.

사회의 외관에서 본 시각에서, 민족은 나로드로의 이행 기간 동안 배경으로 은퇴하고, 국민이 발전하는 기간 동안 시야에서 함께 감추어진다(국민은 민족의 모습을 담은 상이다). 시민사회로 이행할 때, 민족은 단순히 존재해서는 안 되는 것처럼 보인다. 그러나 그것은 현상학적으로 존재하며, 도구주의 사회학자들은 이러한 불일치를 허용하도록 요구받는다. 도구주의자는 시민사회로 이행하는 과정에서 민족을 '우연히 발견'하고, 새로운 기준의 입장에서 그것을 해석하려고 노력한다. 이러한 연구 과정에서 도구주의자들이 내놓는 여러 가지 결론들은 국민국가에서 시민사회로 이행하는 사회에서 민족의 지위를 기술하고 분석하는 데 가치가 있다. 그리고 이 지점에서 도구주의는 전적으로 타당하고 충분하다.

만약 민족을 그렇게 묘사하고 민족성의 현상을 모든 시대의 모든 유형의 사회에 보편적으로 적용 가능한 것으로 묘사하는 도구주의자의 수용할 수 없는 허튼 주장을 거부한다면, 고도로 차별화된 서구 자본주의 사회에서 민족과 민족성에 대하여 완전하게 사용할 수 있는 일련의 사회학적 분석들이 우리에게 남겨질 것이다. 그리고 이 경우, 도구주의는 유사한 상황에서 사용할 수 있는 매우 적절한 접근법이 될 것이다. 이를테면, 오늘의 서유럽은 도구주의를 적용할 수 있는 적절한 사례이다. 즉, 우리가 국민에서 시민사회로 이행하는 상태에 있는 사회를 다루게 될 때에도 서유럽을 보게 되고, 또한 민족적 요소가 점차 더 화제가 되는 곳을 다룰 때에도 서유럽을 빼놓을 수 없다는 것이다.

그러므로 도구주의는 고도로 분화된 사회들에서 나타나는 민족 현상을 연구하는 데 효과적이고 적절하다. 고도로 분화된 사회에서 민족은 전적으로 합리적인 성격의 구체적인 사회적 과제를 실현하는 데 실제로 매우 유용하기 때문이다. 그러한 복잡한 사회들에서 민족은 특별한 상황이 마련될 때 존재한다. 민족은 자연환경으로부터 찢기고, 보다 복잡한 사회 구조의 환경에 놓이며, 이러한 조건에서 민족은 완전히 새로운 각본에 따라 스스로를 드러내기 시작한다. 이 새로운 민족의 각본에서, 정치 엘리트와 민족 엘리트, 그리고 중산층과 하위 사회 계층이 민족 요소를 도구주의에 따라 이용하는 것은 충분히 가능한 이야기이다.

복잡한 사회에서 민족은 여러 가지 형태로 나타난다. 예를 들면 민족에 대한 로비, 민족 범죄, 구성원들이 주로 민족 정체성을 근거로 사회적 지위를 올릴 수 있도록 돕는 민족적 네트워크의 창조, 심지어 정치 캠페인에서 민족적 모티프를 사용하는 등의 형태이다. 복잡한 사회에서 민족은 다방면에서 조작의 대상이 된다. 도구주의자는 이 현상에 집중하고 이를 전적으로 정확하게 묘사한다.

도구주의는 국민국가에서 시민사회로 이행하는 과정에 있는 복잡한 사회의 민족 현상을 연구하기 위한 수단이다.

이처럼 명확히 하게 되면, 근원론자와 도구주의자 사이의 논쟁을 비롯하여 구성주의자와 도구주의자 사이의 논쟁에 관한 이유가 상실된다. 각각의 접근법은 한계를 가지고 있고, 한계를 넘어서게 되면 각 접근법은 그 의미와 적용 가능성을 상실한다.

도구주의와 나로드의 사회학

도구주의 방법은 또 다른 상황에도 적용할 수 있다. 바로 나로드의 연구이다. 민족과 대조적으로 나로드는 사회적으로 차별화되고, 그 안에 상류층과 하류층을 포함한 사회이며, 여러 민족 집단으로 구성되어 있다. 나로드 안에는 아직 사회적 행위자로서 그리고 명백하게 이성적인 행동의 스크립트로서, 뚜렷하게 구분되는 개인이 존재하지 않는다. 그러나 민족과 그 원시성과의 관계에서 일정한 거리를 두면(에드워드 실스), 도구주의자들이 주장하는 것처럼 민족적 요소와 실용적으로 관련 짓는 것이 가능하다.

이러한 종류의 도구적 사용이 취할 수 있는 한 가지 형태는 특정하고 뚜렷한 민족의 기원을 엘리트에게 부여하는 것인데, 이를 통해 엘리트는 대중과 자신의 구분을 공고히 하고 자신의 권력을 합법화하는 데 활용한다. 이처럼 민족적 기원을 엘리트에게 부여하는 것이 의식적 조작, 민족적 요소(항상은 아니지만 종종 고대 국가에서 엘리트는 실제로 대중과 다른 민족 기원을 가진 경우가 많았다), 상징적, 종교적, 마술적 요소들을 어느 정도까지 반영하는지는 또 다른 문제이다. 민족은 그 자체로 정치적인 차원도 실용적인 차원도 가지고 있지 않다. 그러니 특정한 나로드에서 그리고 특정한 상황에서, 민족의 도구화와 민족의 '정치화'(politicization)가 일어나는 것을 어렵지 않게 만날 수 있다.

결론

민족사회학의 근본적인 방법론들에 대한 개관을 마치면서, 우리는 다음과 같은 점들을 구분할 수 있다.

162

1. 가장 생산적인 방법은 문화 근원주의이다. 이것은 민족이 유기적이고, 원시적이고, 근본적인 개념(즉, 원시적 코이님)이라고 말한다. 그러나, 동시에 우리는 즉시 두 가지 추가적인 사항을 고려해야 한다.

   a) 생물학적, 동물학적, 인종적 요소도, 친족관계나 혈통의 요소도, 민족의 기본 정의에 들어가지 않는다. 민족은 무엇보다 사회적, 문화적 현상이기 때문이다.

   b) 추가하여, 민족은 단순한 사회에서만 있는 그대로 존재한다. '나로드'에서 시작하여 '국민'과 '시민사회'에 이르기까지 우리는 민족의 파생물들을 만나게 된다. 즉 민족 그 자체가 아니라 변형된 모습을 접하는 것이다. 그러나 이러한 보다 복잡한 사회에서도 민족은 어느 정도의 노력을 기울이면 '사회적 무의식'의 영역으로 추적해서 찾을 수 있다.

2. 구성주의 방법은 민족의 '두 번째 파생물'로서 '국민'이라는 현상을 고려하는 데에 매우 적절하다. '국민'에서는 실용적인 목적을 위해 구축된 인위적인 현상을 다루기 때문이다. 동시에, 앤서니 스미스와 존 브루일리(John Breuilly)와 같은 민족상징주의자(ethnosymbolist)를 고려해야 한다. 그리고 민족상징주의자가 생각하는 바에 따라 민족이 국민 사회에서도 '상징적' 형태로 존재한다는 사실에도 주목해야 한다.[39] 그러나 구성주의 패러다임을 민족에 적용하면서 엘리트 집단이 정치적 목적을 위해 어느 시점에 민족을 만들어 냈다고 주장하는 것은 터무니없다.

---

39 Breuilly, J. *Nationalism and the State.* New York, NY: St. Martin's Press, 1993.

3. 도구주의는 복잡한 사회, 특히 국민국가에서 시민사회로 이행하는 과정에 있는 사회에서 민족 요소와 민족적 과정을 연구하는 데 적합하다. 이와 함께, 도구주의는 특정한 경우에 '나로드'가 널리 보급된 전통적인 사회의 사회적 계층화 분석에 적용될 수 있는데, 당면한 문제가 민족적 표시를 사회적 지위와 결부시키는 경우(대부분 종교 엘리트 및 통치를 담당하는 정치 엘리트 내에서 일어남)에 해당한다. 그러나 이러한 민족 분석을 위한 도구주의 접근은 결실을 찾아보기 어렵고 해결할 수 없는 모순에 이르게 된다.

제4장

다른 나라의 민족사회학

제1절
독일의 민족사회학, 문화 서클, 민족심리학

'민족사회학'이라는 용어

'민족사회학'(ethnosociology)이라는 용어는 1세대 사회학자인 루트비히 굼플로비치(Ludwig Gumplowicz, 1838-1909)가 사회학 수립 초기 단계에 소개했다.[1]

굼플로비치는 폴란드에서 태어나 이후에 오스트리아-헝가리로 이주했다. 그리고 그의 저작 대부분은 독일에서 출간되었다. 그는 '민족중심주의'(ethnocentrism)라는 용어를 처음으로 사용했으며, 이 용어는 이후에 미국 인류학자 윌리엄 섬너가 사용하면서 널리 알려졌다.

'민족사회학'이라는 용어는 정확히 이러한 이유 때문에 독일어권에서는 사용되지 않았다. 따라서 독일의 민족사회학 연구를 고려할 때 독일어권인 오스트리아와 스위스의 학자들도 포함하여 논의를 시작하고자 한다. 그런 다음 이 학문 분야가 다른 이름으로 불리는 나라들로 옮겨서

---

1   Gumplowicz, L. *Der Rassenkampf.* Saarbrücken: VDM Verlag Dr. Müller, 2007.

논의할 것이다. 참고로, 미국에서는 '문화인류학'(cultural anthropology), 영국에서는 '사회인류학'(social anthropology), 프랑스에서는 '구조인류학'(structural anthropology) 및 '민족학'(ethnology)이라고 말한다.

요하네스 고트프리트 헤르더: 신의 뜻으로서 나로드

독일의 철학자인 요하네스 고트프리트 헤르더(Johannes Gottfried Herder, 1744-1803)는 낭만주의의 선조이자 독일 계몽주의 철학의 위대한 인물이다. 그는 근대성을 이야기한 첫 번째 사상가이며, 인류의 역사를 지적인 과정이자 목적이 명령하는 바를 따르는 과정으로 기술하고자 노력했다. 이렇게 볼 때 역사를 움직이는 주요 동력은 나로드인 셈이다. '나로드', 다시 독일어로 폴크(das Volk)라는 개념이 헤르더 철학의 중심에 있다. 헤르더에 의하면 나로드가 다양한 까닭은 자연, 역사, 사회, 심리적 조건이 다양하다는 데서 연유한다. 모든 나로드는 각기 고유하며, 이는 나로드가 사용하는 언어의 다양성에서 표현된다. 그리고 언어 속에는 원시적 자각과 자유가 그대로 표출된다. 인간성의 가장 높은 표현은 종교이다.

헤르더는 언어의 구조가 생각의 구조를 결정한다고 주장했다. 이러한 주장은 200년이 지난 후 사피어-워프(Sapir-Whorf) 가설이 되었다.[2, 3] 헤르더는 각각의 나로드는 완전히 고유하며 다양성은 한계가 없고 무궁무

---

2 Herder, J. G. *Ueber die Faehigkeit zu sprechen und zu horen* (1795) / Herder.
3 문화인류학자 사피어와 물리학자 워프의 이론은 하나의 언어를 다른 언어로 신뢰성 있게 번역하는 것은 불가능하다고 주장한다. 왜냐하면 언어는 각기 특유의 의미론적 구조를 형성하고 있으며 개별적인 특수성에 따라 의식과 인식을 기호화하기 때문이다.

진하다고 주장했다. "경이로운 방법으로, 신의 뜻은 사람(나로드)을 숲과 산맥, 바다와 사막, 강과 기후 조건에 따라 구분할 뿐만 아니라, 언어, 경향 및 특성으로도 구분한다."[4]

사회들 간의 차이점은 개별 사회가 얼마나 고유하고 독창적인지의 정도를 보여 준다. 사회가 '반동적'인지 혹은 반대로 '이 시대에 조응하는지'의 정도로 말할 수 있는 것이 아니다. 이런 점에서 헤르더는 분명히 밝혔다. "고요한 환희를 품고서 자신을 사랑하고 아내와 아이를 사랑하는 원시인이 있다면, 그리고 자신뿐만 아니라 부족을 위해서 삶을 헌신하는 원시인이 있다면, 내가 보기에는 그 사람이 진실된 존재이다. 전체 인간 종의 동료망령들(fellow-shadows)의 헌신에 참여하는 교육받은 망령보다 더 진실된 존재이다."[5]*헤르더는 다양한 인간 사회들이 가진 각각의 고유성을 강조한다. 따라서 원시사회에서 개인이 자신과 가족에 대한 애정을 가지고, 이를 소속된 사회로 확장하여 헌신하는 것을 진실된 것으로 이해한다. 이에 대해 현대에서 개별 사회를 넘어서서 인류 전체에 대해 개인이 헌신하도록 가르치고 일깨울 수 있다는 기대는 자연스럽다고 생각하지 않는다. 이런 의미에서 실체가 없는 허상임을 꼬집어 '망령'(shadow)이라고 쓰고 있다.

헤르더는 다른 잣대로 어떤 하나의 폴크(나로드)를 평가할 수 없다고 주장한다. 왜냐하면 각각의 폴크는 내부에 나름의 완벽한 표준을 가지고 있기 때문이다. 이 표준은 다른 표준으로부터 전적으로 독립되어 있다.

---

4 Herder, J. G. *Auch eine Philosophie der Geschichte zur Bildung der Menschheit*. Frankfurt am Mein: Suhrkamp, 1967. p. 559.

5 Herder, J. G. *Auch eine Philosophie der Geschichte zur Bildung der Menschheit*. Frankfurt am Mein: Suhrkamp, 1967. p. 511.

또한 "사람들은 마치 총알이 중력의 중심을 내포하고 있는 것처럼 행복의 중심을 각자 품고 있는 전달자이다"라고 주장했다.[6] 헤르더는 폴크(나로드)가 "신의 뜻"이라고 명백히 밝힌다. 독일 시인 하이네(Heine)는 헤르더에 대해 다음과 같이 말했다. "그의 생각에 따르면, 사람들은 신이 연주하는 하프의 현과도 같다."[7] 이와 같이 이해하게 되면, '나로드' 개념은 라이프니츠(Leibniz)가 말하는 모나드(monad)에 비유할 수 있으며, 이때 모나드는 모든 모순을 자신에게 흡수하여 하나로 합성해 낸다.

헤르더는 어떤 특정한 용어 하나에 전적으로 집착하지는 않았지만, 저작에서 나타나는 수많은 분석들을 보면, 그는 폴크라는 개념을 민족사회학에서 이해하는 민족과 나로드 둘을 동시에 의미하는 것으로 이해했으며, 국민(nation)의 의미는 아니었다는 점은 명확하다. 근대성이라는 시대의 현상이자 제3의 계급의 건축물로서 국민은 계급의 구조물이며 국가(state)와 불가분하게 연결되어 있다. 헤르더는 특히 초기 저작에서 폴크 개념이 정치적 목적을 위해 도구로 사용되는 것을 맹렬하게 비판했다. 즉 모든 형태의 국민주의(nationalism)는, 말하자면 하나의 나로드가 다른 나로드를 공격하는 것인데, 헤르더는 이를 "신의 뜻"이자 "신의 계획"에 대한 공격 시도라고 보았으며, 인종이든 진화든 어떤 척도를 가지고 사람(나로드)을 위계화하려는 시도라고 생각했다. 민족의 계층화에 대한 생각은 음악에서 '도' 음이 '레' 음보다 더 우월한 것인지 알아내려는

---

6   Herder, J. G. *Auch eine Philosophie der Geschichte zur Bildung der Menschheit*. Frankfurt am Mein: Suhrkamp, 1967. p. 509.

7   Bollenbeck, G. *Eine Geschichte der Kulturkritik: Von Rousseau bis Günther Anders*. München: C.H. Beck Verlag, 2007에서 재인용.

시도만큼 터무니없는 것이라고 생각했다. 게다가, 헤르더는 나로드 내의 위계화를 엄격하게 반대했다. "국가에는 오직 한 개의 계급만이 존재해야 한다"라고 헤르더는 적고 있다. "하나의 계급은 단순한 군중이 아니라 폴크(나로드)를 말한다. 이 계급에는 왕도 소속되고 미천한 농부도 소속된다."[8] 헤르더는 나로드 내의 위계화를 인정했지만(계층화가 존재한다는 것은 라오스로서 나로드의 징후이다), 그는 '계급 분화'를 거부하면서 인위적인 구축물로서 국민을 거부했다. 그가 '나로드'를 이해하는 방식은 총체적이고 통합적이며, '민족'에 무게를 두고 있다. 헤르더에게서 민족성에 대한 공감(비록 이 용어를 사용하지는 않았지만)을 찾아볼 수 있다. 헤르더는 가장 단순한 사회('야만적' 사회)라 하더라도 충분하다는 점을 강조하며, 사람들을 이해하고 사람들이 자신의 입장에서 세계를 어떻게 이해했는지에 대한 그림을 올바로 그려 내기 위해서는 그 사람들의 입장이 되어 공감하는(einfühlen) 노력이 필요하다고 말한다. 이것은 '심리적 공감', '참여의 사회학', 모레노(G. Moreno)의 '계량사회학'의 방법이 만들어지는 전조일 뿐만 아니라 현대 민족사회학자와 인류학자의 기법을 찾아볼 수 있는 부분이다.

헤르더는 나로드의 근저에는 나로드의 정신이 있다고 주장한다. 이를 일컬어 폭스가이스트(Volksgeist)라고 불렀으며 '문화'와 동일시했다. 헤르더는 유럽에서 '문화'라는 용어를 오늘날의 의미로 사용한 최초의 인물이었다. 그에게 문화란, 한 사회의 양식과 정체성을 정의하면서 관습,

8   Herder, J. G. "Briefe zu Beforderung der Humanitat (1793 - 1797)" / Herder, J. G. *Samtliche Werke*. Bd. 18. Berlin: B. Suphan, 1877 - 1913. p. 308.

의례, 믿음, 태도, 그리고 가치체계의 총합을 의미했다.

헤르더는 칸트에 반대하는 논증법으로 유명하다. 칸트는 보편적 가치와 이성의 지배에 근거하여 '시민사회'라는 개념을 발전시켰는데, 이는 문화의 다원성과 그들의 독자적 가치에 대한 헤르더의 다원성 관념과 전적으로 상충한다.

요하네스 고틀리프 피히테

독일의 저명한 철학자 요하네스 고틀리프 피히테(Johannes Gottlieb Fichte, 1762-1814)는 헤르더와 함께 민족학 연구의 선구자로 여겨진다. 피히테의 나로드에 대한 생각들은 (헤르더와 마찬가지로, 그는 나로드와 민족을 구분하지 않았다) '절대 주체'(absolute subject)에 대한 그의 철학 이론의 정신에서 발전되었다. 그는 나로드를 그러한 절대 주체의 표현으로 인식했으며, 역사-문화적 단위체이자 '개인'으로 분화되기 이전의 존재로 보았다.

피히테는 정치를 다룬 글에서 국가에 대한 나로드의 우선성 원칙을 공식화하였으며, 문화적이고 민족적인 통일성에 기초하여 독일인들이 나로드로서 부활해야 한다고 요구했다.[9]

피히테는 동시대의 독일인들과 고대 독일인들 사이에 언어의 연속성 속에서 독일인임을 표현하는 직접적이고 즉각적인 민족적 연결성이 존재한다고 생각했다. 이러한 근거에서 타키투스(Tacitus)*푸블리우스 코르넬리우스 타키투스(Publius Cornelius Tacitus). 로마의 역사가이자 정치가. 주요 저서로 게

---

9   Fichte, J.G. *Address to the German Nation*. New York, NY: Harper & Row, 1968.

르만족에 관한 『게르마니아』, 로마 역사를 다룬 『연대기』 등이 있다.가 기술했던 고대 독일인들의 행동을 직접 추적하는 것으로 독일인의 특성을 분석했다.

헤르더와 대조적으로 피히테는 칸트의 추종자였고 문화의 이성적인 측면에 주된 관심을 기울였다.

우리는 민족사회학의 영역에서 피히테의 견해를 '순진한 근원주의' (naïve primordialism)로 정의할 수 있다. 그는 독일 사회가 처한 역사적 상황을 독일 사회가 스스로 어떻게 인식하는지에 대한 기능과 나로드(라오스)라는 조건으로부터 국민이라는 조건으로의 이행을 연관시키고 있다.

요한 야코프 바흐오펜

스위스의 독일어 작가, 역사가, 그리고 법학자인 요한 야코프 바흐오펜(Johann Jakob Bachofen, 1815-1877)은 단순한 사회의 구조와 이의 발전 단계에 관하여 이례적으로 중요한 인류학 이론들을 공식화했다. 바흐오펜에 따르면, 단순한 (민족) 사회들은 '모권'(母權)의 원칙에 따라 구성되었고, 가모장제가 지배했던 평등주의 공동체였다. 그는 주요 저서인 『모권: 종교적, 법적 본질에서 고대 세계의 여성지배에 대한 연구』(Mother Right: Studies of Gynaecocracy in the Ancient World in its Religious and Juridical Nature)에서 이러한 생각들을 요약했다.[10]

바흐오펜의 관점에서, 사회의 역사적인 계층화는 가부장적인 질서의 수립과 직접적으로 연결되어 있다. 그러나 가부장적 질서가 텅 빈 공간

---

10   Bachofen, J.J. *Mutterrecht. Eine Untersuchung über Gynaikokratie der alten Welt nach ihren religiösen und rectlichen Natur.* Stuttgart: Krais & Hoffmann, 1861.

에서 만들어진 것은 아니다. 모성 지배의 원칙을 따라 형성된 더 오래된 제도들이 기초가 되었고 그 위에 수립된 새로운 질서이다. 바흐오펜은 지중해 지역에 관한 광범위한 고고학적, 역사적 그리고 언어학적 자료를 수집하고 연구했으며, 그는 모든 곳에서 고대 '여성지배정치'(gynocritic, 그리스어로 '여성'을 뜻하는 gyné와 '지배'를 뜻하는 krátos에서 유래) 문화의 흔적들을 발견했다. 말하자면 제사, 신화, 전통, 그리고 일련의 법적인 지침들에서 여성지배의 모습이 보존되어 있었다.

바흐오펜의 이론은 그에 대한 다방면에서의 비판에도 불구하고 인류학적 연구에 중요한 자극을 주었고 젠더의 사회적 역할에 대한 관심을 환기했다. 이는 이후 사회학 전반과 특히 민족사회학의 가장 중요한 주제 중 하나가 되었다.

아돌프 바스티안: 원질사고와 나로드 사고

베를린 민족지 박물관(Berliner Museum für Völkerkunde)의 설립자인 아돌프 바스티안(Adolf Bastian, 1826-1905)은 독일 민족학과 인류학에서 탁월한 인물이었다. 바스티안은 진화론과 인류의 단일 기원론에 천착했다(그는 이것을 "인류의 정신적 단일성"이라고 불렀다). 그러나 진화론을 지지하는 많은 사람들과는 대조적으로, 그는 진화를 단선적으로 보지 않았고 상승하는 주기에 의해 역사에서 발전하는 나선형의 과정으로 여겼다. 바스티안은 프랑스 철학자 오귀스트 콩트(Auguste Comte, 1798-1857)의 실증주의 접근법을 공유했고 사회에 대한 일관된 가르침을 정교화하기 위해 노력했다(그리하여 사회학의 선구자 역할을 했다). 동시에 바스티안은 문화의 심리적인 측면을 강조했으며, 그것들의 심리적인 내용의 관점에서 신화,

춤, 신비로운 상태와 여타의 형태들을 비롯하여 다양한 사회 현상을 연구했다.

바스티안은 저서 『역사 속의 인간: 심리학적 세계관의 정당화를 위하여』에서 기본적인 이론적 결론을 제시했다.[11]

바스티안에 따르면, 지구의 땅 위에 우리는 다양한 유형의 인간 사회가 병렬적으로 발전하게 되었던 몇 개의 '지리적인 지방'을 표시할 수 있다. 이 모든 사회들은 서로 교차하거나 상호 작용하지 않았음에도 불구하고 동일한 궤적과 동일한 논리를 따랐다. 통일성은 모든 사람들의 의식이 질적으로 동일한 현상이라는 사실을 토대로 만들어지는데, 이를 일컬어 '원질사고'(Elementargedanken, elementary thought)라고 불렀다. 문화의 차이는 지리적 환경의 영향으로 인한 것인데, 사회의 진화 과정에 영향을 미친다. 즉 지리적 환경으로 인해 사회 진화가 막히거나 혹은 반대로 더욱 추진력을 갖기도 했으며, 또는 특정한 모습의 심리적 자질과 우선시되는 사회적 관행이 발전하기도 했다. 따라서 바스티안에 따르면, 모든 인간에게 공통된 '원질사고'로부터 다양한 사회적, 문화적 형태가 개별 나로드와 함께 구체적인 모습을 가지게 되었다. 바스티안은 이 2차적 형태를 '나로드 사고'(Volkergedanken, narodni thought)라고 불렀다. 바스티안은 '사회사고'(Gesellschaftgedanken)라는 용어도 사용하였는데, 이것은 이후 뒤르켐(Durkheim)의 '집단의식'(collective consciousness) 개념으로 이어진다. '사회사고'는 사람들 개개인의 사상을 수학적으로 합산

11 Bastian, A. *Der Mensch in der Geschichte: Zur Begrundung einer psychologischen Weltanschauung.* 3 Bände. Leipzig: Wigand, 1860.

하는 것으로 구성되는 것이 아니라, 정신적, 정치적 엘리트들의 고유한 지적 돌파구를 나타내는 경우가 더 많으며, 이는 점차 '나로드 사고'라는 측면에서 한 사회가 가진 유산의 일부가 된다.

이러한 이론적 토대 위에서, 바스티안은 민족 문화에 대한 그의 연구 방법을 마련했다. 그 기초에는 '교차 문화' 비교 분석이 있다. 즉 (보편적인 것으로서) '원질사고'의 구조와 구체적인 것으로서 '나로드 사고'의 경험적인 기술을 분리하기 위한 목적으로 다양한 민족과 나로드가 가진 개별 문화적 형태를 병치하여 나열하는 방법이다.

프리드리히 라첼: 인류지리학과 민족학

독일의 지리학자인 프리드리히 라첼(Friedrich Ratzel, 1844-1904)은 지리학적 차원에서 민족의 일반적인 모습을 설명하고자 했던 최초의 인물이다.[12] 라첼의 관점에서, 인간은 이동성이 가장 높은 생명체이지만, 그럼에도 불구하고 지구라는 땅에 묶여 있고 자신이 태어나고 살아가는 자연 환경에 의존한다. 이러한 방식으로 사회와 나로드의 분화가 일어난다.

진화론의 입장에서 라첼은 자연에 대한 의존의 정도와 질을 주요 기준으로 삼아 민족을 '원시민족'과 '문명민족'으로 구분하였다. 자연은 '원시' 나로드 너머로 어렴풋이 나타난다. 문명 나로드는 자연으로부터 스스로를 해방시키고 자연과 보다 평등하고 상호 이익이 되는 대화를 시작한다. 이러한 접근법에 기초하여 라첼은 '인류지리학'(anthropogeogra-

---

12   Ratzel, F. Narodovedenie. Tom 2SPb: "Prosveshcheniye, 1902 – 1903."

phy)에 대한 나름의 체계, 즉 구체적인 지리적 조건에서 나로드가 상호작용하는 역사적 역동성의 지도를 연구하고 정교화한다.

라첼은 동시에 20세기에 더욱 발전하게 된 몇 가지 접근법의 기초를 마련했다. 이를 구체적으로 살펴보면 다음과 같다.

- 라첼은 지정학(geopolitics)의 전제조건을 제시하고 주요 가설을 수립했다. 지정학이라는 용어는 스웨덴 학자 루돌프 셸렌(Rudolph Kjellén)이 처음으로 소개하면서 학문의 한 분야로 사용되었다. 라첼이 제시한 지정학 가설은 '국가의 공간적 성장의 법칙'으로 요약할 수 있으며, 여기에서 '생활 공간'이라는 아이디어가 나왔다.[13, 14]
- 다양한 민족들의 문화의 차이를 설명함으로써 사회학자들이 공간이라는 요소의 중요성에 관심을 가지도록 만들었다.[15]
- '공간감각'(Raumsinn)이라는 중요한 개념을 도입했다. 이는 사비츠키(P. Savitskii)와 같은 유라시아 철학자들이 이후에 발전시킨 '발전의 장소'(place of development)라는 개념의 원형이다.[16]
- 역사에서 모든 물질적, 기술적, 문화적 발견이 오직 한 곳에서 그리고 하나의 나로드에 의해서만 이루어졌으며, 전파의 방법으로 다른 나로드들 사이에 더욱 확산되었다고 주장하는 '문화서클'(cultural circles)

13 Ratzel, F. *Politische Geographie.* Munich: Oldenburg, 1897.
14 Dugin, A. G. *Foundations of Geopolitics.* Moscow: Aktogeia-Center, 2000.
15 Dugin, A. G. *Sociology of the Imagination. Introduction to Structural Sociology.* Moscow: Academic Project, 2010; Dugin, A. G. *Sociology of Russian Society.* Moscow: Academic Project, 2010.
16 Dugin, A. G. *Foundations of Eurasianism.* Moscow: Arktogeia-Center, 2002.

이론의 전제를 내놓았다.[17]

- 고고학 분야에서 주요 장치의 영역을 명확히 하기 위해 기능이 아니라 대상의 형태에 대한 기준 모델을 제안했다.

- 한 민족이 다른 민족에게 복속되는 방식, 즉 보다 호전적인 민족정복 자의 관점에서 국가의 기원에 대한 가설을 발전시켰으며, 이것은 민족 사회학의 기초가 되었다.

로베르트 그래브너: 민족학의 방법

라첼과 동시대의 학자로 독일의 인류학자이자 민족학자인 로베르 트 그래브너(Robert Graebner, 1877-1934)는 '확산주의 학파'(diffusionist school)의 주요 인물이다. 그는 문화서클 이론을 발전시키고 체계화했으 며, 민족학의 방법론은 그의 가장 중요한 학문적 업적이라고 평가할 수 있다.[18]

확산주의를 지지하는 사람들은 모든 역사적 발명과 발견의 고유성에 대한 라첼의 직관을 연구의 주요 원칙으로 삼았으며, 이 기초 위에 민족 과 문화의 역사적 수립 단계를 재구축했다.

확산주의자들의 기본적인 생각은 그 당시 독일어권 학계에서 지배적 이었던 아돌프 바스티안의 '원질사고'의 진화론적 이론에 대한 비판에 있었다. 바스티안은 인간 종의 모든 구성원이 정신적으로 동일하다고 주 장했다. 그러나 그래브너와 '문화서클' 이론을 지지하는 사람들은 바스

---

17 Ratzel, F. *Anthropogeographie.* Stuttgart: J. Engelhorn, 1899.
18 Graebner, F. *Methode der Ethnologie.* Heidelberg: Winter, 1911.

티안의 접근법을 거부했다.

그래브너에 따르면, 영토 점령이 느슨한 동안에는 어떤 사회가 기술적, 문화적 혁신을 이룰 수 있는 자극적 유인을 가지지 못한다. 왜냐하면, 주변 자연 세계와의 관계가 현재의 상황을 지속해서 유지하는 데에 충분하기 때문이다. 그러므로 모든 발견들(이를테면, 금속 가공, 다양한 가축 길들이기, 노동의 도구들, 운반 수단, 그리고 문화적인 의식과 관습)은 우연하게 만들어졌거나, 전적으로 고유한 자연적인 또는 민족적인 조건들이 있었던 엄격하게 특정된 지리적인 장소 안에서 이루어졌다. 그래브너는 발명을 물속으로 던진 돌에 비유했다. 접촉한 지점은 엄밀하게 말해 하나에 불과하지만, 동심원이 모든 방향으로 퍼져 나간다는 사실이 마치 발명과 같다고 보았던 것이다. 로베르트 그래브너는 문화서클(Kulturkreise)이라는 개념을 도입한 사람이었다.

그래브너 이후, 이 접근법은 '비엔나 문화역사학파'(Cultural-Historical School of Vienna)라는 이름을 갖게 되었다.

빌헬름 슈미트: 원시유일신론

그래브너의 아이디어는 가톨릭 사제이자 민족학자인 빌헬름 슈미트(Wilhelm Schmidt, 1868-1954)에 의해 채택되었다. 슈미트는 종교의 기원에 대한 자신의 가설을 정당화하기 위해 '문화서클' 방법론을 사용했다. 그리고 **'원시유일신론'**(primitive monotheism)이라는 아이디어를 발전시켰는데, 이에 따르면 민족 사회에서 가장 고대의 신앙은 고전적 진화론자들이 생각했던 것처럼 '애니미즘', '토테미즘', '마법', 혹은 '다신론'이 아니라, 원시적 형태의 '유일신론'이라는 것이다.

슈미트는 다른 가톨릭 사제이자 목사인 빌헬름 코퍼스(Wilhelm Koppers, 1886-1961)와 공동으로 집필한 논문에서 자신의 민족학적, 민족사회학적 이론을 요약하였다.[19]

슈미트가 문화역사적 방법을 사용했던 목적 중 하나는 역사에 대한 기독교적 시각에 반대하는 진화론과 마르크스주의 이론을 비판하는 것이었다. 슈미트는 모든 사회를 '원시사회', '초기사회', '2차사회', '3차사회' 등으로 구분했으며, 이 중에서 '원시사회'가 세상이 창조되는 시점에서의 모습과 가장 가까운 형태이며 '유일신론'의 태곳적 형태를 나타내는 모습이 있다고 말한다.

이 경우 민족학과 사회학은 고백적인 색채를 명료하게 표현하는 신학적 접근과 조우한다.

레오 프로베니우스: 텔루리즘, 흐토니즘, 파이데우마

독일의 민족학자 레오 프로베니우스(Leo Frobenius, 1873-1938)는 '문화서클' 이론을 대표하는 가장 명석하고 저명한 인물이다. 그는 현대 민족학과 민족사회학에서 사용되는 모든 개념을 정리해서 제시했다.

그리하여 모든 유형의 문화(무엇보다도 고대의 문화)를 기본적이고 근본적인 두 가지 종류, 즉 텔루릭(telluric)과 흐토닉(chthonic)으로 나누는 아이디어를 독창적으로 제시했다. 프로베니우스는 저작을 통해 이 유형들이 다양한 지리적 지역을(프로베니우스는 아프리카 대륙에 관하여 세계적인 전

---

19 Koppers, W. & Schmidt W. *Handbuch der Methode der kulturhistorischen Ethnologie.* Münster, Westfalen: Aschendorff, 1937.

문가였기에 아프리카 대륙을 주로 사례로 삼았다) 따라 어떻게 분산되어 있는지,[20] 어떻게 교차하고 섞이고 새롭게 분리되는지를 열심히 관찰한다.

텔루릭 유형(라틴어 텔루스tellus에서 유래한 것으로 '지구' 혹은 '땅'을 의미하는데, 여기에 '흙으로 된 낮은 산' 혹은 '제방'의 의미도 포함되어 있다)을 구분하는 특징이 있는데, 돌출, 불룩한 구조, 기둥, 의식을 행하는 언덕, 둥그스름한 봉분, 멘히르(선돌), 매장을 위한 바위, 주거지, 의식의 개최 등을 지속적으로 만들어 내는 것으로 말할 수 있다. 이 유형은 활동적이고, 공격적이며, 사회의 복잡화와 가부장적인 태도의 경향을 보여 준다.

반면에 문화의 흐토닉 유형(그리스어 크톤χθών[chthón]에서 유래한 것으로 '지구' 혹은 '땅'을 의미하는데, 땅의 평면이나 평면에서 움푹 들어간 곳을 뜻한다)을 구분하는 특징으로는, 땅을 파서 만든 대피호와 같은 더그아웃, 땅굴, 큰 동굴, 골짜기 등과 같은 형태의 건축을 들 수 있는데, 이로부터 거주와 매장 형태 및 의식(儀式)의 복합체가 영향을 받았다.

프로베니우스는 또한 파이데우마(paideuma) 개념을 소개했는데, 이 용어는 그리스어 파이데우마(παίδευμα, paídeuma)에서 온 것으로 '교육' 혹은 '자기교육'의 의미가 있다. 프로베니우스는 파이데우마를 "어떤 의미 (Sinnstiftung, 상황 파악)를 생산해 내는 방식으로서 표상(figure, 독일어로 Gestalt)"이라고 정의했다.[21] 파이데우마는 사회적 그리고 민족적 변환의 과정에서 변하지 않고 남아 있는 문화의 근본적인 시작이다. 그것은 단일

20 Frobenius, L. *Der Ursprung der afrikanischen Kulturen*. Berlin: Verlag von Gebrtider Borntraeger, 1898; Frobenius, L. *Kulturgeschichte Afrikas*. Zürich: Phaidon, 1933.
21 Frobenius, L. *Paideuma: Umrisse einer Kultur und Seelenlehre*. München: Beck, 1921 – 1928.

한 공동체와 동일한 문화에 속한 사람들, 다시 말해 어떤 하나의 민족적, 문화적 코드를 가진 사회에 속한 사람들의 연결성과 의사소통 가능성을 확보해 준다. 정신적이고 물질적인 시초가 되는 파괴할 수 없는 부동의 전체로서 이 파이데우마가 문화서클을 통해 전파되는 것이다. 파이데우마에 대한 설명은 사회적 현상에 의미를 부여한다. 다양한 민족 집단들은 각기 확고한 응집성을 가진 자신만의 파이데우마를 가진다.

레오 프로베니우스는 자신의 민족사회학적 방법을 당대 문제에 적용했고, 그가 옹호했던 민족사회학적 형태의 다원성에 기초하여 모든 형태의 식민주의에 반대 입장을 견지했다.

루트비히 굼플로비치: 민족의 투쟁

폴란드계 오스트리아 사회학자 루트비히 굼플로비치(Ludwig Gumplo-wicz, 1838-1909)는 여러 가지 이유로 민족사회학 분야의 핵심 인물이다.

1. 굼플로비치는 '민족사회학'이라는 용어를 도입하여 이 학문 분야의 발전을 위한 토대를 마련하였다.

2. 그는 민족을 역사적 과정의 주된 추동력이자 오늘날 인간 사회의 근간이라고 생각하면서, 이를 통해 민족학 접근법을 사회학 접근법과 결합할 것을 제안했다. 굼플로비치는 인류 역사에 대한 민족적 해석을 제시했다.

3. 그는 한 민족(주로 유목민)이 다른 민족(주로 정착민이나 수렵민)을 정복하는 과정을 통해 국가가 비로소 등장하게 되었다는 국가 기원의 아이디어를 개발하고 구체화했다. 그러면서 중첩이론(theory of superposition)을 만들

어 냈다. 동시에 굼플로비치는 원시시대에 다수의 고대 민족(원시 무리)들이 서로 일정한 거리를 두고 터전을 잡고 있었다는 원리에서 출발한다. 그리고 시간이 흘러 민족 간의 거리가 점차 좁혀졌을 때 서로 접촉이 일어나면서 사회적 분화의 기반이 마련되었다고 본다. 이는 주로 엘리트와 대중이 구분되는 국가와 계층화된 사회가 만들어질 때 빈번히 발견할 수 있는 현상이다.

4. 굼플로비치에 따르면 정부(government)는 민족적 과정의 산물로서 민족적 소수가 민족적 다수를 지배했던 원시 조직의 형태를 보여 준다. 그는 여기에서 가족, 법, 재산 등의 기원을 이해한다. 굼플로비치는 사법(私法)*사적인 인간 관계에 관한 법률로, 민법, 상법 등이 있다.과 국가의 법률*국가의 조직이나 국가 간 또는 국가와 개인 간의 관계를 규정하는 법률로 여기에서는 공법(公法)을 의미한다.이 본질적으로 다른 성격을 가진다고 주장한다. 사법은 대중을 규제하는 반면에, 공공의 법률은 힘을 가진 정부가 존재한다는 사실을 전제한다.[22] 그리고 이처럼 순수하게 정치적이고 법적인 모델에서도 민족의 기원을 밝힐 뿌리를 발견하는 것이 가능하다.

5. 굼플로비치는 정치적인 의미에서 국민이 인위적인 국가의 건설과 다르지 않으며, 국민은 민족적 기원이나 공통의 언어와는 연결되어 있지 않다고 인식한다. 이 점은 이후 겔너의 생각을 예견한 것이라 하겠다.

굼플로비치 이론의 이러한 측면들과 다른 측면들을 고려할 때 민족사

---

22 Gumplowich, L. *Sotsiologia i Politika*. Moscow: Bonch-Bruyevicha, 1895.

회학의 핵심적인 인물이라 하겠다.

우리는 굼플로비치의 용어에서 한 가지 사항을 수정하는 것이 중요하다. 저술에서 그는 계속해서 '인종'(die Rasse)이라는 용어를 사용하지만, 그것은 생물학적 개념이 아니라 문화적이고 사회적인 개념으로서 즉 민족을 의미한다. 그는 민족이라는 의미에서 인종과 정치조직의 형태로서 국가를 대비한다. 국가에서는 민족의 갈등이 엘리트와 대중의 대립으로, 즉 내적 모순이 되며, 국가의 인위적 창조물 중 하나로서 국민과도 구분한다. 그러므로 그의 대표 저작이 말하는 "인종의 투쟁"(Rassenkampf)에 대한 굼플로비치의 기본 논지는 '민족의 투쟁'으로 번역되고 이해되어야 한다.[23] 굼플로비치의 '인종이론'에서 '인종'의 의미는 우리가 생각하는 '인종'과는 전혀 다르다. '인종'의 갈등을 말할 때 굼플로비치는 '백인종'과 '흑인종' 혹은 '지중해인종'과 '노르딕인종'의 갈등을 뜻하는 것이 아니라, 서로 다른 민족 간의 갈등 그 자체의 의미로 이해한다. 더 이상의 의미는 없다. 이처럼 용어의 의미를 수정하게 되면, 모든 것이 본래의 자리를 찾아간다.

마르크스는 사회의 주된 추동력을 '계급투쟁'에서 찾았고, 그는 모든 사회 과정을 설명하는 데 이 열쇠를 이용했다. 루트비히 굼플로비치는 사회의 추동력을 '민족의 투쟁'에서 찾는다. 즉, 일정한 단계에 이르러 두 개의 사회로서 두 부족 간의 갈등인 외적 영역으로부터 지배계급과 기저 대중 간의 적개심인 내적 영역으로 넘어가게 해 주는 추동력이 '민

---

23 Gumplowich, L. *Der Rassenkampf. Soziologische Untersuchunge.* Innsbruck: Wagner, 1883.

족의 투쟁'이라는 것이다.

국가의 기원과 중첩이론에 대한 굼플로비치의 견해는 라첼의 '정치지리학' 및 '민족지학' 이론과 유사하다.

정부의 기원에 대한 굼플로비치의 생각은 독일 민족사회학자들의 표준이 되었다. 비록 제자였던 뮐만은 몇 가지 점에 대해 비판하기는 했지만, 리하르트 투른발트는 굼플로비치 이론을 수용했다.

프란츠 오펜하이머: 민족 갈등의 결과로 나타난 국가

사회학자 프란츠 오펜하이머(Franz Oppenheimer, 1864-1943)는 고전적 저작인『국가: 사회학적 관점에서 본 국가의 역사와 발전』(The State: Its History and Development Viewed Sociologically)[24]에서, 국가가 수립되는 과정에서 두 개의 민족 집단이 새로운 하나가 되는 중첩이론을 완성했다. 오펜하이머는 주로 라첼(Ratzel)[25]과 슈미트(Schmidt)[26]의 연구에 의존했고, 어떤 유형이든 ― 고대 국가이든, 단명한 국가이든, 고도로 발전되고 안정된 국가이든 ― 국가가 수립되는 기원을 탐색하는 데에 '민족 정복' (Eroberung)이라는 원시적인 사실을 제시했다. 오펜하이머는 방랑하는 유목 민족이 정착한 농경 민족을 침략하는 '민족 정복'이 가장 빈번하게 그리고 현실에서는 항상 발생한다는 것을 보여 주었다. 그는 라첼이 광범위하게 기록한 관찰을 언급했다. "방랑 유목민 양치기는 단지 타고난

---

24 Oppenheimer, F. *The State: Its History and Development viewed Sociologically.* New York: Free Life Editions, 1975.

25 Ratzel, F. *Anthropogeographie.* Stuttgart: J. Engelhorn, 1921.

26 Schmidt, W. & Koppers, W. *Volker and Kulturen.* Regensburg: Habbel, 1924.

유랑자일 뿐만 아니라 타고난 정복자이기도 하다. 유럽과 아시아 대륙의 구세계에서 광활한 대초원 지대가 확장하는 한, 유랑자가 창조한 국가도 확장한다."[27]

오펜하이머에 따르면, 대형 가축을 기르는 법이 알려지지 않았던 역사적인 지역들에서라면, 특정 유형의 호전적인 사냥 부족들(북아메리카)이 민족 정복자의 기능을 완수할 수 있었을 것이다. 오펜하이머는 바이킹을 "바다의 유목민족"으로 분류했다. 바이킹은 해안에 자신들의 무리를 남겨 두지만, '정복 민족'으로서 유목민적이고 호전적인 구조를 간직하고 있었다고 보았기 때문이다.

오펜하이머는 국가의 '정복자' 이론을 뒷받침하는 여러 역사상 사례들을 제시했다. 바빌로니아인(Babylonian), 아모리인(Amorite), 아시리아인(Assyrian), 메디아인(Mede), 페르시아인(Persian), 마케도니아인(Macedonian), 파르티아인(Parthian), 몽골인(Mongol), 셀주크 투르크인(Seljuk Turk), 타타르인(Tartar), 투르크인(Turk), 힉소스 왕조(Hyksos), 그리스인(Greek), 로마인(Roman), 아랍인(Arab), 그리고 여러 나로드의 사례를 들었다. 이들 사례를 통해 오펜하이머는 역사상 여러 차례의 정복이 일어나고 그 결과 강력하고 발전된 국가가 등장하게 되는 과정을 보여 주었다.[28]

오펜하이머는 자신의 이론을 근대 시기에 적용하여 민족사회학적 이

27 Ratzel, F. *Anthropogeographie. Teil. 1 Grundzuge der Anwendung der Erdkunde auf die Geschichte.* Stuttgart: J. Engelhorn, 1921. p. 99.
28 Oppenheimer, F. *Der Staat: System der Sociologie.* Jena: Gustav Fischer, 1926. p. 277.

원론의 연속으로 자본주의를 바라보았다. 즉, 공격적이고 활동적이며 역동적인 무역 기반의 도시인(부르주아)은 이동성이 높고 여기저기를 떠돌며 거주하는 성향이 있는데, 이들이 평화를 사랑하고 보수적인 대부분의 농촌 기반 대중에 대해 지배력을 강요하게 되었고, 이에 사회 전체가 변화를 겪으면서 국민국가가 수립되었다는 것이다.

알렉산더 뤼스토프: 근본 유형으로서 유목민과 농민

신자유주의의 유명한 이론가인 알렉산더 뤼스토프(Alexander Rüstow, 1885-1963)는 라첼, 굼플로비치, 슈미트, 코퍼스, 오펜하이머 등의 민족사회학적 사상을 더욱 발전시켰다.[29]

뤼스토프는 유라시아 대륙의 정복과 침략의 역사를 추적하고, 그 속에서 몇 가지 물결을 다음과 같이 구분했다.

- 기원전 4000년 시기에는 뿔 달린 소를 사육하는 부족들의 큰 물결이 있었다.
- 기원전 2000년 시기를 기점으로 과거의 사회학적 유형은 말을 사육하고 이륜전차를 타고 이동하는 부족들로 대체되었다.
- 기원전 1200년경 아시아에서 기마민족의 물결이 일어나 유럽과 근동 지역에 대해 지속적인 공격을 일삼았고, 말기에 이르러 375년에는 훈족의 침략이 있었다.

---

29 Rüstow, A. *Ortbestimmung der Gegenwart: Eine universalgeschichtliche Kulturkritik*. 3 Bde. Zurich: Ehrlenbach, 1949 – 1957.

이 모든 나로드의 움직임은 민족 문화의 '중첩'을 초래했고, 국가를 비롯하여 복잡하고 고도로 분화된 사회의 출현으로 이어졌다.

뤼스토프는 기본적인 사회 및 심리적 유형으로 '양치기 유목민'과 '정착 농부'라는 두 가지 성격을 고안해 냈으며, 이로써 사회적 계층화 구조를 설명했다. 권력 의지, 지배, 타인에 대한 억압, 특히 물질적 축적은 기술 발전과 함께 이동 속도의 증가 및 정보 속도의 증가로 이어졌고, 심리적 사디즘, 그리고 병리학적 단계에서는 망상장애 등 '양치기 유목민'의 징후(현대인들의 의식에서도 나타남)를 낳았다. 반면, 명상, 보수주의, 서두르지 않음, 적응력, 평화 애호, 평형, 현재 상황에 대한 만족, 주변 환경과의 조화를 위한 노력, 그리고 복종 태세(병리학적 사례로 가게 될 경우 마조히즘과 조현병) 등은 (인간 정신의 구조에서도) '정착 농부'의 징후이다.

뤼스토프의 개념들을 통해 민족사회학적 관찰이 어떻게 보편적인 사회학 이론의 범위로까지 전개될 수 있는지를 알 수 있다. 더구나 민족의 차원이 전혀 남아 있지 않은 부분에서도 적용할 수가 있다. 이를테면, 복잡한 정치체제와 인간의 심리에서도 이 개념들은 유용하다.

막스 베버: 민족의 정의

세 명의 명석한 독일 사회학자인 막스 베버(Max Weber), 페르디난트 퇴니스(Ferdinand Tönnies), 베르너 좀바르트(Werner Sombart)는 이 분야의 출발점에 서 있으며, 이들의 이론은 민족사회학에 지대한 영향을 미쳤다.

막스 베버(1864-1920)는 에밀 뒤르켐과 함께 유럽 사회학의 아버지로 여겨진다. 이 두 학자는 권위 있는 학문 분야로서 사회학의 구축과 제도화를 위해 그 누구보다 기여한 바가 크다. 베버의 유산은 거대하며 널리 알려져 있다. 우리는 그의 이론 중에서 민족사회학과 관련이 있는 측면 만을 추려 낼 것이다.

이미 아는 바와 같이, 베버는 민족성(Ethnizität, ethnicity, 民族性)*여기에 서 민족성은 우리가 일반적으로 이해하는 개별 민족의 성격(性格)이나 특성(特性)을 의미 하는 것이 아니다. 인간 집단이 '민족'이 되도록 만드는 혹은 '민족'으로 규정될 수 있는 요건으로서 자격과 특성이라고 이해하는 것이 적합하다.에 대한 정의를 내렸으며, 그의 정의는 기본으로 간주된다.

> 민족성이란, 신체적 유형이나 관습 또는 둘 다의 유사성 때문에, 또는 식 민지화와 이주의 기억 때문에 공통된 혈통과 유래를 가지고 있다는 주관 적인 믿음을 향유하는 인간 집단을 일컫는다. 이 믿음은 집단의 형성을 증 진시키기 위해 중요한 것임에 틀림없다. 동시에 객관적인 혈연 관계가 존 재하는지의 여부는 중요하지 않다.[30]

베버의 민족에 대한 정의는 매우 큰 중요성을 가진다. 즉 생물학적, 진 화론적, 인종적 방식으로 해석될 수 있는 유전적 계통의 소속에 대한 직 접적인 표식에 근거하지 않고, 사회체제의 근본적인 특성이라고 할 '신 념'에 근거하여 민족을 사회학의 범주로 옮겨 놓았기 때문이다.

이와 같이 민족을 정의함으로써 사회학의 기초적인 실례(코이님)이자

---

30 Weber, Max. *Economy and Society* (1922) vol. 2. Berkeley, CA: University of California Press, 1978, p. 389.

사회의 기본적인 형태로서 민족에 대한 본격적이고 적절한 연구의 가능성을 창조할 수 있기 때문에, 주저 없이 베버의 정의를 채택해야 한다.

그러나 베버는 자신의 이론 체제에서 민족성의 개념에 많은 관심을 기울이지 않았다. 민족 집단도 여러 사회집단 종류 중에서 하나일 뿐이며, 다소간의 유사성을 가지고 형성된 것으로, 따라서 사회학에 특별한 가치를 더해 주지 않는다고 생각했다. 그러한 태도의 본질을 이해하기 위해서, 우리는 베버의 사회학과 그의 접근법의 구체적인 성격을 적절한 역사적 맥락에 놓고 생각할 필요가 있다.

베버의 사회학 접근법의 근거는 사회를 구축하는 주요한 기본 요소가 인간 개인이라는 점을 확인하는 데서부터 수립되었다. 여기에서부터 베버의 전체 이론적 지향성이 만들어졌고, 그는 이것을 '이해'라고 불렀다. 베버가 말하는 이해란, 한 사람의 내적 세계의 구조 속으로 들어가서 그 사람이 사회 속에서 하는 결정, 목표, 생각, 행동의 알고리즘을 올바르게 해독하는 것을 의미한다. 방법론적 개인주의를 바탕으로 하는 동일한 접근법은 미국 사회학자 대부분의 특징인데, 무엇보다도 스몰(Small), 빈센트(Vincent), 토마스(Thomas), 즈나니에츠키(Znaniecki) 등과 같은 시카고 학파의 학자들을 비롯하여, 이들과 유사한 입장에 있는 미드(Mead)를 들 수 있다.[31] 베버는 다수 개인들의 합리적이고 목표 지향적인 행동의 결과로서 사회를 이해하고자 노력했다.

만약 우리가 베버의 연구를 사회에서 민족사회학적 유형들의 척도에

---

31 Dugin, A. G. *Sociology of the Imagination*, pp. 33-34.

놓고 비교한다면, 그것들은 정확히 '국민'과 '시민사회' 사이의 어느 지점을 점하게 될 것이며, 전체 사회의 기본으로서 개인의 정체성이 지배한다는 점에서 '시민사회' 편에 좀 더 가까울 것이다. 이것은 근대 시기의 현상으로, 그 전통은 계몽주의와 칸트에게로 거슬러 올라갈 수 있다. 베버는 자신이 파악하고 있는 유럽의 부르주아적, 민주적, 자유주의적, 자본주의적 사회를 규범적인 것으로 받아들였다. 그리고 이들의 기원에 대해서는 이러한 가치들이 출현(종교개혁, 개신교 세계관)하기 직전의 시대와 베버 역시 그 전제들을 찾으려고 노력했던 보다 먼 시대(고대)를 매우 열정적으로 연구했다.

당대 유럽 자본주의의 경제적 매개변수들을 과거의 시대들에까지 거슬러 투영하고 그 속에서 계급 착취의 기원을 찾고자 했던 마르크스와 엥겔스처럼, 베버는 '시민사회'의 특징인 자유주의-자본주의와 개인주의의 매개변수들을 가장 오래된 고대 시대에까지 거슬러 투영시켰다. 이것은 고대 시대에서 '개인주의'와 '합리성'의 단초를 찾기 위한 노력이었다. 이런 이유로, 베버는 모든 사회집단들에서 (마르크스적 의미가 아니라 계층으로서 계급을 이해하는 사회학적 관점에서) 사회적 분화 혹은 사회적 분화의 예비적 단계를 찾는다. 이후의 뒤르켐과 특히 마르셀 모스(Marcel Mauss)와는 대조적으로, 베버는 고대 사회들에 특별히 심취하지 않았다. 그러므로 고대 사회 방향으로의 외삽(extrapolation) 문제는 베버의 경우 큰 비중을 차지하지 않는다.

동시에 베버는 근대성의 시대와 근대사회의 의미, 그리고 근대가 전통사회와 구분되는 방식에 대해서 매우 섬세하게 묘사한다. 베버는 '탈주술(脫呪術)의 세계'(entzauberte Welt)라는 개념을 소개한다. 이것은 한 사회의 세계관(Weltanschauung)으로서, '성스럽고' '신성한' 측면을 상실하고 미신과 종교에 대한 믿음을 중단하면서, 그 빈자리를 합리성에 기반한 철학과 과학이 대체하는 것을 말한다.[32] 실제로 베버는 세계의 '탈주술' 과정을 연구하는 데에 상당히 몰두했다. 베버의 사회학에서 '탈주술' 개념은 마르크스주의 이론에서 '소외'(alienation)의 개념과 같이 근본적인 개념이다.

베버의 용어를 사회로서의 민족을 기술하는 데 적용하면, 우리는 민족을 '주술 사회'(bezauberte Gesellschaft)라고 말할 수 있다. 뒤르켐, 모스, 알박스(Halbwachs) 등 프랑스 사회학자들은 '성스럽다'라는 의미에 대한 주제를 상세히 연구한다.

민족사회학의 일반적 맥락에서 베버의 이론은 근대의 사회, 시민사회의 성립, 그리고 이 시기에 발생하는 심대한 사회학적 과정을 설명하는 데에 전적으로 적합하다. 자본주의의 성립에서 드러나는 프로테스탄트 직업윤리의 역할은 근대성의 사회학적 과정에서 그 요체에 대한 베버 통찰력의 고전적 모델이다.

페르디난트 퇴니스: 게마인샤프트와 게젤샤프트

독일 철학자 페르디난트 퇴니스(1855-1936)는 독일 사회학의 또 다른 주요 인물이다.

---

32 Weber, M. *Rationalisierung und entzauberte Welt: Schriften zu Geschichte und Soziologie.* Leipzig: Reclam Verlag, 1989; Weber, M. *Wissenschaft als Beruf.* München-Leipzig: Duncker & Humblot, 1919.

널리 알려져 있는 이분법인 공동체로서 게마인샤프트(Gemeinschaft)와 사회로서 게젤샤프트(Gesellschaft)를 구분한 인물이 바로 퇴니스이다. 즉, 이 이분법은 그의 이름과 확고하게 연관되어 있으며 근본적인 사회학적 방법의 무기고에 중요한 자원으로 보관되어 있다. 퇴니스는 1888년 고전적 저작인 『공동체와 사회: 순수 사회학의 기본 개념』(Community and Society: The Basic Concepts of Pure Sociology)[33]에서 이 개념을 제시하였다.

퇴니스의 생각에 따르면, 사회는 두 개의 각기 두드러진 패러다임에 따라 수립될 수 있다. 하나의 경우로서, 공동체는 가족과 같은 유형처럼 작은 집단으로 만들어질 수 있다. 이런 사회는 실제적이거나 상징적인 친족관계로 연결되며, 감정적인 유대, 공감, 모든 구성원에 대한 관심과 배려, 사회학적 '전체론'(holism), 공동체를 단일한 존재로 인식하는 것으로 결합한다. 이러한 특징을 가진 사회가 게마인샤프트이다. 두 번째 경우로, 사회는 동의, 계약, 계산, 합리적 이익, 집단 이익의 증대 등을 기반으로 만들어질 수 있다. 이때는 계층화와 위계화가 함께 나타나고, 공동의 이익과 목적 및 개인 이익의 실용적 추구를 위해 결합하며, 이는 합리적인 사회적 행동을 통해 달성된다. 이러한 경우에 우리는 게젤샤프트를 다루고 있는 것이다.

독일어에서 두 단어는 모두 서로 다른 뿌리에서 유래하며 다른 의미를 가진다(이 단어들을 사회학적 용어로 번역하지 않고 그대로 사용하는 것은 이 때문이다). 게마인(Gemein)은 '공통의', '모두에게 속하는'이라는 의미이다.

---

33   Tönnies, F. *Community & Society (Gemeinschaft und Gesellschaft)*. East Lansing: Michigan State University Press, 1957.

게젤(Gesell)은 '연결'을 의미하며, 서로 분리되어 있고 조정되지 않은 것들을 인위적으로 결합한다는 의미를 깔고 있다. 러시아 단어 오브시치나(obshchina, 공동체)와 오브시체스트보(obshchestvo, 사회)에는 퇴니스의 이분법에서 핵심을 이루는 이 중요한 뉘앙스가 사실상 빠져 있다. 이는 뿌리의 정체성 때문이다. 라틴어에는 의미론적 이분법을 충분히 정확하게 전달하는 두 용어인 코뮤니타스(communitas)와 소시에타스(societas)가 있다.

'공통된'(gemein)의 의미는 완전체로서 전체이며, 분리 및 분화에 앞선다. '결합된'(gesell)은 분리되고, 구별되고, 낱낱이 떨어진 파편을 선행적 존재로 전제한다.

공동체는 유기적으로 이해할 수 있는데, 살아있는 존재로서 그 생명을 희생하지 않고서는 부분으로 쪼갤 수 없다. 반면, 사회는 기계적으로 이해할 수 있으며, 분해하고 다시 조립할 수 있고, 심지어 부품을 교체하거나 설계를 업데이트할 수 있는 설비 혹은 장치에 비유할 수 있다.

이러한 측면에서 볼 때 민족은 분명하고 명백하게 게마인샤프트에 속한다. 즉 공동체이자 라틴어로 코뮤니타스이다. 민족사회학은 공동체를 민족적 공동체, 즉 최초의 실례인 코이넘으로 간주한다. 민족의 파생물은 공동체(Gemeinshaft)에서 사회(Gesellschaft)로 이행하는 단계에서 나타난다. 시민사회는 순수한 사회의 이론적인 모델로서, 시민사회에는 공동체라고 할 수 있는 것이 어떤 것도 존재하지 않는다. 나로드와 국민은 중간 단계에 나타나며, 공동체의 단순성이 점차 복잡해지는 단계로서 (이전 단계로부터 보존된) 공동체의 요소와 사회의 요소 모두가 존재한다. 나로드는 국민과 비교할 때 공동체 성격이 더 많이 존재하며, 두 경우 모두에서 나로드와 국민은 질적으로 다르다.

오늘날 보편적으로 받아들여지는 이러한 분류법 덕분에, 우리는 사회학 자체에서 두 가지 접근법을 구별할 수 있다.

하나의 접근법은 공동체를 사회의 씨앗으로 해석하는데, 여기서 사회는 공동체가 지향해서 나아가는 역사의 목적(진화론, 진보론, 방법론적 개체론)으로 역할한다. 이와는 대조적으로 다른 접근법은 공동체가 변형된 결과가 사회라고 보는 입장으로, 공동체가 가지고 있던 구조와 특성들이 보다 복잡한 유형의 모든 사회체제에 영향을 미친다고 본다. 민족사회학은 두 번째 사회학적 패러다임 위에 구축된다. 따라서 사회적 차원의 가역성, 즉 단순함에서 복잡함으로, 그리고 공동체에서 사회로 가는 이행뿐만 아니라, 복잡함에서 단순함으로, 사회에서 공동체로 가는 역방향 이행의 가능성이 항상 열려 있다는 것이 민족사회학의 기본적인 주제이다.

베르너 좀바르트: 영웅과 상인

사회 변화의 가역성, 혹은 적어도 현대 사회(게젤샤프트)의 수립을 관찰하는 과정에서 열정이 빠져 있다는 점과 사회의 대안 경로를 모색한 인물로, 독일의 또 다른 주요 사회학자인 베르너 좀바르트(1863-1941)가 있다. 좀바르트의 친구이기도 했던 베버가 부르주아 질서와 자유민주주의를 환영했다면, 좀바르트는 이들을 부정적 사회현상으로 간주하고 신랄하게 비판했다.

말년의 좀바르트의 사회학은 '영웅'(Helden)과 '상인'(Händler)이라는 두 가지 기본적인 사회 유형의 구분을 토대로 하여 수립된다. 이에 따라 만들어진 두 유형의 사회 중에서 '영웅의' 사회는 중세 유럽의 경우처럼 종교적이고 기사도적인 성격을 가진다. 반면 '상인의' 사회는 돈이 목적이 되고, 계약을 기반으로 하며, 개인 중심의 부르주아 사회로 근대의 성격을 가진다.[34] 둘 중 어떤 사회가 지배적인가에 따라 사회의 가치체계, 사회문화적 프로필, 정치적, 경제적 구조가 결정된다.

좀바르트는 개신교의 직업윤리뿐만 아니라 가톨릭의 스콜라철학과 그 안에 함축된 개인주의까지 추적하면서, 부르주아 사회와 그 이념적 전제들은 '상인의 사회'를 보여 주는 사례라고 말한다. 즉 이 사회에는 교환, 보편적인 물질적 등가성(화폐), 도덕적 유연성, 사회적 적응력, 기술 발전 등의 관념이 대안적 가족 가치에 비해 우선성을 획득한다. 이와는 대조적으로 '영웅적' 유형의 사회는 물질적 성공보다 명예를 더 높게 평가하고, 도덕을 굳건하고 불변하는 것으로 생각하며, 물질적 이익보다 숭고한 이상을 칭송하고, 이익과 기술 발명보다는 희생, 용기, 봉사, 명예를 더 중요하게 선언하며, 돈보다는 권력과 위신에 더 큰 비중을 둔다.

좀바르트는 베버와 대조적으로 유럽은 영웅적 유형의 사회로 복귀해야 한다고 생각했다. 그는 유기적 사회주의의 '정상형'(normal type, 좀바르트의 용어로서 베버의 '이상형'에 비견할 수 있음)에서 근대성에 대한 긍정적 대안을 보았다. 좀바르트는 마르크스의 프롤레타리아 사회주의를 거부하고, '계급'이 아닌 사회정치적 주체로서 민족문화적 집단을 선택하여 공동의 집단 가치체계로 결속되는 '독일 사회주의'(German socialism)를 주

---

34 Sombart, W. *Heroes and Merchants* / Sombart, W. *Collected Works*. Sobraniye sochineniy: V. 3. T. 2. SPb: "Vladimir Dal," 2005.

장했다.[35] 그러한 사회주의에서 좀바르트는 분리된 개인들로부터 특별한 권리를 박탈하고, 구체적인 사회집단만으로 국가의 관계를 규제하는 것이 적절하다고 생각했다. 동시에 좀바르트는 일관된 사회학자로서 생물학적 인종주의에는 문외한이었고, 나로드에 소속되는 것이 인종적인 것이 아니라 자유로운 정신과 문화의 선택 문제라고 이해했다.

좀바르트는 사회의 위계질서나 사회적 계층화를 거부하지 않는다. 대신 경제적(계급적) 기반이나 개인적(자유적) 기반이 아니라, 유효성 즉 '영웅적' 기반으로서 '공동선'에 대한 봉사를 기반으로 해야 한다고 제안한다.

사회를 민족사회학의 척도에 놓고 보면, 좀바르트가 옹호했던 사회의 유형은 엄밀하게 나로드(라오스) 수준과 일치하는데, 이렇게 보면 좀바르트는 백 년 전에 살았던 헤르더와 매우 가깝다고 할 수 있다. 헤르더와 낭만주의자들에게 매우 소중했던 유럽의 중세, 즉 나로드의 영웅적 시대가 끝나 가고, 계급과 국민과 '상인'이 지배하는 새로운 세기가 시작되는 역사적인 경계에 헤르더는 서 있었다. 민족사회학은 좀바르트가 제시했던 영웅과 상인의 이분법을 차용하는데, 이는 민족의 첫 번째 파생물(나로드/라오스)과 민족의 두 번째 및 세 번째 파생물(국민, 시민사회)에 엄밀하게 대응한다.

모리츠 라자루스: 나로드 정신
독일 민족심리학(ethnopsychology)의 대표 학자인 모리츠 라자루스

---

35 Sombart, W. *Deutscher Sozialismus.* Charlottenburg: Buchholz & Weisswange, 1934.

(Moritz Lazarus), 빌헬름 분트(Wilhelm Wundt), 알프레드 피어칸트(Alfred Vierkandt)는 민족사회학 분야의 발전에 크게 기여했다.

이러한 경향의 선구자로 독일의 철학자이자 심리학자인 모리츠 라자루스(1824-1903)를 꼽을 수 있다. 그는 학술지《민족심리학과 언어학 저널》(Zeitschrift für Völkerpsychologie und Sprachwissenschaft)의 창립자 중 한 명이다.

라자루스는 헤르더의 나로드 정신(Volksgeist)의 존재에 대한 이론을 한층 발전시키는 한편, 개개인의 정신이 총체적으로 통일되어 공동의 심리-문화적 장을 형성한다는 자신만의 학문적 형식으로 이를 설명했다.[36] 나로드 정신은 언어, 도덕, 관습, 제도, 게임, 민속 등에서 그 모습을 드러낸다. 라자루스에 의하면 이러한 현상을 연구하는 것은 심리학자의 과제이다.

라자루스가 개발한 나로드 정신이라는 개념은, 개인적이고 합리적이며 실용적인 행동 원리가 보다 강력하고 효과적인 집단의 패러다임에 종속되고, 이는 총체적인 현상이며 개인의 심리 구조를 형성한다고 가정한다.

뒤르켐과 모스의 고전사회학은 정확히 이러한 집단적이고 엄격하게 초개인적인 경우가 본질적으로 중요하다고 간주한다. 그러나 고전 사회학이 이것을 '사회'로 정의하는 반면, 라자루스는 폴크(Volk, 즉 나로드)라는 개념을 가지고 이 문제를 다룬다. 민족사회학에서 라자루스가 말하는 나로드와 뒤르켐이 말하는 사회가 방법론적으로 동일한 것인지 여부는

---

36 Lazarus, M. *Grundzüge der Völkerpsychologie und Kulturwissenschaft*. Hamburg: Meiner, 2003.

매우 중요하다. 왜냐하면 일정 정도 수정하고 개선한다면 사회의 가장 단순하고 원시적인 형태라 할 수 있는 코이늄으로서 민족의 개념에 도달할 수 있기 때문이다.

빌헬름 분트: 나로드 심리학

라자루스의 아이디어는 동시대의 철학자이자 고전 실험 심리학의 창시자인 빌헬름 분트(1832-1920)에게 지대한 영향을 미쳤다. 학자로서 경력의 초기에 분트는 심리학적 경험의 보편성에 대한 믿음에서부터 시작하였다. 또한 그는 역사상 최초의 심리학 실험실을 만들고 운영했는데, 종교적 의견, 감정의 메커니즘, 자발적인 행동, 연상 등의 구조를 연구하고자 노력했던 실험들이 학문적 발전의 밑바탕이 되었다. 분트의 학문적 경향은 '구조주의' 또는 '전체론'이라고 불리는데, 분트가 인간의 정신을 통합적인 전체로 생각했기 때문이다. 이는 이후에 행태주의 학파가 적극적으로 반대했던 입장이다.

후기에 분트는 '나로드 심리학'(Völkerpsychologie)을 연구하는 데 집중했다. 이는 라자루스의 입장을 따르는 것으로, 서로 다른 민족 사회들이 완전히 독특한 정신의 집단적 특수성을 가지고 있다는 가정에 입각해 있었다. 분트는 이 문제를 10권으로 된 방대한 저작 『사람들의 심리학』(The Psychology of Peoples)에서 체계화하려고 노력했으며, 이 저작은 민족심리학의 기반이 되었다.[37]

37　Wundt, W. *Völkerpsychologie*. 10 Bd. Leipzig: Engelmann, 1900 – 1920.

분트는 보아스 및 말리노프스키와 같은 저명한 인류학자와 민족사회학자들에게 지대한 영향을 끼쳤다.

민족사회학과 관련하여 분트의 저작들은 민족과 민족의 파생물을 연구하는 데에 심리학적 접근의 전망을 밝혔다고 평가할 수 있다. 이는 현대 심리학의 방법과 개념을 민족의 구조와 과정을 연구하는 데에 적용할 것을 제안한다.

알프레드 피어칸트: 민족현상학

분트의 민족심리학은 그의 제자로서 심리학자이자 사회학자인 알프레드 피어칸트(1867-1953)에 의해 더욱 활발하게 발전되었다. 피어칸트는 이미 마련되어 있는 경직된 개념으로 사회현상의 조사에 접근하는 것은 가치가 없다고 생각하면서 현상학적 사회관을 고수했으며, 개념들 각각에 조응하는 것을 찾고자 노력했다. 반대로 사회, 특히 민족사회("작은 사회")는 너무 다양해서 그 구조 속에 직접 뛰어들어 주의 깊게 관찰해야 하는데, 이 경우 연역적인 사회학적 접근법에 근거할 때 기대할 수 있는 것과는 전적으로 다르다는 사실이 입증될 수 있다. 후설의 현상학의 의미에서 사회는 하나의 현상이며 정확히 현상 그대로 이해되어야 한다. 그리고 현상의 구조는 복잡하고 여러 가지 형태를 가지고 있으며, 무수한 복수의 파생물이 있을 뿐만 아니라 여러 패러다임을 가지고 있다.[38]

피어칸트는 사회학적 관점에서 가족과 나로드 및 국가의 기원에 대해

---

38 Vierkandt, A. *Gesellschaftslehre: Hauptprobleme der philosophischen Soziologie.* Stuttgart: Enke, 1923.

별도의 연구를 할애했는데, 여기에서 이러한 과정에 관한 민족사회학적 측면을 강조했다.[39]

마지막 시기에 피어칸트는 민족공동체의 틀에서 집단심리학이 지배한다는 분트의 생각으로부터 벗어났으며, 개인의 심리에 더욱 관심을 갖기 시작했다.

지그문트 프로이트: 원시 질서에서 부친 살해

정신분석학의 창시자인 지그문트 프로이트(Sigmund Freud, 1856-1939)는 심리학, 철학, 사회학 분야에서 20세기 문화와 학문의 발전에 매우 큰 영향을 끼친 인물이다. 그가 남긴 많은 저작들을 평가하기는 매우 어렵다. 따라서 우리는 민족사회학과 관련될 수 있는 연구만 떼어 내어 다룰 것이다.

프로이트의 주요한 업적은 무의식의 영역을 발견했다는 사실이다. 라틴어로는 이드(Id)로 그것(it)을 의미하며, 독일어로는 에스(Es)이다. 이 무의식의 구조는 이후에 명확해졌던바, 인간의 심리 과정에 지대한 영향을 미칠 뿐만 아니라, 심지어 고전 심리학이 합리성과 의식의 발현에서 기인한 것이라고 했던 인간의 활동 영역에도 엄청난 영향을 미친다.[40] 프로이트는 문자 그대로 성격의 모든 측면에 영향을 미치는 무의식의 막강한 힘을 보여 주었다. 이로써 그는 문화적 현상과 사회적 현상이라는 이중

---

39   Vierkandt, A. *Familie, Volk und Staat in ihren gesellschaftlichen Lebensvorgängen: Eine Einführung in die Gesellschaftslehre.* Stuttgart: Enke, 1936.

40   Freud, S. Strachey, J. *The ego and the id.* New York: Norton, 1962.

해석(dual hermeneutic)을 위한 전제 조건을 만들었고, 그 과정에서 이성적-논리적인 측면과 정신적-무의식적인 측면을 모두 연구하게 되었다.[41]

우리는 프로이트의 후기 저작들에서 사회학과 민족사회학을 참조할 수 있는데, 프로이트는 정신분석학적 방법을 가지고 특정 사회제도와 종교제도들(예를 들어, 토템, 컬트, 일부일처제 등)이 역사에서 등장하게 되는 것을 설명하고자 했다. 프로이트는 『토템과 금기』(Totem and Taboo)라는 저서에서 사회학적 견해를 요약했다.[42]

프로이트는 역사가 시작되었을 때 혈통에서 가장 연장자인 남성의 힘을 바탕으로 엄격한 족장이 지배하는 '원시 무리'가 수립되었다고 보았다. 모든 물질적 부와 부족의 모든 여성들이 무차별적으로 그의 소유물이 된다. 그런 다음 보편적 시나리오를 따르게 된다. 부족의 젊은 남자들(그들 사이에서 형제이고 또한 전능한 아버지의 아들)이 그를 죽이고 부족의 자원과 여성을 서로 나누기 위해 음모를 꾸미는 것이다. 그들은 아버지를 죽이고 의식적으로 그를 먹어 치우고, 그러고 나서 혁명 프로그램을 실행한다. 이 원시 시나리오로부터 모든 사회적 제도들, 즉 권리, 재산, 권력, 종교, 의식 등이 생겨난다. 보다 강한 자와 형제 중 연장자의 권리 대신, 형제 각각이 권위의 일부를 부여받는 권력의 분산이 도입된다. 피와 범죄의 대가를 치르고 획득한 재산은 신성시된다. 무리에서의 권력은 차별화되고 암살 이전의 족장제 시나리오에서 일부분은 재생산되지만, 형

---

41 Dugin, A.G. *Sociology of the Imagination*, pp. 51–52.

42 Freud, S. *Totem and Taboo: Resemblances Between the Psychic Lives of Savages and Neurotics*. Harmondsworth, Middlesex: Penguin Books, 1938.

제-살인자들의 권리로 인해 권력은 부분적으로 제한된다. 의식은 다른 방식으로 첫 번째 희생을 되풀이한다. 종교는 응보에 대한 두려움, 이미 벌인 일에 대한 참회, 그리고 복수에 대한 기대를 구체화한다.

프로이트의 이 저작은 고대 사회의 구조에 대한 과학적 지식과 모순된다는 이유로 거듭 혹독한 비판을 받았다. 그럼에도 불구하고 단순한 사회(민족)의 연구를 위해 정신분석학적 접근을 적용할 수 있다는 가능성을 보여 주었다.

민족사회학은 프로이트의 정신분석학으로부터 일련의 매우 중요한 방법론적 결론들을 차용할 수 있다. 그중에서도 가장 기본적인 것들을 정리해 보자.

1. 민족과 민족의 파생물은 두 가지 차원에서 병렬적으로 연구할 수 있다. 즉 별개로 존재하는 개인들에서처럼, 민족에 대해서도 의식의 수준과 무의식의 수준에서 다룰 수 있다.

2. 단순한 사회에서 무의식은 복잡한 사회에서보다 더 즉각적이고 공공연하게 발현될 것이다. 극단적으로 말하면, 우리는 단순한 사회를 무의식과 동일시할 수 있다(핵심적으로 프로이트 자신이 부친 살해의 원시 드라마 시나리오를 설명했던 것과 같다).

3. 복잡한 사회에서 코이넘으로서 민족은 무의식의 영역에서 자리를 잡게 되며, 프로이트가 '이드'(Id)라고 부르는 경우와 사회학적으로 유사한 것으로 역할을 한다.

칼 구스타프 융: 집단 무의식

비록 프로이트에게 심리는 단지 개인적이고 하부개인적인(sub-individual) 것에 불과했지만, 이론상 프로이트의 방법을 개인뿐만 아니라 집단과 사회에도 적용하는 것이 가능하다. 이것은 부분적으로 프로이트의 학생이자 오스트리아의 정신분석학자 칼 구스타프 융(Carl Gustav Jung, 1875-1961)이 했던 것인데, 그는 '집단 무의식'(collective unconscious)이라는 개념을 소개했다. 융은 다음과 같이 말했다.

> 그렇다면 나의 논제는 다음과 같다. 철저히 개인적인 성격을 띠며 (개인의 무의식을 부록으로 덧붙인다 하더라도) 유일한 경험적 정신이라고 믿는 우리의 즉각적인 의식과 더불어, 모든 개인에서 동일한 집단적, 보편적, 비개인적 성격으로서 제2의 심리 체계가 존재한다. 이 집단 무의식은 개별적으로 발달하는 것이 아니라 물려받는 것이다. 그것은 선재(先在)의 형태, 즉 원형(archetype)으로 구성되며, 2차적으로만 알아차릴 수 있다. 그리고 어떤 심리적 내용에 확정적인 형태를 부여해 준다.[43]

융은 프로이트와 그의 '무의식' 이론의 영향을 받아 '집단 무의식'의 개념을 발전시켰으며, 이는 그가 다수의 민족사회학적 그리고 사회학적 연구들을 숙지하고 있었기 때문에 가능한 일이기도 했다. 그래서 융은 뤼시앵 레비 브륄(Lucien Lévy-Bruhl)의 저술들을 빈번히 언급하곤 했는

---

43 Jung, C. *Archetypes and the Collective Unconscious.* New York, NY: Pantheon Books, 1959, p. 43

데, 레비 브륄은 고대 사회들이 '선논리'(prelogic), '불가사의한 참여', 그리고 '집단적 표현'을 바탕으로 수립되었다고 말했다.[44] 융은 또한 사회학자 모스와 위베르가 제시했던 '상상의 범주들'[45]이라는 관념들을 잘 알고 있었다. 그는 또한 바스티안이 제시했던 '원질사고'를 언급하기도 했다.

'집단 무의식'의 가설을 시험하기 위한 목적으로, 융은 1912년 워싱턴의 세인트 엘리자베스 병원에서 미국 흑인들의 꿈을 분석하는 특별한 실험을 수행했다. 그는 '집단 무의식'이 문화적 태도의 결과가 아니라, 선천적인 특성이라는 것을 확실히 입증하고자 했다. 이 실험을 통해서 원형의 보편성과 인종적 요인으로부터의 독립성을 확인할 수 있었다.

그러나 동시에, 융은 글에서 서로 다른 나로드들이 가지고 있는 "집단 무의식"의 구체적인 형태에 대해 여러 번 이야기했다. 그리하여 1930년, 그는 독일의 '집단 무의식'이 보탄(Wotan)＊북유럽 신화의 오딘(Odin)에 해당하는 게르만 신화의 신으로 '분노', '광기'를 의미한다.의 군사적 원형에게 점령당했다고 하면서 독일의 위험성을 유럽에 경고했다. 만일 파괴의 에너지가 외부로 인도되지 않는다면(그는 소련을 타깃으로 제안했다), 유럽인들에게 끔찍한 재앙을 불러올 수 있다고 경고했던 것이다.[46]

융이나 융을 따르던 사람들 누구도 '집단 무의식' 개념을 민족 집단에 구체적으로 적용하려고 시도하지 않았다. 그러나 '집단 무의식'이라는

44 Lévy-Bruhl, L. *La Mentalite Primitive*. Paris: Alcan, 1922.
45 Hubert, H. & Mauss M. *Mélanges d'histoire des religions*. Paris: Alcan, 1909.
46 Jung, C. *Wotan* / Neue Schweizer Rundschau. 1936. Zurich. No. III. March, p. 657 - 669; Jung, C. *Aufsatze zur Zeitgeschichte*. Zurich: Rascher, 1946.

개념 덕분에 민족사회학은 결정적인 한 걸음을 내디딜 수 있으며, '집단 무의식'(융에 따르면, 그것은 모든 인류에게 보편적이고 동일하다)과 '개인의 무의식' 사이에 존재하는 중간 층으로서 '민족 무의식'의 사례를 확인할 수 있다.

리하르트 투른발트: 민족사회학 지식의 체계화

독일 민족사회학의 학파를 정교하고 세련되게 만든 핵심 인물은 오스트리아의 학자 리하르트 투른발트(Richard Thurnwald, 1869-1954)이다. 투른발트는 1951년 베를린 자유대학교의 사회문화 인류학 연구소의 설립자였으며, 사후에 그는 방대한 문헌과 책들을 연구소 도서관에 기증했다. 투른발트는 생애 동안 민족사회학, 민족학, 인류학에 관한 수많은 저서와 학술 논문을 저술하고 출판했으며, 민족사회학의 문제를 중심으로 다루는 학술지《소시올로구스》(Sociologus)를 출판하기도 했다.

그의 주요 저서인『민족사회학적 기반에서 인간 사회』(Human Society in the Ethnosociological Foundations)는 학술 연구일 뿐만 아니라 인간사회학 지식의 백과사전이며, 이 분야의 전문가들에게 필요한 널리 알려진 민족사회학의 기초적인 저작으로 간주할 수 있다.[47]

굼플로비치가 '민족사회학'이라는 용어를 만들었다면, 민족사회학을 구체적인 학문의 내용으로 채우고 민족사회학 지식의 일반 체계를 최초로 수립한 인물이 바로 투른발트였다.

---

47 Thurnwald, R. *Die Menschliche Gesellschaft in ihren ethnosoziologische Grundlagen*. Berlin & Leipzig: Walter de Gruyter & Co, 1931 – 1935.

투른발트 이전에 있었던 학문적 경향은 오직 부분적으로만 민족사회학을 다루고 있었기 때문에, 엄밀하게 민족사회학의 역사에서 시작 지점을 투른발트로 보는 것이 타당할 것이다. 투른발트는 처음으로 자신을 일컬어 '민족사회학자'라고 불렀으며, 민족사회학이 비로소 그가 전문으로 연구했던 주요한 학문의 분야가 되었다.

투른발트는 직접 개인적으로 민족지 탐험에 자주 참여했으며, 현장연구 과정에서 직접 수집하고 연구한 생생한 자료들을 저서에 가득 담아놓았다. 뿐만 아니라, 저서에는 투른발트가 직접 찍은 사진들도 적지 않게 수록되어 있다. 투른발트는 탁월한 이론가일 뿐만 아니라 민족학자이자 실천가였다.

자연 나로드의 '삶의 이미지': 민족의 유형론

투른발트의 대표 저작 제1권의 제목은 『원시 민족의 삶의 이미지』(Representative Life-Images of Naturvölkern)로, 가장 단순한 형태의 사회를 다루고 있다. 이 사회를 일컬어 투른발트는 '자연적' 사람들, 민족(Volk), 또는 나로드로서 '나투르필컨'(Naturvölkern)이라고 불렀다. 이들 집단들이 주변 환경과의 조화로운 관계를 도모하고 상대적으로 단순한 문화를 향유했다는 점을 강조하기 위한 것이었다.[48]

자연 나로드는 코이님으로서의 민족 혹은 민족사회라 할 수 있다. 실제로 제1권은 민족의 사회학적 구조에 대한 연구를 중심으로 다룬다.

---

48 Turnwald, R. *Die Menschliche Gesellschaft in ihren ethnosoziologische Grundlagen*. Bd. 1 *Reprasentative Lebensbilder von Natur Volkern*. Berlin & Leipzig: Walter de Gruyter & Co, 1931.

단순한 사회(자연 나로드)의 한계 안에서, 투른발트는 세 가지 유형을 구분한다.

　1. 수렵-채집인(Wildbeuter)
　2. 농민과 작은 짐승 사육자
　3. 목축인과 큰 짐승 사육자

　각 유형에는 하위 유형들이 있다.

　수렵 및 채집인은 얼음 지대, 스텝 지대, 숲, 수변 지대의 거주자들로 나뉘고, 농민과 작은 짐승 사육자는 순수한 형태(최소 사회 계층화), 혼합된 형태(평균적인 사회 계층화), 복합적인 형태(발달된 사회 계층화)로 나뉜다. 목축인과 큰 짐승 사육자는 평등주의 유목 부족, 계층화된 유목 부족, 혼합된 유목민/정착민 사회로 나뉜다.

　투른발트는 그 시대에 존재했던 고대 부족들이 어떻게 이런저런 하위 유형에 속하는지를 철저하게 설명했으며, 이로 인해 보다 고도로 발전된 나로드의 역사에서 주기적인 일탈이 일어나고, 역사 발전의 단계상에서 더 오래된 고대의 흔적(연대기, 신화, 민속, 나로드 예술, 제사 등)이 문화적 유산에 보존되었다고 말한다.

　민족을 기본적으로 세 가지 유형으로 나누게 되면 한 사회에서 우선시되는 경제적 지향과 사회학적 구조 사이에 직접적인 관계를 수립할 수 있다. 민족은 복잡성이 증가하는 정도에 따라 세 가지 유형으로 구분할 수 있다.

1. 가장 단순한 유형(수렵-채집인)

2. 보통 유형(농민과 작은 짐승 사육자)

3. 복잡한 유형(유목민과 큰 짐승 사육자)

세 가지 유형 모두 민족과 관련이 있으며, 민족의 파생물(나로드, 국민 등)
과 비교할 때 단순하고 차별화되지 않은 것으로 생각될 수 있다. 그러나
관심을 보다 지속해서 집중해 보면 이들 민족에서도 상당한 질적 차이
를 확인할 수 있다. 사회적 계층화는 수렵-채집인에는 사실상 존재하지
않는다. 사회적 계층화는 사람들이 토지를 일구고 작은 가축을 사육하는
정착한 농촌 유형에서 직계라는 기초(혈통의 연장자들) 위에 형성되기 시
작하며, 계층화된 유목 부족과 혼합된 유목/정착민 문화에서는 각기 사
회적 계층화가 나타난다.

가장 복잡한 민족사회인 혼합된 유목민/정착민 문화는 이미 민족의 한
계를 어느 정도 벗어났으며, 나로드(라오스)와 나로드의 과업(대부분 국가)
이 출현하게 되는 첫 번째 단계라고 생각할 수 있다.

투른발트 저서의 제1권은 민족사회와 그 기본적인 '삶의 방식'에 대한
아이디어를 제공한다. 이를 통해 투른발트는 민족사회를 경제적, 상징적,
젠더 관련, 의식에 관한, 신화적, 그리고 사회적인 관행들의 총체라고 이
해하며, 동시에 단일한 하나의 패러다임으로 결속된 복합체로 이해한다.
이는 프로베니우스의 '파이데우마' 혹은 모스와 위베르가 말하는 '상상
의 범주'와 유사하다고 볼 수 있다.

단순한 사회의 가족과 경제

투른발트의 저서 제2권의 제목은 『민족 연구의 관점에서 본 가족, 친족관계 및 유대감의 성립, 변화, 형성』이다.[49]

여기에서 투른발트는 제1권에서 설명했던 민족사회의 세 가지 유형에 대응하는 것으로서, 가족의 사회적 형태를 다룬다. 투른발트는 가족의 형태와 가족의 권리 형태(일부일처제, 일부다처제, 일처다부제), 여성의 지위, 성적 금기, 혈통과 일족의 지위, 남녀의 결합, 친족관계의 형태와 유형, "모계 권리"와 가부장제의 구조, 가족과의 관계에서 비밀 사회의 역할, 연령의 사회적 지위, '인위적 친족관계'의 의식과 의례(입양이나 의식을 통한 '피를 나눈 형제') 등을 고려한다.

투른발트가 고려했던 친족관계와 성 역할 및 권력체계의 구조와 민족에서의 권리는 상당히 엄격한 형식으로 정리되어 있다.

'가장 단순한' 사회(수렵-채집인)는 대부분 일부일처제의 핵가족 형태를 띠며, 성별에 기초한 분업(남성은 수렵을 맡고 여성은 채집을 맡는 경우가 많음)으로 성의 상대적인 동등성에 기초한다.

'보통' 사회(농민과 작은 짐승 사육자)는 넓은 스펙트럼의 가족 양식을 보여 준다. 여기에는 일부다처제, 일처다부제, 초보적인 가부장제, 성별에 따른 분업을 유지하여 여성의 경제적 역할이 증가하고 이에 따라 사회적 지위까지 상승하는 가모장제 등을 아우른다. 투른발트는 일부다처제의

---

49 Thurnwald, R. *Die Menschliche Gesellschaft in ihren ethnosoziologische Grundlagen.* Bd. 2 *Werden, Wandel and Gestaltung von Familie, Verwandschaft und Bunden* im Lichte der Völkerforschung. Berlin & Leipzig: Walter de Gruyter & Co, 1932.

가부장제와 가모장제 모두를 하나의 동일한 사실에서 추론해 낸다. 즉, 농경 사회에서 여성의 사회적 가치가 성장한 데서 근원을 찾는다. 부연하면, 상승한 여성의 사회적 가치로 인해 한 번에 여러 여성을 소유하려는 노력으로 이어질 수도 있고, 다른 한편으로 여성의 중요성이 높아짐에 따라 가모장적 구조가 수립되는 데에까지 이를 수 있는 것이다.

복잡해진 유목사회와 목축사회에서는 규칙상 엄격한 가부장제와 일부다처제가 지배적이며, 부계 통치가 주로 이루어진다.

제3권 『민족 연구에서 본 경제의 성립, 변화, 형성』에서 연구는 다시 세 가지 민족사회 모델을 제안하는데, 이는 각 모델이 가지고 있는 구체적인 경제를 어떻게 보고 있는지에 따른 것이다.[50] 투른발트는 단순한 민족사회, 보통 민족사회, 복잡한 민족사회 각각의 기본적인 경제 기법을 검토하고, 노동의 도구와 이것이 의례, 신화, 상징과 가지는 연관성, 그리고 사회적 태도와의 연관성을 기능적으로 분석한다.

다른 범주들과 관련된 민족들을 포함하여 민족들 사이에서 나타나는 물물교환이라는 주제는 별개로 고려하고 있는데, 이는 다수의 공생적인 경제적 유대를 만들어 낸다. 복잡한 민족에서 나타나는 자본, 시장, 지출, 축적, 노동 분업, 노동 수단의 사용 등에 관한 고대 및 초기 형태들도 역시 검토한다.

---

50 Thurnwald, R. *Die Menschliche Gesellschaft in ihren ethnosoziologische Grundlagen*. Bd. 3 Werden, Wandel und *Gestaltung der Wirtschaft im Lichte der Völkerforschung*. Berlin & Leipzig: Walter de Gruyter & Co, 1932.

서로 다른 형태의 차별화된 사회에서 국가, 문화, 권리

저작의 제4권 『민족 연구에서 본 국가와 문화의 성립, 변화, 형성』은 나로드(라오스, 폴크)라고 부르는 민족으로부터 추론한 사회적 패러다임을 다룬다. 투른발트는 '자연 나로드'와 이에 대응하는 '문화 나로드'라는 공식을 사용하는데, 여기에서 '문화 나로드'는 실재하는 구체적인 나로드로서 국가와 합리적으로 공식화된 종교 혹은 문명을 가지고 있음을 의미한다.[51] 투른발트의 '자연 나로드'는 민족이다. 그리고 '문화 나로드' (Kulturvolk)는 라오스이다.

투른발트는 모든 알려진 형태의 민족 분류(무리, 일족, 부족, 혈통, 씨족 등)를 제시하고, 그들의 정치적, 법적 구조, 권력의 조직 형태, 민족의 삶의 방식과의 연관성을 분석한다.

제4권의 주요 주제는 계층화의 과정, 사회적 위계의 구축, 그리고 이러한 경향이 표현된 역사적 형태, 즉 국가, 종교, 문명에 대한 총체적인 분석이다. 여기에서 투른발트의 과제는 민족사회(단순한 사회)와 그 파생물(복잡하고, 차별화되고, 위계화되고, 정치적으로 또는 문명적으로 조직화된 사회) 사이의 이른바 '상전이'(相轉移, phase transition)를 정확하게 묘사하는 것이다.

투른발트는 역사상 최초의 정치적, 경제적 제도가 출현했던 때를 추적하고, 이와 함께 코이님으로서 단순하고 차별화되지 않은 사회에서 바로

---

51 Turnwald, R. *Die Menschliche Gesellschaft in ihren ethnosoziologische Grundlagen.* Bd. 3 *Werden, Wandel and Gestaltung der Wirtschaft im Lichte der Volkerforschung.* Berlin & Leipzig: Walter de Gruyter & Co, 1932

이전에 있었던 현상들과의 연관성을 밝힌다.

라첼과 굼플로비치를 따라 투른발트도 국가의 기저에는 하나의 민족 집단을 다른 민족 집단에게 강요하는 현상이 있다고 본다. 더구나 보다 견고하고 고정된 형태의 국가와 문명은 목가적 유목 부족들이 정착한 농민 공동체에 대해 통제력을 수립하는 데에서 실질적 모습을 갖추게 된다. 투른발트는 수많은 사례를 근거로 하여 분석한 사항들을 모두 기록했다. 이 중 다수는 동시대 고대 부족들에 대한 경험으로부터 추론한 것이거나, 또는 최근 역사의 자료에 근거한 것이며, 상당 부분 '중첩'(Über-lagerung) 이론을 확증한다.

투른발트 저작의 마지막 제5권은『민족 연구에서 본 권리의 성립, 변화, 형성』이다. 여기에서 그는 초기 법제도의 발생을 추적하는데, 단순한 사회(민족)의 삶의 방식에서 그 기원을 찾는다. 그가 재구성한 논리에 따른 모든 법적 절차와 제도는 민족의 사회적 구조에 그 의미와 기원을 두고 있지만, 점차 원시적 기반에 내렸던 뿌리를 거두고 단절하면서 새로운 형태로 변형된다.

투른발트 연구의 민족사회학적 중요성

투른발트의 저서『민족사회학적 기반에서 인간 사회』는 본격적인 민족의 성립과 발전 과정에 대한 연구가 명백하게 말할 수 있는 단계에 이르러 종결된다. 그리고 그 지점에서 투른발트는 역사적인 국가와 문자 문명을 면밀하게 살펴본다. 그러나 라오스로서 나로드로부터 시작된 고도로 발전된 형태의 사회를 다루는 그 경계의 지점에서 민족사회학의 효용까지 종결된다는 의미가 아니다. 학문적 방법으로서 민족사회학의 타당성이 소진되었다는 의미도 아니다. 투른발트가 체계화하고 규칙을 수립한 민족사회학의 도구들은 민족의 다른 파생물들을 고려하는 데에 매우 적합하다. 투른발트가 가장 어려운 기초 과업을 수행했기에 범지구사회와 심지어 탈사회에까지 이 도구들을 활용하는 것이 가능하다. 즉 투른발트는 단순한 사회에서 복잡한 사회로(민족에서 라오스로) 가는 이행의 첫 번째 단계에서 민족사회학적 구조를 기술할 때 미묘한 차이와 점진적 단계를 포함하였으며(말하자면, 음악에서의 반음과 같이 세부 사항을 고려하고), 이 이행에서 나타나는 민족 형성과 발전 과정의 본질과 의미를 밝힘으로써, 유용한 민족사회학적 도구를 제공하였다.

투른발트의 연구가 탄탄한 토대를 마련한 덕분에 민족사회학은 다음과 같은 결실을 얻게 되었다.

1. 코이넘으로서 민족이라는 단순한 사회에 대한 총체적인 설명
2. 단순한 사회 내에서 세 가지 사회 유형과 각각에 상응하는 하부 유형을 엄밀하게 구분
3. 민족으로부터 첫 번째 파생물인 나로드로 가는, 다시 말해 계층화가 되지 않았거나 복잡한 민족의 경우처럼 계층화가 약한 사회로부터 확실히 계층화가 드러나는 사회로 가는, '상전이'의 알고리즘에 대한 설명
4. 사회학적 표식을 따라 명확하게 평가되는 수많은 민족지학적 및 인류학적 자료들을 체계화

이 네 가지 사항은 학문 분야로서 민족사회학의 학문적 프로그램의 기초를 이룬다. 민족사회학자의 임무는 이러한 지향점들 중 하나 혹은

그 이상에서 동시에 연구하는 것이다.

1. 단순한 사회의 구조에 대한 이해의 심화
2. 단순한 사회 유형화에서 세부 사항과 변이를 명확히 하는 것
3. 첫 번째 이행(민족에서 나로드와 라오스로 이행)의 구조에 대한 연구를 진척시키고, 그 알고리즘을 다른 단계로의 이행(나로드에서 국민으로, 국민에서 시민사회로, 범지구사회에서 탈사회로 이행)에 적용하되, 이 과정에서 알고리즘을 더욱 정확하게 만들면서 연구를 발전시킴
4. 새로운 민족지적 자료를 수집하고 민족사회학적 기본 기준에 따라 자료를 선별하는 것

빌헬름 뮐만: 민족, 나로드, 민족중심주의

현대 민족사회학의 또 다른 주요 인물로 투른발트의 제자이자 동료이며, 민족사회학자이자 사회학자이고 철학자이기도 한 빌헬름 뮐만(Wilhelm Mühlmann, 1904-1988)을 꼽을 수 있다.

뮐만은 자신이 러시아 민족학자 시로코고로프의 연구를 이어받아 계승하고 있다고 생각했고, 그로부터 사회학의 범주로서 민족을 수용했다고 인정했다. 특히 퉁구스족의 일파인 에벤키족(Evenki)에 대한 시로코고로프의 현장연구는 뮐만에게 큰 인상을 남겼다. 이 작은 시베리아 민족의 신화, 의식, 사회 제도 및 경제적 관행에 대한 연구를 통해 현실 민족 패러다임의 축소판을 볼 수 있었으며, 나아가 보다 복잡한 사회의 구조를 파악할 수 있었기 때문이다.

전반적으로, 뮐만은 투른발트가 수립한 전통을 따랐으며, 투른발트의

방법을 발전시키고 사회학적 분류와 민족 분류의 미묘한 차이를 구체화했다. 그리고 민족사회학적 지식의 일반 모델에서 개발되지 않은 부분이나 취약한 부분을 보강했다. 그러나 뮐만이 직접 민족사회학적 지식의 구조를 상당히 풍부하게 하면서, 여러 방면에서 중요한 결론들을 얻어낸 성과들도 있다.

뮐만은 시로코고로프를 따라 민족 개념을 엄격한 의미로 도입할 것을 제안한 최초의 인물이었다. 즉 코이넘으로서 가능한 한 가장 단순한 형태의 사회 조직으로 민족을 정의했던 것이다. 굼플로비치는 우리가 이미 보았듯이 '민족사회학' 및 '민족중심주의'와 같은 개념을 도입했지만, 이를 표현하기 위해 '인종'이라는 용어를 사용했다. 그리고 투른발트는 민족(Ethnie, Ethnos)과 폴크(Volk)를 번갈아 사용했고, 용어 사용에서 어떤 의미론적 미묘한 차이를 고려하지 않았으며 엄밀한 정의를 내리지도 않았다. 여기에서 뮐만은 차별성을 가진다.

뮐만은 '민족', '폴크', '국민', '인종' 등 네 가지 개념을 독립적인 개념으로 명확하게 구분하였으며, 각각에 대해 한정적이면서도 상호 교차하지 않는 의미를 사회학적으로 부여하였다.

민족은 가장 단순한 사회이다.

뮐만에 따르면, 폴크(나로드)는 반대로 한 사회의 사회학적 가능성의 정점으로 문화적이고 정신적인 발전상의 가장 높은 형태이다. 1930년대와 1940년대에 뮐만은 나로드를 '진정한 나로드'(echte Völkern), '부동(浮動)의 나로드'(schwebende Völkern), '상상의 나로드'(Scheinvölkern)로 나누었지만, 이후에 그는 이 분류를 철회했다. 그러나 '나로드'(Volk)의 개념이 뮐만의 저작에서 학문적으로 사회학 개념의 지위를 처음으로 가

지게 되었다는 점은 중요하다.[52]

뮐만에 의하면 국민이란 시민권에 대한 현대의 국가에 조응하는 개념으로 시민권의 정치적, 법적 형태라고 보았다. 그러나 그는 국민 개념에 큰 관심을 기울이지 않았다.

'인종'이라는 용어와 관련하여 뮐만은 생물학적 인종주의(a-race)와 사회학적 인종주의(b-race)를 구분할 것을 제안하였다. 생물학적 인종 (a-race)에 속한다는 것은 동물의 종, 식물, 광물의 경우와 마찬가지로 유전학 및 인체측정학의 연구 방법으로 증명할 수 있다.

사회학적 지식은 그 자체로 생물학적 인종을 포함하지 않는다. 그러나 사회학적 인종은 사람들이 타인들의 소속성에 대하여 자신들이 특정한 친족에 소속된다는 관념에 대한 것이다. 다른 한편으로 사회학적 인종은 어떤 삶, 문화, 역사, 정치적 상황에서 큰 의미를 가지며 사회학적 범주로 작용할 수 있다.

철학적 관점에서 뮐만은 에드문트 후설(Edmund Husserl)의 추종자로서, 민족은 대상(환경)과 주체(인간) 모두를 구성하는 데에 기본이 되며 모든 개별화(individualization)에 선행하는 현상학적인 소여의 전제로 여겼다. 이 때문에 그는 '자연'과 '문화'를 대립적으로 놓고 보는 것을 거부했다. 즉 민족 현상은 그러한 이원성을 알지 못하며, 민족과 그 본성을 깊이 이해하기 위해서는 모든 것을 주체와 대상 및 주관과 객관으로 나누는, 서유럽인들에게는 관행이 되어 버린 이중적 모델을 거부할 필요가 있다.

---

52 Mühlmann, W. E. *Methodik der Völkerkunde*. Stuttgart: Ferdinand Enke, 1938.

뮐만이 민족 현상의 기본구조로서 '민족중심주의'(ethnocentrism)라는 용어를 도입했다는 사실은 매우 중요하다.[53] 민족중심주의는 민족적 의식에 있는 세계의 형식으로서, 사회, 자연, 신화, 권리, 경제, 종교, 마법 등이 통일된 모델로 자리 잡고, 그 중심에는 민족 그 자체가 존재하고 주변에는 다른 모든 것들이 동심원으로 펼쳐지는 모습으로 존재한다. 더욱이 작은 원들의 패턴과 민족중심주의로부터 멀리 떨어진 주변부는 상수로 변함없이 유지된다. 민족사회학 지식의 구조 속에서 '민족중심주의'라는 개념과 그 변형 및 그것의 파생물들은 때때로 결정적인 역할을 하기도 한다.

뮐만은 서로 다른 민족들 간의 유대관계에 특별히 큰 관심을 기울였다. 이에 두 개 혹은 그 이상 민족들의 경계에서 펼쳐지는 과정들을 연구했다. 그의 저서 『동화작용, 나로드를 둘러싼 환경, 나로드의 수립』(Assimilation, The Surroundings of a Narod, the Establishment of Narods)은 민족의 동화작용 과정, 하나의 나로드에로 다수 민족들의 통합, 그리고 민족들 간 상호작용의 유사한 과정들을 본격적으로 다루고 있다.[54]

또한 뮐만은 고전이 된 독일어 연구서로 『인류학의 역사』(History of Anthropology)의 저자이기도 했다.[55]

---

53 Mühlmann, W. E. 'Erfahrung und Denken in der Sicht des Kulturanthropologen' / Mühlmann Wilhelm E., Muller Ernst W. (eds.) *Kulturanthropologie*. Köln/Berlin: Kiepenheuer & Witsch, 1966, p. 157.

54 Mühlmann, W. E. *Assimilation, Umvolkung, Volkwerdung: Ein globaler Überblick und ein Programm*. Stuttgart, 1944.

55 Mühlmann, W. E. *Geschichte der Anthropologie*. Wisbaden: Aula Verlag, 1986.

게오르크 엘베르트: 민족 갈등과 '폭력의 시장'

독일 학자 게오르크 엘베르트(Georg Elwert, 1947-2005)는 아프리카와 중앙아시아의 민족에 대한 전문가이자 민족학 및 사회학 교수로서 그 다음 세대 민족사회학계의 명석한 인물이었다. 엘베르트는 투른발트가 창간하고 뮐만이 이끌었던 학술지《소시올로구스》의 편집주간이었다. 엘베르트는 베를린자유대학교에서 투른발트가 설립한 민족학연구소에서 일하면서, 전임자들의 전통을 이어받았으며 이를 한층 더 발전시켰다.

엘베르트는 현대 아프리카 국가들의 상태를 분석하는 데에 민족사회학의 원리를 적용하여 발전과 근대화의 과정을 민족사회학의 범주로 설명하였다.[56] 엘베르트는 '시장 제국주의'를 비롯하여 현대적 형태의 제국주의가 가지는 문제점들에 대해 특별한 관심을 기울였다. 이에 어떻게 현대 서구 경제 기술의 침투가 어떤 사례에서 개발도상국의 사회상을 악화시키고 그 자체로 파괴적인 결과를 초래하게 되는지를 보여 주었다.[57]

엘베르트는 민족 분쟁과 국제 테러 분야에서 인정받는 권위자이다. 특히 그는 '폭력의 시장'(market of violence)이라는 유명한 용어를 만들었다. 폭력의 시장이란 국제적인 범죄 구조를 설명하는 것으로, 테러리스트

---

56 Elwert, G. *Bauern und Staat in Westafrika: Die Verflechtung sozioökonomischer Sektoren am Beispiel Benin*. Frankfurt: Campus, 1983.

57 Bierschenk, T. & Elwert, G. *Entwicklungshilfe und ihre Folgen*. Frankfurt / New York: Campus, 1993; Elwert G. & Fett R. (eds.) *Afrika zwischen Subsistenzökonomie und Imperialismus*. Frankfurt: Campus Verlag, 1982.

네트워크의 용역 제공과 연결되고, 민족 간 갈등의 인위적 도발을 포함
하여 때때로 제3세계 국가들에서 민족적 균형에 영향을 미치는 것을 말
한다.[58]

---

58 Elwert, G. *Gewaltmärkte: Beobachtungen zur Zweckrationalität der Gewalt* / Kölner
Zeitschrift für Soziologie und Sozialpsychologie, 1997

제2절
미국의 민족사회학, 문화인류학, 종교사, 민족방법론

용어 설명

미국 학계의 민족사회학에 익숙해지기 위해, 우리는 그 이름과 연관된 이전에 언급했던 상황들에 주목해야 한다. 특히 투른발트와 뮐만 이후 독일과 러시아에서는 이 분야를 지속적으로 '민족사회학'이라고 불렀지만, 미국에서는 역사적으로 **'문화인류학'**(cultural anthropology)이라고 알려져 있었다. 이 학문 분야는 주로 '단순한 사회'(즉, 민족)를 연구하고, 그 기초 위에 보다 일반화된 문화적, 사회적 현상들의 체계와 분류를 구축한다. 즉, 방법론적으로 그리고 개념적으로 민족사회학이 하는 것과 정확히 동일하다.

미국의 이 분야 주요 학자들을 살펴보기에 앞서, 최초의 미국 인류학자들과 사회학자들을 살펴보고자 한다. 이들은 진화론적이고 개인주의적인 개념을 견지했으며, 이후 '문화인류학'은 이들에 대한 극복과 반박을 통해 수립되었다.

루이스 모건: 고대 사회

미국의 역사학자이자 민족학자인 루이스 모건(Louis Morgan, 1818-1881) 은 현대 미국 인류학 연구의 창시자로, 다음 세대 인류학자들의 연구를 위한 기초를 마련하였다. 모건은 이로쿼이(Iroquois) 부족들의 구조를 연구했으며, 고대 사회에 대해 그가 관찰한 바를 바탕으로 기본 이론을 수립했다. 그가 관찰했던 바의 골자는 자신의 연구를 요약 정리한 저서『고대 사회』(Ancient Society)에 수록되어 있다. 여기에서 한 사회의 기술적인 발전의 수준을 친족관계의 구조 및 재산에 대한 태도의 구조와 비교한다. 진화론 정신에 입각해서 모건은 인간 사회의 역사를 미개(savagery), 야만(barbarism), 문명(civilization)의 세 단계로 구분한다.[59]

그는 각각의 단계를 기술적 발전 및 법적 진보의 수준과 병치하고, 이들을 다시 이름 자체에서 명백하게 나타나는 자명한 위계를 정리한다. 만약 우리가 처음 두 용어의 공격적인 소리에 주의를 기울이지 않고 그것들에 대응하는 유사한 것을 민족사회학에서 찾으려 노력한다면, 우리는 '미개'를 민족, '야만'을 나로드, 그리고 '문명'을 국민과 연결시킬 수 있을 것이다. 모건의 생각은 카를 마르크스(Karl Marx, 1818-1883)와 프리드리히 엥겔스(Friedrich Engels, 1820-1895)에 영향을 미쳤고, '진화론적 인종주의'의 정신에서도 유지되었던 '역사적 유물론'이 이후에 등장할 수 있도록 구조적인 여러 측면들을 마련해 놓았다.

모건은 고대 사회에서 나타나는 친족관계의 구조에 대해 최초로 본격

---

59 Morgan, L. H. *Ancient Society*. Tucson, AZ: The University of Arizona Press, 1995.

적인 연구를 시도한 학자로서 중요한 저작들을 집필했으며, 이는 이후에 민족사회학의 중심 주제가 되었다.

윌리엄 섬너: 민속과 관습

윌리엄 그레이엄 섬너(William Graham Sumner, 1840-1910)는 미국 사회학 전통의 창시자이자 그 분야에서 논쟁의 여지가 없는 거물이었다. 게다가, 그의 대표 저서인 『민속』(Folkways)은 고대의 단순한 사회에 큰 관심을 기울이고 있으며, 이에 민족사회학 연구로 간주하는 것이 적절할 것이다.[60]

섬너는 스펜서의 결정적 영향 아래 진화론 패러다임의 틀 속에서 자리 잡고 있다. 그는 인간 사회의 진화와 진보에 대한 아이디어에 일말의 의심도 갖지 않았으며, 인간이 배고픔, 성욕, 두려움 등과 같은 동물적 본능에 따라 움직인다는 주장에 대해서도 이론이 없었다. 이렇게 볼 때, 섬너는 전적으로 사회다윈주의 전통에 속한다고 할 수 있다.

동시에, 그의 저작들, 특히 가장 잘 알려진 저서인 『민속』은 이후 세대의 사회학자들과 인류학자들이 발전시켰던 민족사회학적 지식의 매우 중요한 요소들을 담고 있다.

섬너는 '내(內)집단'과 '외(外)집단'(혹은 '아집단'과 '타집단')의 이중 개념을 처음으로 사회학에 도입한 학자로서, 이는 이후에 집단 행동 및 집단 정체성의 사회학적 분석을 위한 고전적인 도구가 되었다. 특히, 이 기본

---

60 Sumner, W. *Folkways: A Study of the Sociological Importance of Usages, Manners,* Customs, Mores, and Morals. New York, NY: New American Library, 1960.

분류에 기초한 오토스테레오타입(autostereotype)과 헤테로스테레오타입(heterostereotype)은 사회의 다양한 부문과 영역 간에 발생하는 상호작용의 기본 구조를 사전에 결정한다. 내집단과 외집단의 스테레오타입과 구조는 특히 생생한 형태로, 정확히는 민족의 영역에서 발견되며, 섬너는 고대 집단 또는 민족에 대한 자료에 근거하여 이 개념을 도입한다. 섬너는 굼플로비치를 이미 잘 알고 있었기에 그의 용어를 차용하여 내집단 현상을 '민족중심주의'(ethnocentrism)로 설명한다는 사실은 이미 명백하다. '아집단'의 내부에서 발생하는 과정을 섬너는 '내집단'으로 부르며, 이로써 집단 외부에서 발생하는 과정으로서 '외집단'과 구별한다.

비록 섬너는 '민속'(folkway)이라는 특정 용어를 사용하고 있지만, '나로드 관습'에 대한 기본 연구에 몰두한다. 그는 이 현상이 전적으로 무의식적이고 원시적이며, 철학과 과학이 아니라 삶의 직접적인 과정 위에 수립된 것이라고 생각한다. 민속이란 사회 제도, 계급, 법 제도 등이 존재하지 않는 단순하고 원시적인 사회의 특징인 기초적 사회 현상이라고 말할 수 있을 것이다. 민속은 민족들마다 서로 다르고, 한 민족 내의 소규모 사회 집단 간에도 다를 수 있다. 그러나 사회 구성원 모두가 민속의 존재를 인식하고, 그것도 자동적으로 무의식적으로 인식한다는 사실로 인하여, 사회를 하나의 통일체로 만들어 주는 것이 바로 민속이다.

무의식적인 민속 방식의 보다 확정적인 구조 수립의 첫 번째 형태는 섬너가 라틴어 모레스(mores)＊여기에서는 '관습'으로 부르기로 한다.라는 용어로 불렀던 것으로, 여기에서 형용사 모랄리스(moralis)가 만들어지고, 다시 '도덕'(morals)이라는 단어가 나왔다. 섬너는 고대에서 현대에 이르기까지 다양한 사회와 나로드의 '관습'(mores)에 대한 광범위한 파노라마를 제공하면서, 이 현상을 연구의 중심으로 삼는다. '관습'은 민속으로부터 성장한다. 관습의 본질은 무의식적이며 합리적인 설명이 주어지지 않는다. 그러나 관습 자체는 역사적, 물질적, 기후적, 사회적, 그리고 다른 조건들과 연결되어 있으며, 점차 합리적인 모습을 증가시킨다. 섬너에 따르면, 관습의 합리화는 곧 진보이다.

관습 위에 보다 형식을 갖춘 구성물들이 수립된다. 사회 제도, 정치 제도와 법 제도, 종교 및 경제의 구조 등을 들 수 있다. 일반적으로 그것들은 합리적이고 실용적이다. 즉 구체적인 목적을 달성하기 위한 것으로 어떤 사회집단이 인식하는 이익을 표현한다. 그러나 이러한 합리적 구조의 뿌리는 절반의 합리성 혹은 취약한 합리성의 관습에서 찾아야 한다. 바꾸어 말하면, 관습은 여전히 비합리적인 민속(folkway)을 근거로 해서 만들어진다. 그리고 민속은 민족적 '아집단'의 원시 구조를 반영한다.

섬너는 매우 중요한 관찰을 하였는데, 이것은 다음 세대 인류학자들의 철학에 영향을 미쳤고 인간과 사회의 본질에 대한 열정적인 논쟁의 중심이 되었다. 그는 저서에서 한 개의 장 제목을 격언 형태로 붙였다. "관습은 무엇이든 올바른 것으로 만들 수 있으며, 어떤 것에 대한 비난도 막을 수 있다."[61] 만일 이 주장을 사회다원주의와 진화론의 맥락으로부터 분리시킨다면, 우리는 여러 인간 사회들에 대한 기성의 법칙을 얻게 될 것이다. 한 사회의 문화와 도덕은 다른 사회의 문화와 도덕과는 비교할 수 없는 것임이 밝혀질 것이고, 어떤 사회가 다른 사회를 평가하는 형태도 '민

---

61   Sumner, W. *Folkways: A Study of the Sociological Importance of Usages, Manners, Customs, Mores, and Morals.* New York, NY: New American Library, 1960.

족중심주의'와 결코 다르지 않을 것이다. 즉 알려진 바와 같이 그릇된 헤테로스테레오타입으로서, 타집단에 대한 아집단의 편견에 치우친 (따라서 잘못된) 의견일 뿐이다.

만약 섬너의 모델을 민족사회학적 일련의 사회들과 연관시킨다면, 우리는 민속을 민족과 연관시키고, 사회적 제도, 법적 제도, 정치적 구조를 나로드(그리고 더 나아가 국민과 시민사회)와 연관시킬 수 있다. 관습은 중간적인 것을 나타낸다. 민족에는 오직 민속과 관습의 씨앗만이 존재한다. 나로드에서는 관습이 기저에서 일반 대중 속에 존재하며, 반면 사회 제도는 그 위 상층부 엘리트층에 존재한다. 그리고 여기에서 민속은 무의식 속으로 물러난다. 국민에서는 관습이 폐지되는데, 말하자면 무의식 속으로, 그리고 민속으로 후퇴하며, 제도와 구조만이 남게 된다. 역사적 과정의 가역성을 인식한다면, 그러한 대응을 통해 수많은 사회학적, 민족사회학적 문제들을 해결하는 것이 가능해진다. 예를 들어 권리와 도덕, 법과 관습 사이의 대응을 명확히 할 수 있을 것이다.

윌리엄 토머스: 발달된 문화를 가진 문명사회의 민족지학

미국 사회학의 두 명의 저명한 학자로 윌리엄 토머스(William Thomas, 1863-1947)와 폴란드계 플로리안 즈나니에츠키(Florian Znaniecki, 1882-1958)가 있다. 그들은 민족 현상에 대한 연구에 기초하여 여러 방법론적이고 개념적인 발견을 이루어 냈다. 그들 연구의 토대를 이루는 공동 저작『유럽과 미국의 폴란드 농민』(The Polish Peasant in Europe and America)은 총 5권으로 되어 있다. 여기에서 유명한 '사회적 태도' 이론을 포함하여, 사회학 개념의 상당수를 정교화했다. 이 저작은 서로 다른 사회 환경 및 민족 환경에서 나타나는 이주민들의 행태에 대한 분석을 담고 있다.[62] 많은 사람들이 이 책을 미국 사회학 역사상 미국에서 발표된 최고의 사회학적 성과로 평가하며, 이러한 평가에는 타당한 근거가 있다. 윌리엄 토머스는 사회학의 근본 법칙과 관련한 부분을 집필하였으며, 여기에서 다음과 같이 말한다. "어떤 해석이나 다른 해석이 올바른 것인지 아닌지는 중요하지 않다. 사람들이 처한 상황을 현실이라고 정의하게 되면, 그 상황이 만들어 내는 결과도 현실이 된다."[63]

토머스는 미국의 이주민 문제 연구를 위한 연구비를 수령한 후, 미국으로 이주한 대다수 사람들의 출신지였던 사회를 연구하기 위해 유럽으로 떠났다. 토머스가 작성한 연구비 신청서에 따르면, 이때 그는 놀랍게도 민족지학자들이 문자도 없는 고대 나로드 문화를 연구하는 데에 사용하는 것과 동일한 방법을 유럽 사회에 적용하기로 결심했다. 적어도 유럽은 명목상으로만 보아도 고도로 계층화되고 문명화된 사회였기 때문이다. 그는 과거에 폴란드어를 배운 경험을 바탕으로 유럽과 미국에 각기 거주하는 폴란드인들에 초점을 맞추었다. 그리고 폴란드 본국에 있는 폴란드 농민들의 행태에서 나타나는 사회적 특성을 세밀하게 분석했다. 또한 미국으로 이주한 폴란드 농민의 행태도 분석했다. 폴란드에서 훗날 함께 저서를 집필하게 될 플로리안 즈나니에츠키를 만나게 되었다. 토머스는 일상의 세부 사항, 매일매일의 관찰 사항, 일상적인 의사소통의 주

---

62 Znaniecki, F. & Thomas W. *The Polish Peasant in Europe and America*. New York, NY: A. Knopf, 1927.

63 Thomas, W.I. & Thomas D.S. *The Child in America: Behavior Problems and Programs*. New York, NY: Knopf, 1928.

제를 정리하고 체계화하기 시작했고, 이 자료에 근거하여 그의 사회학적 일반화의 상당 부분을 구축했다.

토머스는 사회집단의 행태에 대한 분석을 통해, 사회집단의 적응 형태, 사회화 과정에서 자원의 경제성 및 최적화, 상호 지원, 경쟁, 집단 정체성의 구조, 사회적 가치의 구분, 지위에 대한 인지 및 지위 변경 능력, 상황적 분석 등의 개념을 소개했다. 토머스가 학계에 도입한 이들 개념은 고전적인 사회학 용어가 되었으며, 이는 민족에 대한 연구가 있었기에 가능했다.

섬너가 고대 사회의 민족적 현상을 거부했지만 복잡한 사회와 현대 사회를 포함하여 모든 사회를 조사하는 데에 적용할 수 있는 매우 중요한 사회학 법칙을 만들어 냈던 것처럼, 즈나니에츠키와 토머스도 민족 집단을 관찰함으로써 현대 사회학의 기초가 된 중요한 사회학적 도구를 도출해 냈다. 그리고 이는 다른 모든 사회집단의 패러다임이 되었다. 민족사회학에서 이는 결코 우연이 아니다. 민족은 사회의 가장 단순한 형태인 코이넘이며, 이는 보다 복잡한 사회의 패러다임이자 기본 구성 요소이기 때문이다.

프란츠 보아스: 문화인류학의 창시자 (그리고 그의 학생, 추종자, 계승자)

미국에서 본격적인 민족사회학적 전통이 시작되었던 것은, 독일에서 미국으로 이주한 뛰어난 민족지학자이자 철학자 그리고 인류학자였던 프란츠 보아스(Franz Boas, 1858-1942)가 독자적 이론의 학파를 수립하면서부터였다. 이 학파는 **'문화인류학'**이라는 이름을 갖게 되었다. 그러나 독일 민족사회학자 투른발트와 뮐만은 분명히 이를 민족사회학이라고 보았다. 보아스의 문화인류학은 독일의 민족사회학과 주요 주제, 방법, 원칙, 출발 태도, 그리고 사회, 민족, 문화, 인간의 해석을 위해 우선되는 접근 방법 등을 공유했기 때문이다.

보아스의 세계관은 독일의 라첼, 바스티안, 분트 등의 지리학, 민족학, 심리학 학파의 영향을 받으면서 형성되었고, 그는 미국에 있으면서도 독일에 대한 사랑과 독일의 문화에 대한 충실함을 유지했다(이 점 때문에 보아스는 때때로 비판을 받는다). 보아스는 미국 인류학에서 진정한 혁명을 이루었다. 그가 오기 전까지 미국은 진화론적 접근법과 사회다원주의 접근법이 지배적이었고, 사회학적 특수성을 선천적, 유전적 표식과 인종적 소속으로 설명하는 인종이론이 만연해 있었다. 유럽과 미국의 현대 서구사회, 서구의 기술과 가치가 세계 여타의 부분에 대해 절대적인 우위에 있다는 경직된 확신이 지배하고 있었다. 보아스는 세 가지 형태의 인종주의를 모두 부인하였고 이를 바탕으로 그의 학문적 연구를 발전시켰다.

- 복잡한 사회가 단순한 사회보다 더 좋은 것이라는 주장 위에 수립된 진화론 또는 진보론적 인종주의
- 생물학적, 인종적 특수성으로 문화적 차이를 설명하는 생물학적 인종주의
- 유럽 및 미국의 일종의 민족중심주의로서 유럽중심적 인종주의의

보아스는 사회에 대한 근본적인 새로운 가르침을 발전시켰으며, 그것은 다음과 같은 내용을 골자로 한다.[64]

- 사회적 과정의 상대성과 가역성에 대한 것으로, 사회적, 자연적, 지리적

228

요인의 영향을 받아 변화하는 과정에서 사회는 더욱 복잡해질 수도 있고 혹은 더 단순해질 수도 있다.

- 원시 나로드의 명백한 지속성 이면에는 내적인 역동성이 숨겨져 있기 때문에, 복잡하든 단순하든 어떠한 유형의 사회라도 그 사실성(史實性)은 때때로 보다 분화된 사회체제의 사실성보다 낮을 수 있다.

- 원시사회를 연구할 때 현지 조건 속으로 직접 들어가는 연구가 필요하다. 현지인들과 함께 생활하며, 연구자 앞에서 제시되는 현장의 자료를 신중하게 수집하고, 연역적으로 체계화하고자 하지 않으며, 현지의 언어를 익히고 현지인들의 세계관과 '생활세계' 속으로 들어가 함께 살아가는 것이다.

- 문화다원주의를 가져야 한다. 즉 문화와 사회를 놓고 계층적으로 비교하는 것은 어떤 경우라도 근거가 없다. 모든 문화와 사회는 서로 다르다. 각각은 자기만의 기준을 가지고 있으며, 있는 그대로 수용해야 한다. 물론 어떤 관습이 관찰자 눈에는 충격일 수 있을 것이다.

- 원시 민족을 객체로서 (유럽 주체 혹은 미국 주체의 시각으로) 관찰하는 것을 거부하고, 공감과 감정이입(empathy, Einfühlung)의 자세를 가지고 주체로서 원시 민족의 삶에 동참하는 것이 필요하다.

- 물리적 특성 및 심지어 인종적 특성이 자연적이고 사회적인 주변 환경에 의존한다는 것을 발견해야 한다.

- 문화의 일반화 공식으로 언어적 요소에 높은 우선순위를 두어야 한다.[65]

---

64 Boas, F. *The Mind of Primitive Man*. New York: Macmillan, 1938.
65 Boas, F. *Race, Language and Culture*. Toronto: Collier MacMillan, 1940.

이 원칙들은 문화인류학의 기반을 마련했으며, 초기 미국의 민족 및 원시부족 연구를 완전히 지배했던 진화론, 인종이론, 그리고 친족관계 이론을 대체했다.[66] 또한 유럽의 민족사회학자들도 이 원칙을 완벽하게 공유하였으며, 민족사회학의 기반이 되었다.

보아스 자신도 이 규칙들을 엄격하게 지켰다. 그는 에스키모족, 이누이트족, 콰키우틀족 등을 연구하면서 부족들 속에서 수많은 시간을 함께했으며, 그들의 언어와 문화를 연구하고, 그들의 삶의 세계로 스며들어갔다.[67, 68]

보아스는 신중한 경험적 연구로 문화인류학의 여러 주장들을 지지했다. 여기에는 물리인류학(어머니가 새로운 환경에서 10년 동안 거주하기 전과 후에 미국에 있는 유럽 이민자의 가족들에게 태어난 유아들의 두개골의 부피와 형태를 연구하는 것), 언어학(연구자가 그 자신의 언어의 음성 구조에 기초하여 외국어의 소리를 인식한다는 추정에 해당한다), 고고학 등이 있다.

보아스의 아이디어는 기라성 같은 그의 제자들이 채택하고 더욱 발전시켰다. 그의 많은 제자들이 미국의 민족학, 인류학, 언어학, 심리학 등의 분야에서 이름을 날리는 학자가 되었다.

66   Boas, F. *General Anthropology*. Boston, MA: Heath, 1938.
67   Boas, F. The *Central Eskimo*. Lincoln, NE: University of Nebraska Press, 1888.
68   Boas, F. *The Social Organization and Secret Societies of Kwakiutl Indian*. Washington, DC: Smithsonian Institution, 1897; Boas, F. *Kwakiutl Ethnography*. Chicago, IL: University of Chicago Press, 1966.

앨프리드 크로버: 문화적 패턴과 초유기체

보아스의 첫 제자 중 한 명인 인류학자 앨프리드 크로버(Alfred Kroeber, 1876-1960)는 버클리대학교에 처음으로 인류학과를 개설한 인물이다. 크로버는 북아메리카, 특히 캘리포니아의 토착 부족에 대한 연구에 관심을 집중했다.[69]

크로버는 보아스의 아이디어를 발전시켜 현장연구의 실제 영역(공감, 언어 연구, 세부 사항과 초기에 해독 불가가한 기호의 철저한 수집, 사물과 관습 등)에 적용시켰다. 동시에 그는 문화인류학의 이론적 질문들도 적극적으로 연구했다. 그리고 그는 '문화생태학'(cultural ecology)의 창시자가 되었다. 문화생태학은 통일된 복합체로서 주변 자연환경과 인간이 상호작용하는 사회적 맥락을 연구하는 것으로, 이 통일된 체계에서 무엇이 일차적이고 무엇이 이차적인지, 어떤 논점과 기능이 있는지를 구체적으로 명시하지 않는 것을 특징으로 한다.

크로버는 역사인류학 연구에서도 보아스의 노선을 승계했다. 즉, 신화적이고 문화적인 자료에 근거하여 보다 복잡한 사회의 역사적 과정과 직접적인 유사성을 가지는 '원시'사회에서 나타나는 변형의 구조(이주, 개혁 및 다른 사회적 변화)를 추적했다.[70]

크로버는 '문화적 패턴'이라는 개념도 소개했다. 문화적 패턴이란, 다양한 상황에서 규칙적이면서도 동시에 복제가 가능한 사회의 지속적인

---

69 Kroeber, A.L. (ed.) *Handbook of the Indians of California* / Bureau of American Ethnology. Washington, WA: 1925, Bulletin No. 78.

70 Kroeber, A.L. (ed.). *Anthropology*. New York, NY: Harcourt Brace and Company. 1923.

고유한 특징(의식, 제사, 절차, 예절, 상황 등)의 알고리즘을 구성하는 확정된 모델 혹은 원형을 말한다.

크로버는 '초유기체'(superorganic) 현상으로서 문화에 주된 관심을 집중하였으며, 이로써 그는 물질적인 요소와 정신적인(또는 오히려 사회적인) 요소가 불가분의 유대로 함께 발견되는 전체론적 사회의 모델을 발전시켰다.[71,72]

이 모든 주제는 보아스가 미국으로 가져온 독일 인문학의 '전체론' 전통을 명확하게 보여 준다.

로버트 로이: 역사적 특정론

유명한 민족학자 로버트 로이(Robert Lowie, 1883-1957)는 보아스의 또 다른 제자로, 버클리대학교 인류학과의 공동 설립자였다. 로이는 보아스의 첫 번째 대학원 지도학생으로, 보아스가 로위의 편에 서서 학위논문을 변론하기도 했다.

로이는 원시 민족들 간의 친족관계 이론을 전문으로 연구했으며, 크로버가 했던 바와 같이 역사인류학의 현실성을 더욱 발전시켰다. 역사인류학 영역에서 그는 '역사적 특정론'(historical particularism)이라는 개념을 제시했다. 이것은 민족의 역사적 경험이 각기 특별하고 고유하다는 것으로, 과거에는 나름의 역사도 없이 한꺼번에 묶어서 고려하고 하나의 동

---

71   Kroeber, A.L. (ed.), *The Superorganic*, Berkeley, CA: University of California Press, 1917.

72   Kroeber, A.L. (ed.), *Configurations of Culture Growth*, Berkeley, CA: University of California Press, 1944.

일한 '패턴'을 재생산한다고 생각했던 민족들도 여기에 포함된다.[73]

크로버가 했던 것과 같이 로이도 아메리카 원주민, 주로 크로우족 (Crow)과 평원의 부족을 대상으로 현장연구를 수행했다. 그러나 남미와 유럽의 사회들도 그의 관심을 끌었다.[74, 75] 특히 그는 독일인에 대해 별도의 연구를 진행했는데, 이는 과거에 문자 사용 이전의 사회를 연구할 때 주로 이용했던 인류학적, 민족사회학적 접근법을 유럽의 고도로 발전된 나로드에 적용한 첫 번째 연구이다. 즉 고도로 계층화된 문화와 풍부한 기록유산을 가진 역사적 문화를 가진 사회에도 적용했던 것이다.[76]

로이가 민족사회학에서 중요성을 갖는 것은 순수한 원시사회에서 출발하여 발달된 종교와 정치 문화를 가진 문명 사회 및 복잡한 사회로의 이행에 관심을 집중했기 때문이다. 동시에 그는 고도로 분화된 사회적 총체에 존재하는 민족적 요소의 변화와 연속성을 보여 주었다. 로이가 개발한 과학적이고 방법론적인 장치를 통해 민족사회학의 원리를 모든 유형의 사회들에게 이론적으로 적용할 수 있게 되었다.[77]

루스 베네딕트: 문화적 패턴의 구현

프란츠 보아스의 제자였던 루스 베네딕트(Ruth Benedict, 1887-1948) 또

---

73   Lowie, R. *Primitive Society*. New York, NY: Knopf, 1920.

74   Lowie, R. *The Crow Indians*. New York, NY: Farrar & Rinehart, 1935.

75   Lowie, R. *Indians of the Plains*. New York, NY: American Museum of Natural History, 1954.

76   Lowie, R. *German People: A Social Portrait to 1914*. N. Y.: Farrar & Rinehart, 1945.

77   Lowie, R. *The Origin of the State*. New York, NY: Harcourt, Brace & Co, 1927; Ibid. *Are We Civilized?* New York, NY: Harcourt, Brace & Co., 1929.

한 민족사회학적 접근법을 계속 개발하고 증명하면서, 로이가 했던 것처럼 인류학적 방법을 통해 복잡한 문화를 연구하기 위한 원리들을 정교화했다. 이 점은 그녀의 유명한 저서 『국화와 칼』(The Chrysanthemum and the Sword)에서 명확하게 찾을 수 있다. 이 책은 제2차 세계대전이 끝난 직후인 1946년에 집필되었고, 일본 사회에 대한 민족사회학적 연구를 담고 있다.[78]

베네딕트는 책에서 '문화적 다원주의' 접근법이 실제 문제에 적용되었을 때 발견할 수 있는 것이 얼마나 설득력 있고 또한 예상치 못한 것이 될 수 있는지 보여 준다. 따라서 일본의 패전 후 미국인들은 일본 사회의 엄격하고 극도로 경직된 사회 문화적 구조가 점령국 미국에게 지속적인 문제가 될 것이라고 두려워했다. 일본은 미국과 가치체계가 매우 다를 뿐만 아니라 거의 완전히 반대의 방식으로 구축되어 있다고 보았기 때문이다. 그럼에도 불구하고, 베네딕트는 일본을 객체로 간주하여 옆에서 보게 되면 일본 문화와 일본 사회가 분명 엄격하게 보이는 것은 맞다고 말한다. 그런데 태도와 패턴의 복잡한 모델이 그 속에도 존재하고, 이 점 때문에 일본인도 미국인의 주둔에 적응할 수 있으며, 그러한 상황을 일본만의 특별한 방식으로 재해석하면서 서구의 사회 기준으로 유입될 수 있다고 보았다. 그리고 서구 법에 따라 일본이 서구화를 매우 성공적으로 이룰 수 있을 것이라 보았다. 1946년 당시에 이러한 분석은 완전히 비현실적으로 보였다. 그러나 수십 년이 지난 후, 베네딕트의 분석은 완전히

78   Benedict, R. F. The Chrysanthemum and the Sword: Patterns of Japanese Culture. Boston, MA: Houghton Mifflin Co., 1946.

현실에 수용되었으며 역사적 사실이 되었다. 이로써 문화인류학과 민족사회학의 학문적 타당성과 명성은 더욱 높아졌다.

베네딕트는 또한 많은 이론적 접근법을 개발하였는데, 그중 가장 잘 알려진 것이 '심리인류학'(psychological anthropology)이다. 베네딕트에 따르면, 어떤 하나의 문화에서 완전히 결정적인 심리적 유형, 즉 민족사회적 성격을 발견할 수 있다.[79] 이 유형은 표준이 되며 문화적 패턴과 그 산물을 전달하는 역할을 한다. 이러한 패턴의 전달은 현실에 구현된 표준을 통해 나타난다.

어브램 카디너: 기본인격

보아스 학파의 또 다른 대표적인 사회학자이자 심리학자인 어브램 카디너(Abram Kardiner, 1891-1981)는 **'기본인격'**(basic personality)이라는 개념을 법칙으로 삼았다. 그는 문화 패턴을 전달하는 매개체를 '기본인격'이라고 불렀으며, 이는 소시움(socium)의 토대에 존재하면서 기초를 형성하는 사회학적 유형을 일컫는다.[80]

카디너는 베네딕트가 했듯이 문화와 사회에서 집단과 개인의 상관성에 대한 질문에 해답을 찾고자 했다. 그리고 이 질문에 대한 답이 '기본인격'이었다. 한편으로 기본인격은 비인격적인 문화 패턴을 자체로 가지고 있으면서 타인에게 전달하며, 다른 한편으로는 '역사' 속에서 문화 패

---

79 Benedict, R. F. *Patterns of Culture*. New York, NY: Mentor, 1960

80 Kardiner, A. *The Individual and His Society*. New York, NY: Columbia University Press, 1939.

턴을 개인화한다. 그리하여 '문화인격'이라는 개념을 통해 구조적(비인격적, 불변적, 기본적) 차원과 개인적(역사적, 인간적) 차원이라는 두 차원을 동시에 해석할 수 있다.

사회 제도를 주요한 것과 부차적인 것으로 구분하는 사회학적 개념도 카디너의 업적이다.

카디너는 정신분석학자로서 사회학과 인류학을 결합하는 데 적극 참여하였고, 사회학 및 민족사회학의 문제를 해결하기 위해 광범위하게 프로이트주의를 활용했다. 카디너는 현대 심리학의 핵심 인물 중 한 명으로 여겨진다.

랠프 린턴: 지위와 역할

1930년대 뉴욕에서 루스 베네딕트와 어브램 카디너는 '문화와 인격'이라는 모임을 결성했는데, 보아스의 다른 추종자들도 이 모임에 정기적으로 참여했다. 특히 고고학자와 민족지학자로 경력을 시작한 유명한 사회학자 랠프 린턴(Ralph Linton, 1893-1953)도 그중 한 명으로 미국, 폴리네시아, 마다가스카르 등지에서 현장연구에 참여했다.[81]

린턴은 먼저 '지위'(status)와 '역할'(role) 개념 간 구분에 대해 상세히 설명했으며, 이 구분은 사회학에서 큰 중요성을 갖게 되었다.[82] 린턴이 보여 주었듯이 사회적 지위는 역할들의 총체적 배열로 구성되며, 특정한 지

---

81 Linto, R. *The Tanala: A Hill Tribe of Madagascar.* Chicago, IL: Field Museum of Natural History, 1933.

82 Linton, R. *The Study* of Man. New York, NY: D. Appleton-Century, 1936; Linton, R. *The Cultural Background of Personality.* New York, NY: Appleton-Century Crofts, 1945.

위를 가지고 있는 사람이 어떤 역할을 수행할 때 그 완성도에서 차이가 난다. 지위와 역할의 상관관계는 사회에서 나타나는 비인격적인(구조적인) 것과 인격적인(역사적인) 것 사이의 비율에서 나타나는 일반적인 문제와 연결되어 있다. 이 일반 문제는 전체적으로 보아스 학파를 비롯하여 '문화와 인격' 모임도 공유하였다.

따라서 다시 한번 우리는 기본 개념 및 근대 고전사회학 개념의 기초에서 민족, 민족학 및 문화인류학(민족사회학)을 발견하게 된다.

코라 듀 보이스: 최빈인격의 구조

현대 인류학, 사회학, 그리고 민족지학의 또 다른 유명한 인물로 코라 듀 보이스(Cora Du Bois, 1903-1991)가 있다. 그는 '문화와 인격' 모임에 참여하였으며 보아스의 제자이기도 했다. 듀 보이스는 이러한 경향성의 고전적인 접근법을 따라, 북부 캘리포니아와 미국의 북동 태평양 연안에서 민족지학 현장연구에 참여했다. 이 연구를 통해 윈투(Wintu) 부족의 '유령춤'이 가지는 사회학적이고 문화적인 중요성에 대한 연구서를 발표했다.[83]

이후 뒤 듀 보이스는 카디너의 영향을 받아 자신의 민족지학 및 민족사회학 연구에서 심리학적이고 정신분석학적인 수행, 시험, 질문, 꿈 분석 등을 적극적으로 활용하기 시작했다. 인도네시아에서 수행한 그녀의 연구는 이러한 방법에 기반을 두고 있었다.[84]

83   Du Bois, C. *Ghost Dance*, Berkeley, CA: University of California Press, 1930.
84   Du Bois, C. *The People of Alor: A Social-Psychological Study of an East Indian Island*.

이론 영역에서 그녀는 카디너의 '기본인격'과 미묘한 차이가 있는 버전을 제안했는데, 그녀는 이를 '최빈인격의 구조'(structure of modal personality)라고 정의했다. 이 개념은 지속적인 유형의 경계를 보다 정확하게 설정함으로써, 그 경계 내에 있는 민족 및 사회 구조에서 개인별로 나타나는 다양한 모습들이 실제로 발현될 수 있도록 하기 위한 것이다.

에드워드 사피어: 언어의 번역 불가능성 가설

'문화와 인격' 모임 소속이자 보아스의 제자로 저명한 언어학자 에드워드 사피어(Edward Sapir, 1884-1939)가 있다. 그는 문화와 '기본인격'의 관계를 연구하는 중에, 보아스가 '**문화다원주의**'(cultural pluralism)라고 말했던 또 다른 학문적 경향성을 발전시켰다. 문화다원주의는 인간의 언어가 가지는 다면성에서 구체적으로 나타난다.

사피어는 한 사회의 문화와 언어를 분석하였으며, 모든 측면에서 소쉬르(Saussure), 야콥슨(Jakobson), 트루베츠코이(Trubetzkoy) 등의 구조주의 언어학에서 주장하는 이론적 원리를 다루었다. 구조주의 언어학에 따르면, 구두 발성의 의미는 기호와 기의(記意, 언어 외적 영역에서의 확장된 구체적인 대상이나 현상)의 상관관계에서 결정된다기보다는, 언어와 언어적 맥락의 일반적인 구조에서 기호와 다른 기호들의 내적 연결성에 의해 결정된다.[85] 이 점에서 사피어는 보아스를 따르고 있었다. 보아스는 인류학자

Minneapolis, MN: University of Minnesota Press, 1944.

85   Sapir, E. *Selected Writings in Language, Culture and Personality*. Berkeley, CA: University of California Press, 1949.

가 외국어의 음소(音素)를 인식하는 경우, 그 인류학자의 모국어 구조가 일종의 여과 장치가 되어 외국어 인식에 영향을 준다고 보았다. 여러 언어들 중 개별 언어가 고유하게 가지고 있는 언어 패턴을 바탕으로 언어를 인지함에 따라 언어의 청각적 표현과 물질적 기호를 최소한의 조각으로 나누어 음소를 구분하는 경우를 상정할 수 있다. 이 경우에도 보다 심오하고 섬세한 문화적 현장과 맥락이 전적으로 좌우하는 의미론의 범주들을 인식하는 것에 대해서 무엇을 말할 수 있겠는가?

이 문제를 이해하기 위해 서로 다른 언어들이 색상의 이름을 어떻게 말하는지 비교해 보면 좋을 것이다. 이 방법은 오늘날 널리 알려져 있다. 어떤 언어에서는 한 가지 혹은 다른 색을 지칭하는 단어가 여러 개 사용되는 반면, 또 다른 언어에서는 하나의 단어로만 표현하는 경우도 있다. 이 경우 다른 민족들은 의심할 여지없이 분명히 다른 색상이라고 생각하기도 한다.

의미는 맥락과 언어의 구조에 따라 달라진다. 이 때문에 의미는 모든 인류에게 공통적인 것이 아니라 민족적, 문화적, 사회적, 언어적으로 미리 정해진 현상으로 구체적인 상황에서 의미론적이고 언어적인 맥락에 속할 뿐이다.[86]

사피어는 이 사실을 언어의 '번역 불가능성'(untranslatability)이라고 말한다. 이 주장은 '언어 상대성의 원리' 또는 '사피어-워프 법칙'이라는 이름을 얻었다. 벤자민 워프(Benjamin Whorf, 1897-1941)는 미국의 언어학

---

86 Sapir, E. *Selected Writings in Language, Culture and Personality*. Berkeley, CA: University of California Press, 1949.

자로 사피어의 동료였다.

언어 상대성의 원리로부터 언어를 떠나서 사고하는 것이 가능한가에 대한 문제가 제기된다. 사고는 의미 없이는 발달할 수 없고, 의미는 언어 안에 담겨 있다.

그리하여, 언어의 다양성이 언어를 위계적으로 정리하는 것을 허용하지는 않지만, 문화의 다원성은 언어의 다원성에 의해 확인된다. 이를 위해서는 무엇보다 어떤 언어 혹은 언어군을 보다 완벽하게 이해해야 하겠지만, '다른' 존재를 이해하기 위해서는 '자신'이 가지고 있는 렌즈를 통해야 하는 것이다. 말하자면 '민족중심적 행위'를 실행하게 된다.

여기에서 흥미로운 연쇄사슬을 추적할 수 있다. 문화의 비위계적 다양성(전체론)의 개념은 이미 헤르더가 과거에 주장했으며 독일 낭만주의자들도 공유하는 바였다. 낭만주의는 유기체론, 인류지리학적 접근법(라첼), 독일 민족학과 민족심리학(라자루스, 분트) 등에 영향을 미쳤다. 이것들의 직접적인 영향 아래 독일에서 교육을 받은 보아스는 이 학문적 경향을 미국으로 가져왔고 나름의 학파를 형성했다. 이것이 20세기를 아울러 미국을 비롯하여 여러 면에서 전 세계적인 인류학, 민족학, 사회학, 문화학, 언어학의 모습을 만들어 냈다. 보아스의 제자 에드워드 사피어는 헤르더의 통찰을 고수하면서, 이를 번역 불가능성의 원리로 표현했으며, 엄격한 학문적, 언어적, 사회학적 법칙으로 삼았다.

클라이드 클럭혼: 가치 지향의 방법

'문화와 인격' 모임의 방법 및 주제와 상당히 근접한 또 다른 저명한 사회학자로, 탈코트 파슨스(Talcott Parsons)의 동료이자 하버드대학교 사회관계학과의 설립자인 클라이드 클럭혼(Clyde Kluckhohn, 1905-1960)이 있다.

클럭혼은 대다수의 문화인류학자가 했던 것처럼 보아스의 규칙을 따랐으며, 수많은 민족지학적 현장탐험을 수행했다. 그 결과 나바호족(Navajo)의 마법과 종교사상의 영역에 대한 연구가 이루어졌다.[87]

클럭혼은 한때 크로버(Kroeber)와 긴밀히 공동연구를 했으며, 이에『문화: 개념과 정의에 대한 비판적 고찰』(Culture: A Critical Review of Concepts and Definitions)[88]을 함께 집필하기도 했다.

이론적 영역에서 클럭혼은 교차문화(cross-cultural) 연구가 '가치 지향' 방법의 기준을 따라야 한다고 제안했다. 이 방법은 다섯 가지 주요 가치 기준에 따른 문화의 분류를 제시한다.[89]

- 인간의 본성에 대한 평가(선하거나 악하거나 혼재되어 있거나)
- 인간과 자연의 관계(자연에 대한 인간의 복종, 인간에 대한 자연의 복종, 또는 인간과 자연의 조화로운 균형)
- 시간에 대한 이해(과거/전통, 현재/향유 또는 미래/후대/지연보상에 특별히 중점을 둠)
- 활동(존재, 생성/내적 발달, 또는 활동/노력/기술)
- 사회관계(위계적, 연합하는/집단적 평등주의, 또는 개인주의)

87 Kluckhohn, C. *Navaho Witchcraft, Boston:* Beacon Press, 1944.
88 Kluckhohn, C. & Kroeber A.L. *A Culture: A Critical Review of Concepts and Definitions.* Cambridge, MA: Peabody Museum, 1952.
89 Kluckhohn, C. *Culture and Behavior.* New York, NY: The Free Press of Glencoe, 1962.

클럭혼의 기준 / 사회	민족	나로드/라오스	국민	시민사회
인간 본성	혼합	혼합 혹은 악함	혼합 혹은 악함	선함
인간과 자연 간의 연결 / 균형	균형	균형	자연 위의 인간	자연 위의 인간
시간	현재	과거 / 전통	미래 / 후대 또는 현재 / 향유	현재 / 향유
활동	존재	생성 / 내적 발달	활동 / 노력 / 기술	활동 / 노력 / 기술
사회관계	평등주의	위계(카스트, 재산)	위계(계급, 경제)	개인주의

그림 7. 민족사회학적 연속선상에서 클럭혼의 기준과 사회 유형을 대응시킨 표

기본적인 민족사회학적 순간들을 분석한 사례를 통해 이 분류법이 가진 유효성을 입증하는 것은 어렵지 않다. 클럭혼이 제시한 분류 기준을 이용하면, 보다 미묘한 차이점이나 과도기적 조건에 있는 사회에서 나타나는 변형들을 설명하는 것도 가능하며, 이런저런 사회의 틀 내에서 사회문화적, 정치적, 이념적 또는 종교적 집단들을 구분하는 것도 가능하다.

클리퍼드 기어츠: 상징인류학

클럭혼의 제자이자 미국의 유명한 인류학자로 클리퍼드 기어츠(Clifford Geertz, 1926-2006)가 있다. 그는 상징인류학(symbolic anthropology)의 창시자이다. 기어츠는 자바섬, 발리, 모로코에서 현장연구에 참여했다. 그는 원시 민족의 종교적 관념에 대한 해석과 경제의 생태학적 측면에

대한 연구를 담은 주요 저술들을 집필했다. 특히 급속한 문화변용과 근대화를 겪게 된 사회의 농업 부문에서 나타나는 문제를 다루었다.[90, 91]

기어츠는 저술에서 보아스 학파와 '문화와 인격' 모임의 영향, 파슨스와 베버의 사회학적 아이디어, '언어게임'이라는 의미를 발전시킨 비트겐슈타인의 철학적 식견, 그리고 구조주의 철학 이론(리쾨르)을 결합한다. 이러한 학문적 유산을 바탕으로 그는 '상징인류학'의 모델을 정교화한다. 기어츠에 따르면, 민족사회의 문화를 연구하는 학자의 과제는 민족사회 문화의 구조를 명확히 하고 그것을 해석하는 것으로, 말하자면 연구 대상이 되는 문화 자체로부터 가져온 용어로 해석학적 설명을 하는 것이다. 기어츠는 이를 가리켜 '두터운 서술'(thick description)이라고 이름을 붙임으로써 이 방법의 본질을 명확히 한다. 연구 대상이 되는 민족의 문화로부터 근본적인 의미론상의 기준 축들을 인위적으로 선택하는 것을 거부한다는 점에서 '두텁다'고 말한다. 즉 의도적으로 명시한 기준들에 비추어 적절한지 혹은 부적절한지에 따라, 그동안 수집하여 얻게 된 사실들을 분류하지 않는다는 것이다. 한 문화에 대한 '두터운 서술'은 먼저 그 문화 속으로 들어갈 것을 제안한다. 그리고 그 문화를 향유하고 있는 사람들 스스로 중요하거나 중요하지 않다고 여기는 것에 따라 사회학적 그리고 인류학적 도구를 적용할 수 있도록 준비할 것을 요구한다. '두터

---

90 Geertz, C. *The Religion of Java*. Glencoe: Free Press, 1960; Geertz, C. *Islam Observed: Religious Development in Morocco and Indonesia*. New Haven, CT: Yale University Press, 1968.

91 Geertz, C. *Agricultural Involution: The Processes of Ecological Change in Indonesia*. Berkeley, CA: University of California Press, 1963.

운 서술'은 동시성, 상징주의, 다차원성을 가진다는 점에서 신화에서 특징적이다. 반면 '얕은 서술'(flat description)은 엄격하게 인과적인 연결 위에 만들어지는 합리적 담화에서 특징적으로 나타난다.

'상징인류학'의 핵심은 조사 대상 문화에 속한 구성원들 스스로가 가장 중요하다고 생각하는 것과 부차적이라고 생각하는 것을 바탕으로 연구자의 체계를 구축하는 데 있다. 이것은 전혀 다른 요소들을 가장 중요하다고 평가할 수도 있는 여러 학파의 인류학자들의 태도와 상충할 수 있다. 그러나 기어츠는 모든 경우에 민족의 가치 위계가 가장 중대한 방식으로 고려되어야 한다고 주장한다. 윌리엄 토머스의 법칙은 이러한 원리에서 이해하는 것이 쉬울 것이다. "한 사회가 위대하다고 생각하는 것이 있다면, 그것은 위대한 것이다." 또는 '총괄 사회적 사실'이라는 모스(Mauss)의 독트린도 있다. 즉, 연구자가 중요하지 않다고 생각하는 것(연구자가 속한 사회의 가치체계에 근거하여)이 어떤 사회에서는 중요하다고 여겨진다면, 그는 이 중요성을 '상징적'인 것으로 인식하고, 그것으로 판단하며, 자신의 해석 체계를 구축할 때 이것을 고려할 의무가 있다.

기어츠는 『문화의 해석』(The Interpretation of Cultures)이라는 저서를 통해 이 기본적인 생각을 제시했다.[92] 앞에서 우리는 동시대 영국 사회학자 앤서니 스미스가 기어츠의 이름을 따서 '근원주의 접근법'의 한 버전으로 '기어츠의 근원주의'라고 했던 것을 살펴본 바 있다. 이 접근법은

---

92 Geertz, C. *The Interpretation of Cultures*. New York, NY: Basic Books, 1975.

민족사회학을 위한 가장 건설적이고 최적화된 모델이라 할 수 있다.

클라크 위슬러: 문화영역

다음으로 뉴욕의 미국자연사박물관에서 학예사로 있었던 클라크 위슬러(Clark Wissler, 1870-1947)에 대해 살펴보자. 한때 그는 프란츠 보아스와 함께 일한 경험이 있었기에 보아스의 영향으로부터 완전히 벗어날 수는 없었을 것이다. 그럼에도 그는 상대적으로 독립적인 버전의 문화인류학을 제안했다. 이에 위슬러의 저작은 미국과 유럽의 많은 민족사회학자들에게 영감을 불러일으키는 원천이 되었다.

위슬러는 북아메리카 원주민에 대한 연구에 몰두하면서 여러 저작을 발표했으며, 그 성과는 학계에서도 인정받았다.[93]

위슬러가 특별히 학문에서 이룬 성과로 '문화영역'(cultural area) 이론의 개발을 들 수 있다. 이 이론을 통해서 위슬러는 문화의 민족사회학적 지역화를 해석하고 문화들 간의 비대칭적인 상관관계를 설정할 것을 제안했다. 이후에 유사한 접근법이 '맵핑'(mapping)이라는 이름을 갖게 되었는데, 이는 여러 다원적인 문화들 사이에 개념적으로 상응하는 것들을 모아 놓은 것으로, '지도 위'의 지리적 공간에서 위치를 나타내는 것이다. 위슬러는 문화영역들을 상호 엇갈리게 교차시키는 방식으로 분석함으로써 이들 간의 서로 다른 유형과 유사한 형태를 구축할 것을 제안했다.

---

93 Geertz, C. *The American Indian: An Introduction to the Anthropology of the New World.* New York, NY: Douglas C. McMurtrie, 1917; Geertz, C. *The Indians of the United States: Four Centuries of Their History and Culture.* New York, NY: Doubleday Doran, 1940.

이론의 영역에서, 위슬러는 기본적인 인류학 원리들을 보다 엄격하게 정립할 것을 주장했으며, 통계적 방법을 활용하여 문화인류학을 보다 정확한 학문 분야로서 만들기 위해 노력했다. 그는 '획득된 행동'으로 정의되는 '의무의 표준'이 문화라고 생각했고, 문화를 '아이디어의 복합체'로 연구할 것을 제안했다.[94]

마거릿 미드: 아동 – 자본주의자, 유물론자, 냉소론자

보아스의 추종자 및 제자들 중에 민족사회학에 상당한 기여를 한 또 다른 인물들에 대해 언급할 가치가 있을 것이다. 그중 한 명으로 현대 인류학의 가장 명석한 학자로 보아스의 제자인 마거릿 미드(Margaret Mead, 1901-1978)를 꼽을 수 있다. 그녀는 '문화와 인격' 모임의 사상을 발전시킨 인물이기도 하다. 특히 루스 베네딕트가 미드에게 큰 영향을 미쳤다.

미드는 뉴기니와 발리에서 민족지학적 현장연구를 수행했고, 그 연구 결과를 담아 집필한 저술들은 전 세계적인 베스트셀러가 되었다. 그 판매 부수는 학술적으로 진지한 인류학 및 과학 서적이나 민족사회학 연구서에서는 생각할 수 없는 정도였다.[95]

미드는 저서에서 아동의 지위, 성, 사회화 과정 등에 대해 현대 사회에 깊이 뿌리내린 의견들의 상대성을 보여 주는데, 이는 지금까지 보편적이라고 여겨졌던 것들이다. 광범위한 민족지학적이고 민족사회학적인 자

---

94 Wissler, C. *Man and Culture*. New York, NY: Thomas Y. Crowell, 1923.

95 Mead, M. *Coming of Age in Samoa* (1927). New York, NY: William. Morrow & Company, 1973.

료를 바탕으로 미드는 수많은 (심지어 대부분의) 원시사회에서 신화, 전설, 이야기들이 사회적 책임을 가지는 사람으로서 성인이 가진 특권이라는 사실을 보여 준다. 그리고 성인의 경우 초자연적인 것에 대한 믿음은 사회적 지위와 분리할 수 없는 한 부분이다. 사회적 책임이 있는 성인이 신화에 대한 믿음을 중단하면, 그는 지위를 잃게 되고 사회에서 추방되거나 이방인이 된다.

반면, 원시사회에서 아동은 합리주의, 회의주의, 유물론, 냉소론의 생생한 사례를 보여 준다. 성숙기를 거치기 전에 아동이 가지는 현상에 대한 이성의 설명 모델은 날것 그대로의 모습과 직선적인 생생함으로 나타난다. 만약 어떤 부족에서 어른들이 조상의 영혼이 부족으로 들어오는 것을 아이의 탄생이라고 생각한다면, 이와는 대조적으로 아이들은 아버지와 어머니가 결혼이라는 침대 위에서 성행위를 했기 때문이라고 생각한다. 그리고 어른들이 물물교환을 상징적인 행위로 간주하면서 세상의 균형을 유지하고 이것을 의식으로 표현하기 위해 필요하다고 생각하며, 자신이 받을 수 있는 만큼 (혹은 더 많지는 않다 해도) 자신이 포기해야 하는 선물을 주어야 한다고 여긴다. 반면 원시부족의 아이는 가치 있는 물건들(바위, 멧돼지 엄니 또는 개 이빨)을 가능한 한 많이 직접 모으려고 하며, 상대에게 주는 것은 최소화하려고 한다. 이를 위해 다소 기발한 속임수를 사용하여, 현대의 자본주의, 마케팅, 심지어 법적 절차와 같은 전략을 생각해 내기도 한다. 이는 아동 특유의 일반적인 성격에서 나타나는 모습이다. 그러나, '선물의 경제'(economy of the gift)라는 신성한 규칙에 따라 살아가고 있는 어른들의 세계에서는 알 수 없는 것이다.

이러한 비대칭성은 아동이 아직 문화를 잘 알지 못하기 때문이며, 그

러한 이유로 현대의 '문명화된' 유럽인들처럼 행동한다는 사실로 설명할
수 있다.

그레고리 베이트슨: 단조로운 과정에 대한 비판

마거릿 미드의 남편 그레고리 베이트슨(Gregory Bateson, 1904-1980)은
한때 보아스의 제자였으며, 민족사회학, 언어학, 철학, 심리학, 정신의학
에 족적을 남긴 인물이다. 그는 미드와 함께 뉴기니에서 현장연구에 참
여하였는데, 여기서 그는 이아트물(Iatmul) 부족들의 입회 의식을 상세하
게 설명하고, 에이도스(eidos, 形相), 민족, 분열 생성(schismogenesis)*대립
하는 두 요소가 차이를 극대화하는 방향으로 발전하는 것.의 범주를 사용하여 이러
한 현상을 철저하게 분석했다.[96] 그는 발리에서도 연구를 계속해서 수행
했다.[97]

베이트슨은 민족지학적 지식과 보아스의 과학적 프로그램을 심리학
과 언어학의 영역에 적용하였으며, 이를 통해 언어의 구조가 사회적 환
경에서 사람의 행동을 거의 전적으로 프로그래밍한다는 가설을 발전시
켰다. 이 원리에 입각하여 그는 정신의학 및 민족사회학 분석 모두에 적
용 가능한 '이중구속이론'(double bind theory)을 구축했다.

'이중구속이론'은 다음과 같이 구성된다. 특정한 상황에서 인간이나

---

96 Bateson, G. *Naven: A Survey of the Problems suggested by a Composite Picture of the
Culture of a New Guinea Tribe drawn from Three Points of View.* Stanford, CA: Stanford
University Press, 1936.

97 Bateson, G. & Mead M. *Balinese Character: A Photographic Analysis.* New York, NY: New
York Academy of Sciences, 1942.

사회집단은 자체 모순이 있는 언어 메시지를 받을 수 있다. 이 모순은 사회체계나 인간의 심리적 균형에 중대한 기능장애를 초래할 수 있다. 이는 문화적 모체의 기반을 구성하는 정신의 내적이고 무의식적인 구조에 영향을 미치기 때문이다. 따라서 베이트슨은 부모의 언어장애가 자녀들의 정신장애(특히 조현병)를 초래하는 원인이 될 수 있다는 가설을 발전시켰으며, 이를 완벽하게 검증했다. 언어의 논리적 구조를 침해하는 방식으로 수립된 명령(예를 들어, "나에게서 멀어져서 더 가까이 이동하라")을 받는 것이 반복해서 일어날 경우 심각한 심리적 질병으로 이어질 수 있다. 문법, 유의성, 지각 사이의 대응성이 산산이 깨져 버릴 것이기 때문이다.

이는 문화의 변용을 동반하면서 문화 수준에서 빈번히 나타나는 현상이 된다. 원시부족은 가치관, 의미의 현장, 사회적 규율에 따라 보다 높은 문화의 하나를 적극적으로 공격하며, 이는 토착 및 유입된 사회적 태도 모두의 기능이 실패하는 결과로 이어진다. 일반화하면, 일정한 경우에 원시사회 또는 전통사회에서 근대화를 가속화하게 되면 '이중구속'의 병리학적 체계가 만들어지게 되며, 사회적 병변으로 귀결된다고 말할 수 있다.

'단조로운 과정'(monotonous process)에 관한 베이트슨의 생각은 매우 중요하다. 그의 관점에서 보면, 이성은 '단조로움'(monotonicity)의 논리에서 기능한다. 성장으로 향하는 경향성을 인식하게 되면, 성장은 자동적으로 무한하게 연장되며, 기본적으로 현재의 성장이 미래에도 계속 유지될 것이라고 추측하게 된다. 반면에 생명의 법칙은 순환적이고 가역적이다. 어떤 순간에 성장은 끝나고 저감, 쇠퇴, 붕괴가 시작된다. 체제는 차례로 더 복잡해지기도 하고 더 단순해지기도 한다. 따라서 이성과 이성의 구조는 생명의 독특한 논리와 모순에 빠진다. 이것은 사회와 별개인 개인 또는 자연의 유형 모두에서 찾아볼 수 있다.

단조로운 과정에 대한 비판을 비롯하여 합리주의 원리와 생명에 관한 자연의 법칙을 종합하는 접근법을 구축하고자 했던 노력은 베이트슨의 이론이 가지는 중요한 장점이다.[98]

멜빌 헤르스코비츠: '기본인격'으로서의 미국 흑인

보아스의 또 다른 제자인 멜빌 헤르스코비츠(Melville Herskovits, 1895-1963)는 북부 아메리카와 중부 아메리카(카리브해 지역)의 흑인 문제를 중점적으로 연구했다. 헤르스코비츠는 미국 흑인 인구의 민족사회학적 특수성에 대한 최초의 철저한 재구성, 그들의 문화, 관습, 그리고 전형적인 사회적 특징에 대한 연구를 발전시켰다. 헤르스코비츠는 사회학적 인물의 표준으로서 흑인의 '기본인격'을 재창조하고 정확하게 기술하는 것을 목표로 했다.[99]

헤르스코비츠는 흑인 사회에 대한 연구라는 주제를 미국의 국경을 너머 아프리카 대륙에 있는 아프리카 사회 연구로 눈을 돌리면서 지속했다. 이 문제를 연구하면서 그는 경제인류학 분야에서 몇 가지 근본적인 발견을 얻을 수 있었다. 경제인류학(economic anthropology)은 민족 및 민족사회학적 현상과 경제 구조 및 경제적 관행의 상호 연관성을 가장 우

---

98 Bateson, G. *Mind and Nature: A Necessary Unity* (Advances in Systems Theory, Complexity, and the Human Sciences), New Jersey, NJ: Hampton Press, 1979.

99 Herskovits, M. J. *American Negro: A Study in Racial Crossing*, New York, NY: Alfred A. Knopf, 1928.

선해서 고려한다.[100]

미국과 중앙아메리카 국가들에서 나타나는 흑인 문제를 연구하면서 헤르스코비츠는 사회적 문화변용이라는 보다 일반적인 주제를 다루었다. 즉 어떤 사회(일반적으로 보다 복잡한 사회)가 다른 사회(일반적으로 보다 단순한 사회)에 미치는 영향으로, 토착 문화를 강제로 없애고 새로운 문화를 강요하는 현상에 대한 연구이다. 헤르스코비츠는 이 주제에 대해 별도의 연구를 진행하였으며, 다른 두 명의 저명한 민족사회학자인 랠프 린턴(Ralph Linton) 및 로버트 레드필드(Robert Redfield)와 함께 이에 대한 공동의 연구 결과를 내놓았다.[101, 102]

로버트 레드필드: 민속사회

헤르스코비츠와 린턴의 공동저자 로버트 레드필드(1897-1958)는 소규모 농업사회에 대한 기초연구를 통해 민족사회학에 기여한 바가 크다.[103] 레드필드는 모든 문화인류학자들과 마찬가지로 현장연구에 참여하였다. 특히 농촌 인구를 중심으로 멕시코의 문화를 연구하였다.[104]

레드필드의 사회학적 주요 연구 대상은 '농민 문화'(peasant culture)였

---

100 Herskovits, M. J. *Economic and The Human Factor in Changing Africa*. New York: Knopf, 1962; Herskovits, M. J. *The Man and His Works*. New York, NY: Alfred A. Knopf, 1948.

101 Herskovits, M. J. *Acculturation: The Study of Culture Contact*. Gloucester, MA: P. Smith, 1958.

102 Redfield, R., Linton R. & Herskovits M.J. *Memorandum for the Study of Acculturation* / American Anthropologist. 1936. Vol. 38. No. 1, p. 149 – 152.

103 Redfield, R. *The Little Community*. Chicago, IL: University of Chicago, 1956.

104 Redfield, R. *Tepoztlan, A Mexican village: A Study of Folk Life*. Chicago, IL: Chicago University Press, 1930.

다.[105] 레드필드는 '민속사회'(folk society)라는 중요 개념을 민족사회학에 도입했다. 민속사회의 정의는 민족에 대해서도 매우 적절하게 적용될 수 있다. 즉 이 두 개의 사회학적 범주에 등호를 붙여도 무방하다는 것이다.

레드필드는 민속사회를 다음과 같이 설명한다.

- 민속사회를 구성하는 사람들은 매우 닮았다.
- 그들의 관습과 습관은 동일하다.
- 민속사회의 구성원들은 모두 서로에 대한 소속감이 강하다.
- 민속사회는 작고 고립된 공동체로, 대부분 문맹인 경우가 많고, 동질적이며, 집단적 연대감이 강하다.
- 민속사회에는 거의 노동 분업이 없다(성별에 따른 분업 제외).
- 생산의 주체와 대상은 가족이다.
- 민속사회는 '성스러운 사회'(sacred society)로 정의할 수 있다.[106]

레드필드는 민속사회의 운명이 보다 복잡한 사회의 구축에 있다는 입장을 따른다. 그들은 고유의 고립된 지역에서 보존될 수 있고, 완전히 동화될 수 있으며, 끝없는 유랑을 떠날 수 있고(루마니아), 결국 노예가 되고 '2등 계급 나로드'(미국의 흑인)가 되어, 소작농, 부락민, 도시 하층민이 될

105 Redfield, R. *Peasant Society and Culture: An Anthropological Approach to Civilization*. Chicago, IL: University of Chicago Press, 1956.
106 Redfield, R. 'Die Folk-Gesellschaft' / Mulmann, W. & Muller, E. (ed.) *Kulturanthropologie*. Koln; Berlin: Kiepenheuer & Witsch, 1966, pp. 327-352.

수도 있으며, 신세계의 식민지 주민이 되기도 한다.[107]

폴 라딘: 트릭스터의 인물상

보아스의 또 다른 제자인 폴 라딘(Paul Radin, 1883-1953)의 연구 업적은 문화인류학에서 매우 큰 중요성을 가진다. 그는 북아메리카 원주민 부족에 대한 민족지학의 저명한 전문가로, 베스트셀러 『트릭스터: 아메리카 인디언의 신화에 대한 연구』(The Trickster: A Study in American-Indian Mythology)의 저자이기도 하다. 이 책의 서문은 스위스 정신분석학자 칼 융(Carl Jung)이 썼다.[108, 109] 라딘은 위네바고족(Winnebago)의 신화, 전통, 의식을 철저히 연구했으며, 이를 바탕으로 일반 유형을 재구성하여 가장 다양한 나로드의 신화들에 대응시켰다. 그리고 이를 **트릭스터**의 인물상 (the figure of the trickster)으로 설명했다.*트릭스터는 사기꾼이나 마술사 혹은 책략가 등으로 번역할 수 있지만, 여기에서는 민화나 신화에 등장해서 속임수나 장난으로 질서를 흐트러뜨리고 혼란을 초래하는 신화적인 캐릭터로 창조와 파괴를 동시에 도모하는 상반된 성격을 가진다. 우리에게는 도깨비가 가장 가깝다고 하겠지만 번역하지 않고 '트릭스터' 그대로 썼다.

트릭스터는 문화의 영웅으로 항상 행동이 모호한 것이 특징이다. 즉

107 Redfield, R. *The Primitive World and Its Transformations*. Cambridge, MA: Harvard University Press, 1953.

108 Radin, P. *Crashing Thunder: The Autobiography of an American Indian*. New York, NY; London: Appleton and Co., 1926.

109 Radin, P. *The Trickster: A Study in American-Indian Mythology*. London: Routledge & Kegan Paul, 1956.

선과 악, 진실과 거짓, 유익과 손상 등의 척도에 따라 명확하게 분류할 수 없다. 이는 매우 중요한 인물상인데, 분명한 인식의 수준과 사회적 발달이 차별화하여 분포하는 수준에 아직 이르지 못한 원시 상태의 사회에서도 그 속에서 사회 문화의 모체를 볼 수 있기 때문이다.

이 주제는 융의 관심을 끌었다. 융이 제시한 이론에서 집단적 무의식이 구조화된 도덕 체계에 선행하고 항상 그 자체로 양가적이라고 보았기 때문이다. 민족의 보다 더 깊은 구조가 양가적인 것처럼, 민족을 인격화한 것이 바로 라딘이 발견하고 개념화한 신화적 트릭스터인 것이다.

라딘은 단순한 사회의 철학과 종교에 관한 일련의 저작들도 발표했다.[110, 111]

미르체아 엘리아데: 영원한 복귀

루마니아의 역사학자 미르체아 엘리아데(Mircea Eliade, 1907-1986)는 생애 후반기를 미국에서 보냈으며 미국 사회학과 학문적 기풍에 큰 영향을 끼친 인물이다. 그는 문화인류학과 민족사회학에도 지대한 영향을 끼쳤다.

엘리아데는 초기의 저술에서도 원시사회와 전통사회, 그리고 근대의 사회 간에 근본적인 차이를 설명하는 것이 자신의 과제라고 말했다. 그는 고대와 현대의 종교, 사회, 문화를 연구했으며, 현대 서양문화를 유럽 고대 사회와 동양으로부터 구분하는 가장 중요한 표식을 찾기 위해 노력했다. 엘리아데는 전통사회가 문자문화와 고도로 분화된 합리성을 가지

110 Radin, P. *Primitive Man as Philosopher.* New York and London: D. Appleton and Company.
111 Radin, P. *Primitive Religion: Its Nature and Origin.* New York, NY: Dover, 1937.

고 있을 때에도 시간이 순환한다고 이해하는 모델을 따르고 사회와 우주의 대칭적 상동성을 지향한다는 결론에 도달했다. 반면 근대사회는 선형적이고 단방향성 시간 개념을 중심으로, 주체(문화)와 객체(자연)의 총체적 비대칭성 원리 위에 구축된다.[112] 그리하여 엘리아데는 사회 모델과 다양한 패러다임 간 관계의 구조를 정밀하게 만드는 기준을 개발했다.

엘리아데는 다양한 나로드의 신화를 연구하여 여러 저작들을 남겼으며, 무속 현상에 관한 그의 책은 고전으로 널리 인정받고 있다.[113, 114]

엘리아데의 핵심 주제는 '신성하다'(sacred)라는 개념으로 구성되어 있다(뒤르켐도 후기에 이 주제를 가장 중요하게 연구했다).[115] 민족이라는 단순한 사회들의 고유한 성격을 구성하는 것은 바로 이 요소이다. 신성함은 고대와 전통을 나타내는 근본적인 표식이다. 반면에 다른 한편으로, 세속성, 신성함의 소멸, 또는 (베버가 말한) '탈주술 세계'(disenchanted world)는 근대성의 본질을 구성한다. 동시에, 베버는 고대 사회와 민족을 올바르게 이해하기 위해 연구자는 '신성성에 대한 경험'을 인식하고 친숙해지는 것이 필요하다고 주장한다. 이 경험이 없다면 '원시'사회의 제도, 의식, 태도, 지위, 역할, 가치 등을 관찰하는 것이 타당하지 않을 수 있다고 말한다. 엘리아데도 보아스처럼 원시 민족들에게 마음을 열고 공감했다. 그

112 Eliade, M. *The Myth of the Eternal Return: Cosmos and History.* Princeton, NJ: Princeton University Press, 2005.

113 Eliade, M. *Aspect du mythe. Mircea Eliade. Coll. Idées.* Paris: Gallimard, 1995.

114 Eliade, M. *Shamanism: Archaic Techniques of Ecstasy.* Princeton, NJ: Princeton University Press, 1972.

115 Eliade, M. *The Sacred and the Profane: The Nature of Religion.* New York, NY: Harcourt, Brace & World, 1959.

리고 신성성에 대한 경험이 핵심적인 축이라고 믿었다. 이 경험이 있어야 고대 사회와 현대사회 간에 단순히 균형을 맞추는 것만이 아니라 고대사회와 현대사회를 비교했을 때 더 큰 가치와 생명력을 가지며 풍요롭게 만들 수 있다고 생각했던 것이다.

신진 학자 시절 엘리아데가 중세의 신학이나, 힌두교, 불교, 신비주의 등과 같은 정교하고 신비로운 신학에 무엇보다 큰 관심을 가졌다면, 중견 학자가 되었을 때 그는 가장 '원시적인' 사회들에 대한 연구에 모든 관심을 집중했다. 특히 복잡한 종교 체제에서 이성적이고 철학적인 세부 사항들이 거대하게 성장하여 신성성을 뒤덮어 버리게 되는데, 여기에서 신성성의 본질에 대한 핵심을 원시사회에서 찾을 수 있기를 기대했다. 엘리아데는 마지막 저서 『오스트레일리아의 종교들』(The Religions of Australia)에서 오세아니아 대륙의 원주민을 연구한 성과로 원주민 사회에서 나타나는 신성함의 구조를 상세히 다루고 있다.[116]

해럴드 가핑클: 민족방법론과 민족사회학

현대 사회학자 해럴드 가핑클(Harold Garfinkel)의 사회학 이론은 중대한 관심을 끈다. 가핑클의 이론은 '민족방법론'(Ethnomethodology)이라는 이름을 갖게 되었지만, 민족이나 민족사회학과는 아무런 관련이 없다. 그럼에도 가핑클의 이론은 그 자체로 매우 흥미로우며 철학적이고 현상학적인 방법의 관점에서 보면 주목할 만한 가치가 있다.

---

116 Eliade, M. *Australian Religions: An Introduction.* Ithaca, NY: Cornell University Press, 1973.

가핑클은 근본적인 철학 및 사회학적 질문을 제기한다. 소시움의 합리적 요소는 어디에 집중되어 있는가? 비인격적이고 공통적인 규칙들과 규범들인가? 아니면 개별 시민들이 가지는 특별한 이익인가? 사회적 이성이란 무엇인가? 공공의 도그마인가? 아니면 개개인의 행동을 위한 알고리즘인가?

사회학에서 두 개의 주된 학문적 전통은 이 질문에 정반대의 방식으로 답변한다. 뒤르켐과 그의 학파(그리고 고전사회학 전체)는 '집단의식'(collective consciousness)이 일차적이고 사회 그 자체는 합리성의 전달자라고 말한다. 이와는 달리, 베버와 '이해 사회학'(understanding sociology, 미국 고전사회학자 탈코트 파슨스를 포함)은 사회의 합리성의 원천은 개인이며, 이 개인은 할당된 삶의 시간 동안 자신의 이기적인 삶에서 최대한의 편익을 추구한다고 주장한다.[117]

가핑클은 이러한 질문에 대해 궁극적인 판단을 내리지 않는다. 그러나 그는 (슈츠의 사회학적 현상학의 정신에 입각하여) 보통 사람의 편에서 사회에 접근할 것을 제안한다. 그리고 구체적인 상황에서 개개인이나 또는 개별 집단의 합리적 행동, 평가, 단계, 결론의 연쇄사슬을 추적할 것을 제안한다. 그의 관점에서 보면, 합리성이란 개인이 단기적 문제를 해결하기 위한 최적의 경로를 모색하는 과정에서 현실 세계의 개인이 개발하는 것이다. 한 사회의 구성원 각각은 흐르는 시간 속에서 구체적인 특정 시점에 무엇인가를 원한다. 가핑클은 사회적 합리성이 이러한 욕구와 그에 대응

---

117 Garfinkel, H. *Ethnomethodology's Program: Working out Durkheim's Aphorism.* Lanham, MD: Rowman & Littlefield, 2002.

하는 행동으로부터 형성된다고 주장한다. 그리고 이러한 접근을 일컬어 '민족방법론'이라고 불렀다.[118]

여기에서 질문이 생긴다. 왜 가핑클은 그러한 용어를 선택했을까? 그에 대한 대답은 다음과 같다. 뒤르켐과 베버 모두의 고전사회학은 사회에서 지배적인 합리성이 상당히 분화되어 있고 '과학적'이라고 생각한다. 이것은 발달된 과학 문명을 가지고 주체(명제)와 객체(검증) 간 대응성을 수준 높게 반영하는 사회가 모델로 채택되었음을 의미한다. 말하자면, '합리성'(rationality)이라는 의미를 가지고 어떤 방식으로든 근대의 '과학적 합리성'을 이해했다고 할 수 있다. 그러나 가핑클은 이와 다른 합리성에 주목하고자 했다. 즉 평균적인 인간의 '작은 합리성'(small rationality)을 분석하고자 했다. 평균적인 사람은 자신과 세계의 관계에 대한 '과학적인' 분석의 필요성을 조금도 느끼지 않는다. 그리고 구체적인 상황에서 어떤 과제를 의식적으로 어떻게 실현할 것인지에 집중하면서 인식의 소유 가능성을 가지게 된다.[119] 현실에 존재하는 경험적 개인들로 구성된 사회, 그 개인들의 직접적인 희망과 열망을 충족해야 한다는 유일한 목적을 위해 구체적인 상황에 대하여 합리적으로 행동하는 사회, 그러한 사회를 가핑클은 '민족'이라고 불렀다. 가핑클에게 '민족'은 비과학적인 성질과 동의어이다. 구체적 개인들의 작은 합리성에 대한 연구(예를 들어 가핑클이 청년기에 참여했던 배심원들의 결정에 대한 사회학적 분석)

---

118 Garfinkel, H. *Studies in Ethnomethodology*. Englewood Cliffs, NJ: Prentice-Hall, 1967.

119 Garfinkel, H. *Seeing Sociologically: The Routine Grounds of Social Action*. Boulder, CO: Paradigm Publishers, 2006.

는 '민족'방법론의 본질이다.

가펑클은 자신의 사회학적 연구 방법을 (슈츠의 현상학적 사회학의 정신에 입각하여) 민족방법론이라고 명명했다. 그리고 민족을 비과학적이고 과학 이전의 사회 유형과 같은 것이라고 보았다. 그 자체로 이러한 주장은 전적으로 옳다. 왜냐하면 단순한 사회로서 근대의 과학적이고 합리적인 패러다임과는 접촉하지 않은 것이 정확히 민족이기 때문이다. 그러나 이 주장의 타당함은 여기에서 종결된다. 왜냐하면 과학적으로 합리적인 차원이 없다는 사실 외에도 민족은 다른 차원이 많이 있기 때문이다. 가펑클은 민족의 다른 차원에 대해서는 전혀 고려하지 않았다. 그는 과학적이고 '주제-객체'를 반영하는 성질을 가지지 않은 모든 것을, 마치 쓰레기통에 던져 넣듯, '민족'이라는 개념에 던져 넣어 버렸다. 그리고 '잔여'(residual) 원칙에 따라 사회학적으로 구성된 이 '쓰레기'에 과도하게 몰두했다.

민족의 복잡한 구조, 그것의 역동성, 변형, 그리고 내적 충돌 등을 잘 알고 있는 전문가라면 이러한 접근법은 매우 부적절하다고 생각할 것이다. 그러나 가펑클이 연구하고 있던 당시의 역사적 상황을 고려한다면, 모든 것이 달라진다. 가펑클 시대의 미국 사회에서는 과학적 합리성 혹은 보다 정확하게 합리성의 이념적이고 프로파간다적인 변형들이 매우 압도적으로 우세했으며 자명한 것으로 여겨졌다. 미국의 지식 엘리트만이 이용할 수 있었던 문화인류학자들의 권위 있는 저작들은 폐쇄된 학계에서만 접근할 수 있었다. 미국이나 유럽의 보통 사람들은 비록 과학 관련 소책자를 두세 권밖에 안 읽었다고 해도 스스로를 전적으로 '과학적'이라고 생각할 것이다. 그러나 가펑클은 '민족'방법론의 정신에 따라 완전히 합리적이지는 않은 개인들의 공동체인 '민족'에 이 보통 사람들이 속한다고 보았다. 이러한 이유로, '민족방법론'은 '민족'이라는 단어가 '단순함'을 의미한다는 점에서 사회에서 클리셰가 되었다. 즉 민족을 유기적이고 근원적인 것이 아니라 '잔여'이며, 또한 고도로 분화된 사회에 대한 거부를 나타내는 것으로 이해하며, 고도의 분화와 조응할 수 없는 파편일 뿐이라는 생각이다.

바꾸어 말하면, 근대성과 탈근대성의 사회에 대한 현상을 연구한 현대 사회학자로서 가핑클은 매우 흥미롭고 적절성을 가지지만, 그의 '민족' 방법론은 민족사회학과 전혀 관련이 없다.

매킴 매리어트: 오늘날 미국의 민족사회학

현대 미국에서 민족사회학을 가장 적절하게 대표하는 인물로 로버트 레드필드의 제자이자 추종자이며, 현재 미국의 인류학자이자 사회학자인 매킴 매리어트(McKim Marriott)를 들 수 있다. 그는 자신의 학문적 지향을 '민족사회학'이라고 주저없이 말했으며, 그가 이렇게 자기를 규정한 것은 전적으로 정당하다고 판단된다. 매리어트는 사회학적 방법으로 레드필드가 '민속사회'라고 불렀던 단순한 사회로서 민족을 연구하며, 보아스의 문화인류학 학파를 따르고 있기 때문이다(이러한 접근법만을 '민족사회학'이라고 이야기할 수 있어야 한다).

매리어트는 인도에서 개별 마을의 '민족' 수준에서 시작하여 인도 사회에 대한 구체적인 연구를 수행했으며, 이때 보아스의 문화 다원주의 개념을 적용했다. 그는 현장연구를 주도면밀하게 수행하면서 인도 사회의 구조를 이해하기 위해서는 유럽의 기준을 거부해야 한다는 결론에 도달했다. 그리고 지역의 주민들이 실제 일상 생활에서 사용하는 공식, 개념, 범주들로 바꾸어야 한다고 생각했다. 다시 말해, 그는 인도 사회는 오직 인도의 범주들을 사용해야만 적절하게 설명할 수 있다고 주장했으며, 그것도 가장 낮은 수준의 (구체적인 정체성) 구체적인 인도 민족 마을들과 정착촌들로부터 시작해야 한다고 말했다.[120, 121]

매리어트는 또한 훨씬 더 심각한 과제를 저작에서 다룬다. 그는 이러한 방법들을 비판적 철학의 분석 대상으로 삼을 것을 제안한다. 그리하여 이를 통해 서구 연구자들이 전체로서 비서구 사회를 연구해야 한다고 말한다. 그는 유럽적 인식의 특성이라 할 수 있는 이중적인 이분법을 추적한다. 인류학자와 사회학자는 사용하는 모델에서 연구 대상이 되는 민족들의 사회적 범주를 이분법에 따라 두 가지로 축소하고자 노력하기 때문이다. 이에 대해 매리어트는 대다수의 고대 문화들에서 이처럼 대립하는 이분법은 알려진 바가 없고, 문화가 작동하는 사회와 세계의 '지도'라는 것이 보다 복잡하고 디지털이 아닌 '아날로그' 구조물 위에 구축되어 있음을 보여 준다. 매리어트는 인류학과 민족사회학은 실제로 다극화되어야 하며, 서구 연구자들은 주체-관찰자의 지위가 유일하고 우선적이라는 주장을 자진해서 멈추어야 한다고 역설한다. 그리하여 연구 대상으로서 다른 사회의 입장에서 혹은 특별한 '메타 비교'의 입장에서 치우치지 않는 공평한 분석을 우선시하며 연구자 자신의 문화도 여기에 부속된

120 Mariott, M. (ed.) *India through Hindu Categories*. New Delhi/Newbury Park / London: Sage Publications, 1990.
121 Mariott, M. *The Female Family Core Explored Ethnosociologically* / Contributions to Indian Sociology, 1998.

것으로 볼 필요가 있다. 이렇듯 어떤 문화를 연구하는 동안 연구자와 그 연구자의 문화도 마찬가지로 분석의 대상이 되어야 하는 것이다.[122]

새로운 무대와 새로운 조건에서 인류학의 기본 도구들을 철학적으로 개편해야 한다는 매리어트의 메타-비교 구상은 문화인류학과 민족사회학의 근본적인 태도를 논리적인 한계에까지 이르도록 한다. 그리하여 보아스뿐만 아니라 헤르더까지 거슬러 올라간다.

로널드 인덴: 민족사회학에서 식민주의 클리셰의 붕괴를 위하여

미국 시카고대학교의 현대 민족사회학자인 로널드 인덴(Ronald Inden) 역시 동일한 생각을 가지고 연구했다. 인덴은 인도 전문가로서 벵갈어를 쓰는 인도의 민족집단을 연구했다.[123] 인도의 부족들에 대한 현장연구를 시작하면서, 인덴은 일련의 이론적 결론에 도달하게 되었다. 이 결론들은 서구의 인류학과 민족사회학이 다른 지역의 비서구 사회들을 연구할 때 사용하는 방법에 관한 것이었다. 그의 관점에서 보았을 때, 현실과는 별다른 관련이 없는 클리셰에 근거한 식민주의 접근법이 지금까지 인도 연구에서 지배적이었다. 인덴은 저서 『인도를 상상하다』(Imagining India)에서 매우 널리 퍼져 있는 서구의 클리셰를 체계적으로 정리하면서 이들 클리셰의 부적절성을 설명하고 있다.[124]

이에 그는 다음과 같은 것을 보여 준다.

---

122 Mariott, M. (ed.) *India through Hindu Categories.* New Delhi/Newbury Park / London: Sage Publications, 1990.

123 Inden, R. B. (ed.) *Kinship in Bengali Culture. Chicago,* IL: University of Chicago Press, 1977.

124 Inden, R. B. *Imagining India.* Oxford: Basil Blackwell, 1990.

- 서구 연구자들의 눈에는 인도 사회의 이미지가 '여성적'으로 보인다.
- 사회 구조는 엄격하게 '카스트'에 기반을 두고 있다.
- 전형적인 자연환경은 '정글'로 간주된다.
- 전형적인 정착촌은 '작은 마을'과 관련이 있다.
- 집단적 의식(意識)은 순전히 비이성적인 것으로 생각된다.
- 종교적 숭배가 지배적인 것으로 간주된다.
- 인도는 전체적으로 서양의 안티테제로 제시된다.

인덴은 이러한 주장들을 각각 신중하게 분리시키면서 다음과 같은 사실을 보여 준다.

- 인도의 젠더 시나리오는 '가부장적'인 것으로 설명하는 것이 더 정확할 것이다. 그러나, 규범적 남성성의 형태가 유럽에서 나타나는 것과 다르고, 인도인 집단과 유럽인 집단 사이에 다양한 변형과 미묘한 차이가 존재한다. 더구나 남부 인도 민족들 사이에서는 그 차이가 더욱 크다.
- 카스트 원칙은 정부 정책과 같은 공식적 차원에서 작동하지 않는다. 작은 사회집단과 민족집단 수준에서는 카스트 원칙을 완화하고 수정하는 다양한 형태가 존재한다. 따라서 '카스트 제도'의 지배성을 이야기하는 것은 명백한 과장이다.
- 인도의 자연환경은 매우 다양하다. 더구나 정글이 인도의 유일한 환경이 아닐 뿐만 아니라, 심지어 다른 것에 비해 현저하게 우세한 환경도 아니다.
- 오늘날 인도에는 마을들을 따라 현대의 거대 도시들이 함께 존재한다.

- 다양한 종류의 인도 철학은 서구 유럽의 합리주의와 질적으로 다르지만 합리주의의 정점이다. 그리고 현대 인도 사회에서는 근대와 탈근대를 포함한 가장 다양한 형태의 사상들을 만날 수 있다.
- 인도의 종교 지형은 매우 다양하여 이를 이해하기 위해서는 각별한 주의를 기울여야 한다. 인도 종교를 들여다보면 고대 원시적 형태도 있는 만큼, 또한 체계화되고 신학적으로 정교한 형태도 만날 수 있으며, 한 사회의 맥락 속에 있는 세속적인 사상도 함께 있다.
- 전반적으로, 인도와 인도의 사회는 서구 사회들과 현저하게 다르다. 인도는 유럽에 대한 직접적인 안티테제가 아니다. 오히려 이와는 반대로, 일부 세부 사항들에 있어서, 예를 들어 '높은 나'(āman)의 문제와 (māyā로서) 주변 세계에 대한 비판적인 태도를 중심으로 사고하는 것을 볼 때, 인도인들이 유럽의 개인주의와 철학적으로 매우 근접해 있다고 (형이상학적 전제에서 보면) 말할 수 있다.

인덴은 서구 연구자들이 비서구 사회에 대해 가지는 태도를 실질적으로 변화시키고, 지배적인 표준 패턴을 거부하며, 그들이 자신을 이해하는 것처럼 '타인'을 이해하는 법을 배울 필요가 있음을 증명한다.

인도에 대해 말한 모든 것은 서구가 아닌 다른 모든 사회에도 전적으로 적용된다. 따라서 새로운 국면에서 현대 미국의 민족사회학은 보아스와 독일 민족사회학의 초기 프로그램으로 방향을 전환하게 된다. 이 프로그램은 유럽중심주의를 거부할 것을 주장했으며, 연구자가 연구 대상이 되는 민족사회학적 체제에 철저하게 익숙해질 것을 요구했다.

미국 문화인류학의 개요

미국 문화인류학의 일반적인 경향을 요약해 보면, 우리는 민족사회학이라는 완성에 가까운 과학적 학문 프로그램을 갖게 된다. 이제 민족사회학은 학문 분야로서 근본적인 지점을 구분해 낸다. 보아스가 저작을 통해 제시했던 학문적 경향은 미국 문화인류학에서 과학적 학문 연구를 위한 토대였으며 현재도 그러하다.

학문으로서의 민족사회학은 보아스와 그 학파의 과학적 개념에 대한 근본적인 원리에 전체적으로 그리고 완전히 기초하고 있으며, 이는 20세기 미국 인류학의 모습을 형성하였다.

주요 항목들을 다시 한번 살펴보자.

- 모든 형태의 인종주의(생물학적, 진화론적, 기술적, 문화적 등)에 대한 철저한 거부
- 모든 유형의 사회(단순하고 복잡하며, 원시적이고 고도로 분화된 사회)가 서로 구별되는 평등성 인정
- 사회와 전체 현상에 대한 이해, 즉 그 사회 속에서 이루어질 때만 허용되는 판단
- 문화, 언어, 민족, 사회의 번역 불가능성(의미는 언어-의미론적 맥락에서 보존됨)

제3절
영국의 민족사회학, 사회인류학, 기능주의, 진화론

영국의 진화론

미국의 인류학과 마찬가지로, 영국 인류학도 처음에는 직선적 진화론에 기초하여 발전하였다. 특히 영국에서는 '정향진화'(定向進化, orthogenesis)라고 불리는 극단적인 형태의 진화론으로부터 발전했다. 여기에서 그리스어 어근 오르토(ὀρθός, ortho)는 '직진, 직선, 수직, 직립'의 뜻을 가지며, 게네시스(γένεσις, genesis)는 '기원'이라는 의미이다. 정향진화는 살아 있는 종의 진화가 명확하게 수립된 목표를 가지고 있으며, 단순한 것에서 복잡한 것으로의 방향으로 발전의 직선적 경로를 따른다고 주장한다. 정향진화를 사회에 투사해 보면, 사회다원주의의 주장과 유사하다는 것을 알게 된다. 즉 모든 사회는 고대의 원시적 형태로부터 근대성을 가진 오늘의 기술과 산업이 발달한 사회로 발전하는 방향을 따르게 된다는 것이다. 그러나 이러한 사회의 발전에서 그 속도는 각 사회마다 다르게 나타날 수 있다. 발전 속도는 자연적 특성이나 사회적 특성이 방해하거나 저해함으로써 발생하는 영향의 정도에 따라 결정되기 때문이다. 그럼에도 모든 사회가 단일한 방향으로 움직인다는 주장이 정향진화에서 나타난다.

이러한 정향진화에 기초한 접근법이 전통적으로 대다수의 영국 인류학자들과 사회학자들이 가진 특성이었다.

앞에서 우리는 진화에 대한 급진적 이해를 바탕으로 하여 '사회다윈주의'를 발전시킨 허버트 스펜서의 이론에 대해 살펴보았다. 19세기 말 영국의 다른 인류학자들과 사회학자들의 역사적, 사회학적 개념화도 이와 동일한 정신에 입각하여 정립되었다.

에드워드 타일러: 문화와 애니미즘의 진화론적 행로

문화에 대한 진화론적 이론의 창시자이자 고전적 저작『원시문화』(Primitive Culture)[125]의 저자인 에드워드 타일러(Edward Tylor, 1832-1917)는 진화론적 접근을 채택한 학자 중 한 명이다. 타일러는 모든 사회가 사회 제도와 교육 체계의 '완벽함'을 통해 발전한다고 생각했다. 낡은 제도, 관습, 그리고 종교적 신념들이 한 사회의 '진보'의 정도에 따라 소멸하게 되는데, 더 이상 사회에서 기능적인 중요성을 갖지 못함에 따라 이런 일이 일어난다고 보았다. 따라서, 타일러가 '유아적'이라고 불렀던 원시사회와 조응하는 모든 형태의 문화와 특히 종교는, 현대 사회에서 볼 때 현대적인 문화와 종교를 싹틔우는 씨앗일 뿐이거나 아니면 아예 그 중요성을 상실하게 된다.

타일러는 사회의 다양한 측면들(제도, 관습, 의식 등)의 발생론적 행로

---

125 Tylor, E.B. *Primitive Culture*. New York: Harper, 1958.

(genetic series)를 작성했다. 가장 단순한 '원시적'인 형태가 이들 각각의 기본에 존재했는데, 이들이 현 시대의 발전된 형태에 도달할 때까지 점차적으로 더 복잡해졌다. 타일러에 따르면, 진화의 알고리즘은 인간 행동의 바로 그 구조에 내재되어 있다. 이러한 이유로, 서로 다른 민족 집단들은 발전 과정에서 서로 독립적이기는 하지만 동일한 발전 단계를 거쳤다. 객관적이고 전적으로 구체적인 집단의 이익을 동력으로 삼아 사회는 다음 단계로 나아간다.

타일러는 역사적-발생론적 행로의 시작 지점으로서 고대 사회에서 종교적, 사회적, 정치적, 경제적 제도의 가장 작고 단순한 형태를 밝히기 위해 노력했다. 그리하여, 그는 종교 영역에서 '애니미즘'(animism) 이론에 도달하게 되었다. 말하자면, 인간을 둘러싼 세계가 '영혼'이나 '정신'으로 충만해 있으며, 세계는 이 '영혼'과 '정신'으로 인해 생명력을 갖는다는 모호하고 원시적인 개념을 일컫는다.[126]

제임스 조지 프레이저: 신성한 왕의 상징

제임스 조지 프레이저(James George Frazer, 1854-1941)는 영국의 저명한 고전 인류학자이다. 그도 진화론적 접근법을 공유했으며, 이에 '마술-종교-과학'의 일직선을 따라 발생론적 행로와 진화의 단계를 추적했다. 프레이저가 무엇보다도 관심을 끄는 것은, 저술을 통해 원시사회의 마술적이고 종교적인 아이디어와 관련한 방대한 자료를 제시하고 있다는 사실

---

126 Tylor, E.B. *Researches into the Early History of Mankind and the Development of Civilization.* London: J. Murray, 1865.

이다. 그의 유명한 저서 『황금가지』(The Golden Bough)[127]에 이러한 방법론적 분석이 제시되어 있다. 이 책에서 프레이저는 '연도의 왕'(Year-King) 또는 '숲의 왕'(Forest-King)과 연관된 수많은 고대 의식들을 연구했으며, 이 연구를 위해 세계 여러 민족들의 서로 다른 문화로부터 수집한 자료를 제시했다.

프레이저는 '신성한 왕'(sacred king)의 모습을 자세하게 설명하는데, 신성한 왕은 정치적인 기능을 하는 것이 아니라, 특정한 의식이나 제사를 수행하는 역할과 밀접하게 연결되어 있다. 예를 들면 기우제가 있다. 이런 신성한 왕의 모습은 로마, 그리스, 게르만 등 고대 유럽에서 찾아볼 수 있으며, 오늘날 아프리카, 아시아, 라틴 아메리카, 인도양 지역에 있는 원시 나로드에서도 나타난다. 고대 사회에서 중요한 역할을 수행하는 수많은 의식, 신화, 상징 및 사회 제도는 '신성한 왕권' 제도를 중심으로 구축된다.

프레이저는 의식과 마법적 신념 사이의 연관성을 밝히고자 했으며, 이전에 인류학자들이 막다른 길에서 멈추었던 민속 영역에서의 많은 수수께끼들을 설득력 있게 풀어냈다.

프레이저의 저서 『황금가지』는 프란시스 포드 코폴라 감독의 영화 〈지옥의 묵시록〉(Apocalypse Now)에 등장하기도 한다. 베트남 전쟁을 소재로 제작된 이 영화에서 『황금가지』의 핵심 주제인 '게르만 숲의 왕'이 묘사된다.

---

127 Frazer, J.G. *The Golden Bough: A Study in Magic and Religion.* London: Macmillan and Co, 1900.

뿐만 아니라, 프레이저는 또 다른 저서 『구약성서에서 민속』(Folklore in the Old Testament)[128]에서 성경의 고대적 층위에 대해 연구하고 이를 체계화했는데, 이 또한 중요하게 언급할 필요가 있다.

브로니슬라프 말리노프스키: 기능주의와 사회인류학

영국 인류학에서 전환점은 폴란드 이민자 브로니슬라프 말리노프스키(Bronisław Malinowski, 1884-1942)의 영향과 함께 일어났다. 프란츠 보아스가 미국 인류학의 전개 양상을 급격히 바꾸었던 것과 유사하게 말리노프스키는 영국 인류학 분야에 일대 변화를 몰고 온 인물이다. 대개 말리노프스키의 학파를 '사회인류학'(social anthropology)이라고 부르는 것이 관례지만, 이 학파가 가진 기본적인 매개변수에서 보면 투른발트와 뮐만의 독일 민족사회학 및 보아스와 그 제자들의 문화인류학과 사실상 동일하다고 할 수 있다.

말리노프스키는 진화론과 정향진화를 거부하고, 현장연구의 중요성을 주장했다. 이에 그는 '참여 관찰'(participant observation)이라는 개념을 제시하기도 했다. 그리고 사회를 설명하기 위한 의미 있는 형태로서 인종적 혹은 유전적 요인을 부정했으며, 진화론적 혹은 인종적 기반에 근거하여 사회를 위계화하는 것을 반대했다. 이렇게 볼 때, 그는 투른발트와 보아스의 학문적 프로그램과 실제로 유사한 입장에 서 있었다.

말리노프스키는 주로 태평양 지역과 멜라네시아를 중심으로 현장연

---

128 Frazer, J.G. *Folklore in the Old Testament: Studies in Comparative Religion Legend and Law*. London: Random House, 1968.

구를 수행했다. 그리고 그의 연구는 지구상 이 지역의 고대 사회에 대한 가장 권위 있는 연구로 오늘날까지 남아 있다.[129, 130]

말리노프스키는 자신의 방법을 일컬어 '기능주의'(functionalism)라고 불렀다. 말리노프스키는 어떠한 문화적이고 사회적인 현상(제사, 기호, 관습, 제도 등)도 본질적으로 그것이 가지는 기능을 중심으로 설명할 것을 제안하였다. 이는 형식, 명칭, 기원 등과 대조적으로 기능을 가장 우선해서 고려해야 한다는 뜻이다. 말리노프스키는 기능이 문화의 의미체계를 구성한다고 주장했다.[131]

말리노프스키에 따르면, 다양하게 존재하는 사회, 언어, 상징, 문화적 복합체 등은 진화론이 주장하는 것처럼 진화의 서로 다른 단계에 있기 때문이라고 이해해서는 안 된다. 또는 확산론자의 주장처럼 '문화 동심원'의 확산과 전파가 서로 복잡하게 얽히는 경로로 이해해서도 안 된다. 서로 다른 상황에서라면, 다양한 사회들이 동일한 도전에 대해 서로 다르게 반응할 것이라는 사실에서 이러한 주장이 나왔다. 만일 도전의 구조와 반응(기능)의 구조를 재정립한다면, 우리는 단절된 민족지학적인 자료들의 양을 상당히 줄이면서 연구 대상 사회들의 논리를 이해하게 될

129 Malinowski, B. *Argonauts of the Western Pacific: An Account of Native Enterprise and Adventure in the Archipelagoes of Melanesian New Guinea*. London: G. Routledge & Sons, 1922.

130 Malinowski, B. *The Sexual Life of Savages in North-Western Melanesia*. New York, NY: Halcyon House, 1929; Malinowski, B. *Coral Gardens and Their Magic: A Study of the Methods of Tilling the Soil and of Agricultural Rites in the Trobriand Islands*. New York, NY: American Book Co., 1935.

131 Malinowsky, B. A *Scientific Theory of Culture and Other Essays*. New York: Oxford University Press, 1960.

것이다. 말리노프스키는 이 원리를 원시 나로드들의 종교적 세계관 연구에 적용했다. 그리고 친족관계 연구의 영역도 동일하게 수행했다. 태평양 지역의 부족들, 특히 트로브리안드 제도(Trobriand Islands) 거주민들 사이에서 나타나는 성생활 및 친족관계 체계의 조직에 대한 연구 영역에서, 말리노프스키는 프로이트의 아이디어 중 일부를 활용하여 적용하기도 했다. 이렇듯 심리 분석을 사회인류학에 도입한 것이다.

말리노프스키는 인류학의 과제가 서구화와 서구의 지구적 지배라는 조건하에서 벌어지는 소멸로부터 인간 문화의 다양성을 구조하는 것이라고 생각했다. 문화변용의 과정으로 인해 고대의 나로드는 독립성을 잃게 되고, 이로 인해 언어적, 민족적, 문화적 풍부함을 박탈당하면서 인간성을 상실한다. 적어도 인류학자라면 이러한 다양성의 기억을 보존해야만 하며, 개별 민족사회의 가치와 고유성에 관심을 가지면서 이것이 파괴되는 것을 막기 위해 노력해야 한다.

앨프리드 래드클리프 브라운: 사회 구조

말리노프스키와 함께 영국 학자 앨프리드 래드클리프 브라운(Alfred Radcliffe-Brown, 1881-1955)은 사회인류학의 수립에 지대하게 기여했다. 그는 안다만 제도를 비롯하여 아프리카 사회들에서 민족지 자료들을 수집하였으며, 현장연구라는 탐험을 통해 수집한 자료들을 고전적 저작 『안다만 제도 사람들』(The Andaman Islanders), 『아프리카의 친족관계와 혼인의 체계』(African Systems of Kinship and Marriage) 등을 통해 발표했다.[132, 133]

말리노프스키와 마찬가지로 래드클리프 브라운은 진화론을 거부하고 사회적 기능에 대한 연구를 강조했다. 그는 뒤르켐의 사상으로부터도 상당한 영향을 받았으며, 사회학적 방법의 엄격한 기준을 민족과 고대 사회의 연구에 적용하는 것이 주요한 과제라고 제안했다. 동시에 그는 원시사회에 대한 어지럽게 많은 데이터를 체계화할 수 있도록 해 주는 기본적 조작법이자 비교 방법으로 구조적 비교(structural comparison) 또한 고려했다. 래드클리프 브라운은 민족지학과 사회학을 단단하게 결합하여 단일한 학문 분야인 민족사회학으로 묶어 냈다(그렇지만 이 용어를 직접 사용하지는 않았다).

래드클리프 브라운에 따르면, 사회적 관계가 모인 총합이 사회 구조를 구성하기에, 사회적 관계를 중심에 놓고 관심을 가져야 한다고 말했다.[134] '사회 구조'(social structure)의 개념은 사회인류학 전체에서 핵심이다. 사회 구조란 한 사회의 현실이자 현실을 나타내는 사회관계에 대한 연구, 관찰, 설명, 분석에 기초한 이론적 구조물이다. 모든 사회는 각기 특유의 사회 구조를 가지며, 사회 구조는 사회 내부의 변화에 종속된다. 그러나 사회 구조는 각 단계에서 어느 정도 변하지 않는 특징을 보존한다. 사회인류학의 과제는, 한 사회에서 나타나는 사회 구조의 변화를 추적하고, 어떤 사회 구조가 다른 사회 구조에 미치는 영향을 확인하며, 비교 방법에

132 Radcliffe-Brown, A.R. *The Andaman Islanders*. Cambridge: Cambridge University Press, 1922.
133 Radcliffe-Brown, A.R. & Forde D. (eds.) *African Systems of Kinship and Marriage*. Oxford: Oxford University Press, 1950.
134 Radcliffe-Brown, A.R. *Structure and Function in Primitive Society*. London: Cohen & West, 1952.

근거하여 사회 구조의 다양한 유형을 밝히는 것이다.[135]

마이어 포르테스: 아프리카 부족의 사회학

남아프리카에서 태어난 영국의 인류학자 마이어 포르테스(Meyer Fortes, 1906-1983)는 일관된 기능주의자였으며 브로니슬라프 말리노프스키의 연구를 계승했다. 그는 아프리카의 민족사회학에 헌신한 일련의 고전적 저작들에서 현대 민족학에서 수용된 아프리카 사회 분류법의 표준이 되는 구조적 모델을 개발했다.[136] 이들 중 가장 널리 알려진 것이 『서아프리카 종교에서의 오이디푸스와 욥』(Oedipus and Job in West African Religion)이다.[137]

포르테스는 고대 민족들에서 시간의 사회학 문제에 특별한 관심을 기울였다. 그는 고대 나로드의 시간적 패턴을 재구성했는데, 이것은 민족사회학의 고전이 되었다. 이 문제에 대한 연구는 『시간과 사회 구조』(Time and Social Structure)라는 저서를 통해 출판되었다.[138]

다른 모든 사회인류학자들과 마찬가지로, 포르테스는 비인격적이고 초개인적인 패러다임이 사회의 개별 구성원들의 행동을 미리 결정하고 계속해서 재생산되면서 사회의 구조를 지배한다고 확신했다. 그리고 '스

---

135 Radcliffe-Brown, A.R. *Method in Social Anthropology*. Chicago, IL: University of Chicago Press, 1958.

136 Fortes, M. & Evans-Pritchard E. E. (eds.) *African Political Systems*. London & New York: International African Institute, 1940.

137 Fortes, M. *Oedipus and Job in West African Religion*. New York, NY: Cambridge University Press, 1959.

138 Fortes, M. *Time and Social Structure and Other Essays*. London: Athlone, 1970.

스로 좁혀드는 시간'(time close in on itself)이라는 모델을 통해서도 이런 현상이 나타난다고 보았다.

에드워드 에반 에반스 프리처드: 문화의 번역

또 다른 유명한 영국의 사회인류학자 에드워드 에반 에반스 프리처드(Edward Evan Evans-Pritchard, 1902-1973)는 아프리카 연구를 위해 포르테스와 긴밀히 협력했다. 그들은 함께 고전적 저작인『아프리카의 정치체제』(African Political Systems)를 출판했다.[139] 에반스 프리처드의 일련의 모든 저작들은 아프리카 민족들에 관한 연구였다. 여기에서 그는 기능주의적이고 구조주의적인 접근법의 효용성을 잘 보여 주었다.[140] 또한 그는 민족생태학(ethno-ecology)에도 많은 관심을 가졌다. 에반스 프리처드는 유럽인들에게 이국적이고 낯설게 보이는 여러 데이터로부터 비교의 방법을 사용하여 유형들을 체계적이고 명료하게 개념화하고 분류하는 작업을 수행했다.[141] 그는 아프리카 종교의 원시적 구조를 설명하

---

139 Fortes, M. & Evans-Pritchard E. E. (eds.) *African Political Systems*. Oxford: Oxford University Press, 1950.

140 Evans-Pritchard, E. E. *Witchcraft, Oracles and Magic among the Azande*. Oxford: Oxford University Press, 1937; Evans-Pritchard, E. E. *The Nuer: A Description of the Modes of Livelihood and Political Institutions of a Nilotic People*. Oxford: Oxford University Press 1940; Evans-Pritchard, E. E. *Kinship and Marriage among the Nuer*. Oxford: Clarendon Press, 1951; Evans-Pritchard, E. E. *Man and Woman among the Azande*. London: Faber and Faber, 1974.22.

141 Evans-Pritchard, E. E. *The Comparative Method in Social Anthropology*. London: Athlone Press, 1963.

는 유사한 연구도 수행했다.[142]

에반스 프리처드는 사회인류학이 자연과학의 영역에 속하는지에 대해 의구심을 품으면서, 대신 역사학적 인문학, 또는 슐라이어마허(Schlei-ermacher)를 따랐던 독일 철학자 딜타이(Dilthey)가 '정신과학'(Geisteswis-senschaften)이라고 불렀던 것으로 보는 것이 타당하다고 제안했다. 에반스 프리처드는 고대 사회들 사이에서 종교의 기원과 이를 해석하는 이론이 연구자의 종교적 입장에 따라 상당히 좌우된다는 사실도 지적했다. 만일 연구자가 무신론자라면 종교를 심리적, 실용적, 또는 사회학적으로 해석하는 경향이 있을 것이다. 혹은 연구자가 신자라면 고대 종교 전통에서 철학적 측면과 세계와 인간을 이해하는 형태에 더 큰 관심을 기울일 것이다. 더욱이 에반스 프리처드는 (보아스의 생각에 입각하여) 인류학자가 가진 자기 문화로 인해 그가 연구하고 있는 문화에 대한 설명이 완전히 왜곡할 수도 있다는 점을 강조하면서, 그렇게 되면 현실과는 전혀 공통점이 없는 동기, 충동, 의미 들의 원인을 사람과 집단에서 찾을 수 있다고 생각하는 잘못을 범할 수 있다고 보았다.

말년에 에반스 프리처드는 말리노프스키와 래드클리프 브라운의 고전적 기능주의로부터 다소 발을 빼면서 '문화의 번역'(translation of cultures)이라는 문제에 관심을 집중하였다. 이에 확산주의에 대한 이 학파의 전반적으로 부정적인 태도를 다시 생각하게 되었다. '문화의 번역'이라는 개념은 '문화서클 이론'의 온건하고 현대적인 형태라고 생각할 수 있다.

---

142 Evans-Pritchard, E. E. *Theories of Primitive Religion*. Oxford: Clarendon, 1965.

맥스 글럭먼: 사회적 역동성

영국의 저명한 인류학자 맥스 글럭먼(Max Gluckman, 1911-1975)은 포르테스처럼 남아프리카공화국에서 출생했다. 그는 포르테스 및 에반스 프리처드와 동일한 입장에서 연구활동을 수행했으며, 사회인류학의 맨체스터 학파에서 핵심 인물이었다. 포르테스가 이 학파의 기반을 마련했다면, 글럭먼은 이론을 더욱 발전시키면서 체계화하고 최종적 완성을 이루었다.

글럭먼은 아프리카 민족에 대한 전문가였다. 그는 연구를 통해 아프리카 민족의 법적 전통, 관습과 법의 연관성, 그리고 그들의 의식과 제사의 법적 중요성을 강조했다. 이러한 주제들에 대한 그의 연구는 저서 『아프리카의 관습과 갈등』(Custom and Conflict in Africa), 『부족 아프리카의 질서와 반란』(Order and Rebellion in Tribal Africa), 『부족사회의 정치, 법, 의식』(Politics, Law, and Ritual in Tribal Society) 등을 통해 알 수 있다.[143, 144, 145] 이론 영역에서 글럭먼의 업적은 기능주의와 구조주의를 한 단계 발전시킨 것으로 평가할 수 있다. 기능주의와 구조주의는 사회인류학의 전체적인 특징으로, 역동적인 요소와 사회적 역동성 모델의 구조를 보다 상세하게 설명했다는 점에서 글럭먼이 이룬 성과라고 하겠다.

---

143 Gluckman, M. *Custom and Conflict in Africa*. Oxford: Blackwell, 1966.
144 Gluckman, M. *Order and Rebellion in Tribal Africa*. M. London: Cohen and. West, 1963.
145 Gluckman, M. *Politics, Law and Ritual in Tribal Society*. New York, NY: Mentor, 1968.

에드먼드 리치: 굼사/굼라오

에드먼드 리치(Edmund Leach, 1910-1989)는 영국의 뛰어난 인류학자로 말리노프스키의 이론으로부터 큰 영향을 받았다. 그러나 이후에 기능주의의 기본적인 요소들을 다시 생각해야 한다는 결단을 내렸다.

리치는 주로 버마, 스리랑카, 실론의 고대 민족들을 연구했다. 그들의 법체제와 정치체제를 비롯하여 사회 계층화를 조사했다.[146] 두 마을에 거주하는 사람들에 대한 연구 사례에 근거하여, 리치는 모든 사회가 평등으로 나아가는 경향이 있다는 기능주의 이론에 대한 비판을 제기했다. 기능주의와는 달리, 리치는 사회 패턴이 계속해서 동요함에 따라 '불안정한 균형'을 끊임없이 보여 주는 것이 사회체제라는 사실을 사례를 통해 보여 주었다. 이 이론을 일컬어 '굼사/굼라오 모델'(the model of gumsa/gumlao)이라고 불렀다.[147]

서로 멀지 않은 위치에서 미얀마 변방에 거주하는 고대 카친족의 두 집단은 명백한 특성을 나타내는 두 개의 각기 다른 정치 조직의 사회적 모델을 가지고 있었다. 굼사(gumsa)는 카스트와 같은 계급적 특성과 귀족정을 표현하는 특별한 언어를 가지면서 철저히 위계적이고 가부장적인 체제였다. 이와 달리 굼라오(gumlao)는 사회 계층화의 모습은 찾아볼 수 없었고 철저히 평등한 체제를 가지고 있었다. 이 두 집단의 관계를 연구하면서 리치는 이들 체제가 정태적인 것이 아니라 지속적인 역동성을 내

---

146 Leach, Edmund R. *Pul Eliya Village in Ceylon: A Study of Land Tenure and Kinship.* New York, NY: Cambridge University Press, 1961.

147 Leach, E. R. *Political Systems of Highland Burma: A Study of Kachin Social Structure.* Boston, MA: Beacon Press, 1965.

재하고 있음을 밝히고, 두 체제 모두 각기 다른 이유로 역동성이 발생하는 것을 보여 주었다. 굼사의 '봉건적인' 체제는 파괴적 요소들의 공격을 지속적으로 받고 있는 상태로, 이에 권력을 확장하고 사회적 조화를 꾀하기보다는 억누르기 위해 노력했다. 반면 굼라오의 평등주의 체제는 혼란스럽고 무질서한 조직성으로부터 연유하는 반복된 위기로부터 고통을 겪었다. 리치의 결론에 따르면, 두 체제 중 어느 것도 경직되어 있거나 평형 상태를 유지하지도 않았다. 오히려 두 체제 모두 지속적으로 수정되었는데, 내부적 원인과 역사적 원인의 영향 아래에서 사회 질서의 바람직한 변화를 추구했지만 결과적으로 정반대의 모습이 되었다.

이 개념은 사회현상의 '가역성'을 보여 주는 것으로, 이러한 의미에서 엄밀한 민족사회학적 접근법에 전적으로 포함된다.

다른 한편으로, 리치는 기능주의를 비판적으로 재고하는 과정에서, 관심의 대상을 민족에 소속된 개인과 개인의 행동에 둘 것을 제안한다. 리치는 이것이 사회적 역동성을 위해 필요하다고 말한다.[148] 이것은 뒤르켐주의의 사회학, 문화인류학, 사회인류학, 민족사회학과 본질적으로 상반되는 주장이다. 오히려 고대 사회에 대한 서구의 개인주의적 입장을 직접 제시한 것으로 보인다. 마지막이자 가장 논쟁적인 리치의 결론에서 우리는 잘못된 상황에서 적용된 민족사회학의 도구주의적 접근법을 취하려는 모습을 볼 수 있다.

리치의 개념에서 포스트모던 이론의 전조를 보게 된다. 특히 사회적

---

148 Leach, E. R, *Rethinking Anthropology*. London: Athlone, 1961.

행위의 구조를 분석하는 것으로, '망의 사회학'(sociology of nets)과 '소행위자(개인)의 합리적 선택 이론'(theory of the rational choice of the little actor)을 보면 그렇다.

리치는 클로드 레비스트로스의 이론을 비판하고 친족관계와 관련하여 대안 이론을 제시한 것으로도 유명하다.[149]

어네스트 겔너: 아그라리아에서 인더스트리아까지

철학자 어네스트 겔너(Ernest Gellner, 1925-1995)는 인류학, 사회학, 철학의 방법을 결합하여 연구를 진행했다. 그리하여 민족사회학적 지식의 전체 구조에서 매우 중요한 결론에 도달했다. 겔너의 연구 성과는 특별히 관심을 가질 가치가 있다.

겔너는 북아프리카에서 현장연구를 수행했으며 특별히 이슬람 사회를 전문적으로 다루었다.[150] 그는 케임브리지대학교에서 인류학과의 학과장을 맡았으며, 런던경제대학에서는 철학과 학과장을 맡았다.

겔너는 철학 저술 『말과 사물』(Words and Things)의 저자로, 여기에서 그는 루트비히 비트겐슈타인(Ludwig Wittgenstein)을 맹렬하게 비판했다. 비트겐슈타인은 담론이 일어나는 사회의 '언어게임'(language games)으로부터 '의미'가 생겨난다고 생각했다.[151, 152] 겔너는 저서 『쟁기, 검, 그리고 책: 인류 역사의 구조』(Plough, Sword, and Book: The Structure of Human

---

149 Leach, E. R. *Lévi-Strauss*. London: Fontana/Collins, 1970.

150 Gellner, Ernest. *Saints of the Atlas*. London: Weidenfeld and Nicholson, 1969.

151 Gellner, E. *Words and Things*. London: Gollancz, 1959.

152 Wittgenstein, L. *Philosophische Untersuchungen*. Frankfurt am Main: Suhrkamp, 2001.

History)에서 나름의 역사적 과정에 대한 비전을 내놓았다. 그는 역사적 과정에서 세 개의 사회 형태가 구분된다고 보았다. 여기에는 사냥과 채집의 사회, 농경 사회 아그라리아(Agraria), 그리고 산업 사회 인더스트리아(Industria)가 있다.[153] 사회의 각 유형에는 그 유형만의 사회학적 패러다임, 문화의 유형, 의미와 가치의 집합, 동기와 인류학적 특성 등이 대응된다. 겔너는 인지, 강요, 생산이라는 세 가지 기본 분류 기준을 제시한다. 이 세 가지 기준은 다양한 관계 속에서 서로 직접 연결되면서 단일한 매트릭스를 만들어 내며, 이 매트릭스의 모든 매개변수가 사회마다 변화한다.

겔너 접근법이 가지는 특유의 성격은 그가 사회들 간의 불연속성을 강조하고 있다는 사실로 구성된다. 이에 겔너는 엄격하게 구별되는 사회학적 개념들로 이 사회들을 고려할 수 있게 되는 것이다. 더욱이 겔너는 자신이 직접 구분한 사회의 이념형 모델로, '아그라리아'에서 '인더스트리리아'로 이행하는 단계에 특별한 관심을 가지고 있다.

겔너의 역사관은 진화론적이지는 않다. 그러나 사회인류학과 문화인류학의 기능주의적 접근이 가지는 상대주의를 공유하지도 않는다. '보편적인' 방법론은 사회의 다른 유형들이 주관적으로 이해하고 그리하여 편견을 가지게 되는 것을 분명하고 객관적으로 반영할 수 있는데, 이러한 보편적인 방법론의 위상이 계몽주의 시대와 계몽주의적 학문과 과학으로 인한 것이라고 겔너는 생각했다. 겔너의 저서에서 나타나는 스타일은 이념

---

153 Gellner, E. *Plough, Sword and Book: The Structure of Human History*. London: Collins Harvill, 1988.

적이고 공격적이지만 매우 명확하다. 겔너는 소련에 대한 강력한 반대자였고, 유명한 미국 투자자인 조지 소로스(George Soros)가 설립한 중앙-유럽대학교(Central-European University)에서 말년까지 교수로 지냈다.

겔너는 민족사회학의 구성주의적 접근법의 창시자이자 국민주의*대체로 '민족주의'라고 쓰지만, 이 책에서는 용어의 일관성을 위해 '국민주의'로 함. 연구의 영역에서 논쟁의 여지 없이 권위자라고 평가하는 것은 결코 헛됨이 없을 것이다. 국민주의 문제에 대한 그의 대표 저작이자 고전으로 『국민과 국민주의』(Nations and Nationalism)가 있다.[154]

겔너의 핵심적인 주장은, '국민'이라는 현상이 산업사회의 부산물이며, 중세 왕정의 계급 기반 레짐(경제 영역에서 농민이 지배적인 위치에 있음)이 붕괴한 이후 의회 민주주의하에서 정치적, 사회적 구조를 규제하기 위하여 부르주아 계급이 인위적으로 만들어 낸 것이라는 점이다. 겔너는 '국민'이라는 개념이 근대 시기에 나타났음을 보여 준다. 근대를 이루는 환경적 변화로서 산업 생산의 급속한 발전, 도시 역할의 강화, 근대 과학적 아이디어의 확산, 인간의 세속화, 합리성으로의 이행 등은 산업사회의 특성이다.[155] 산업사회의 조건하에서, 계급이 아닌 개인의 정체성을 기반으로 하는 사회적, 정치적 인류학의 새로운 모델이 형성되었다. 이러한 개인의 정체성은 사회에서 점점 더 많은 층들을 덮었으며 민주주의의 정치 규범이 되었다. 이와 동시에 계급통치의 메커니즘이 붕괴되었으며, 사

---

154 Gellner, E. *Nations and Nationalism*. Oxford: Blackwell Press, 1983.

155 Gellner, E. 'L'avvento del nazionalismo, e la sua interpretazione. I miti delta nazione e della classe' / Anderson P. (ed.) *Storia d'Europa*. Turin: Einaudi, 1993.

회가 원자화되기 시작했다.

부르주아는 혼란이 확산되는 것을 억제하고 질서를 보존하며 원자화된 대중을 동원하기 위해 정치적 도구로서 국민과 국민국가를 만들어 낸 것이다. 이를 통해 시민사회의 분산을 억제하고 집단 정체성을 대리할 수 있도록 했다. 이처럼 인위적이고 정치적으로 강요된 것이 국민과 국민국가였다. 겔너는 '국민주의'가 그 자체로는 중립적인 현상이라고 생각했다. 그러나 국민주의는 부르주아에게 유용한 도구로 기능했다고 보았다. 즉, 새로운 형태의 정치권력의 공고화, 필수적인 경제적 개혁의 실행, 사회적 상호작용, 그리고 대중의 의식이 국민을 공고화하는 방법이 될 수 있도록 역사적 조건에서 역할을 했다고 생각했다.

동시에, 겔너는 '국민'과 '국민주의'의 기저에는 다른 사회학적 모델에 속하는 현대 유럽 부르주아 국민들과 고대 민족 및 나로드의 허구적 계보를 만들어 놓은 고의적인 거짓된 생각이 존재함을 보여 준다. 국민은 민족과 아무런 관련이 없다. 국민은 서로 다른 사회적, 역사적 조건하에서 그리고 서로 다른 알고리즘에 따라 만들어진 것이다.

국민과 중세 인구의 대다수를 대표하는 농촌 사회 간의 차이, 즉 '인더스트리아'와 '아그라리아' 간의 차이는 문자 문화와 언어에 대한 관계로 구성된다. '아그라리아'에서 책을 읽고 쓰는 능력은 오직 상위 계층의 특권이었다. 반면 대중은 구어를 통해 지식을 전달하는 조건 속에서 살았다. 이 때문에 '아그라리아'에는 귀족층만의 보편적 언어인 '코이네' (koine)가 존재한다. 예를 들면 중세시대 서유럽의 라틴어가 있다. 그리고 촌락 지역에 고유한 민족 언어와 방언이 다양하게 함께 존재한다. 이와는 달리 '인더스트리아'에서는 교육이 전 국민을 대상으로 하고, 인공 언어가 만들어지며, 지식이 사회의 모든 구성원에게 필수불가결한 것이 된다. 겔너는 이 언어를 '방언'(idiom)이라고 부른다.[156]

다민족 계급 정부에 기초하여 국가의 형성을 분석한 겔너의 논의는 매우 중요하다. 이러한 정부들에서는 두 가지 유형의 사회적 장벽이 존재했다. 하나는 계급 간, 즉 귀족과 평민 간의 장벽이었고, 다른 하나는 정착지 간의 영토적 장벽이었다. 동시에 경제적 요인에 따른 노동 분업은 그다지 크지 않았다. '인더스트리아'로 이행함에 따라 사회는 동질화되는 동시에 직업에 따라 분화된다. 직업에 대해서 말하자면, 이는 경제적인 요소와 긴밀하게 엮여 있으며, 계급 분화의 시작을 초래한다. 즉 경제적 원칙을 바탕으로 사회적 계층화가 나타나는 것이다. 정확히 이 지점에서 국민와 국민주의 현상이 발생한다.[157] 더욱이 겔너는 이 국면 이행의 과정에서 나타나는 사회의 쇠락와 재구성의 과정을 다시 구축하는데, 이는 그가 '메갈로마니아'(Megalomania)와 '루리타니아'(Ruritania)라고 칭했던 두 가지 유형의 국민주의 정부의 오래된 경계 내에서 발견된다.

메갈로마니아는 산업화 이전 정부에서 지배적이었던 문화에 기반을 둔 국민의 형성을 말한다. 메갈로마니아에서는 엘리트의 문화와 언어가 근본으로 채택되고 제3의 계급의 이익에 맞추어 다시 가공된다. 그러나 그에 수반되는 국민과 국민주의의 형성은 산업화 이전 유형의 주변 지역들에 타격을 준다. 주변 지역은 종종 중심부의 문화와 사회적으로 그리고 민족적으로 다르기 때문이다. 그리하여 루리타니아 현상이 출현하

156 Gellner, E. *Culture, Identity, and Politics.* Cambridge: Cambridge University Press, 1987.
157 Gellner, E. *Encounters with Nationalism.* Oxford (UK) and Cambridge, MA: Blackwell, 1994.

게 된다. 즉 적극적으로 국민국가를 형성하는 '농촌' 주변부가 나타나는데, 이에 대항 프로젝트를 주창하고 대항국민을 창조하고자 노력한다. 예를 들면 새로운 국민국가의 구성을 선택하기도 한다. 그리하여 '작은 국민주의'(small nationalism)로서 루리타니아는 '큰 국민주의'(big nationalism) 메갈로마니아와 반대된다. 이는 많은 사례에서 분명히 나타난다. 특히 오스트리아-헝가리 제국은 정확히 이 분계선을 따라 분열되는 운명을 겪은 사례다. 오스트리아는 메갈로니아로서 국민을 만들었고, 헝가리, 유고슬라비아, 체코슬로바키아, 루마니아에서는 이에 상응하는 대항 프로젝트로서 루리타니아가 되었다. '큰 국민주의'와 '작은 국민주의'는 모두 '인더스트리아'로 이행하는 과정에서 나타난다. 말하자면, 이들은 부르주아 개혁 및 사회의 기본 패러다임의 변화와 연결되어 있으며, 지식엘리트와 경제엘리트가 주도하는 인위적인 과정이다. 모든 경우에, '국민'은 빈 공간에 '개념적으로' 창조되는 인공적인 구성물이다.

민족사회학은 기본적인 특징에서 이러한 분석을 받아들인다. 그리고 이 분석은 국민과 국민주의의 분석 및 이에 상응하는 현상의 분석을 위한 중심적인 개념 도구이다.

베네딕트 앤더슨: 상상된 공동체로서 국민

민족사회학자 베네딕트 앤더슨(Benedict Anderson)은 국민이라는 현상을 이해하기 위해 구성주의적 방법을 계속해서 사용하였다. 그의 저서 『상상된 공동체: 국민주의의 기원과 확산에 대한 성찰』(Imagined Communities: Reflections on the Origin and Spread of Nationalism)은 구성주의적 접근법의 기본 조항들을 (제목에서도) 요약하고 있는 권위 있는 연구 성과가

되었다.[158]

앤더슨은 인도네시아의 민족들을 민족지학적 사례로 선택했으며, 그는 민족사회학적 관점에서 이 사례들을 철저히 연구하였다.[159]

겔너를 비롯한 다른 모든 구성주의자('모더니스트')들과 마찬가지로 앤더슨은 국민과 국민주의 현상이 부르주아의 발명이라고 보고 있으며, 이를 책의 인쇄와 직접 연결시킨다. 인쇄술로 인해 '방언'(idiom, 국민 언어)을 전체 사회적 범위에서 교육하기 위한 전제조건이 만들어졌다는 것이다. 이에 앤더슨은 '인쇄 자본주의'(print capitalism)라는 용어를 소개한다. 이를 통해 농업에 기반한 계급적 삶의 방식에서 국민의 삶으로 국면 이행을 진행하기 위해 서적 인쇄술이 가지는 핵심적인 중요성을 강조한다.

앤더슨은 국민을 '상상된 공동체'(imagined communities)라고 불렀다. 그리고 "무엇이 최초로 국민을 상상했는가?"라는 질문을 던진다. 이에 그는 역사적인 해답을 제시한다. 그의 관점에서 보면, 국민은 유럽에서 최초로 나타난 것이 아니다. 오히려 유럽의 식민지에서 먼저 등장했다. 미국과 남아프리카의 몇몇 정부에서 국민이 처음으로 출현하는 것을 발견할 수 있다. 그리고 그때 비로소 국민이라는 모델에 맞추어 사회를 조직하는 유형이 구세계에서 발생했다. 구세계는 대서양 건너편의 식민지

158 Anderson, B. *Imagined Communities: Reflections on the Origin and Spread of Nationalism*. London and New York: Verso, 1991.

159 Anderson, B. *Language and Power: Exploring Political Cultures in Indonesia*. Ithaca, NY: Cornell University Press, 1990; Ibid. *Language and Power: Exploring Political Cultures in Indonesia*. Ithaca, NY: Cornell University Press, 1990.

에서 나타난 사회정치적 과정을 모방했던 것이다.[160]

존 브로일리: 국가의 자율성

겔너의 또 다른 추종자로 존 브로일리(John Breuilly)가 있다. 그는 런던 정치경제대학의 역사학자이자 민족사회학자로 역시 구성주의 접근법을 따르는 학자였다. 브로일리는 국민주의가 근대 시기의 첫 단계에서 발달하기 시작했다고 본다. 근대화와 함께 점점 제3계급에 의존하게 되었던 절대 왕정과 주변부 대중 사이에 커져 버린 소외를 보상하기 위하여 처음부터 국민주의가 필요했다. 그리하여 경제 및 기술의 근대화로 인하여 과거의 관습적인 농경 생활의 주기로부터 벗어나야 했기에 국민주의가 나타난 것이다.[161]

전통적인 삶의 방식이 변화하고, 기독교적 가치관과 계급에 기초한 질서가 붕괴함에 따라 그 결과 소외가 발생했다. 절대주의는 신성하게 여겨졌지만 그 중요성을 상실했고, 농촌 대중이 보아도 더 이상 합법적인 것으로 받아들이기 어려웠다. 프랑스혁명이 일어났을 때, 상황은 극단적인 형태로 나타났다. 사회적 혁신은 보상 및 동원 전략을 요구했기 때문이다. 이 때문에 자코뱅과 같은 극단적 국민주의가 출현했다.

브로일리는 국민주의 및 국민이 민족문화적 유형과 관련된다는 주장을 거부한다. 반면 이러한 현상은 전적으로 국민주의를 떠받드는 정부와

---

160 Anderson, B. Imagined Communities: Reflections on the Origin and Spread of Nationalism. Op. cit.

161 Breuilly, J. *Nationalism and the State*. Manchester: Manchester University Press, 1993.

지식인층의 정치적 요구로 인해 구축된 것이라고 생각한다.[162]

엘리 케두리: 국민주의 근절

현대 구성주의자들 중에서, 엘리 케두리(Elie Kedourie 1926-1992)를 주목할 가치가 있다. 그는 이라크에서 출생하였으며, 또한 전통적인 인도계 가족의 일원이었다. 그는 국민주의에 대해 매우 비판적인 관점을 제시함으로써 근본적인 차별점을 보여 준다. 그는 국민주의가 낙담한 잉여인간들(marginals)이 만들어 낸 것이라고 생각했다. 잉여인간들은 철학적 연구와 민속 연구에 기초하여 유토피아적 프로젝트를 정교화하면서 '나로드의 삶'이라는 이상적인 모습을 재창조했다. 그리고 보다 나은, 혹은 보다 '계몽적인' 사회의 건설을 위한 모델로 나로드의 삶을 채택해야 한다고 생각했다.

케두리는 영국의 아랍 정책에 대해 다음과 같이 설명한다. 영국은 아랍에 영향력을 행사할 당시에 아랍 민주주의에 일종의 베팅을 했다. 그래서 매우 느리게 작동하는 지뢰를 그 지역에 깔아 놓았던 것이다. 영국은 계몽주의와 인본주의적 가치를 기반으로 이 지역을 통제하기보다는 제국주의적 통제의 방패하에 두었고, 암흑의 근본주의적 열정이 집어삼킬 수 있도록 길을 내 주었다.

케두리는 국민주의를 인위적인 현상으로 간주하면서 완전한 근절을 요구했다.

---

162 Breuilly, J. *Nationalism, Power and Modernity in Nineteenth-Century Germany*. London: German Historical Institute, 2007.

앤서니 스미스: 민족상징주의

현대 민족사회학자들 중에서 앤서니 스미스(Anthony D. Smith)를 특별히 주의깊게 살펴볼 필요가 있다. 스미스는 런던정치경제대학의 교수로서 겔너의 제자이기도 했다. 그러나 그는 겔너가 민족 현상에 대해 설명했던 모델을 다소 다르게 생각했다. 민족은 근대 산업사회의 현대적 현상이라는 구성주의자들의 의견에 동의하면서, 스미스는 권력을 획득한 부르주아 계급의 기술과 국민이 창조되는 기반으로서 '민족'에 대한 호소가 모두 국민의 기저에 존재한다는 점을 강조했다.[163] 겔너, 앤더슨, 브로일리 혹은 케두리가 빈 공간에서 국민이 만들어졌다고 주장한다면, 스미스는 완전히 텅 빈 공간이 아니라고 반박한다. 즉 민족이 비록 부분적일 뿐이라 하더라도 국민이 형성되는 이 과정에 참여한다는 것이다. 국민은 그 전 단계의 형태로서 '전-국민'(pre-nation)이 있으며, 이는 민족의 성격을 가지고 있다.[164]

이것이 스미스가 말하는 '민족상징주의'(ethnosymbolism)의 토대이다. 그는 몬트세라트 귀베르나우(Montserrat Guibernau), 존 암스트롱(John Armstrong), 존 허친슨(John Hutchinson) 등과 같은 동시대 민족사회학자들과 이 민족상징주의를 공유했다.[165, 166, 167]

163 Smith, A.D. *Nations and Nationalism in a Global Era*. Cambridge: Polity, 1995.

164 Smith, A.D. *The Ethnic Origins of Nations*. Oxford: Basil Blackwell, 1987.

165 Guibernau, M., Hutchinson J. (eds.) *Understanding Nationalism*. London: Polity Press, 2001.

166 Armstrong, J.A. *Nations before Nationalism*. Chapel Hill, NC: University of North Carolina Press, 1982.

167 Hutchinson, J. *Ethnicity*. New York, NY: Oxford University Press, 1996.

스미스는 민족상징주의 접근법을 다음과 같이 정의한다. "민족상징주의에서 국민주의는 민족적 업적과 유산의 신화, 기억, 전통, 상징으로부터 그 힘을 끌어낸다. 그리고 이 대중적인 '살아있는 과거'(스미스의 강조)는 근대 지식인들에 의해 미래에 국민주의의 발명과 재해석의 기초가 되거나 될 수 있다."

앤서니 기든스: 민족사회학은 이중해석학이다

저명한 영국의 사회학자 앤서니 기든스(Anthony Giddens)는 종종 민족사회학의 대표자로 언급된다. 기든스의 저작들은 현대 사회학의 이론적 문제들을 중심으로 다루고 있으며, 사회학 영역에서 그는 인정받는 권위자이다. 그러나 기든스의 저작들은 민족 문제나 사회인류학 문제와는 간접적인 관련성만 가지고 있다. 이러한 문제들을 가장 우선적으로 연구하지 않았고, 고대 사회, 민족, 근대 국민의 발생 등에 대해 직접 연구한 저작은 없기 때문이다. 기든스는 일반 사회학적 방법론을 논할 때 한 부분으로서만 민족과 관련된 주제들을 고려했던 것이다.[168]

기든스를 '민족사회학'에 포함시킨 것은, 스페인 사회학자 파블로 산토로(Pablo Santoro)가 작성한 연구서에 근거가 있다.[169] 기든스는 그저 가핑클의 민족방법론(ethnomethodology)을 언급했을 뿐이다. 민족방법론은 아래로부터, 단순한 개별 단위(가핑클 및 현상학과 같은)로부터의 사회학적

168 Giddens, A. *The Constitution of Society: Outline of the Theory of Structuration.* Cambridge: Polity, 1986.

169 Santoro, P. *El momento etnográfico: Giddens, Garfinkel y los problemas de la etnosociología* / Revista española de investigaciones sociológicas. 2003. No. 103, pp. 239 – 255.

해석을, 위로부터, 고전사회학의 일반적 연구 구조의 입장으로부터의 사회학적 해석과 결합할 것을 제안한다. 기든스는 이것을 '이중해석학'(double hermeneutic)이라고 불렀다. 그는 근대 사회의 자기정체성(self-identity) 문제를 연구하기 위해 이 접근법을 사용한다.[170]

이미 살펴보았던 것처럼 민족방법론은 그 자체로 생산적이고 중요한 사회학적 방법으로서 민족성의 문제나 민족 및 민족의 파생물과는 전혀 관련이 없다. 따라서 기든스가 이해했던 것처럼 이중해석학은 민족사회학의 동의어로 결코 작용할 수 없다.

영국의 사회인류학, 국민 연구 및 민족사회학의 개요

영국 학계의 인류학 연구는 말리노프스키와 래드클리프 브라운으로 시작되었다. 사회 구조에 관심을 기울이는 뒤르켐의 기능주의 전통과 밀접하게 연결되었을 때, 영국 인류학은 광범위한 개념적 분야 및 영역에 특화된 학문 분야로 등장했으며, 또한 민족사회학 연구를 과학적 프로그램으로 발전시켰다고 평가된다. 그리고 비록 다양한 입장과 다양한 학파 및 연구자들이 있지만, 근본적인 양식에서 보면 대체로 미국의 문화인류학 및 독일의 민족사회학의 일반적인 취지와 조응한다.

어네스트 겔너가 시작한 구성주의 접근이 특별한 중요성을 가지는데, 그는 사회를 연구하는 데에 많은 부분을 바로잡았다. 이는 계급, 국가, 엘리트 및 사회의 정치적 도구로서 국민과 국민주의 현상이 가지는 인위적

---

170 Giddens, A. *Modernity and Self-Identity: Self and Society in the Late Modern Age*. Stanford, CA: Stanford University Press, 1991.

이고 실용적인 기능과 관련된 것이다.

스미스의 민족상징주의는 역사적으로 국민을 인위적으로 구축하는 토대가 되었던 민족적 요소와 관련하여 국민에 대한 연구의 영역을 확장한다.

영국의 사회인류학자들과 민족사회학자들 덕분에, 민족사회학은 유럽과 세계의 다른 지역에서 매우 다양한 민족사회 및 국민에 대한 현장연구를 수행함으로써 수집한 풍부한 자료와 더불어 여러 가지 광범위한 방법론, 접근법, 연구 도구, 개념화, 용어, 이론 들에 접근할 수 있었다.

제4절
프랑스의 민족사회학, 고전사회학, 구조인류학

에밀 뒤르켐: 사회적 사실 및 신성과 세속의 이분법

프랑스 민족사회학의 직계 선구자 중에서 고전사회학의 첫 번째 주목할 만한 인물로 에밀 뒤르켐(Emile Durkheim, 1858-1917)을 꼽아야 할 것이다. 뒤르켐은 사회학을 엄밀한 과학적 학문 분야로 변화시켰으며 프랑스를 비롯하여 유럽 대륙 전역에서 인정을 받았다. 그는 학술지《라네 소시올로지크》(L'Année Sociologique)를 창간했으며, 이 학술지를 통해 프랑스의 저명한 사회학자, 민족학자, 인류학자 들이 연구 결과를 발표했다.

뒤르켐은 처음에 사회학의 몇 가지 근본적인 이론들에 대해 설명했다. 사회학적 개념을 통해 그가 해석한 '사회적 사실'(social fact)은 현실의 다른 (물리적, 생물학적 등) 층들을 통해서 사회와 사회 현상들을 설명하는 것을 거부한다. 사회는 총체적인 현상이며, 사회에 대한 지식 및 사회와 직접적이고 즉각적인 관련성을 가진 모든 것에 대한 지식의 열쇠를 그 자체 속에 가지고 있다. 자연과학에서는 물리적 세계의 법칙들에 근거한 엄격한 기준들이 존재하는 것처럼, 사회 영역에서도 엄밀한 기준과 법칙

이 존재한다. 뒤르켐은 바로 이 기준과 법칙을 발견하고 연구할 것을 촉구했다.[171]

이에 뒤르켐은 '집단의식'(collective consciousness)이 존재한다는 기본적인 사회학적 아이디어를 발전시켰다. 집단의식은 사회 구성원의 개별적인 의식에 영향을 미치고 그와 관련하여 보다 우위에 있다. 뒤르켐이 제시한 '집단의식'이라는 개념은 사회학에서 또 다른 매우 중요한 용어가 되었다.

뒤르켐은 사회의 다양한 유형을 조사하면서, 사회를 분류할 때 사회에서 나타나는 결속의 형태를 기준으로 삼을 것을 제안했다. 단순한 민족에서는 '기계적인'(mechanical) 결속이 나타난다. 말하자면 완전하고 자동적인 결속의 모습이다. 반면 복잡한 사회에서는 '유기적인'(organic) 결속이 나타나는데, 이 경우 통합과 사회화의 의식적이고 자발적인 행동이 필요하다.

뒤르켐의 아이디어는 20세기 유럽의 학문에 지대한 영향을 미쳤다. 인류학(특히 영국 인류학)의 수립에 영향을 미쳤으며 민족사회학을 위한 필수적인 부분이 되었다.

뒤르켐이 말년에 '원시' 민족의 문제에 관심을 집중했다는 사실을 중요하게 볼 필요가 있다. 그가 현장연구에 직접 참여한 것은 아니지만, 뒤르켐의 이론적 일반화는 민족학에 엄청난 가치를 가진다. 뒤르켐의 말년 저작인 『종교생활의 원초적 형태』(Elementary Forms of Religious Life)는 민족

---

171 Durkheim, E. *Sotsiologiya. Yeye predmet, metod, prednaznacheniye.* Moscow: Kanon, 1995.

사회학적 연구의 모델이라고 부를 수 있다.[172] 이 책에서 뒤르켐의 연구는 호주 원주민 사회에 대한 민족지학적 연구에 기반을 두고 있다.

뒤르켐은 사회를(특히 고대 사회) 연구하는 모델로 '신성한' 것과 '세속적인' 것의 이분법을 소개했다. 이 이분법은 매우 큰 중요성을 가진다.[173] '신성한' 것은 삶의 영적, 신비적, 비이성적 측면과 연결된 개별적인 관행, 의식, 제도, 과정 등을 규정하며, '세속적인' 것은 매일매일의, 일상적, 실용적, 평범한 측면을 규정한다. 이렇듯 '신성'과 '세속'이라는 한 쌍의 개념을 가지고 보면, 어떤 사회라도 그 구조에 대한 신뢰성 있는 설명이 가능해진다.

뒤르켐은 신성한 것 속에서도 두 개의 극단을 구분했으며, 이 점에 주목할 필요가 있다. 즉 순수한 것과 순수하지 않은 것, 혹은 '오른손의 신성한'(right-hand sacred) 것과 '왼손의 신성한'(lefthand sacred) 것으로 각각 구분했다. 신성한 것의 오른손 극단은 선하고, 밝고, 이로우며, 최고의 긍정적인 의미로 채워져 있는 모든 것으로 규정한다. 이것은 '성스러움'(holiness)이라는 개념을 상기시킨다. 그러나 신성한 것에도 반대되는 차원이 함께 존재한다. 이는 불순물, 공격성, 공포심, 죽음을 구체화한 것이다. 이 차원은 또한 (세속적인 것과 대조적으로) 부정적인 의미만을 가지면서 더 높은 힘과 능력으로 채워진 초자연적인 것으로 나타난다. 고대 문

---

172 Durkheim, E. *Les formes élémentaires de la vie religieuse.* Paris: Libraire Générale française, 1991.
173 뒤르켐은 이 한 쌍의 개념을 발전시켜 사회학적 개념으로 만들었다. 이 개념들은 종교를 연구한 스코틀랜드 역사가의 아이디어를 바탕으로 한다. William Roberson Smith. Smith W.R. *Lectures on the Religion of the Semites.* Edinburgh: Douglas, 1880.

화에서 비록 한 집단은 선을 불러오고 다른 집단은 악을 초래하지만, '선한' 영혼과 '사악한' 영혼은 동일한 정도로 신성시된다. 이러한 고대 개념의 유산은 기독교에서도 찾아볼 수 있다. 기독교에서는 천사와 악마가 함께 존재한다고 주장한다. 또한 사탄과 악마가 처음에는 신이 천사(대체로 신성한 것에 속함)로 창조한 존재이며, 이후에 자신의 의지로 악을 선택함으로써 그 이후로 악마가 되었다고 설명한다. 말하자면 이들이 신성한 것에서 왼손의 극단이 된다.

민족사회학이 작동하는 사회의 연속 사슬에 신성과 세속의 이분법을 적용하면 다음과 같은 사실을 발견할 수 있다.

- 민족에서는 신성한 것이 지배한다.
- 나로드에서는 신성한 것과 세속적인 것 사이에 균형이 존재한다.
- 국민에서는 세속적인 것이 신성한 것을 지배한다.
- 시민사회와 범지구사회에서는 신성한 것이 완전히 내쫓기고 세속적인 것만 남는다.
- 탈사회에 대해서는 정확히 말하는 것이 불가능하지만, 하나의 가설로서 탈사회 내에는 신성한 것의 환영(幻影)이라 할 수 있는 '유사-신성'을 다루게 될 것이라고 할 수 있다.

마르셀 모스: 선물의 사회학

뒤르켐의 조카인 마르셀 모스(Marcel Mauss, 1872-1950)에 대해 이야기해 보자. 그는 뒤르켐의 제자이자 추종자이기도 했다. 모스는 자신의 아이디어를 발전시켰지만 전반적으로 뒤르켐이 말년에 집중했던 방향성을 계속 이어 갔다. 모스는 원시 나로드와 민족을 연구하는 데 집중하였으며, 이들의 의식과 마법적 관행, 사회 제도 및 경제적 관행 등의 연구에서 전문가였다. 경제인류학 영역에서 모스의 저작들, 다시 말해 고대 부족들 간의 경제, 교환, 생산, 수요에 관한 연구는 민족학의 고전이 되었으며, 전체적으로 경제학 사상이 발전할 수 있는 토대를 마련하였다.

모스의 가장 유명한 저서는 『선물』(The Gift)이다. 이 책은 원시사회들의 사회 구조에서 선물하기와 답례 선물하기에서 절차의 역할에 대한 연구를 담고 있다.[174]

모스는 특히 사회현상과 사실을 총체적으로 이해하는 것을 중요시한다는 점에서 뒤르켐의 사회학적 계보를 계속해서 잇고 발전시켰다. 모스에 따르면, 사회와 그 사회 안에 존재하는 '집단적 표상'(collective repre-sentations)은 개인 각각의 소외를 비롯하여 인간과 자연의 관계보다도 선행한다. 사회마다 신분, 본성, 구조, 기능, 심지어 개별 인간성의 속성을 각기 다르게 이해한다. 이는 '인격'이 경험적 사실이 아니라 사회적 구성물이라는 것을 의미한다. 마찬가지로 주변의 자연 세계를 사회와 독립된 객관적 데이터로 간주하는 것도 정확하지 않다. 사회는 자연을 이해할 때에도, 각기 가지고 있는 고유한 '집단적 표상'과의 관계에서 나름의 방식으로 이해한다. 결과적으로 외부 세계까지도 사회적으로 구성된 대상이라는 것이다.

---

174 Mauss M. *Obshchestva. Obmen. Lichnost.* Moscow: Vostochnaya literature, 1996.

앙리 위베르: 종교 시간의 사회학

모스의 동료이자 공동저자로 프랑스 사회학자이자 인류학자인 앙리 위베르(Henri Hubert, 1872-1927)는 비잔틴과 고대 켈트의 민족문화에 대한 전문가였다.[175] 그는 프랑스 종교사회학의 창시자 중 한 명이었다.

켈트 연구자들 사이에서 위베르의 저작들은 고전으로 인정된다.[176] 위베르의 연구는 민족학과 사회학을 결합한 방법론을 바탕으로 이루어졌는데, 이로 인해 위베르를 프랑스 최초의 민족사회학자라고 볼 수 있다.

위베르는 또한 다양한 종교적 전통과 원시사회에서 나타나는 시간의 사회학 및 시간을 이해하는 형태의 사회학이라는 주제를 체계적으로 연구하는 데 몰두했다. 그는 특별히 이 주제에 관한 에세이를 발표했는데, 그 제목은 「시간에 대한 소고: 종교와 마법에서 시간의 표현에 대한 간략한 연구」(Essay on Time: A Brief Study of the Representation of Time in Religion and Magic)[177]이다.

뤼시앵 레비 브륄: 신비로운 참여

뒤르켐과 모스가 사회의 진보와 진화에 대한 최종 판단을 내리지 않고 기능주의적 접근법과 사회 구조의 항상성을 강조했다면, 또 다른 프랑스

---

175 Hubert, H. & Mauss M. *Mélanges d'histoire des religions.* Paris: Librairie Félix, 1929; Hubert, H. & Mauss M. *Sacrifice: Its Nature and Functions.* Chicago, IL: University of Chicago Press, 1981; Hubert, H. & Mauss M. *A General Theory of Magic.* London & New York: Routledge, 2001.

176 Hubert, H. *The History of the Celtic People.* London: K. Paul, Trench, Trubner, 1934.

177 Hubert, H. 'Étude sommaire de la représentation du temps dans la religion et la magie' / Mauss, M. (ed.). *Mélanges d'histoire des religions. Paris: Librairie Félix,* 1929, pp. 189–229.

인류학자이자 사회학자인 뤼시앵 레비 브륄(Lucien Lévy-Bruhl, 1857-1939)은 사회의 진보와 진화를 설명하고자 시작했다. 그리고 '미개한' 원시사회와 현대 문명의 주요한 차이점이 어떻게 구성되어 있는지 보여 주고자 했다. 모스도 레비 브륄을 잘 알고 있었다.

그는 두 가지 유형의 사고(思考)가 있다는 일반 가설을 발전시켰다. 즉 '원시'(primitive) 사회는 주변 세계에 대해 야만인이 '신비로운 참여'(mystical participation)를 하는 것을 토대로 하고 있으며, 이에 대해 '현대'(contemporary) 사회는 판단의 타당성을 위해 투명하고도 합리적인 절차를 마련하여 논리의 법칙을 따르고 주체와 대상을 엄밀하게 구분하는 것을 바탕으로 한다. 레비 브륄은 '원시' 사고를 '전(前)논리적'(pre-logic)이라고 말했으며, 현대의 사고를 '논리적'이라고 불렀다.[178] 인류학자 레비 스트로스 및 에반스 프리처드와 레비 브륄이 세부적으로 논쟁을 했으며, 진화론자인 레비 브륄에게는 자명하게 보였던 것으로, 만일 이 경우에 우리가 '논리적'인 것이 '전논리적'인 것보다 무조건 우월하다는 가정을 기각한다면, 레비 브륄이 '단순한' 사회의 근본적인 성격에 대해 설명한 것에 동의하게 되고, 이에 민족사회학이 그 단순한 사회를 민족과 등치시킬 수 있을 것이다. '신비로운 참여', 이분법적 '주제-객체' 묘사의 부재, 아리스토텔레스적 논리 법칙의 불준수 — 이 모든 것이 실제로 민족적 사고의 특징을 규정한다.

---

178 Lévy-Bruhl, L. *Primitive Mentality*. London: Allen & Unwin, 1923.

마르셀 그리올: 도곤의 신화

아프리카와 아프리카 민족 사회들에 대한 전문가인 마르셀 그리올 (Marcel Griaule, 1898-1956)은 프랑스 학계의 중요한 민족학자이자 인류학 자이다. 그는 말리(Mali)의 도곤(Dogon) 부족의 신화와 사회적 태도를 면 밀하게 연구했다. 여기에서 도곤 부족의 탈, 의식을 위한 춤, 사냥 방법, 그리고 예술 등을 자세히 관찰했다.[179]

도곤 부족 사이에서, 그리올은 놀라운 정교함으로 가득 찬, 신성한 목 조 조각상의 제조에서 극히 독창적인 형태들을 발견했다. 이 부족이 높 은 완성도의 정교화된 신학으로 통일된 다양한 유형과 일련의 신들, 영 혼들, 그리고 다른 사람들을 포함하여, 발전되고 복잡한 종교 신화를 가 지고 있다는 것이 명백해졌다.

그리올은 그의 저서 『민족지학의 방법』(Methods of Ethnography)에서 민족 연구를 위한 이론적 방법론을 제시했다.[180]

모리스 린하르트: 고대 사회의 인격과 신화

프랑스 선교사이자 민족학자인 모리스 린하르트(Maurice Leenhardt, 1878-1954)는 뉴칼레도니아에서 20년 이상 인류학 및 사회학 현장연구를 수행했다. 파리로 돌아와서, 모스가 학과장을 맡았던 원시종교학과에서 새롭게 학과장이 되었다.

린하르트의 주요 관심은 고대 사회에서 신화, 인격, 사회적 정체성 사

---

179 Griaule, M. *Arts de l'Afrique noire*. Paris: Editions du Chêne, 1947.

180 Griaule, M. *Methode de l'Etnographie*. Paris: Presses Universitaires de France, 1957.

이의 관계에 대한 문제였다. 그의 주요 연구은 멜라네시아의 민족과 문화였으며, '도 카모'(Do Kamo)의 형상을 일반화하기 위해 노력했다. 멜라네시아인이 '인간', '정신', '신', '삶', '인격' 등에 대해 가지고 있는 생각은 이 '도 카모'에 집중되어 있으며, 린하르트는 초개인적인 사회적 관계및 유대의 총합이 '도 카모'라고 이해했다.[181]

린하르트의 도 카모는 일반적인 특성에서 보면 사회학과 인류학이 '인격'이라고 부르는 것에 대응하며, 가치, 태도 및 규범과 관련된 특유의 사회관을 나타낸다.

마르셀 그라네: 중국 사회

중국 문화에 대한 뛰어난 전문가이자 뒤르켐의 제자이며, 마르셀 모스의 동료이기도 했던 마르셀 그라네(Marcel Granet, 1884-1940)는 프랑스의 또 다른 저명한 사회학자이자 민족학자였다. 그는 중국의 사회 중 민족적, 문화적, 그리고 정치적 구조에 대한 연구에 헌신했다. 중국 문명에 대한 그라네의 연구는 오늘날까지도 중국 연구의 기본으로 평가된다.[182]

그라네는 사회에 대한 연구의 언어학적, 사회학적, 역사학적 접근을 결합하였으며, 사회학적 인지 과정을 두 개의 주요 영역으로 분리할 것을 제안하였다.

181 Leenhardt, M. *Do Kamo, la personne et le mythe dans le monde melanesien*. Paris: Gallimard, 1947.
182 Granet, M. *La pensee chinoise*. Paris, Albin Michel, 1999; Granet, M. *La Religion des Chinois*. Paris: Gauthier-Villars, 1922; Granet, M. *La Civilization Chinoise*. Paris: La Renaissance du Livre, 1929.

1. 종교적, 신화적 생각에 대한 연구
2. 친족관계 제도, 가족 생활방식, 관습, 정부의 법 등을 포함하여 일반적인
   법체계에 대한 총체적 분석

그라네의 논문 「고대 중국의 혼인 유형 및 근친 관계」(Matrimonial Cate-
gories and Proximate Relationships in Ancient China)는 인류학자이자 민족
학자인 레비스트로스가 '친족관계 이론'을 정교화할 수 있었던 출발점이
되었다.

그라네와 그의 연구는 유럽 학자들이 관습으로 가지고 있었던 사상,
방법, 범주, 공리를 따르지 않고 벗어나 있었지만 또 다른 최고의 프랑스
사회학자인 루이 뒤몽(Louis Dumont)에게 지대한 영향을 미쳤다. 뒤몽은
그라네와 동일한 방법으로 인도 사회를 연구했다.

클로드 레비스트로스: 민족사회학의 핵심 인물

클로드 레비스트로스(Claude Lévi-Strauss, 1908-2009)는 현대 인류학과
민족사회학 모두에서 가장 중요한 핵심 인물이다. 그의 연구는 철학적으
로 중대한 의미를 가지고 있기에, 철학적이고 방법론적인 현상으로서 구
조주의에서 가장 중요한 인물로 당연하게 평가받는다.

레비스트로스의 연구는 다차원적이고 다면적이다. 따라서 여기에서는
학문으로서 민족사회학에 근본적으로 중요하며, 이론적이고 방법론적인
기초를 구성하는 부분들만을 추려 내어 살펴보고자 한다.

레비스트로스는 구조주의 언어학의 방법을 원시와 고대의 사회에 적
용했다. 그는 주로 북아메리카와 남아메리카의 토착 원주민을 대상으로

연구했다. 러시아 언어학자이자 음운론의 창시자이며, 구조주의의 뛰어난 대표자인 로만 야콥슨(Roman Jakobson, 1896-1982)과 니콜라이 트루베츠코이(Nikolai Trubetzkoy, 1890-1938)는 레비스트로스에게 큰 영향을 미쳤다. 제2차 세계대전 동안, 레비스트로스는 미국으로 이주하였으며, 그곳에서 야콥슨과 보아스를 만났다. 보아스가 말 그대로 레비스트로스의 품 안에서 심장마비로 사망한 것은 상징적이다. 구조인류학의 창시자가 문화인류학의 창시자로부터 바통을 이어받은 것이다.

1973년에 레비스트로스는 프랑스 아카데미의 회원이 되었다.

문화의 평등: 구조인류학

레비스트로스는 학문 활동 내내 문화의 근본적인 평등성에 대한 생각을 발전시켰다. 그리고 어떤 문화의 기준을 다른 문화에 투영하는 것은 가능하지 않을 뿐만 아니라 충분하지도 않다고 주장했다.[183] 이 문제에서, 그는 프란츠 보아스 및 미국 문화인류학의 출발점과 전적으로 동일한 입장이었다. 그러나 레비스트로스는 이 접근법에 철학적이고 인본주의적인 진리뿐만 아니라 근본적인 과학적 방법론의 원리로서 지위를 부여한 사람이었다.

한 사회는 그 사회 자체의 문화적, 문명적 맥락을 고려해야만 이해할 수 있다. 그러나 연구 대상인 사회의 맥락에 몰입하는 것은 곧 연구자가 자신이 속한 사회의 맥락을 따르지 않아야 한다는 것을 요구한다. 결과

---

183 Lévi-Strauss, C. *Race et histoire: La Question raciale devant la science moderne*. Paris: UNESCO, 1952.

적으로 우리는 자신이 속한 사회와 다른 사회를 전혀 평가할 수 없다. 단지 기술하고 분류할 수 있을 뿐이다.

레비스트로스는 모든 형태의 민족중심주의와 인종주의를 적나라하게 드러내며 맹렬하게 비판했다. 즉 민족의 생물학적 위계화를 비롯하여, 유럽중심주의, 진화론, 진보주의, 보편주의 등의 형식들 그리고 기술적, 경제적, 사회적 지표에 따른 문명의 평가 등이 관련된 것들을 거부했다.

사회, 문화, 또는 사회적 방식 중 한 가지 유형이 다른 유형보다 더 낫다는 직간접적인 표시를 포함하는 주장은 비과학적이고, 이념적이고, 인종차별적이다. 레비스트로스는 자주 있었던 일은 아니지만 일상에서 연설, 언론 및 정치에서 이 원칙을 지키지 못했다는 점을 인정했다. 그리고 이 때문에 그러한 논의들이 객관성을 상실하고 "거짓된 인식"이라는 형태로 작용했음을 시인했다. 레비스트로스는 서로 다른 문화에 대한 인본주의 시각과 부합하지 않는다는 이유가 있는 접근법은 일소해야 한다고 확신했다. 문화의 차이점을 위계적으로 보는 것은 결국 인종주의, 억압, 폭력이라는 생각과 떼어 놓을 수 없고, 사회적, 민족적, 문화적 가치를 타락시키게 된다고 보았다. 그리하여 어떤 사회가 다른 사회보다 더 발전했다 혹은 덜 발전했다고 말하는 것도 옳지 않다. 왜냐하면 '발전'(development)이라는 용어도 서구 유럽 문명의 가치 개념이기 때문이다. 사회는 발전하지 않는다. 사회는 그저 살아갈 뿐이다. 사회는 스스로 마땅하다고 생각하는 대로 살아간다.

레비스트로스는 저서 『구조인류학』(Structural Anthropology)에서 그러한 접근법의 원리들을 명확히 제시하였다. 그것은 과학적이고 철학적 방향성에서 민족사회학과 가장 정확하게 일치하고 모든 근본적인 매개변수들에서 실질적으로 민족사회학과 중첩되는 것은 구조인류학이다.[184]

이진 부호

방법론적으로 '구조인류학'은 이진 대립의 형태로 생각할 수 있는 사회의 구조를 연구하는 것에 해당한다.[185] 그런데 여기에서 이 대립 구조는 유럽적 문화에서 지배적으로 생각하는 식의 급진적 형태가 아니다. 즉, 가(可) 아니면 부(否), 하나 아니면 없음, 밝음 아니면 어두움 식이 될 필요는 없다. 고대 사회에는 보다 미묘한 차이를 포함하는 의미의 쌍이 많다. 예를 들면, 날것과 준비된 것, 경작과 사냥 게임 등이 있다.[186] 그러나 동시에 고대 문화의 고전적 측면에서 엄격한 이원적 대립은 철회되고 새로운 화해와 조정의 용어가 도입된다. 레비스트로스는 라딘도 연구했던 수많은 인도 신화에서 나오는 트릭스터의 형상(코요테 또는 까마귀)을 그러한 조정 원리의 하나로 생각했다.

레비스트로스에 따르면, 이진 대립을 알아낼 수 있다면 신화를 올바르게 해석할 수 있다. 이는 최소의 구조적인 의미소인 신화소(mytheme)를 구분해 낼 수 있기 때문이다.

184 Lévi-Strauss, C. Jacobson, C. & Schoepf, B.G. *Structural Anthropology*. New York: Basic Books, 1963.

185 Lévi-Strauss, C. *Le Totémisme aujourd'hui* (1958); english trans. as *Totemism*, by Rodney Needham. Boston: Beacon Press, 1963.

186 Lévi-Strauss, C. *Mythologiques*. Paris: Plons, 1964.

레비스트로스의 주요 사상은 다음과 같다. 신화는 하나의 완성된 지적인 모체이다. 따라서 신화만의 특별한 논리로서 신화학을 바탕으로 하여 특수한 조작을 통해서 학습해야 한다.

그의 관점에서 신화는 하나의 패러다임으로서 연구되어야 한다. 신화를 읽을 때에는 문자 텍스트가 아니라 음표를 기록한 악보를 보는 것처럼 하나의 악절 혹은 주기를 통해 이해해야 한다. 그래야만 우리는 그 안에서 조화를 정확하게 보고 식별할 수 있다. 우리는 음표들을 읽을 때 처음에는 음악적 진행이 차례로 만들어 내면서 알 수 있는 멜로디에 집중할 수 있다. 혹은 음표가 수직적으로 나타내는 화음에 주목하게 된다. 동시에, 신화를 분석할 때 가장 중요한 것은 음악에서의 악절과 같은 주기를 정확하게 선별하는 것이다. 음악에서 음표들이 모여 하나의 문장을 이루고 이 흐름을 다음의 문장으로 넘겨주는 지점이 악절이듯이, 신화에서의 주기는 새로운 신화의 구간이 시작되는 지점이다. 신화에서 이 최소의 원자적 단편을 일컬어 레비스트로스는 '신화소'라고 불렀다. 신화소는 더 이상 쪼개지지 않으며 완전한 요소이다. 그리고 이 신화소로부터 신화의 이야기가 만들어진다.

친족관계의 원초적 구조

레비스트로스는 그의 기념비적인 저서 『친족관계의 원초적 구조』(The Elementary Structures of Kinship)에서 원시사회 체계에서 씨족이나 일족 등 다른 집단들과 여성을 교환하는 것이 사회 구조를 형성하는 데 기반이 되었으며, 마치 언어에서 단어를 교환하는 것과 같이 주요한 의사소통의 모태였다는 점을 보여 주었다.[187]

다른 학자들의 '친족관계 이론'과는 대조적으로, 레비스트로스는 사회가 구조를 구축하는 토대로서 가족이나 혈통을 고려하지 않았다. 그보다는 가족과 혈통 사이의 관계를 중요하게 생각했다. 그는 사회의 기저에 교환이라는 작용이 존재한다고 생각했다. 이 교환 작용으로 평형이 수립된다고 보았다. 즉 선물을 주는 사람은 그에 상응하는 가치를 가진 것을 되돌려 받게 된다는 것이다. 교환의 작용은 차용에 비유할 수 있다. 어떤 사람이 다른 사람에게 신용으로 무엇인가를 주면, 다른 사람은 반드시 갚아야 한다.

　　말(言)과 여성은 단순한 사회에서 가장 우선순위에 있는 교환의 대상으로 역할한다. 말하기는 사람들이 서로 말을 교환하는 것이다. 일상적인 의사소통 형식에서 모든 인간 문화에 내재되어 있는 정형화된 말하기의 상호 교환, 즉 대화는 하나의 법칙이라는 점이 중요하다. 예를 들어, 일반적인 인사말에서, 사람이 다른 사람을 만나서 "안녕하세요?"라고 말하면 이에 대해 상대는 "안녕하세요?"라고 답한다. 이것은 구체적인 특정 상황에서 나타나는 것이 아니라, 교환이라는 말하기의 본질에서 나타난다. 여기에서 프랑스의 민족학자이자 인류학자인 마르셀 그리올이 고대 도곤족 사이에서 나타나는 말하기의 의례적 관행에 대해 면밀히 연구했던 사실을 상기하자.

　　말하기의 기저에는 언어와 언어의 논리, 구조 및 패러다임이 자리 잡고 있다. 이들은 말하기의 교환이 일어날 때 어떤 모델을 따르는지 그리

---

187 Lévi-Strauss, C. *Les Structures elementaires de la parente*. Paris: PUF, 1949.

고 어떤 규칙성과 관련되는지를 사전에 결정한다. 그것들은 잠재적이고 눈에 보이지 않으며, 항상 그 자체로 나타나는 것이 아니라 실제 말이 연속해서 진행되면서 말하기를 구성함에 따라 찾아볼 수 있다. 말하기는 표면에서 찾을 수 있다. 반면 언어는 내면에 감춰져 있다.

이와 동일한 논리를 바탕으로 혼인관계의 구조 및 친족관계와 친밀성의 일반적 구조에서 여성의 교환도 발생한다. 여성의 교환도 평형의 원칙에 근거하고 있으며, 말하기처럼 명확한 규칙을 따른다. 그러나, 언어의 경우 특히 문맹사회에서 언어를 사용하는 사람이 언어학적으로 필요한 안정적이고 논리적인 문법을 무의식적으로 사용하면서도 이에 대한 개념이 없는 경우가 흔히 있다. 이와 마찬가지로 결혼관계의 구조도 표면상에 드러나 있지 않다. 그보다는 잠재되어 있고 숨겨져 있다. 그리고 결혼관계에 대한 규칙을 명확히 알기 위해서는 상당한 노력이 필요하다.

레비스트로스는 이러한 노력을 감수했다. 그리하여 모스의 뒤를 이어, '선물'이라는 아이디어를 발전시키면서, 사회에서 사교의 기반으로 선물의 교환 메커니즘(선물과 답례품)을 '선물' 자체를 일반화한 여성의 교환에만 적용했다. 이는 여성의 교환이라는 개념이 그 속에 물건과 말(言)의 교환을 비롯하여 다른 형태의 교환도 응축하고 있기 때문이다. 따라서 성별 교환에 기초한 친족관계의 구조를 '사회의 보편적인 문법'으로 간주할 수 있는 것이다.

제한된 교환

레비스트로스는 원시사회에서 여성의 교환, 즉 결혼에 대한 사회적 언어를 두 가지 유형으로 구분했다. 여기에는 '제한된 교환'과 '일반화된 교환'이 있다.[188] 제한된 교환은 하나의 사회가 두 개 또는 두 개 족외혼 씨족의 배수로 분화하는 고전적인 경우를 말한다. 가장 단순한 사례로, 하나의 부족이 절반씩 두 개로 분리되어서 공통의 영토 공간에서 살아가거나 (예를 들어, 마을의 서로 다른 끝부분에 거주) 또는 어느 정도 거리를 두고 떨어지는 경우이다. A와 B라는 두 개의 씨족 사이에 여성의 교환이 발생하는 경우를 생각해 보자. 남자들(아버지들과 형제들)은 자기 부족의 여성들(딸들과 누이들)을 혼인시키기 위해서 다른 부족으로 보낸다. 다른 부족도 동일한 방식으로 그들의 딸들과 누이들을 보낸다. 족외혼 집단의 규모는 네 개, 여섯 개, 그리고 이론적으로 더 많아질 수 있다. 그러나 어디에서도 8개 이상인 경우는 찾아볼 수 없다. 도식으로 표현해 보면, [그림 8]과 같이 표현할 수 있다.

이와 같은 혼인이라는 조직의 모형에서 평형의 원리가 관찰된다. 씨족 A는 받은 만큼 씨족 B에게 여성을 교환의 대가로 준다. 이러한 이유로 레

A ↔ B	A ↔ B	A ↔ B
	C ↔ D	C ↔ D
		E ↔ F

그림 8. 혈통 사이에서 나타나는 제한된 여성 교환의 유형

188 Lévi-Strauss, C. *Les Structures elementaires de la parente.* Paris: PUF, 1949.

비스트로스는 고대 사회의 비개성화라는 조건하에서 이것을 차용과 반환의 순환으로 생각할 수 있다고 말한다. 부족의 여성이라는 질적 지표에서 가장 중요한 것은 그녀가 씨족 A, B, C, D 등에 속해 있다는 사실이다. 이 점에 근거하여, 그리고 그 근거에서만 한 여성은 합법적인 사랑의 관심 및 사회적 관심의 대상이 될 수도 있고 되지 않을 수도 있다. 말하자면, 아내로서의 사회적 지위를 갖게 되는지 여부가 결정된다는 것이다. 짝을 잘못 이루는 경우가 발생하면, 그 여성은 금기가 되어 더 이상 교환의 대상이 될 수 없다. 앞서 논의한 것을 떠올리면, 어떤 원시부족에서 젊은 여성을 살해하는 잔인한 제사 의식도 이와 관련이 있다. 이것은 마치 과도하게 생산한 물건을 소비할 수 있는 소비자를 더 이상 찾을 수가 없어서 모두 파괴해 버리는 것과 유사하게 보일 수 있다. 가임기의 모든 젊은 여성이 결혼할 수 있는 것은 아니다. 금기의 반대로서 '나오'(nao)인 여성만이 결혼할 수 있다. 다시 말해, 여성이 특정한 씨족에 속해야만 하고, 그 씨족은 결혼을 통한 결합이 허용되어 있어야 한다. 이 점은 모든 것이 사전에 정해진 규칙에 따라 말하기가 구성되는 것처럼 변경할 수 없다. 어느 누구도 자의적으로 바꿀 수 없다. 언어와 함께 변해야만 말하기가 변할 수 있는 것처럼, 혼인의 조건도 사회 전체의 변화가 있어야만 변할 수 있다.

제한된 교환이 이루어지는 사회에서는, 신화적 체제 및 종교체제의 토대에, 뿐만 아니라 복잡하고 다층적인 사회와 문화에 해당하는 사회 제도의 토대에 존재하는 이중적 관례가 엄격하게 준수된다. 그러나 '친족관계-인척' 모델의 기본이 되는 토대로서 민족의 구조를 형성하는 것은 정확히 이러한 유형의 사회이다. 그것은 혼인으로 인해 속하게 된 친족과 혼인 이전에 속했던 친족✢인척이라는 이중적 모델에 따라 사람들을 구분하고 또 결합시키는 선을 가장 명확하게 보여 준다. 여기에서 친족으로는 씨족 A에 소속되고, 동시에 인척으로는 씨족 B에 속하게 되는 이중성이 나타난다.

그러한 분리의 법칙은 근친상간에 대한 금지(형제자매 간 근친상간의 금지라고 종종 이해되는 것으로, 말하자면 동일한 세대 안에서 결혼관계를 금지하는 것)로 구체화되어 에로스의 근본이 되는 모델을 구성하며, 소시움에 적용된다. 감정(사랑, 애정, 부드러움, 비밀)은 두 개의 부분으로 나뉘어진다. 하나는 유전적인 것으로 부모, 형제, 자매, 자식과의 근접성이고, 다른 하나는 혼인에 관한 것으로 반대 성별 및 다른 씨족의 구성원과 성관계를 맺음으로써 실현된다. 두 경우 모두 자발적인 감정, 근접성, 부드러움은 구조적인 금기에 의해, 즉 거리가 개입함으로써 제한된다. 자신의 친족 일원에 대한 사랑은 근친상간 금지라는 검열을 받게 되며, 나의 씨족과 근본적으로 다른 씨족 구성원에 대한 사랑은 족외혼 집단의 사회체제에서 보호된다. 감정의 구분이라는 이러한 패러다임은 사회적 성별의 기초를 마련한다. 그리고 이는 가장 복잡한 사회에서도 침범할 수 없는 것으로 보존된다. 그러나 직접 교환이 발생하는 사회에서는 성의 사회화가 가장 생생하고 완전한 형태로 작용한다.

일반화된 교환

레비스트로스는 두 번째 형태의 여성 교환 유형을 '일반화된' 교환이라고 부른다. 여기에서는 주고받은 선물의 가치 간의 평형을 직접 바로 맞추는 것이 아니라, 우회적인 방법에 따른다. 첫 번째 모델에서 여성을

'1대 1'로 교환하는 족외혼 씨족이 짝수 개수로만 존재할 수 있다면, 일반화된 체제에서는 이론적으로 홀수든 짝수든 숫자에 제한없이 씨족들이 참가할 수 있다. 여기에서 교환은 다음 그림과 같이 일어난다.

그림 9. 혈통 사이에서 나타나는 일반화된 여성 교환의 유형

이 모델에서 외부 씨족 A의 여성들은 씨족 B로 보내지며, 씨족 B에서는 씨족 C로, 씨족 C에서는 다시 씨족 A로 보내진다. 이론적으로 이 숫자는 증가할 수 있지만, 실제로는 상한선이 있다. 이러한 상황에서 친밀한 관계의 스펙트럼은 두 배로 증가하면서 상당한 정도로 확장된다. 이제 두 개의 씨족들에 속한 구성원들이 한번에 같은 인척이 된다. 즉 여성을 받아들인 씨족과 그 여성이 원래 속했던 씨족이 인척으로 결합한다.

일반적인 균형은 그대로이다. 여성의 교환이 씨족을 순환하여 이루어짐으로써 궁극적으로 완전한 평형에 이르게 된다. 하나의 혈통은 받아들이는 만큼의 여성을 다른 혈통으로 보내면서 평형에 도달한다. 그러나 이번에는 여성을 보낸 바로 그곳으로부터 여성을 받는 것이 아니며, 일종의 중개를 거친다. 씨족 숫자가 세 개를 넘어서는 경우에는 집단들이 생겨나고, 이 집단들은 교환에 참여하는 동안에는 더 이상 직접적인 친밀성의 체제에 들어가지 않는다. 그들은 그저 '다른' 씨족일 뿐이며, 더 이상 우리 씨족

일원이 혼인 전에 속했던 '우리 씨족의 인척'은 아니게 된다.

동시에 일반화된 체제가 직접적인 체제와 완전히 다른 것은 아니다. '나오'라는 여성에 대한 엄격한 질서와 기본적인 사회의 금기는 두 체제 모두에서 보존되기 때문이다.

성별 관계와 그 규모의 원자 구조

레비스트로스는 성별 교환이 일어나는 모든 사회 모델에서 지속해서 유지되는 최소한의 구조를 따로 구분해 낸다.[189] 그는 네 명의 구성원으로 된 집단으로 이것을 설명한다. 여기에는 남편(아버지)-아내(어머니)-아들-아내의 형제(아저씨)가 있다. 이들 사이에는 이론적으로 관계의 축이 여섯 개 가능하다.

— 남편 — 아내
— 어머니 — 아들
— 아버지 — 아들
— 누이 — 형제
— 아저씨 — 사촌
— 남편 — 처남

[그림 10]의 a축을 따르는 관계는 모든 사회에서의 거리(씨족들의 차이,

---

189 Lévi-Strauss, C. *Les Structures élémentaires de la parenté*.

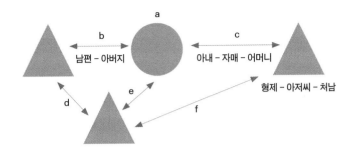

그림 10. 레비스트로스가 말하는 친족관계의 '원자 구조'

'여타 집단', 순수한 형태의 인척)에 기초한다. e축을 따르는 관계는 모든 사회에서의 친밀성(순수한 형태의 친족관계)에 기초한다. 그리고, b, c, d 및 f축을 따르는 관계는 구체적인 개별 사회의 특유한 배열에 따라 달라진다.

이러한 연결성을 연구하고 체계화하기 위해, 레비스트로스는 그들을 친밀성과 거리감이라는 두 가지 범주로 분리할 것을 제안한다. 친밀성은 부드러움, 자발성, 근접성을 포함한다. 거리감은 권위, 존경, 규제, 경계, 그리고 때로는 적대감을 포함한다. 오직 한 가지 유형이 지배하는 사회는 존재하지 않는다. 만일 모든 것이 거리감에 기반을 두고 있다면, 혈통을 이어 가고 가정을 꾸리는 것이 가능하지 않을 것이다. 또한 모든 것이 친밀성에 기반을 두고 있다면, 질서와 위계도 없을 것이며, 특히 근친상간과 같은 금기 사항의 준수도 없을 것이다. 따라서 원자 구조에서 각각의 관계는 사회마다 서로 다를 수 있다. 다시 말해, 친밀성 혹은 거리감 둘 중 어느 하나라도 더 우세할 수 있다는 것이다.

레비스트로스는 두 개의 상수를 골라낸다. 하나는 어머니와 아들의 관

314

계로 언제나 친밀성을 보이는 관계이며, 다른 하나는 남편과 처남의 관계로 언제나 거리감을 기본으로 하는 관계이다. 그리하여 관계에서 네 개의 축만이 엄밀하게 가변적이다. 이 가변성은 가족 내의 관계가 어떻게 형성되느냐가 아니라 기존의 가족이 속해 있는 사회의 유형에 따라 달라진다. 남편과 아내, 아버지와 아들, 자매와 형제, 아저씨와 사촌의 유대관계 구조는 엄밀하게 사회적으로 미리 결정되어 있으며, 이렇게 결정된 것은 주어진 사회가 말하는 현실에서의 방언으로 작용한다. 이는 신화, 사회 제도, 문화적 구성 및 양식의 구성 등에서 서로 다른 수준에 반영된다.

레비스트로스는 역(逆)유사성의 형태로 이들 관계의 특성에서 수학적 규칙성을 분리해 냈다.

아저씨 – 조카	●	아버지 – 아들
형제 – 자매	●	남편 – 아내

그림 11. 친족관계 교환축의 공식

예를 들어, 우리가 시르카시아인들 사이에서 부자 관계, 그리고 남편과 아내 사이의 관계에서 일정한 거리감이 두드러진다는 것을 안다면, 이로부터 아저씨와 사촌의 관계 그리고 형제와 자매 사이의 관계가 가깝고 친밀할 것이라는 결론을 내리는 것이 용이하다. 이것은 혈통 바깥을 지향하는 성적인 충동은 억누르면서, 모계 친족집단에서 혈연에 따른 (그러므로 아저씨와의 관계) 가까운 사람들로 관심이 이동했다는 증거를 제공한다.

또 다른 예로, 폴리네시아 통가의 부족을 들 수 있다. 민족학자들은 이 부족에서 아버지와 아들 및 형제와 자매의 관계에서 엄격한 규제와 금기가 있다고 말한다. 어느 정도냐면, 아버지와 아들이 밤새 한방에서 머문다거나 동일한 숙소에서 머물 수 없다는 금기가 있다. 이 경우, 남편과 아내 그리고 아저씨와 사촌의 관계는 반대로 훨씬 친밀해지게 된다. 이는 외숙부의 사회화(모계사회이기 때문에 아버지 쪽 숙부가 아니다)를 강조하게 되고, 배우자의 혈통에 따른 혼인 결합의 구조(혈통과 관련하여 외부를 향한 충동)가 긍정적으로 평가되기 때문이다.

소시움에서 모계와 부계

레비스트로스 이전에는 사회의 성적 발전의 단계들에 대해서 진화론적 관점이 지배적이었다(모건, 타일러, 바흐오펜). 이는 다음과 같이 정리할 수 있다. 원시 초기의 집단은 성적 행동에 대한 어떠한 규정도 없는 성적으로 방탕한 상태에서 살았다. 집단의 모든 구성원들은 무질서하고 혼란스러운 방식으로 서로 성관계를 맺었다. 다음 단계에서, 아기가 어머니에게 소속된다는 것이 하나의 사회적 법칙의 위상을 갖게 되었고, 이는 출생한 자가 출산한 자에게 소속된다는 것이 명백하기 때문이다. 모계제의 존재는 이를 근거로 상정되었다. 그리고, 최종적으로, 마지막 단계에서 좀 더 '주의 깊은' 원시인들은 부성의 사실을 추적하는 법을 배웠고, 이것이 가부장제로 이어졌다.

20세기에 레비스트로스를 따르는 인류학자들과 민족학자들은 이 생각에 반박하면서 성적 방탕함에 기반한 사회는 존재했던 적이 없다는 사실을 확신을 가지고 보여 주었다. 어떤 특별하고 항상 엄격한 절차를 갖춘 집단 성교 의식이 있었다고 하더라도, 이는 원시부족에만 있었던 것도 아니며 고도로 발달된 문화에서도 나타난다는 것이다. 게다가 심지어 어떤 동물 종들은 방탕한 성 행위를 하지 않는다. 예를 들어 황새, 늑대, 까마귀 등이 있다.[190] 모계제를 채택하는 것도 부계제와 마찬가지로 하나의 형태가 될 수 있다. 어떤 사회에서는 여성주의적 요소가 지금도 우세하고, 이 경우 고전적인 가부장제의 방향으로 모계제 사회들이 진화하게 될 것이라는 일말의 단서도 찾을 수 없다.

레비스트로스는 민족사회학적이고 사회학적인 자료를 토대로 환원주의적 진화론을 반박했으며, 그 대신에 근본 원리에 기초하여 친족관계의 유대에 관한 구조주의적 분류를 제시했다. 즉, 아이가 어느 혈통에 소속되는지에 대한 결정과 아이가 두 개의 씨족 중 어느 쪽 공간에서 살 것인지에 대한 결정을 근본 원리로 보았다.

레비스트로스는 친족관계를 결정하는 모든 변화의 경우를 네 집단으로 나누었다. 여기에는 모계혈족, 부계혈족, 모계거주, 부계거주가 있다. 첫 번째와 두 번째는 아이가 태어났을 때 혈통상의 소속을 어머니로 할 것인지 아니면 아버지로 할 것인지를 결정하는 문제이다. 세 번째와 네 번째는 아이가 어머니 씨족의 영토에서 살아갈 것인지 아니면 아버지 씨족의 영토에서 살아갈 것인지에 대한 문제이다.

따라서 다음과 같은 네 가지 경우가 나타난다.

1. 모계혈족 친족관계 + 모계거주 위치
2. 모계혈족 친족관계 + 부계거주 위치

190 Lorenz, K. *On Aggression*. New York, NY: Harcourt, Brace & World, 1966.

3. 부계혈족 친족관계 + 모계거주 위치

4. 부계혈족 친족관계 + 부계거주 위치

　레비스트로스는 1과 4를 조화롭다고 보았던 반면, 2와 3은 부조화라고 보았다. 1과 4의 경우에, 아이는 자신이 속한 혈통에서 살아가고, 세상에 태어난 순간부터 성장하여 결혼을 하게 될 때까지 그 친족 집단의 일부로서, 즉 '친지'로서 양육된다. 반면에 사례 2와 사례 3에서, 아이는 태어난 후 아이가 속한 씨족이 아닌 타 씨족에서 자라게 되고, 모든 경우에 어머니를 제외하고 주변 사람들은 모두 타인이 되므로 그 속에서 아이는 이방인의 위치에 있게 된다. 이들 중 어떤 경우도 '가모장제' 혹은 '가부장제'를 만들어 내지 않는다. 모두 평형에 근거하여 여성의 교환이라는 일반적인 균형을 조절하는 역할을 하기 때문이다. 이론적으로, 레비스트로스는 같은 과정이 '남성의 교환'으로도 설명될 수 있다고 명시했지만, 그러한 모습이 발견된 사회는 지금껏 찾아볼 수 없다. 형식상 '가모장제'와 유사한 소시움에서도 남성을 일반적인 사회체제의 교환 대상이 되는 상품으로 보지 않았기 때문이다. 모계혈통이나 모계거주 혹은 이 두 개를 합친 어떤 것도 가모장제의 징후라 볼 수 없다. 사회 구조에서 어머니는 주요한 요소의 전달자로서 역할을 한다. 즉 어느 혈통에 속하는지를 판단하는 소속 문제가 어머니로부터 매개되는데, 혈통의 소속성은 그 자체로 성별에 대한 표식이 없으며 단지 어느 혈통의 구성원인지 분류하기 위한 것이다. A에 속하는 것은 A에 관한 것이고, B에 속하는 것은 B에 관한 것일 뿐이다. 가부장제와 가모장제의 원리는 같은 역할을 하지만, 가족이나 자손이 살아가는 공간적 위치라는 수준에서 서로 다른 차원의 역할을 한다.

이러한 상황에서 교환과 평형은 사회에서 성별 전략의 주요한 법칙이 된다.[191]

교차사촌 및 병렬사촌 체제

최근친인 사촌과의 관계는 친족관계 체제에서 매우 중요하다. 그 예를 보면, 근친혼에 대한 금지는 생리적이거나 위생적인 것이 아니라 사회적인 특성을 갖는다는 것을 알 수 있다. 이는 사촌을 교차와 평행으로 구분하는 것에서 표현된다. 평행사촌(parallel-cousin)은 아버지의 형제 또는 어머니의 자매의 자녀이다. 교차사촌(cross-cousin)은 아버지의 누이 또는 어머니의 오라버니의 자녀이다. 부계와 모계 모두의 경우 혈통의 소속을 결정하는 데 있어서, 교차사촌은 본래 부모의 아들 또는 딸과의 관계에서 상대 혈통의 구성원이 된다.

대다수의 고대 사회에서는 사회적 외생성에 근거하여 교차사촌의 결혼을 허용한다. 생리학적 관점에서 보았을 때, 교차사촌은 평행사촌과 다른 것이 없음에도 말이다. 이는 근친상간 결합으로 인한 자손의 퇴화 현상을 관찰하게 되어 근친상간에 대한 금기가 만들어졌다는 가설을 반박한다.

여기에서 레비스트로스의 이론을 더 자세하게 다루는 것을 멈추고자 한다. 레비스트로스의 이론이 민족사회학의 방법론적 기초를 형성

---

191 Levy-Strauss, C. *Les Structures élémentaires de la parenté*.

하고 민족사회학의 근본적인 이론적 기초를 구성하기 때문이다. 물론 투른발트, 모스, 보아스 학파, 영국 기능주의의 사회인류학도 같은 맥락에 있다.

루이 뒤몽: 위계적 인간과 전체론

프랑스의 저명한 사회학자이자 인류학자인 루이 뒤몽(Louis Dumont, 1911-1998)은 민족사회학에 지대한 기여를 했다. 그는 인도 사회를 연구하기 위해 사회학적 방법을 적용하였으며, 이를 바탕으로 심오한 이론적 모델을 구축함으로써 민족사회학을 보다 풍부하게 만들었다.

뒤몽은 마르셀 모스의 제자였고, 사회를 '총체적 현상'으로 간주하는 프랑스 사회학의 주요 흐름을 이어 갔다. 에반스 프리처드는 민족학에 대한 뒤몽의 열정에 상당한 영향을 미쳤다.

인도 사회에 대한 뒤몽의 연구는 인도인들이 스스로가 생각하고 행동하는 범주들에 보다 큰 관심을 기울였다. 그리고 뒤몽은 다수의 근본적인 결론에 이르게 되었다. 그리하여 그는 카스트 제도를 설명하면서 '초월'을 사회체제로 도입한 모델이라고 말했다. 즉, 사회가 '타자'의 개념을 동화한 것이다. 이러한 방식으로 사회적 위계는 다른 측면에 존재하는 철학적 차원을 반영하는 한편, 종교체제와 철학체제에서가 아니라 사회 구조 그 자체에서 한계를 넘어서는 지점을 포함하고 있음을 나타낸다. 뒤몽은 (인도 사회에서와 같이) 카스트라는 극단적으로 표현된 형태의 사회 계층화는 그 자체로 특정한 이진 대립을 구현한다고 강조했다.[192] 특히 우/좌, 아담/이브, 아버지/왕 등과 같은 형태는 각 쌍을 이루는 두 개 중 하나가 단순히 전체의 일부가 아니라 전체 그 자체인 반면, 다른 하나는 전체의 일부이거나 파생에 불과한 모형에 따라 구축된다. 달리 말하면, 이들 이진 쌍은 일반적인 형태, 즉 전체/부분으로 그려 볼 수 있다. 인도에서 카스트 제도는 사회의 완전성이 브라흐마나(Brāhmaṇas)*인도 힌두교 성전『베다』의 해설서. 여기에서는 카스트 제도 최상단의 브라만 계급을 의미한다.에 있으며, 브라흐마나는 종교철학뿐만 아니라 제식과 종교적 의례를 담당한다. 이 점이 전체와 부분의 한 쌍을 보여 준다. 카스트 제도에서는 단지 한 부분일 뿐이지만, 브라흐마나는 핵심이자 목적, 즉 카스트 제도 그 자체라고 여겨진다. 뒤몽은 이를 일컬어 '전체론'(holism)이라고 부른다. 더욱이 뒤몽은 권력과 복종의 문제와는 별개로 위계를 넓은(또는 사회학적) 의미에서 위계 구조로 이해한다. 그리하여 인도에서 가장 높은 카스트는 브라흐마나이며, 이 계급은 무사와 왕(크샤트리아)보다도 더 높은 지위를 점한다. 동시에 브라흐마나는 정치권력과 경제권력을 소유하지 않으며, 이런 의미에서 이들은 크샤트리아에 의존한다. 위계는 권력 관계의 구조보다 더 높고 깊다. 인도 사회의 위계는 전통 사회에 매우 중요한 '전체'라는 개념과 연결된다.

전체론은 부분적이고 개별적인 것에 대해 전체가 우위에 있다는 원리를 표현한다. 전체론적 사회는 그 자체로 완전한 전체로서 사회(현재 살아가고 있는 모든 사람들뿐만 아니라, 사람들의 사회적 관계, 숭배, 전통, 의례, 상징, 믿음을 비롯하여 조상과 후손의 총체로서 사회)가 가장 위대한 현실을 부여받았다는 전제에서 작동한다. 반면에 개별적으로 존재하는 개인들은 이 전체

---

192 Dumont, L. *Homo hierarchicus: Essai sur le systeme des castes.* Paris: Gallimard, 1971.

와의 교감을 통해 실재한다. 그들의 존재는 이중적이다. 한편으로 전체의 한 부분으로서 개인들은 전체라는 상위의 존재에 참여한다. 그리고 다른 한편으로, 개인들은 그 자체로 존재하기도 하지만, 더 작고 부차적인 자격을 가지며, 때로는 깨끗하지 않고, 진실하지 않고, 환상에 불과한 존재, 인도어로 마야(māyā)와 동일시된다.

사회에 대한 전체론적 태도는 카스트 구조가 지배적인 전통사회에서 특징적으로 나타난다. 인도사회는 그러한 사회의 모델이며 하나의 패러다임으로 생각할 수 있다.

뒤몽에 의하면, 근본적인 사회학적 순간들에 대한 상이한 이해를 기반으로 수립된 근대 서유럽 사회는 정반대의 패러다임 위에 있다. 성별, 계급 등 모든 이진 대립은 부분들을 합한 것으로서 복잡한 밀집체로 생각된다. 표준적인 이진 분류는 한 부분과 또 다른 부분이라는 일반적인 공식으로 표현된다. 통합적인 전체론 대신 우리는 각 부분들이 독립적인 권위를 가진다고 여겨지는 개인주의를 가지고 있다. 엘리트 안에서는 대중이 제거되지 않고, 남성 안에서는 여성이 제거되지 않는 등과 같다. 뒤몽은 이 패러다임을 '개인주의'라고 부르며 서구와 현대 사회의 일반적인 모델로 간주한다. 뒤몽은 인도의 위계화된 카스트 사회와 민주적, 세속적, 개인주의적인 유럽 사회를 병치시켜 놓고 봄으로써 이와 같은 결론에 이른다.『개인주의에 관한 소고』(Essays on Personalism)는 사회학과 인류학의 고전으로 여겨지는 뒤몽의 저작으로 이 문제에 대한 연구를 담고 있다.[193]

뒤몽은 모스가 시작한 경제인류학에 특별한 관심을 두었다. 이에 '경제적 사회'의 절차와 제도 및 사회학 이론에서 실질적 평등과 자유주의에서 가능성의 평등으로 표현되는 '경제적 평등'이라는 기본 개념에 이론적으로 심오한 사회학적 분석을 적용했다. 뒤몽은 저서『호모 하이어아키쿠스』(Homo Hierarchicus, 위계적 인간)에 대한 대칭적 보충론으로『호모 에쿠알리스』(Homo Equalis, 평등한 인간)를 집필했는데, 여기에서 중세시대로부터 시작된 근대의 유럽이 전체론 단계에서 개인주의 단계로 이행한 것으로 보았다. 즉 또 다른 사회 유형으로 진입한 것이다.[194, 195] 전체론적 사회의 질서와 카스트 구조는 대중의 물질적 풍요의 성장을 가로막는 장벽을 만들어 낸다. 그러나 대중이 자기 이익의 무한한 만족을 추구함에 따라 무정부와 사회적 물질주의가 초래된다. 계층화와 위계를 정당화하는 정치와 종교로부터 경제와 경제에 기반한 물질주의적 윤리로 이행하는 데에 부르주아 혁명과 개혁이 존재하는 것도 이러한 이유 때문이다.

　뒤몽은 이념, 방법론, 그리고 철학으로서 개인주의의 발생을 철저히 조사한다. 몇몇 전통적인 사회들(예를 들어, 인도 사회, 초기 기독교 사회, 그리고 중세 시대 유럽 사회의 일부)은 '세상 밖의 개인'이라는 개념을 알고 있다. 이것은 세상을 등진 은자, 수행자, 수도승의 이념형이다. 그러한 개인은 규범적으로 전체론적인 사회와 세상을 모두 포기한 사람이다. 즉 사회와 세상으로부터 초탈한 개인주의를 주장한 것이다. 그러나 그러한 인물

193　Dumont, L. *Essais sur l'individualisme: Une perspective anthropologique sur l'idéologie moderne.* Paris: Le Seuil, 1983.

194　Dumont, L. *Homo Æqualis I: genese et epanouissement de l'ideologie economique.* Paris: Gallimard/BSH, 1977; Dumont, L. *Homo Æqualis II: l'Ideologie allemande.* Paris: Gallimard/BSH, 1978.

195　Dumont, L. *Homo hierarchicus: The Caste System and its Implications.* Chicago, IL: University of Chicago Press, 1980.

을 알고 이상적인 모습으로 추앙하는 사회들도 어떤 경우라도 전체론을 부정하지 않는다. 수도자의 영역은 보류하여 제외하더라도 삶의 남은 면들과 관련된 모든 것들을 통합하는 법칙은 그대로 유지한다. '세상 밖의 개인'과 전체론으로서 사회 나머지 사이에 존재하는 관계는 위계적이다. 그 관계는 한 곳에만 선택적으로 존재하지 않는다. 수도자나 은둔자는 보다 고귀한 자들로 인식되기에, 그들은 사회 자체를 변화시키려고 노력하지 않으며, 사회 문제에 개입하지도 않는다.

　그런데 어느 순간 '세상 밖의 개인'으로부터 '세상 속의 개인'으로 이행이 일어난다. 이 과정은 서유럽에서 명목주의와 함께 발생했으며, 이후에 칼뱅주의 종교개혁과 근대성의 형이상학과 함께 나타났다. 이제 개인은 실제 현실 세계에서 근본으로 인식되었고, 개인주의에 근거한 철학과 이념이 전체론에 뿌리를 둔 전통 사회에 직접적으로 대립하면서 등장하기 시작했다. 뒤몽은 가장 다양한 발현에서 근대 사회의 기초로서 개인주의를 추적한다. 즉 보편주의에 대한 오컴(Ockham)의 주장으로부터 시작해서 근대성에 대한 경제사상 및 정치사상의 개척자들(홉스, 로크, 스미스, 루소, 헤겔, 마르크스 등)에 이르기까지, 그리고 근대의 신자유주의자들(하이에크, 포퍼 등)까지도 직접 추적한다.

　뒤몽에 의하면 전체론은 위계성 및 전통사회와 불가분의 관계로 연결되어 있다. 개인주의는 논리적으로 평등 및 근대사회와 연관되어 있다.

　뒤몽은 전체론과 개인주의의 이분법이 가지는 또 다른 중요한 특성을 고려했다. 즉 사람들 간의 관계(전체론)와 개인과 자연 간의 관계(개인주의)라는 이분법에 대한 것이다. 사회적 관계로부터 개인과 외부 세계와의 관계로 관심을 이동하게 되면, 독자적인 학문으로서 경제학의 근거가 마련된다. 그리하여 경제학은 인간과 개별 재산의 관계를 주요한 연구 대상으로 삼는 학문이 되는 것이다. 여기에서 재산은 개인이 사유화하게 되고, 이로써 외부세계의 개인화된 단편이 된다.

뒤몽의 아이디어를 민족사회학에 적용하면 다음과 같은 그림을 얻을 수 있다.

뒤몽이 설명한 전체론적 사회는 우리가 민족 및 나로드/라오스라고 불렀던 것과 관련된다. 민족에서 통합(전체론)은 최대한이며 절대적이고, 위계는 아직 계층화와 권력 관계에서 자유롭다.

나로드/라오스는 사회정치적 모델의 형태로 초월성이 구체적으로 드러나고 내면화됨에 따라, 이를 바탕으로 분화되고 계층화된 다민족 사회가 된다. 이러한 유형의 사회에서 종교 구조에 상당한 관심을 쏟게 되는 것은 결코 우연이 아니다. 여기서 전체론은 일정한 계층화(카스트, 재산 등에 따라)를 만들어 내며, 순수하게 신분에 기반한 위계(신성성과 샤머니즘의 지배)는 제외하고 권력의 위계(지배와 종속의 체제)가 구체화된다.

개인주의적, 경제적, 평등주의적 사회는 초기 단계(국민국가)와 규범적으로 '이상적' 단계(범지구사회) 모두에서 시민사회이다. 전체론적 사회(나로드)에서 개인주의적 사회(시민사회)로의 이행은 유럽에서 발생했다(뒤몽은 이 과정의 미묘한 사항을 자세히 보여 준다). 그러나 인도에서는 이러한 이행 과정이 발생하지 않았다. 따라서 우리는 역사 속에서 나로드로서 사회뿐만 아니라 근대사회 및 시민사회와 궤를 같이하는 현 시대에 자기충족적인 사회체제 및 정치체제로서 사회를 연구할 수 있다.

더욱이 뒤몽은 유럽의 민족중심주의(그는 이를 '사회중심주의'라고 부른다)를 거부하고, 시대별로 다른 사회와 문화의 특징으로서 전체론적 사회의 모델과 개인주의적 사회의 모델이 동등한 권리가 있음을 인정해야 한다고 제안한다. 어떤 사회가 얼마나 오랜 기간 동안 역사상에 존재했는지 혹은 현재 수적으로 얼마나 많은 사회가 특정 사회 모델에 해당하는지를 근거로 판단하게 되면, 전체론적 사회가 훨씬 더 빈도수가 높은 현상이다. 그리하여 현대 유럽의 개인주의는 유의미하지 않으며, 오히려 공격적이고 위선적인 변칙 모델로 보일 것이다. 뒤몽은 진정한 사회과학적 접근법을 따르게 되면, 전체론의 기준에 따라서 개인주의적 사회를 설명할 수 있고, 또한 개인주의적 이념과 방법론의 장치를 이용하여 전체론적 사회를 설명할 수 있다고 믿는다. 전체론적이고 전통적인 인도 사회를 철저하게 연구한 후, 뒤몽 자신도 이러한 방법을 따랐다. 그리하여 위계적 인간(호모 하이어아키쿠스, 전통사회의 규범)과 평등한 인간(호모 에쿠알리스, 현대 서구사회의 표준)을 동시에 연구했다.

루이 뒤몽과 그의 사회학적, 인류학적 이론은 민족사회학에서 핵심적인 중요성을 가진다. 그의 이론을 통해 민족사회학이 바탕을 두고 있는 다양한 사회에 대한 근본적인 다중심주의 접근법을 적용할 수 있기 때문이다.

조르주 뒤메질: 3기능 이론

일류 종교 역사가이며 구조주의자이자 언어학자인 조르주 뒤메질(Georges Dumézil, 1898-1986)은 민족사회학과 전적으로 깊은 관련성을 가진 인물이다. 이는 그의 저작들이 가장 오랜 고대 시대의 나로드를 포함하여 인도-유럽의 나로드에서 나타나는 사회적 계층화에 대한 연구에 주력했기 때문이다. 뒤메질은 뒤르켐 이론으로부터 큰 영향을 받았으며,

마르셀 그라네(Marcel Granet)와 긴밀히 공동 연구를 수행했다.

뒤메질은 튀르키예와 캅카스에서 민족지학적 현장연구에 참여했다. 여기에서 투르크인, 우비크인, 압하지야인, 아르메니아인, 특히 오세티야인 민족들을 연구함으로써, 그들의 고대 문화를 최초로 소개하여 유럽 학계의 관심을 끌기도 했다.

뒤메질의 중심 이론은 '3기능 이론'(trifunctional theory)으로 일컬어진다. 뒤메질에 따르면, 수많은 캅카스 나로드와 특히 오세티야인들 사이에서 보존된 나르트 사가(Nart Saga)＊북부 캅카스 지역의 신화를 연구함으로써 이 3기능 이론을 구상하게 되었다고 한다. 알란족과 사르마티아족 및 스키타이족에 기원을 둔 오세티야 사회는 고대 서사시의 특징인 삼중 구조를 보존했는데, 이 삼중 구조에 따라 사회의 모든 구성원이 사제, 군인, 목축인으로 구분된다. 이렇게 세 개의 부분으로 이루어진 모델은 신화와 종교 의식 및 사회정치적 질서의 구조를 결정한다. 오세티야 모델에서 시작하여, 뒤메질은 고대 인도-유럽의 민족인 베다 아리아인, 고대 스키타이인, 사르마티아인, 파르티아인, 로마인, 그리스인, 슬라브인, 켈트인, 게르만인, 히타이트인 등의 사회정치적 체제와 함께 신화와 종교의 비교 분석이라는 거대한 과업을 수행했다. 그리고 3기능 모델이 실제로 이들 민족 모두에게 잘 들어맞는다는 사실을 밝혀냈다. 3기능 접근법은 여러 의식, 신화, 연대기, 종교 교리를 설명하기 위한 기본 근거로 수용되었다. 그리하여 인도의 브라흐마나와 로마의 신관 사이에 기능적 연결성이 수립되었다.[196]

뒤메질은 3기능 이론의 관점에서 게르만과 고대 로마의 신화를 해석하는 별도의 연구도 진행했다.[197, 198] 그의 저작 『인도-유럽인의 신들』(The

Gods of the Indo-Europeans)은 이러한 연구의 성과를 담은 것이다.[199]

뒤메질은 인류학과 종교사의 구조주의 학파에 속했으며, 신화적 의식을 밝혀내는 형식으로서 역사적 연대기를 해석하는 경향이 있었다.[200] 이러한 방법은 '반(反)에우에메로스론'(anti-Euhemerism)이라는 명칭을 받았다.[201] 이미 오래전 고대 그리스의 철학자 에우에메로스(Euhemerus)는 역사와 신들에 대한 신화는 실제 일어난 사건과 업적을 회상하여 모아 놓은 것이라는 이론을 제시했다. 즉 과장되고 환상적인 성격을 가진 사람들이 실제로 행했던 일을 다른 사람들이 기억하면서 만들어진 것이 역사와 신화라는 주장이다. 뒤메질은 이것이 사실이 아니며 신화가 원초적이라고 생각했을 뿐만 아니라, 일련의 역사적 행위들에 대한 역사는 역사적 형태를 하고 있는 신화를 표현하는 특별한 판본이라고 해석하고자 했다. 그는 저술을 통해 이를 훌륭하게 증명하였고, 『인간의 망각과 신들의 명예』(Man's Forgetting and the Honor of the Gods)라는 비교연구 저작에서 방법론적으로 설명하였다.[202]

뒤메질의 연구 성과는 비교 방법론의 관점에서도 민족사회학적으로 매우 큰 중요성을 가진다. 또한 이는 고대 나로드에서 나타나는 사회적

196 Dumézil, G. *Flamen-Brahman*. Paris: Geuthner, 1935.

197 Dumézil, G. *Mythes et dieux des Germains — Essai d'interpretation comparative*. Paris: Press Universitaire Francaise, 1939.

198 Dumézil, G. *Jupiter Mars Quirinus*. 4v. Paris: Gallimard, 1941 – 1948.

199 Dumézil, G. *Les Dieux indo-europeens*. Paris: Press Universitaire Francaise, 1952.

200 Dumézil, G. *Mythe et epopee*. I, II, III. Paris: Quarto Gallimard, 1995.

201 Dumézil, G. *Oubli de l'homme et l'honneur des dieux*. Paris: Gallimard, 1985.

202 Dumézil, G. *Oubli de l'homme et l'honneur des dieux*. Paris: Gallimard, 1985.

계층화 과정에 대한 근본적인 조사와 분석 때문이기도 하다. 보다 정확히 말하면 뒤메질이 다루었던 주제는 우리가 민족사회학적 관점에서 '나로드/라오스'라고 부르는 사회 형태와 관련이 있다. 사회의 계층화는 민족의 첫 번째 파생물, 즉 나로드를 특징짓는 현상이다. 사회의 3부분 모델을 떼어 놓고 보면, 나로드에 대해서만 이야기할 수 있다. 왜냐하면 순수한 형태로서 민족에서 사회적 평등이 지배적이며 계층화는 거의 대부분 존재하지 않기 때문이다. 나로드/라오스를 분석하고 나로드의 창조적 성과물이라 할 수 있는 국가, 종교, 문명의 등장 과정을 분석하기 위해서는 뒤메질이 제시했던 이론적 도구가 최적이다.

3분(三分)의 종교체제 및 사회정치체제에 대한 연구에서, 뒤메질은 고대 세계의 왕조와 국가의 출현과 관련된 광범위한 신화적, 역사적 자료를 분석했다. 그리고 모든 곳에서 계속 반복되는 주제를 발견하고, 이것이 나로드/라오스가 출현하는 순간에 근간을 이룬다고 보았다. 이를테면, 전쟁의 발발과 전쟁이 종결된 이후 나타나는 현상으로 용맹한 전사들, 음식과 여성과 부를 갖지 못한 새로 들어온 이민자들, 평화를 사랑하는 지역 주민으로 농업 기반에 재산을 가지고 상당한 부와 여성을 소유하고 있는 정착민들 사이에 화해가 이루어지는 모습이 목격되었던 것이다. 로마의 역사에서 이러한 이야기는 두 차례 반복된다. 첫 번째로 몰락한 트로이에서 도착하여 라틴의 왕과 마주쳤던 아이네이아스(Aeneas)의 경우가 있고, 두 번째로 사비니의 왕 티투스 타티우스(Titus Tatius)와 갈등을 빚었던 (이후에 평화를 달성했던) 로물루스(Romulus)의 경우가 있다. 인도에서도, 게르만족의 나로드들, 오세티야를 비롯하여 더 광범위한 북부 캅카스의 나르트 사가, 이란인들과 그리스인들 사이에서도, 모든 곳에서 동일한 하나의 주제를 마주하게 된다. 즉 동일한 민족이지만 내적으로 이질적인 유전적 조성을 가진 민족들(유목적이고 호전적인 성격을 가진 민족들)이 서로 겹쳐지면서 3분 모델이 형성된다는 것이다. 이로써 두 개의 더 높은 기능(사제와 전사)이 농경 유형의 주민층 위에 수립되는 기초가 만들어진다. 세 번째 기능(주로 노동자-농민)은 특정한 유형의 신, 의식, 특성, 상징, 경제적 관행, 가치관 그리고 특징적 성격과 관련이 있다. 그러므로, 뒤메질은 인도-유럽의 민족들이 가지는 3분체제를 광범위하게 추적함으로써 이 체제가 구성되는 특성을 스스로 밝혀냈다. 이것은 두 개의 이질적인 신화적, 상징적 합성물들로 구성되어 있는데, 그중 하나는 호전적인 유목 민족이 고유하게 가지고 있는 것이며, 다른 하나는 평화적인 농경 민족에 해당하는 것이다. 전사들의 신과 제사는 상위 기능 두 개의 내용을 형성한다. 그리고 농부의 신과 제사는 세 번째인 낮은 기능을 형성한다. 이러한 측면들을 고려할 때 뒤메질의 이론은 민족사회학에서 없어서는 안 될 중요성을 가진다.

알기르다스 그레마스: 의미의 사회학과 민족기호학의 대상

알기르다스 그레마스(Algirdas Greimas, 1917-1992)는 레비스트로스의 제자였다. 그는 인생의 중요한 시기를 프랑스에서 보내면서 학문적 업적을 쌓았다. 그는 구조주의 철학자이자, 민족학자, 종교사학자였으며 리투아니아 신화에 대한 전문가였다. 그레마스는 구조주의 언어학의 전문가이기도 했으며, (롤랑 바르트와 함께) 프랑스 기호학(파리 기호학파)의 창시자가 되었다.[203]

그레마스는 기호 체계에서 의미의 문제와 의미 구성의 형식화를 연구하는 데 몰두했다.[204] 그는 문헌의 텍스트뿐만 아니라 주로 신화를 분석하기 위해 이 모델을 적용했다. 그가 제시한 이론에 따르면 신화의 구조와 현 시대의 문헌 및 철학적, 역사적 텍스트의 구조 사이에는 근본적인 차이점이 없기 때문이다. 부연하자면, 텍스트는 일정한 의미적이고 기능적인 일련의 요소들로 귀착되며, 여기에서 행위자(행동하는 사람)의 모습, 행위자의 태도, 그 행동, 그리고 그 행위자가 다른 행위자와 맺게 되는 정해진 개수의 가능한 관계들이 드러난다. 그는 소련의 학자 블라디미르 프로프(Vladimir Propp)가 제시했던 설화, 신화, 서사시에 대한 구조주의 분석으로부터 영향을 받았으며, 특히 프로프가 러시아의 민담에서 일정한 의미 구조 및 기능적 구조를 발견할 수 있었던 모델에서 영향을 받았다.

그레마스는 리투아니아 민속 신화를 재구성하기 위해 노력하였으며, 이 주제를 다루는 별도의 저작으로 『신과 인간에 대하여: 리투아니아 신화 연구』(Of Gods and Men: Studies in Lithuanian Mythology)를 발표했다.[205]

1971년 제1차 민족사회학 국제회의에서 그는 「민족기호학적 대상에 대한 성찰」(Reflections on Ethnosemiotic Objects)이라는 논문을 발표했다.[206] 그레마스에 따르면 민족기호학적 대상은 신화, 전설, 전통, 설화 등을 꼽을 수 있는데, 이것들은 근대 유럽의 문헌이나 근대의 자전적인 문서의

203 Greimas, A. J. *Semantique structurale: recherche et methode*. Paris: Larousse, 1966.

204 Greimas, A. J. *Du sens*. Paris: Éditions du Seuil, 1983.

205 Greimas, A. J. *Des dieux et des hommes: etudes de mythologie lithuanienne*. Paris: Presse Universitaire Francaise, 1985.

206 Greimas, A. J. 'Reflexions sur les objets ethno-semiotiques' / Actes du 1er Congres d'ethnologie europeenne. Paris: Maisonneuve & Larose, 1973, pp. 63-72.

전통에서처럼 개인을 중심으로 하지 않는다는 사실이 구분되는 지점이다. 관계, 기능, 유대로 구성된 의미적 구조의 체제가 중심이라는 것이다. '민족기호학적 대상'이라는 용어는 민족사회학에서 매우 중요하다. 이 용어를 사용함으로써 민족을 의미론적 현상, 즉 의미를 구성하는 현상으로 설명할 수 있기 때문이다. 민족기호학적 대상에 대한 비개인적 구조를 강조함으로써, 민족의 주요한 특징은 비개인적인 집단적 정체성이 가장 큰 힘을 발휘하는 단순한 사회라는 사실을 수용할 수 있다. 그레마스의 정의를 통해 민족이 언어, 인물, 소리, 몸짓, 의식 등과 같은 기호를 이해할 수 있도록 만드는 기능을 한다고 생각할 수 있다.

앙드레 르루아 구랑: 기술과 민족성

프랑스의 사회학자이자 인류학자인 앙드레 르루아 구랑(André Leroi-Gourhan, 1911-1986)은 소르본대학교에서 모스의 제자이면서 그리올의 후계자였다. 그는 진화론적이고 유물론적인 입장에 있었고, 기술의 문제와 기술이 다양한 유형의 사회 형성에 미친 영향을 중심으로 연구했다. 그는 민족지학적 현장연구도 수행했으며, 태평양 북부 지역의 고고학 연구에 전념했다.[207] 르루아 구랑의 사상은 탈구조수의 철학자들에게 지대한 영향을 미쳤다. 여기에는 데리다(Derrida), 들뢰즈(Deleuze), 가타리(Guattari) 등이 있다.

르루아 구랑은 연구를 통해 사회를 수립하는 주된 중요성을 가진 두

---

207 Leroi-Gourhan, A. *Archeologie du Pacifique nord*, Paris: Institut d'Ethnologie, 1946.

가지 근본적 요소를 연관시킨다. 그것은 기술과 민족이다. 르루아 구랑은 '기술 경향'(technical tendency)이라는 개념을 제시했는데, 이 개념은 네발 짐승에서 직립보행의 자세로 이행하게 되는 객관적이고도 보편적인 순간과 연관된다.[208] 이러한 이행으로 인해, '어제의 원숭이'는 두 손이 자유롭게 되고, 얼굴에 더 많은 관심을 갖게 된다. 보행으로부터 '해방된' 두 손을 갖게 되었으며(들뢰즈는 이를 '탈영토화'라 부른다), 말하기가 시작되면서 얼굴의 역할, 특히 말하기의 핵심 기관으로 입의 역할이 한층 더 강화되는 질적인 도약이 일어났다.[209]❖러시아어에서는 같은 단어가 사람과 얼굴을 모두 의미한다. 그리하여 언어와 기술이 밀접하게 연관되어 있으며 기술적 경향의 양면을 나타낸다는 사실이 증명된다.

르루아 구랑에 따르면 기술적 경향은 하나의 종으로서 모든 인류에게 보편적이다. 그러나 기술적 경향은 민족이라는 현실에서 구체적인 환경이 만들어질 때 드러난다. 결과적으로 보편성이 표현되는 것은 항상 특정한 구체적 상황이며 민족이다. 기술은 공통적인 것이며, 특별한 존재로서 민족을 통해 기술이 표현된다.

민족은 기술을 구체적으로 구현한 것이다. 르루아 구랑에 따르면 민족은 동시에 두 개의 환경 속에서 살아간다. 하나는 외부 환경으로 자연적, 기후적, 지리적 환경이며, 다른 하나는 내부 환경으로 '공통된 과거'라는 구조를 구성하는 문화적 환경이다. 민족과 환경(두 가지 환경 모두) 사이에는 '간섭막'(interposed membrane) 혹은 '인공외피'(artificial envelope)가 존재

208 Leroi-Gourhan, A. L'Homme et la matiere. Paris: Albin Michel, 1943.
209 Deleuze, G. & Guattari F. L'Anti-Oedipe. Paris: Les Editions de Minui, 1972.

한다.[210] 이것은 민족이라는 구조에 자리 잡고 있는 보편적인 것으로서 기술적 경향이다. 민족은 이 '막'을 처음에는 내부 환경에(사회 그 자체에) 적용하기 시작하며, 이후에 외부 환경에 적용하면서 그 구조를 변형시킨다.

민족사회는 기술이 발전하는 방향으로 단계적으로 변모하며, 이는 그 보편성을 높인다. 구체적인 실체로서 민족의 범위와 한계는 보편적인 기술에 의해 완전히 강제적으로 설정되어야 한다. 역사의 의미는 이것으로 이루어진다. 기술적 경향은 자율성을 높이는 방향과 민족이 민족적 인간성을 대체하는 방향으로 이끌려 움직인다. 그러한 경향의 한계는 탈근대성과 탈사회에서 개념적으로 가시화된다. 포스트모던 철학자들이 르루아 구랑의 생각을 채택한 것도 이러한 이유 때문이다.

르루아 구랑의 이론에서 특징적으로 나타나는, 진화론의 주제, 네발동물로부터의 인간의 출현, 다른 형태의 '진보주의' 기술적 인종주의 등은 제쳐둔다면, 그의 민족기술론 이론을 민족사회학에 성공적으로 적용할 수 있다.

르루아 구랑이 이해하는 것처럼 민족은 가장 단순한 사회이며 가장 지역적이고 특수하다. 반면 기술적으로는 최소인 사회이다. 우리는 이것을 '코이님'이라고 부른다.

이러한 근본적인 단순성으로부터 우리는 점점 더 복잡한 파생물들을 만들어 낼 수 있다. 복잡성, 차별화 및 복잡성의 정도는 민족으로부터 시작해서 나로드, 국민, 시민, 세계사회, 그리고 끝으로 탈사회를 구분하는

---

210 Leroi-Gourhan, A. *Milieu et techniques*, Paris: Albin Michel, 1945.

중심 지표들이다. 르루아 구랑의 용어를 적용한다면, 차별화의 수준을 높이는 복잡성과 복잡화의 과정이 곧 기술적 경향과 같은 것이라고 할 수 있으며, 우리가 연구하고 있는 사회의 사회학적 성격을 결정하는 척도가 '기술'이라고 생각할 수 있다. 대표적으로 리하르트 투른발트를 위시한 독일 민족사회학자들은 민족사회의 사회적 변형 과정을 설명할 때 거의 이와 유사하게 행동했다. 그러나 투른발트와 밀만은 나로드 혹은 라오스를 분석하는 수준에서 끝났다. 우리가 이러한 논리를 보다 복잡한 현대 사회를 비롯하여 탈근대성으로까지 바로 확장할 수 있는 것은 르루아 구랑 덕분이다.

어떤 사회가 민족으로부터 점점 더 멀어질수록, 그 사회는 보다 더 기술적이고 보편적이며 효과적이게 된다. 반면 인간적, 문화적, 생태적인 정도는 감소한다. 실재하는 민족적 군락의 핵심을 구성하는 것은 자연과 문화 및 이들의 균형된 통합과는 다른 별개의 '막'이라는 것을 입증한다.

로제 바스티드: 브라질 사회의 민족사회학적 표식

프랑스의 사회학자 로제 바스티드(Roger Bastide, 1989-1974)는 브라질의 사회를 세밀하게 연구했던 전문가로서 민족사회학에 중대한 기여를 했다. 1962년부터 1974년까지 그는 뒤르켐이 창간한 학술지《라네 소시올로지크》(L'Année Sociologique)의 편집장이었다. 뿐만 아니라, 브라질 학계에서 사회학적 전통을 수립한 창시자였으며, 브라질 상파울루대학교에서 사회학 교육의 기초를 마련했다.

바스티드는 현대 브라질 사회의 복잡한 구조를 연구했다. 그는 브라질 사회의 문화변용 과정을 추적했는데, 포르투갈계 백인들의 중심에서 시작하여 다른 모든 민족집단 및 사회집단으로 퍼져 나가면서 각 단계마다 환상적으로 굴절되고 다양한 형태의 융합이 일어나는 모습을 밝혔다. 이 과정에서 기독교 유럽의 포르투갈 문화는 원주민 부족들의 종교적 숭배 및 마술적 의식과 교차하기도 했으며, 또는 서부 아프리카로부터 유입된 흑인 인구의 의례 및 관습과 어우러지기도 했다.

바스티드는 브라질 사회가 민족적 계층화를 바탕으로 그 위에 사회적 계층화가 벌어진 독특한 사례라고 생각했다. 백인 포르투갈계 기독교도 는 브라질에서 최상위 계급이며, 남성이자 주인의 모습과 관련이 있다. 그들은 대부분 대규모 토지 혹은 중간 및 소규모 토지 소유주이다. 그리 고 최근까지도 토지 소유주 아래에 용병과 농장 노동자(대부분 원주민)가 예속되어 있었으며, 아무런 권리도 가지지 못한 흑인 노예가 종속되어 있었다.[211]

아프리카로부터 유입된 노예의 후손인 검은 피부색의 인구는 가장 낮 은 계급에 속한다. 그러나, 바스티드는 브라질과 라틴 아메리카의 흑인 인구는 전체적으로 볼 때 민족사회학적 관점에서 미국의 흑인 인구와 완 전히 다른 현상을 보여 준다고 지적했다. 북미의 농장주들은 같은 곳으 로부터 끌고 온 흑인 노예들을 서로 다른 농지에 배당함으로써 일관되고 체계적으로 분리시켰다. 이는 흑인 노예들 간의 의사소통을 허용하지 않 음으로써 저항하고 반란할 수 있는 기반이 애초에 마련되지 않도록 하기 위한 것이었다. 미국에서 같은 농장에서 일하는 노예들은 항상 서로 다

---

211 Bastide, R. *Images du nordeste mystique en noir et blanc*. Paris: Pandora éditions, 1978.

른 민족 집단에 속해 있었다. 그리하여 이들은 세대를 거듭함에 따라 고유의 언어와 문화와 의식과 같은 민족적 특성을 상실하게 되었다. 그리고 농장주의 언어인 영어를 사용하는 등 농장주의 문화를 습득해야만 하는 변화를 감내해야 했다. 이것은 엄격한 형태의 문화변용이었으며, 민족의 핵심을 파괴했다. 브라질과 라틴아메리카에서는 유입된 노예 집단이 함께 정착하는 경우가 대부분이었다. 그리하여 문화변용이 혹독하지 않고 온화하게 일어났으며, 노예들은 부분적이기는 하지만 민족적, 문화적, 종교적 특성을 보존할 수 있었다.[212]

그럼에도 불구하고 브라질에서 가장 낮은 사회 계층은 어떤 경우에도 피부색으로 분명히 표시되어 있었다.

원주민과 물라토 및 메티스가 중간 계층 전반에 퍼져 있었다. 그들은 식민지화 이후 어느 정도 독립성을 지키면서 중간 지대를 점유했으며, 또 다른 경우에는 아마존과 그 유입 지역 정글의 접근이 불가능한 지역으로 이전하여 민족성을 보존할 수 있었다.

따라서 브라질의 사회 계층은 인종적으로 지수화되어 있음이 입증되었으며, 이는 민족사회학을 그림으로 표현할 때에도 그대로 나타난다.

바스티드는 정신분석학적 방법을 연구에 추가했다. 그는 브라질에서 전형적으로 나타나는 현상으로, 포르투갈계 백인 지주가 한 명의 백인 기독교 아내, 일단의 원주민 정부, 그리고 흑인 여성 첩을 가지는 상황을 고려했다. 이런 식으로 성별 위계가 사회적 위계 및 민족적 위계에 추가

---

212 Bastide, R. L'Ethnohistoire du nègre brésilien. Paris: Bastidiana, 1993.

되는 것이다. 바스티드는 수많은 집단의 서출 아동들의 자의식을 추적한다. 이 아이들은 식민지에서 빈번했던 혼외 정사로 인해 출생했으며 현재 브라질 인구의 상당한 비율을 차지한다. 서출 아동들의 사회적 정체성 확립은 특정 가치집단(백인, 남성, 포르투갈계, 소유주, 주인) 및 반가치 집단(흑인, 여성, 원주민, 노예, 빈민)에 대해 수립된 태도를 있는 그대로 보여준다.[213]

질베르 뒤랑: 상상력의 인류학적 구조

현대 프랑스 사회학자 질베르 뒤랑(Gilbert Durand)은 로제 바스티드와 철학자 가스통 바슐라르(Gaston Bachelard, 1884-1962)의 제자이자 계승자로서, 융의 이론을 발전시켜 사회 및 사회 구조에 적용했다. 대표 저작인 『상상의 인류학적 구조』(The Anthropological Structures of the Imagination)에서, 뒤랑은 집단 무의식이라는 융의 이론을 독창적으로 발전시켰다. 뒤랑은 이것을 '상상력'(imaginaire)이라고 불렀으며 그 속에서 특정한 사회 현상, 제도 및 과정을 담당하는 여러 가지 모드들을 구분했다.[214] 그리고 몇 가지 모드들이 조합된 상상력이 투영된 것을 사회라고 생각했다.[215]

뒤랑은 하나의 '주간' 모드와 두 개의 '야간' 모드(신비로운 모드 및 극적인 모드)를 구분한다. 모든 신화, 전설, 종교 의식 그리고 사회적 배열은 이러저러한 상상력의 모드 또는 모드의 조합을 반영한다. 뒤랑은 이러한

213 Bastide, R. *Psychanalyse du Cafuné.* Paris: Editions Bastidiana, 1996.

214 Durand, G. *Les Structures anthropologiques de l'imaginaire.* Paris: Borda, 1969.

215 Dugin, A. G. *Sociology of the Imagination.* Moscow: Academic Project, 2010.

모드들에 부합하는 상징적 배열들을 설명하고 신화를 비롯하여 현대의 문학과 철학 등에서도 모드를 확인한다. 뒤랑은 '상상력'의 모드들이 (직접적으로) 고대 사회와 (간접적으로) 복잡하고 차별화된 사회 모두에서 활성화되어 있다고 본다.

'주간' 모드(고대, 밝은)는 '위-아래'라는 수직적 위계와 대칭성을 만들어 내는 것을 담당한다. 많은 종교와 문화의 중심에는 하늘, 빛, 태양, 그리고 상응하는 천상의 존재에 대한 숭배가 자리 잡고 있으며, 이들 종교 및 문화는 주간 모드를 근거로 한다. 사회 구조에서 이는 사회적 위계, 권력, 정치, 가부장제에 조응하며, 문화의 영역에서는 합리주의, 의지, 로고스에 해당한다. 이 모드에서는 이진성, 대립성, 그리고 극성이 강력하고도 제거할 수 없는 형태로 지배한다. 이것은 차별화, 구별, 분할의 모드이다.[216]

'신비로운 야간' 모드(첫 번째 야간 모드)는 주간 모드와 완전히 반대이다. 이 모드에서는 대립성이 제거된다. 밤을 상징하는 어머니, 통합, 평화, 그리고 고요가 지배한다. 그것은 중심과 주변의 대칭이다. 물, 땅, 고요, 안식처, 음식, 편안, 수면 등과 같은 주제들이 이 모드와 연관된다. 차별화된 사회에서 이 모드는 사생활, 가정, 부엌, 가족, 여성, 아이들, 비옥함, 그리고 평화로운 노동의 리듬과 조응한다.[217]

'극적인 야간' 모드(두 번째 야간 모드)는 이진 대립의 통합을 바탕으로 구축된다. 새로운 쌍을 위한 공간을 만들기 위하여 이진 대립을 수용하

---

216 Dugin, A. G. *Sociology of the Imagination*. Moscow: Academic Project, 2010. pp. 91-99.
217 Dugin, A. G. *Sociology of the Imagination*. Moscow: Academic Project, 2010. pp. 100-108.

지만 하나의 합성체로 제한한다. 이는 변증법적 모드이다. 그 상징으로는 결혼, 좌우 대칭, 성별 쌍, 불안정하고 역동적인 균형 등을 들 수 있다. 다양한 쌍둥이 신화들이 대립/보완의 원리 위에 구축되며, 극적인 야간 모드에 해당한다. 결혼과 관련된 모든 것을 비롯하여 에로틱한 문화적 동기가 이 모드가 발현되는 상황에서 발견된다. 다양한 순환적 형태들이 여기에 속한다.[218]

뒤랑이 이렇게 재구성한 것을 통해서, 이제 사회 및 정치 제도, 경제적 관행, 신화, 의식, 상징 및 꿈 등을 연구할 수 있다. 여기에는 심리적 질환도 포함되는데, 이는 역시 모드에 따라서 분류된다. 주간 모드는 편집증적 장애를 가진 가족을 담당하고, 신비로운 야간 모드는 조현병과 뇌전증을, 극적인 야간 모드는 조울병과 순환기질을 담당한다. 위에서 예시한 모든 것을 동일한 방법으로 연구할 수 있게 된다.[219]

뒤랑은 상상력의 사회학을 곧바로 민족을 연구하는 데에 적용하지 않았다. 그러나 그의 이론은 방대한 민족지적, 민족학적 자료를 바탕으로 하고 있다. 저서『상상력의 사회학』(Sociology of the Imagination)과『미토스과 로고스』(Mythos and Logos)에서 뒤랑이 자신의 건설적인 방법론을 민족 및 민족사회학에 적용한 사례를 찾아볼 수 있다.[220, 221]

218 Dugin, A. G. *Sociology of the Imagination*. Moscow: Academic Project, 2010. pp. 109 – 114.
219 Dugin, A. G. *Sociology of the Imagination*. Moscow: Academic Project, 2010. pp. 109 – 114.
220 Dugin, A. G. *Sociology of the Imagination*. Moscow: Academic Project, 2010. pp. 313 – 358.
221 Dugin, A. G. *Logos and Mythos: Sociology of Depths*. Moscow: Academic Project, 2010.

피에르 부르디외: 참여 민족사회학

프랑스의 저명한 마르크스주의 사회학자 피에르 부르디외(Pierre Bour-dieu, 1930-2002)의 저술에서 '민족사회학'이라는 용어를 어렵지 않게 발견할 수 있다. 인류학이라는 학문의 맥락에서, 그는 구조주의를 비판하는 수많은 저술을 남겼다. 민족사회학적 접근법 전체뿐만 아니라, 문화인류학, 사회인류학 및 구조인류학의 핵심을 구성하는 구조와 기능의 항상성으로부터 벗어나기 위한 목적으로 '실천과 전략'이라는 '역동적' 접근법에 반대했다.[222] 부르디외는 '구성주의적 구조주의'라는 합성 용어를 제시하면서, 구조주의/구성주의라는 이원적 대립성을 극복하고자 하였다.[223]

민족에 대한 부르디외의 태도는 마르크스주의 사상에서 유지된다. 그는 사회 발전의 초기 단계에서 나타나는 원시적인 사회로 민족을 이해한다. 마르크스주의 사상에서, 그는 식민주의 관행의 밑바탕에 깔려 있는 자본주의적 착취를 비판한다. 이를 근거로 초기 그의 저작을 보면, 부르디외는 '참여 민족사회학'(engaged ethnosociology)을 주장했다. 즉, 독립과 발전 및 사회주의 수립을 위해 유럽 식민지들의 투쟁에 좌파 지식인과 사회학자 들의 적극적인 참여를 촉구했다. 부르디외는 알제리에서 머물렀던 적이 있는데, 이때 알제리는 프랑스의 식민 지배로부터 자유와 독립을 쟁취하기 위하여 극적인 투쟁을 전개하던 시기였다. 이 시기 경험은 부르디외가 이론적 모델을 정교화하는 데에 영향을 미쳤다. 부르디외

---

222 Bourdieu, P. *L'Esquisse d'une théorie de la pratique*. Genève: Droz, 1972.

223 Bourdieu, P. *Choses dites*. Paris: Minuit, 1987.

는 베르베르인과 카빌인의 민족 집단을 연구하였다.[224]

마르크스주의자 부르디외에게 사회학과 민족학은 여느 학문과 마찬가지로 계급적 이념을 반영하는 것이었다. 따라서 식민지 사회에 대한 유럽의 대다수 연구는 부르주아–식민지주의적 클리셰에 비중을 두고 진행되었다. 부르디외는 좌파 유럽의 지식인들이 억압받는 식민지 대중들의 편에 서야 한다고 주문했다. '세계 프롤레타리아'와 사회주의적 동의어로 행동할 것을 촉구했다.

부르디외는 민족사회학에 다소 중요할 수 있는 몇 가지 새로운 개념을 인류학에 도입했다. 이에 그는 과거 철학자들(특히 토마스 아퀴나스와 같은 중세 명목주의자와 스콜라 철학자를 비롯하여 근대 철학자 후설 등)이 사용했던 용어를 사회학적으로 발전시켰다. 그리고 그것을 (뒤르켐의 고전적인 기능주의 이론과 구조주의자들이 다루었던) 견고하게 확립된 비인격적인 사회적 구조와 개인의 주관적인 관심, 바람, 충동 사이에 존재하는 일종의 제3의 단위를 고려해야 한다고 제안했다. '습성'은 의식의 한 형태로서, 일련의 선험적 도식, 동정심, 취향, 그리고 성향을 그 속에 포함하고 있다. 습성과 구조 사이의 가장 큰 차이점이 개별적이고 역동적인 성격의 상당 부분을 구성한다. 부르디외는 이른바 '취향의 사회학'에서 이러한 생각을 보다 상세하게 발전시킨다.[225]

또한 부르디외는 보다 엄격하게 위계적인 '계급'이라는 개념을 대체하고자 하는 노력으로 '영역'(field)이라는 개념을 종종 채용했다. 복잡한

224 Bourdieu, P. *Algérie 60: structures économiques et structures temporelles*. Paris: Minuit, 1977.
225 Bourdieu, P. *La Distinction; Critique sociale du jugement*. Paris: Minuit, 1979.

사회에서는 위계적으로 관련되지 않고 상대적으로 자율적인 몇몇 사회적 영역이 존재한다고 생각했다. 그와 같은 영역으로 그는 정치, 법, 교육, 예술, 경제 등을 고려했다. 각 영역은 사회학적으로 다르게 구조화되어 있으며, 자신의 규칙성에 따라 발전한다. 이와는 달리, 단순한 사회에서, 부르디외가 북아프리카에서 연구한 카빌레족 중에서 영역은 한 분야에서 결합하는 경향이 있다. 다른 한편으로, 현대 부르주아 사회는 각 영역들이 서로서로 거리를 두도록 떨어뜨리면서 개별 영역 내에서 계층화가 만들어지는 다양한 알고리즘의 전제조건들을 만들어 낸다. 인정받는 예술가는 초보자와 다르다. 이는 부자가 가난한 자와 다른 것이 아니라 지휘관이 부하와 다른 것과 같은 논리이다.

　사회 영역에서 볼 수 있는 단일한 성격 혹은 차별적인 성격은 민족사회학에 적용할 수 있는데, 이 때 민족과 민족의 파생물을 구분하는 기준을 분석하는 것이 가능해진다.

요약: 민족 분석과 탈민족 분석

　지금까지 살펴보았던 네 개의 기본적인 학문 전통을 종합해 보면, 우리는 일반적인 학문으로서 민족사회학을 구축하는 데 필요한 근본적인 이론적, 방법론적 장치를 가지게 된다. 이 학문의 구체적인 성격은, 민족이라고 생각할 수 있는 단순한 사회(코이님)가 (모든 유형의 사회를 위한!) 사회학적 분석의 근간이라는 입장에서, 더 나아가 가장 단순한 형태의 사회와 여기에서 더 분화된 파생물들 모두를 연구하기 위하여 분석을 수립한다는 사실에 있다. 동시에 벤치마크이자 비교를 위한 모델로서 역할을 하는 것은 바로 민족(고대 사회, 원시적 형태, 사회, 게마인샤프트, 공동체, 민속-

사회)이다. 민족은 베버가 말한 '이념형'이자 좀바르트가 말한 '규범형' 이라고 할 수 있다. 민족을 가지고, 그리고 민족과의 비교를 통해 어떤 사회라도, 아무리 복잡한 사회라도 연구할 수 있다.

더욱이 민족과 민족의 파생물들 사이의 상관관계는 유사점과 차이점이라는 기준을 따라서 두 개의 주요한 방향으로 나타난다.

만일 복잡하고 분화된 사회를 민족의 파생물(유사성의 기준)로 간주한다면, 우리는 복잡한 사회에서 민족, 민족적 차원, 또는 민족에서 나타나는 것과 유사한 현상의 흔적들을 발견할 수 있을 것이다. 우리는 이것을 복잡한 사회에 대한 '민족 분석'이라고 부를 수 있다.

다른 한편으로, 다음과 같은 질문을 제기할 수도 있다. 복잡한 사회가 단순사회와 어떻게 다른가? 그리고 나로드/라오스, 국가, 시민사회, 민족 등 이들 사이의 차이점은 어디에 있는가? 이것은 차이점의 기준에 따른 분석이다. 더 이상 민족이 아니거나 탈민족적인 범위에 속하는 복잡한 사회들을 연구할 때에 필요한 분석이다. 우리는 이러한 접근법을 '탈민족적 분석' 혹은 민족 파생물들의 순서에 대한 연구라고 부를 수 있다.

두 경우 모두 단순한 사회와 관련된 지식, 분류 모델, 분석 도구, 유형학, 분류법 등(인류학, 민족학, 민족지학, 종교학)을 갖추는 것이 필요하며, 복잡한 사회(단어의 적합한 의미에서 사회학)의 경우도 마찬가지이다. 이 두 집합의 교차하는 지점에 민족사회학이 존재한다. 지금까지 여러 학자들과 학문적 경향에 대해 간단히 살펴본 것으로, 민족사회학의 이론적 토대가 얼마나 견고하고 적절하게 수립되어 있는지, 그리고 민족사회학이 학문으로서 수립되어 온 역사가 진정으로 흥미롭고도 심오하다는 사실을 알 수 있었다.

제5장

러시아의 민족사회학

러시아 민족학의 전 단계

러시아 역사학과 민족지학의 기원

러시아에서 과학적 학문이 출현하기 시작한 바로 그 시점부터 오늘날 우리가 '민족 문제'라고 부르는 주제를 실증적으로 이해하기 위한 관심이 존재했다. 18세기, 모스크바 국립대학교의 설립자 미하일 바실리예비치 로모노소프(Mikhail Vasilyevich Lomonosov, 1711-1765), 러시아 역사학의 원천을 발굴한 페도르 이바노비치 밀러(Fedor Ivanovich Miller, 1705-1783), 아우구스트 슐뢰저(August Schlözer, 1735-1809), 바실리 니키티치 타티체프(Vasily Nikitich Tatischev, 1686-1750), 러시아 민족지학의 창시자 이반 니키티치 볼틴(Ivan Nikitich Boltin, 1735-1792), 미하일 미하일비치 슈체르바토프(Mikhail Mikhailovich Shcherbatov, 1733-1790), 니콜라이 미하일로비치 카람진(Nicolay Mikhailovich Karamzin, 1766-1826), 슬라브족 나로드의 기원, 고대 문화, 그리고 다른 민족 집단과 부족에 관심을 가졌던 다른 많은 학자들이 '러시아인'이라는 민족 이름의 본질에 대한 가설들을 개진하였으며, 고대로부터 러시아 지역에 거주하고 살아왔던 사람들의 민족들에 대한 정보를 체계화하기 위해 노력했다. 그들은 고대 러시아 연대기, 연보, 그리고 역사적이고 지리적인 특징을 가진 다른 자료들을 수집하고 가공하였으며 체계화하고 출판했다. 밀러는 개인적으로 시베리아로의 민족지학적 탐험에 참여했고 그곳에서 러시아 나로드와 다른 민족들의 삶에 대한 여러 소중한 정보를 수집했다.

초기 친슬라브파: 키레옙스키, 호먀코프, 악사코프, 사마린

러시아에서 민족지학에 대한 관심은 19세기에 절정을 이루었다. 당시 역사철학(헤겔)에 대한 관심과 독일 낭만주의가 러시아 귀족들에게 미친 영향이 가장 컸을 때였다. 이 사실은 세 가지 현상에서 가장 명확하게 확인할 수 있다.

- 친슬라브파의 경향성
- 러시아 민속학과 민족학 연구의 개화
- 나로드니키주의(narodnichestvo) 정치 운동

제1세대 친슬라브파인 키레옙스키(Kireyevsky, 1806-1856), 호먀코프(Khomyakov, 1804-1860), 악사코프 형제들인 콘스탄틴(Konstantin, 1817-1860)과 이반(Ivan, 1823-1886), 사마린(Samarin, 1819-1876) 등은 러시아만의 특징적인 성격과 러시아 슬라브 문화의 고유한 가치에 대한 논의를 발전시켰으며, 러시아 문화가 유럽 문화와 다른 것을 '후진성'으로 생각해야 하는 것이 아니라, 러시아만이 가진 나로드 정신의 고유성을 표현한 것으로 이해해야 한다고 보았다. 핵심적으로, 유럽 사회가 보편성을 가장하

고 내세우지만 그 또한 지역 문화 현상이 아닌가라고 의문을 제기했다. 이에 유럽도 여러 다른 사회들 중에서 하나에 해당되는 것으로 보아야 하며, 그 속에서 러시아 슬라브 정교회 문화도 합당한 위치를 점유할 것이라고 보았다.

이에 대해 잘 알려진 바와 같이 차다예프(Chaadaev, 1794-1856), 그라노프스키(Granovsky, 1813-1855), 벨린스키(Belinski, 1811-1848) 등의 서구화론자들은 서구 문화가 보편적이며 러시아 문화가 서구와 다르다는 점은 모두 '후진성'과 '저발전'을 나타낸다는 입장에 있었다. 그리고 러시아 문화에서 고유한 성격이라는 것은 없으며, 설사 있다 하더라도 가능한 한 빨리 폐기되어야 한다고 응수했다.

어쨌든 친슬라브파가 중점적으로 생각했던 것은, 나로드의 운명, 민족 사회들 간의 차이점, 문화와 가치의 고유한 성격, 그리고 각 문화의 중요성에 대한 문제였다. 그들은 슬라브 민족과 슬라브 문화에 대한 체계적인 연구를 요구했다. 이는 슬라브 민족 사회의 구성, 관습, 도덕관, 고유한 심리적 성격 등에 대한 지식을 체계화하기 위한 것이었다.

이를 통해 친슬라브파 학자들은 후대에 민족학이 등장하기 위한 전제조건을 마련했다.

후기 친슬라브파: 다닐렙스키

제2세대 친슬라브파는 1세대 학자들의 통찰을 발전시키고 정당화시켰다. 2세대 친슬라브파 학자들 중에서 매우 명석한 인물로, 다닐렙스키(Danilevsky), 레온티예프(Leontiev), 라만스키(Lamansky) 3인을 꼽을 수 있다.

니콜라이 야코블레비치 다닐렙스키(Nikolay Yakovlevich Danilevsky,

1822-1885)는 주요 저서 『러시아와 유럽』(Russia and Europe)에서 문화의 다원성 이론을 최초로 제시했다. 그는 이것을 문화-역사 유형이라고 불렀다.[1]

다닐렙스키는 서유럽 사상가들과는 반대 입장에 있었다. 서유럽 사상가들은 타 문화를 '야만'이라는 범주로 분류하면서 자기 문명만이 유일한 가능성을 가진다고 생각했다. 반면, 다닐렙스키는 서유럽 문화를 여러 문화 중 하나로 보아야 한다고 주장하면서, 그것을 '로마-게르만' 문화-역사 유형으로 보았다. 동시에, 다닐렙스키는 저마다 고유한 성격을 가지고 완성된 여타의 문화들을 완전히 다른 원칙에 기반하여 문화-역사 유형들로 구분했다. 각 유형들은 장기간의 안정된 문명을 나타내는 표식을 가진 것으로, 수백 년의 역사를 거치면서 존재했고, 고유의 정체성을 보존했으며, 통치와 고유의 이념 형성, 종교적 혁명의 시기, 가치체계의 변화 등을 거치면서 생존했다.

다닐렙스키는 다음과 같이 10개의 완성된 문화-역사 유형(문화)을 선정했다.

1. 이집트 문화

2. 중국 문화

3. 아시리아-바빌로니아-페니키아-칼데아 또는 고대 셈족 문화

4. 인도 문화

---

1 Danilevskii, N.I. *Russia and Europe: The Slavic World's Political and Cultural Relations with the Germanic-Roman West*. Moscow: Slavica Pub, 2013.

5. 이란 문화

6. 유대 문화

7. 그리스 문화

8. 로마 문화인

9. 신(新)셈족 또는 아랍 문화

10. 로마-게르만 또는 유럽 문화

그는 19세기와 20세기에 새로운, 11번째 문화-역사 유형인 러시아-슬라브 문화가 형성되었으며, 독립된 문화로서 기본적인 표식을 갖게 되었다고 생각했다.

다닐렙스키는 문화가 살아있는 생명체처럼 생성, 성숙, 노년의 단계를 거친다고 보았다. 로마-게르만 문화는 노쇠와 쇠퇴의 단계에 있다는 것이 그의 생각이었다. 이와는 달리 러시아-슬라브 문화는 이제 막 힘을 갖게 된 젊은 단계에 있다고 주장했다.

민족사회학 용어에 비추어 보면, '문화-역사 유형'이라는 개념은 '나로드/라오스' 개념에 해당한다.

레온티예프: 사회의 세 가지 유형

콘스탄틴 레온티예프(Konstantin Leontiev, 1831-1891)도 러시아 문명과 러시아 문화는 그만의 독특한 성격을 가지고 있다고 생각했다. 그리고 러시아 역사만의 주요한 고유 특성이 비잔틴주의라고 보았다. 다시 말해, 비잔틴-슬라브 전통이라는 흐름의 사조로, 이 점이 러시아의 역사가 여타 슬라브 나로드의 역사와 극명하게 구분되는 지점이라는 입장이었다.[2]

레온티예프는 역사 발전의 서로 다른 유형들에 대한 기존의 논의를 발전시켰다. 이에 1) '초기의 단순성', 2) '개화하는 복잡성', 3) '전부 혼합' 또는 '과잉' 등의 세 가지 유형으로 나누었다. 그는 러시아가 두 번째 단계의 마지막 시기에 있다고 생각했으며, 여기에서 '동결'되어야 한다고 보았다. 정부는 '가혹한 지점'에 이르기까지 확고해야 하며, 사람들은 '개인적으로 서로에게 친절해야' 한다.

그는 '개화의 복잡성'이라는 두 번째 단계를 문화에서 가장 가치 있는 것으로 보았다. 이러한 이미지는 레온티예프가 헤르더로부터 차용했다고 볼 수 있다. 헤르더는 민족과 나로드를 천국의 정원에 있는 여러 식물, 꽃, 나무 등에 비유했었다.[3] 레온티예프가 제시한 시기 구분을 민족사회학에 적용하면, '초기의 단순성'은 민족에 해당하고, '개화의 복잡성'은 나로드/라오스에, 그리고 '전부 혼합'은 시민사회와 세계사회(부르주아의 국민에게서 이미 지각할 수 있는 암시)에 해당한다.

라만스키: 그리스-슬라브 문화와 중간 세계

저명한 민족지학자이자 역사가이며 슬라브 문화 연구자인 블라디미르 이바노비치 라만스키(Vladimir Ivanovich Lamansky, 1833-1914)는 후기 친슬라브파에 속했다. 그는 동유럽 슬라브족의 문화에 관한 중요한 저술을 집필하였으며, 이는 비교 민족지학 및 비교 사회학에서 최초의 논문들 중에 하나이다. 그는 논문 「정치적, 문화적 관계에서 이탈리아와 슬라

---

2   Leontiev, K. *Vizantizm i slavyanstvo*. Moscow: Izd-vo Sretenskogo monastyrya, 2010.
3   Herder, J.G. *Une autre philosophie de l'histoire*. Paris: Aubier, 1964.

브의 국민성」(The Italian and Slavic Nationalities in their Political and Cultural Relations)에서 슬라브 민족과 이탈리아 민족의 민족문화적 특성을 비교했다.[4]

저서 『아시아-유럽 본토의 3개 세계들』(The Three Worlds of the Asian-European Mainland)에서 라만스키는 유라시아 공간을 세 부분으로 나누었다. 여기에는 로마-게르만 세계, 아시아 세계, 그리스-슬라브 세계가 있다.[5] 로마-게르만 세계는 서유럽에 해당했고, 아시아는 러시아의 국경 너머에 있는 동양의 국가들에 해당했다. 그는 그리스-슬라브의 세계를 '중간 세계'라고 부르며 유라시아라는 개념이 등장할 수 있는 근거를 마련했다.

러시아 민족지학

러시아의 나로드 및 러시아의 다른 민족에 관한 설명과 체계화 및 분류에 기여했던 러시아 민족지학자들 가운데서, 몇몇 탁월한 학자들의 이름을 별도로 거론할 필요가 있다. 러시아 전설을 수집하여 집대성하는 초기 연구에 참여한 사하로프(Sakharov, 1807-1863),[6] 『러시아 민족지학의 역사』(History of Russian Ethnography) 전 4권을 집필한 피핀(Pypin, 1833-1904),[7] 러시아 설화를 수집하고 출판하고 해석했던 인물로 유명한 아파

4   Lamanskii, V.I. "Natsional'nosti ital'yanskaya i slavyanskaya v politicheskom i kul'" turnom otnosheniyakh / Otechestvennyye zapiski, 1862.

5   Lamanskii, V.I. *Tri mira Aziysko-Yevropeyskogo materika*. Prague, 1916.

6   Sakharov, I. P. *Skazaniya russkogo naroda o semeynoy zhizni svoikh predkov.* SPb: 1836 - 1837.

7   Pypin, A. *Istoriya russkoy etnografii.* 4 T. SPb: 1890 - 1892.

나셰프(Afanasyev, 1826-1871),[8] 오세티야 언어와 문화 전문가로 저명한 민속학자이자 민족지학자인 밀러(Miller, 1848-1913),[9] 러시아 지리학회의 창립 멤버이자 프로그램 민족지학 연구의 저자인 철학자이자 비평가인 나데즈딘(Nadezhdin, 1804-1856),[10] 러시아 민속 전문가인 부슬레프(Buslaev, 1818-1897),[11] 러시아 명절에 관한 풍부한 자료를 수집한 스네기레프(Snegirev, 1797-1868),[12] 민족지학을 과학적 학문으로 최초로 체계화한 학자이자 민족학의 선구자인 젤레닌(Zelenin, 1878-1954)과 슬라브주의자이며 투르크학자인 역사가 골루보프스키(Golubovsky, 1857-1907),[13] 뛰어난 투르크학자이자 고고학자인 라들로프(Radlov, 1837-1918),[14] 일류 슬라브주의자인 포고딘(Pogodin, 1872-1947),[15] 민속학자 숨초프(Sumtsov, 1854-1922),[16] 영웅 서사시 전문가 로보다(Loboda, 1871-1931),[17] 민속 수집가이자 유명

8   Afansyev, A. *Russkiye zavetnyye skazki*. SPb. Moscow, 1995.

9   Vsevolod Miller. *Osetinskiye etyudy*. Moscow: 1881 – 1887.

10 Nadezhdin, N.I..Ob etnograficheskom izuchenii narodnosti russkoy. SPb: Russkoye geograficheskoye obshchestvo, 1846.

11 Istoricheskiye ocherki russkoy narodnoy slovesnosti i iskusstva. Moscow: 1861.

12 Snegiryov, I, M. Russkiye prostonarodnyye prazdniki i suyevernyye obryady; Moscow: 1837 – 1839; Snegiryov, I, M. O lubochnykh kartinkakh russkogo naroda. Moscow: 1844.

13 Golubovskii, P. V.. Istoriya Severskoy zemli do poloviny XIV st. Kiev: Golubovskii, P. V. Pechenegi, torki i polovtsy do nashestviya tatar: Istoriya yuzhno-russkikh stepey IX – XII st., Kiev: 1884; Golubovskii, P. V. Istoriya Smolenskoy zemli do nachala XV v. Kiev: 1895. Lektsii po drevneyshey russkoy istorii. Kiev, 1904.

14 Radlov, V. V.. Sibirskiye drevnosti' / Materialy po arkheologii Rossii, izdavayemyye Imperatorskoy arkheologicheskoy komissiyey. Sankt-Peterburg 1888; Radloff F.W. Das Schamanemtum und seine Kultus. Leipzig: 1885

15 Pogodin, A.L. Kratkiy ocherk istorii slavyan. Moscow: Editorial URSS, 2003.

16 Sumtsov, N.F. O svadebnykh obryadakh. Khar'kov: 1881.

17 Loboda, A.M. Russkiy bogatyrskiy epos. Opyt kritiko — bibliograficheskogo obzora trudov po

한 사전 편찬자인 달(Dal, 1801 - 1872),[18] 비잔티움 학자이자 민족지학자인 스페란스키(Speransky, 1863-1938),[19] 언어, 생각, 신화 간의 연결성을 연구한 철학자 포테브냐(Potebnya, 1835-1891),[20] 러시아 이교사상 전문가인 아니츠코프(Anichkov, 1866-1937),[21] 저명한 역사가이자 문헌학자 샤크마토프(Shakhmatov, 1864-1920),[22] 언어학자로 슬라브주의자인 소보레프스키(Sobolevsky, 1806-1908),[23] 러시아 나로드 전문가로서 민족지학자이자 고문서학자인 카아스키(Karsky, 1860-1931)[24] 등을 꼽을 수 있다.

이 모든 학자들과 그들의 저술이 가진 가치는 지속해서 유지되었다. 문제는 20세기를 지배했던 소비에트의 민족지학이다. 민족 및 역사 문제에 대해 소중한 자료들을 계속해서 축적했지만, 소비에트의 민족지학은 도그마적 이념 원리를 기반으로 구축되었다. 이에 민족과 문화를 설명하는 데에 유물론적 마르크스주의를 따르지 않거나 부합하지 않는 모든 사상과 이론은 즉시 거부되었다. 그리하여 소련 이전의 민족지학적 사상과 이론의 모든 흔적들은 '계급' 수정과 재해석의 대상이 되었다. 학문에서

russkomu bogatyrskomu eposu. Kiev: N.T. Korchak-Novitskogo, 1904.

18 Dal, V.I. Poslovitsy russkogo naroda. Moscow: 1862.

19 Speranskii, M.N.. Rukopisnyye sborniki XVIII veka: Materialy dlya istorii russkoy literatury XVIII veka. Moscow, 1963; Speranskii, M.N. Russkaya ustnaya slovesnost'. Vvedeniye v istoriyu ustnoy russkoy slovesnosti. Ustnaya poeziya povestvovatel'nogo kharaktera: Posobiye k lektsiyam na Vysshikh zhenskikh kursakh v Moskve. Moscow: 1917.

20 Potebnja, A.A. Slovo i mif. Moscow: Pravda, 1989; Potebnja, A. A. O mificheskom znachenii nekotorykh obryadov i poveriy. Moscow: 1865.

21 Anichkov, Y.V. Yazychestvo i drevnyaya Rus'. Moscow: Indrik, 2003.

22 Shakhmatov, A.A. Drevneyshiye sud'by russkogo plemeni. Prague: 1919.

23 Sobolevsky, A.I. Velikorusskiye narodnyye pesni: 1895 - 1902.

24 Karsky, Y.F. Belorusy. Moscow: 1955 - 1956.

이러한 재해석과 '진보'의 결과가 언제나 적절하고 수용할 수 있다는 것과는 거리가 멀었다. 한편 자연과학적 과정은 인위적으로 중단되고 왜곡되었다. 따라서 오늘날에도 여러 학자와 학파에서 특징적으로 나타나는 다양한 민족지적 방법, 분류법, 혹은 해석의 가치를 고려하는 것이 여전히 바람직할 것이다. 소비에트 시기에 관련 전문가들이 수행했던 연구의 결과로, 러시아 민족지학자, 민속학자, 언어학자 들의 저술을 읽을 때 이를 신뢰하는 것은 전적으로 비생산적일 것이다. 따라서 본격적인 학문으로서 민족사회학을 구성하기 위해서는 러시아 민족지학과 민족학의 근원으로 직접 눈을 돌리는 것이 바람직하다. 그리고 아무런 편견 없이 러시아의 학문 전통을 원숙하게 복원하기 위해 가치 있고 적합하며 중요한 것들을 선별해 내야 할 것이다.

러시아의 '나로드니크'와 민족사회학 수립에서의 역할

'나로드니크'(narodnik)＊1860년대 러시아 지식인 계층의 반제정주의 및 농촌 기반 대중주의 정치운동이자 사상을 일컬으며 그 사상가와 활동가를 뜻하기도 한다. 일파의 학자, 작가, 사회운동가 들은 나로드와 나로드 문화라는 주제를 관심의 중심에 두었다. 여기에는 사회학자, 경제학자, 역사학자, 정치운동가 등이 참여하였으며, 이들은 20세기가 시작되는 시점에 사회주의혁명당(socialist-revolutionaries: SRs)을 창당하였다.

나로드니크와 그 업적 및 나로드니크의 역사 이론은 민족사회학자들에게 중요한 의미를 가진다. 이는 나로드니크가 '나로드'라는 범주에 특별한 개념적, 이론적 의미를 부여하고, 이를 바탕으로 그들의 역사적, 사회적 가르침을 구축하려고 노력했기 때문이며, 이를 통해 어떤 의미에서 민족사회학이 앞으로 해야 할 과제의 밑그림을 초기에 제시한 점도 있다. 더구나 많은 나로드니크파 학자와 운동가 들은 사회학에 깊은 관심을 가졌으며, 러시아에서 사회학에 대해 처음으로 정의를 내린 것도 나로드니크파이자 사회학자인 라브로프(Lavrov, 1823-1900)였다.

러시아 나로드니키주의(narodnichestvo) 이론가이자 주요 사상가 중한 명으로 게르첸(Herzen, 1812-1870)이 있다. 그는 서구주의에서 출발하여 말년에 이민자로서의 경험을 바탕으로 자신의 의견을 매우 신중하게 재고하였으며, 러시아 나로드와 특히 러시아의 농촌 생활 방식이 가지는 특유의 성격과 고유한 가치에 대해 확신을 가지게 되었다.[25]

나로드니키주의의 또 다른 저명한 사상가로 경제학자이자 사회학자인 보론초프(Vorontsov, 1847-1918)가 있다. 그는 정기간행물《뉴워드》(New Word)를 중심으로 운영되는 단체에서 이념적 영감을 불러일으키는 역할을 했다. 보론초프는 러시아 농촌 공동체와 이의 경제적, 사회적 제도 및 민족적 구성에 대한 전문가였다.[26] 그는 저술을 통해 러시아에서는 사실상 자본주의가 발생하지 않았으며, 러시아 사회에 최적인 고유의 경제 및 사회 구조는 토지를 기반으로 한 농업이라고 주장했다. 보론초프의 연구는 러시아 농민의 경제 질서를 매우 상세하게 설명한다. 보론초프는 농촌 노동자의 해방이라는 관점에서 그리고 러시아 고유의 차별화된 농

---

25 Herzen, A. From the Other Shore, Translated from the Russian by Moura Budberg and the Russian People and Socialism, Translated from the French by Richard Wollheim. Oxford: Oxford University Press, 1979; Herzen, A. Polnoye sobraniye sochineniy, tom 6. Moscow: 1954 - 1965.

26 Vorontsov, V.P. 'Krest'yanskaya obshchina / Itogi ekonomicheskikh issledovaniy Rossii po dannym zemskoy statistiki, tom 1. Moscow: 1892

촌 사회주의 창조라는 관점에서 러시아의 발전과 '진보'를 보았다.

유명한 나로드니크 사회학자이자 공보관인 미하일롭스키(Mikhai-lovsky, 1842-1904)도 자본주의에 대해 유사한 입장을 견지했다. 그는 기사를 통해 러시아가 유럽의 경험을 모방하는 것에 대해 강경한 반대 입장을 표명했다. 그는 마르크스 사상에 대해서도 주목할 만한 의견을 내놓았다. 즉, 경제 생활을 세 개의 시기로 구분했던 마르크스의 이론은 하나의 역사적 결론이지만 유럽의 삶을 관찰한 결과에 근거하고 있다는 것이다. 따라서 이 이론의 적용은 서구 사회로 한정되며, 반면 러시아는 러시아인이라는 공동체 정신을 고유의 특성으로 가지고 있기 때문에 자본주의 단계를 회피할 수 있으며 러시아 나름의 계획에 따라서 발전할 수 있다고 주장했다.[27] 미하일롭스키는 나로드 연구에 사회학적 방법을 적용하기 위해 노력했으며, 이런 점에서 그의 사상은 민족사회학에서 중요하다.

농민세계관에 대한 전문가이자 저술가인 파벨 이바노비치(Pavel Iva-novich)는 나로드의 민요와 전통을 수집한 인물로 '내부 잠입 관찰'의 형태로 민족지적 연구를 수행한 선구자였다. 그리고 초기 나로드니키주의 대표자였던 야쿠시킨(Yakushkin, 1822-1872)은 러시아 나로드의 전통, 전설, 사회적 고유 특성, 종교 및 신화적 관념에 대한 심도 깊은 연구와 설명을 목적으로, 보부상 행세를 하며 러시아 전역의 지방 마을들을 떠돌아다녔다.[28]

27   Mikhaylovsky, N.K. Polnoye sobraniye sochineniy. T. 1 - 8, 10. SPb: 1906 - 1914.

28   Yakushkin, P.I. Sobraniye narodnykh pesen P. V. Kireyevskogo v 2 t. L: Nauka: 1983 - 1986.

저명한 러시아 민족학자 피터 사비치 에피멘코(Peter Savich Efimenko, 1835-1908)와 그의 아내이며 러시아 역사상 최초의 여성 명예 박사 알렉산드라 야코블레프나 에피멘코(Alexandra Yakovlevna Efimenko, 1848-1918)는 나로드니키주의파와 밀접하였고 동일한 입장이었다.[29] 알렉산드라 에피멘코는 백러시아인과 우크라이나인의 사회적 삶의 형태와 경제 질서를 분석하였으며, 러시아와 우크라이나의 농민들이 가지고 있는 고유한 성격과 심리적 특성에 대해 연구했다. 그녀는 "백러시아 부족들이 예외적으로 가지는 집단주의 경향과 사회 형태의 영역에서 나타나는 창의성"을 강조했다.[30]

나로드니크와 가까웠던 경제학자이자 역사학자인 포스니코프(Posnikov, 1846-1922), 소콜로프스키(Sokolovsky, 1842-1906), 카푸스틴(Kapustin, 1828-1891)은 공동체의 토지 소유제 및 가장 단순하고 원시적인 형태의 농민의 삶을 연구하는 데 지대한 공헌을 했다.[31, 32, 33]

또 다른 나로드니크인 푸르자빈(Prugavin, 1850-1920)은 러시아 구신앙의 민족지학적, 사회학적 측면에 대한 전문가로서 종교적 관념과 민속생활의 특정 형태 간의 연관성을 연구하였다.[34]

29   Efimenko, A.Y. Issledovaniya narodnoy zhizni, vyp 1. Moscow: 1884

30   Efimenko, A.Y. Issledovaniya narodnoy zhizni, vyp 1. Moscow: 1884.

31   Posnikov, A.S. 'Obshchinnoye zemlevladeniye Vyp 1 – 2. Yaroslavl': Tip. G.V. Fal'k, 1875 – 1877.

32   Sokolovskii, P.A. Ocherk istorii sel'skoy obshchiny na Severe Rossii. SPb: 1877.

33   Kapustin, S.Y. 'Ocherki poryadkov pozemel'noy obshchiny v Tobol'skoy gubernii po svedeniyam, sobrannym zapadnosibirskim otdelom Imperatorskogo Russkogo Geograficheskogo obshchestva' / Literaturnyy sbornik. SPb: 1885.

34   Prugavin, A.S. Raskol i sektantstvo v russkoy narodnoy zhizni. Moscow: 1905.

혁명 활동으로 추방되었던 몇몇 나로드니크들은 시베리아의 사회적, 종교적, 경제적 측면들과 러시아 정착민들의 삶에 대해 체계적인 연구를 수행하였으며, 추방 기간 동안 및 추방이 종료된 이후에도 민족지적 자료를 수집하고 설명하며 체계화하는 작업에 참여했다. 이들 중에 민족지학자 쿠디아코프(Khudyakov, 1842-1876)와 세로셰프스키(Seroshevsky, 1858-1945)는 야쿠트족, 샤머니즘, 야쿠트족의 관습에 대한 전문가였다.[35, 36] 그리고 스텐베르그(Sternberg, 1861-1927)는 사할린 니브키족(길랴크)의 고대 숭배 제식을 연구하였으며,[37] 요첼슨(Jochelson, 1855-1937)은 유카지르족의 언어와 관습을 연구했고,[38] 보고라즈탄(Bogoraz-Tan, 1865-1936)은 추크치족의 언어와 관습을 연구했다.[39]

이론과 민족지학적 연구를 통해, 나로드니크 학자들은 사회학적 분석의 근거로서 민족을 고려하기 위한 풍성한 사상적, 방법론적 기초를 준비했다. 이 점은 오직 계급이라는 개념만을 지배적으로 사용하여 역사를 분석하고자 했던 마르크스주의자들과는 대비된다. 소련 시기에 나로드니크파의 저술 대다수가 인위적 망각과 억압의 대상이 되었던 것은 정확히 이러한 기본적인 방법론적 모순 때문이었다. 같은 원리를 따라서, 우리 시대의 학문으로서 민족사회학이 적절하게 발전하는 가

---

35 Chudyakov, I.A. Kratkoye opisaniye Verkhoyanskogo okruga. L: 1969.

36 Sieroszewski, W.L. Yakuty. Opyt etnograficheskogo issledovaniya. T.1. SPb: 1896.

37 Sternberg, L.Y. Pervobytnaya religiya v svete etnografii Leningrad: Izdatel'stvo instituta narodov Severa. TSIK SSSR: 1936.

38 Jochelson, V.I. Materialy po izucheniyu yukagirskogo yazyka i fol'klora. SPb: 1910.

39 Bogoraz, V.G. Materialy po izucheniyu chukotskogo yazyka i fol'klora. SPb: Izdaniye Akademii nauk, 1900.

운데, 나로드니크에 대해서 특별한 관심을 기울여야 할 것이다.

민족에 관한 러시아의 고전사회학자들

본격적인 학문으로서의 러시아 사회학 창시자들의 저작은 러시아 민족사회학의 성립에 중요한 자료였다. 우리는 이미 사회학에 헌신한 러시아 나로드니크 학자들(특히 보론초프와 미하일롭스키)이 민족지학에 특별한 관심을 기울였음을 보았다. 코발렙스키와 소로킨 등 다른 러시아 사회학자들 역시 그들의 연구가 진행되는 다른 시기에 민족학 연구에 특별한 관심을 기울였다.

일류 러시아 사회학자 막심 막시모비치 코발렙스키(Maxim Maximovich Kovalevsky, 1851-1916)는 캅카스의 민족지학 현장연구의 탐험에 몸소 참여했고 민족지학자 밀러와 긴밀히 협력했다. 캅카스의 민족들에 대한 현장연구의 결과들에 기초하여, 그는 캅카스 사회들의 법률과 관습 및 법률과 관습의 상관관계에 대한 민족지적 연구에 대한 성과들을 발표했다. 여기에서 친족관계의 문제, 친족으로서 삶의 특유한 성격, 러시아 소수 민족들 사이에서 일족의 구조 등을 다루었다. [40, 41, 42]

코발렙스키는 러시아 학계에서 사회학 방법과 민족지학 방법의 상관관계에 대한 문제를 최초로 제기한 인물이다. 즉 이들 학문 분야 간의 상호 관련성과 각 학문 분야의 연구 대상을 무엇으로 해야 할 것인지를 정리하는 문제였다. [43]

코발렙스키의 제자인 20세기의 탁월한 사회학자 피티림 소로킨(Pitirim Sorokin, 1889-1968)은 젊은 시절에 나로드니크들의 사상에 심취하였고 사회혁명당에도 입당했다. 이후 민족 문제에 관심을 가지고 연구를 시작했다.

민족적으로 소로킨은 러시아화한 코미족이었다. 따라서 코미 민족의 특수성이 그의 사상과 관심을 유발한 것은 당연한 일이다. 소로킨은 코미족의 종교적 관념에 관한 수많은 민족지적 연구 성과를 저술했다. 그리고 진화론적 접근법에 입각하여 연구를 진행했는데, 이 위대한 사회학자는 이후에 진화론적 입장을 철회했다.[44] 소로킨은 뒤르켐의 사상에 입각하여 토테미즘의 유산에 대해 분석했다. 여기에서 소로킨은 분석의 개념화를 위한 기초로서, 세속과 신성이라는 두 가지 주요 공간을 구분했다.[45]

그러나 우리에게 중요한 것은, 민족적 문제에 대한 그의 관심이 사회학에 대해 가지고 있었던 그의 경향성에서 밑바탕을 이루고 있다는 점이다.

소로킨의 다른 연구들은 코미족을 다루었으며, 코미족의 문화 질서와 결혼 관습을 분석하였다.[46]

40   Kovalevsky, M.M. Zakon i obychay na Kavkaze. Moscow: 1887.

41   Kovalevsky, M.M. Rodovoy byt v nastoyashchem, nedavnem i otdalennom proshlom. Moscow: 1905.

42   Kovalevsky, M.M. Klan u aborigennykh plemen Rossii / Sotsiologicheskiye issledovaniya. No. 5, 2002, pp. 129 – 138.

43   Kovalevsky, M.M. Etnografiya i sotsiologiya. Moscow: 1904.

44   Sorokin, P.A. 1910.

45   Sorokin, P.A. K voprosu o pervobytnykh religioznykh verovaniyakh zyryan / Izvestiya obshchestva izucheniya Severnogo kraya. Vyp. 4. 1917.

46   Sorokin, P.A. K voprosu ob evolyutsii sem'i i braka u zyryan / Izvestiya Arkhangel' — skogo obshchestva izucheniya Russkogo Severa. No. 1, 5. 1911.

인문학 패러다임으로서 유라시아주의: 민족과 문화의 다원성

철학적 교리로서 유라시아주의의 관심의 중심에는 민족이라는 문제
가 자리 잡고 있다. 주요 인물로 트루베츠코이(Trubetzkoy), 사비츠키(P. N.
Savitsky, 1895-1965), 베르나츠키(G. V. Vernadsky, 1877-1973), 알렉시예프(N.
N. Alekseev, 1879-1964) 등이 있다.[47]

유라시아주의자들은 후기 친슬라브파들(다닐렙스키, 레온티예프, 라만스
키)의 결론에 이론적 근거를 두고 있다. 이에 '문화의 다원성'이라는 주
제를 부각시키면서 모든 사회와 문화가 발전하는 보편적인 경로는 존재
하지 않는다고 주장했다. 즉 '로마-게르만'의 식민주의, 제국주의, 인종
주의를 논리적 한계로서 거부했다. 그리고 이에 대한 대안으로서 고유한
유라시아 문화론을 개진했다. 이에 따라 발전의 정도 및 발전의 목적과
방향은 자체의 고유한 자율적인 역사와 내용을 가지고 있는 유라시아의
문화적 가치로부터 비롯된다는 것이다.

유라시아 교리의 매우 중요한 특징은 러시아 유라시아 문명이 슬라브
족뿐만 아니라 다른 민족들에 의해서도 만들어졌으며, 이들 모두가 문화
의 발전 과정에 기여했기에 각기 가지고 있는 이점을 제대로 평가해야
된다고 생각한다는 점이다. 유라시아주의자들은 특히 스텝 민족의 역할
을 강조했다. 스텝 민족으로 알란족, 튀르크족, 몽골족은 러시아 문명에
추가적인 사회적, 공간적 차원을 부여함으로써 삼림지대 슬라브족과 광
대한 스텝의 민족들을 하나의 세계 세력으로 통합하였다. 유라시아주의

---

47   Trubetskoy, N.N. *Foundations of Eurasianism*. Moscow: Arktogeia-Center, 2002.

자들은 이 세계 세력을 일컬어 '세계정부'(gosudarstvo-mir)라고 불렀다.

유라시아 세계관의 맥락에서 볼 때 민족문화에서 나타나는 특유의 성격이 무조건적인 일차적 가치를 가지며 사회와 문명의 다원성을 받아들여야 한다는 사상은, 정치체제와 이념 체계에 대한 사회학적 개별 고유성을 밝히고 민족 및 민족적 가치와 구조에 대해 더 많은 관심을 가지게 되는 것과 관련되었다. 학문적이고 체계적인 표현으로서 유라시아 방법론은 민족사회학과 매우 유사한 현상으로 생각할 수 있다. 유라시아주의는 민족을 표현한 하나의 형태로 사회를 간주한다. 그리고 민족의 다원성이 개인을 기반으로 한 사회와 전체로서의 사회(sotsialnikh i obshchestvennikh)의 체제의 다양성에서 근간을 이룬다고 인식한다.

유라시아주의자들은 모든 형태의 인종주의를 완강히 거부했다. 기술적, 문화적, 진화론적 인종주의 등을 비롯하여 생물학적 인종주의를 비판하며, 이에 문화의 완전한 평등성이라는 사상을 발전시켰다.

유라시아주의자와 초기 친슬라브파 사이의 중요한 차이점은 러시아의 소수 민족들의 문화에 대한 관대한 태도와 소수 민족들의 정신적, 사회적 특수성을 옹호하고 되살려야 한다는 요구였다. 니콜라이 세르게예비치 트루베츠코이 공(Prince Nikolai Sergeyevich Trubetskoy)은 '전-유라시아 국민주의'라는 개념을 발전시켰는데, 이를 바탕으로 하여 러시아-유라시아의 통합된 '광대한 공간'의 수호와 발전을 위하여 러시아 민족들이 연대하는 자각이 필요하다는 사상을 개진했다.[48]

---

48 Trubetskoy, N.N. 'Obshcheyevraziyskiy natsionalizm / *Foundations of Eurasianism*. Moscow: Arktogeia-Center, 2002, pp. 200 – 207.

트루베츠코이 공은 또 다른 학문적 역량을 발휘하여, 로만 야콥슨(Roman Jakobson)과 함께 '음성학 및 프라하 구조주의 언어학파'를 창설했다. 여기에서 구조주의 언어학 사조를 위한 이론적 기초를 마련하였다. 야콥슨은 이에 대해 유라시아주의 사상을 다른 여러 학자들과 공유하였지만 체계적 사회정치적 운동으로서 유라시아주의에 직접 참여하지는 않았다. 그리고 그는 클로드 레비스트로스의 방법론뿐만 아니라 (프랑스 민족사회학으로서) 구조인류학의 등장에도 결정적인 영향을 미쳤다.

트루베츠코이 연구 성과의 양면인 유라시아주의와 구조언어학을 함께 고려하는 경우는 거의 없다. 어떤 사람들은 트루베츠코이를 유라시아주의자이자, 철학자, 이념가, 사회운동가라고 알고 있지만, 또 다른 사람들은 문헌학과 언어학에서 저명한 학자로 알고 있다. 그러나 사실 둘 다 그의 전체적인 세계관에서 연유한 결과이다. 트루베츠코이는 한편으로 문화, 문명, 민족을, 다른 한편으로는 언어를 생각하면서, 이것들이 구조로서 모든 파생 형태들에 대해 어떤 의미를 부과하는지 사전에 결정한다고 보았다. 언어는 그 자체에 진술의 의미를 담고 있다. 민족은 그 자체에 사회, 사회의 현상, 제도, 과정의 의미를 담고 있다.

유라시아주의를 좁게 볼 수도 있고 넓게 볼 수도 있다. 좁은 관점에서 보면, 유라시아주의는 20세기 초반 러시아 백인 이민자에게서 나타나는 정치적 경향성에 대한 이야기가 될 것이다. 이러한 경향성은 1920년대 말 절정에 이르렀고 1930년대에 내적인 모순으로 인해 쇠락하기 시작하였으며, 1940년대에 소멸했다. 그러나 유라시아주의를 넓은 의미로 이해할 수도 있다. 즉 일반적인 세계관으로서, 그리고 학문과 패러다임의 장치로서 유라시아주의를 보는 것이다. 이때 세상은 문화적, 민족적 다원성을 가지고 있으며, 하나의 보편적인 잣대는 존재하지 않는다고 인식한다. 이러한 세계관에서 구체적인 개별 사례에 대한 평가와 측정은 개인이나 계급이나 인종이 아니라 문화와 민족에 관한 것이다. 유라시아주의를 넓은 의미에서 이해하면, 구조주의 언어학은 유라시아주의 방법론을 학문 영역에 적용할 수 있는 다양한 가능성 중 하나에 불과하다. 이처럼 광의의 유라시아주의에서 민족사회학은 인문학의 유라시아주의 패러다임의 틀에서 하나의 학문적 경향으로 생각할 수 있다.

러시아 민족사회학의 문턱에 관하여

지금까지의 논의를 요약하면, 우리는 20세기 러시아 민족사회학과 민족학이 어떤 요소로부터 형성되었는지를 추적할 수 있다.

그 바탕에는 민족과 문화의 평등과 동등한 가치를 주장하는 인본주의적 패러다임이 자리 잡고 있다. 가장 다양한 이념적 지향들이 이 점을 공유한다. 여기에는 보수주의(친슬라브파), 혁명주의(나로드니크파), 보수-혁명 혼합주의(유라시아주의자) 등이 있다.

이 패러다임은 그 근본적인 특징을 보면 서구에서 광범위하게 이해하고 있는 것처럼 민족사회학의 바탕에 있는 패러다임과 동일하다. 여기에는 민족사회학을 비롯하여 문화인류학, 사회인류학, 구조인류학 등이 포함된다. 보아스, 투른발트, 말리노프스키, 모스, 레비스트로스 등은 문화의 평등성과 다원성 및 초기 인류학자들의 진화론적 인종주의 혹은 기술적 인종주의를 포함하여 모든 형태의 인종주의를 거부한다는 정확히 동일한 생각에서 시작하여 논의를 발전시켰다. 초기 러시아 문화라는 구체적인 경우에 대해 논의한 친슬라브파, 다닐렙스키와 레온티예프, 러시아 나로드니키주의자들, 그리고 종국에는 가장 발전된 형태로 개념화와 일반화를 이루었던 유라시아주의자들은 모두 이와 동일한 원리를 주장했다. 우리가 여러 수많은 사조, 학파, 이론, 개념을 생산해 내었던 이러한 전통들의 깊은 연관성을 찾아야 하는 것은 바로 이러한 공통된 패러다임의 기초 위에 있기 때문이다.

'문화의 평등'이라는 인본주의적 패러다임을 적용함으로써, 슬라브 민족 집단들(대러시아인, 소러시아인, 백러시아인은 물론 동유럽의 고대 슬라브 부족)과 러시아의 다른 민족들에 대해 러시아 연구자들이 몇 세대에 걸쳐 수집한 풍부하고도 부분적으로 체계화된 민족지적 자료들을 우리는 면밀히 고려하고 분류해야 한다. 그러나 이 민족지 데이터의 바다를 체계화하는 과정에서 우리가 이미 가지고 있는 모든 체계화와 분류의 우수성을 신중하게 확인해야 한다. 연구자이자 활동가인 미국의 보아스는 우연히 그러한 작업을 시작했다. 그는 스미스소니언 민족지학 박물관에서 전시되고 있는 것이 천박한 진화론적 접근에 따라서 배치되어 있다는 사실에 문제점을 인식하였다. 이런 식의 전시는 관람자들에게 전시된 유물들의 의미와 중요성 및 그것이 내포하고 있는 내용을 그릇되게 전달할 수 있었다. 다른 인문학이나 역사학에서처럼 민족지학에서도 관찰자(수집가, 체계화자, 박물관 전시 기획자)의 입장이 결정적인 역할을 한다. 만일 민족지학자가 어떤 유물이나 현상의 중요성을 전혀 이해하지 못한다면, 그가 그 유물에 대해서 이야기하거나 그것을 전시 공간에 공개할 것이라 기대하기 어렵다. 똑같은 원리로 그가 어떤 대상을 올바르게 이해하지 못하는 상황이 만들어질 것이다. 그러나 민족사회학의 관점에서 보면, 진화론적 이론의 지침을 따르거나 자기 문화의 스테레오타입을 연구 대상인 다른 문화에도 투사하는 사람이라면 누구라도 제대로 이해할 수 있는 것은 전혀 없을 것이다.

결과적으로, 러시아에서 2세기 이상에 걸쳐 수집된 대량의 민족지학적 데이터는 민족사회학의 틀에서 근본적인 재고, 재분류, 비판적 재검토가 필요하다. 이 작업은 이념적 도그마에 근거해서는 안 된다. 단순하든 복잡하든, 크든 작든, 각 민족 모두를 인정하고, 개별 민족이 나름의 고유한 문화적 감각과 구조를 가지고 있으며 각 민족은 나름의 경로를 따라 발전하는 것이 권리라는 것을 인정하는 데에서 출발해야 한다.

사실상 러시아 민족사회학이 시작되어 현재 하나의 독자적인 학문 분야로 자리 잡게 된 것은 바로 그러한 접근법이다. 동시에 러시아 사회의 주변부에서 발전했던 민족학과 구조주의 연구가 이러한 형태로 자리 잡게 되는 최초의 중대한 발걸음을 우리는 보게 된다. 러시아 사회의 중심부에는 진화론적(정향진화론적), 계급적, 그리고 진보론적 접근이 교리로서 지배적이었으며, 문화의 평등이라는 인문학적 패러다임과는 양립할 수 없었다. 그리하여 민족사회학이라는 독자적 학문의 가능성이 배제되었던 것이다.

체계적 학문으로서 러시아 민족학의 수립

민족학의 수립과 세르게이 미하일로비치 시로코고로프의 역할

본격적인 민족사회학의 시작으로 볼 수 있는 것으로, 독자적 학문으로서 민족학의 최초의 이론적 위치를 정교화한 인물은 세르게이 미하일로비치 시로코고로프(Sergei Mikhailovich Shirokogoroff, 1887-1939)이다.[49] 그는 러시아의 사회학자, 민족지학자, 민족학자로 탁월한 인물이었다. 시로코고로프는 러시아권 및 서구 학계에서 채택된 '민족'이라는 개념을 학문적으로 사용할 수 있도록 처음으로 도입했다. 저명한 독일 민족사회학자 빌헬름 에밀 뮐만은 스스로 시로코고로프가 자신의 스승이자 영감을 준 사람이라고 생각했으며, 이에 시로코고로프를 '민족사회학'의 창시자라고 불렀다는 사실은 중요하다.[50] 시로코고로프의 생각은 또

49 Ob'yektivnyy i vzveshennyy obzornyy material o biografii i ideyakh S.M. Shirokogorova. Revunenkova, E.V., Reshetov, A.M. Shirokogoroff, S.M. / Etnograficheskoye obozreniye, No. 3. 2003, pp. 100 – 119.

50 Johansen, U. Vliyaniye Sergeya Mikhaylovicha Shirokogorova na nemetskuyu etnologiyu /

다른 저명한 민족학자 레프 니콜라예비치 구밀레프에게 결정적인 영향을 미쳤다. 구밀레프는 공식적으로 시로코고로프를 비판적으로 평가했지만, 하나의 체제로서 민족(그리고 실제로 '민족' 개념 그 자체)을 대상으로 그가 가졌던 기본적인 접근법은 주로 시로코고로프로부터 차용한 것이었다.[51]

시로코고로프는 프랑스의 소르본대학교에서 문헌학 교육을 받았다. 러시아로 돌아왔을 때, 그는 유라시아의 가장 오래된 민족 중 하나인 퉁구스족(에벤키족)을 연구하기 위해 극동지역으로 민족지학적 현장연구 여행을 떠났다. 1922년에 학문적 연구 임무를 가지고 중국에 파견되었지만, 극동에서 소비에트의 통치가 수립됨에 따라 다시는 돌아오지 못했다. 그 이후로 계속해서 죽을 때까지 그는 중국에서 살았고 계속해서 학문적 연구 활동에 참가했고 그 연구 성과를 중국어를 포함한 외국어로 출판했다.

중국에서 그는 현지의 민족 집단들을 연구하였으며, 그들에 대한 상세하고 과학적인 연구 성과를 저술로 발표했다.

시로코고로프는 평생 동안 아내인 엘리자베스 니콜라예프나(Elizabeth Nikolaevna)의 조력에 힘입은 바 크다. 그녀는 남편과 학문적 관심사를 공유했고 남편이 연구하고 있었던 민족 집단들과 관계를 맺고 유지할 수 있도록 적극적으로 지원했다.

Etnograficheskoye obozreniye, No. 1, 2002, pp. 139 - 143.

51 Gumilev, L.N. *Ethnogenesis and the Biopsphere*. Moscow: Progress Publishing, 1990, pp. 69 - 71.

'민족' 개념과 학문으로서 민족학의 도입

시로코고로프의 중심이 되는 업적이라면, 독자적인 사회학적, 학문적 범주로서 '민족' 개념을 도입하고, 이를 바탕으로 광범위한 학문 프로그램이자 새로운 학술 분야로서 '민족학'의 수립을 제안했던 것을 꼽을 수 있다. 우리는 시로코고로프가 민족을 정의했던 것에 대해 여러 차례 반복해서 말했다. 그렇지만 여기에서 한 번 더 상기해 보자. "민족이란 사람들로 이루어진 집단으로, 하나의 언어를 말하고, 공동의 기원을 인식하며, 전통에 따라 보존되고 인정되지만 여타 집단들의 관습과는 다른 고유의 관습과 생활방식의 복합체를 가지고 있다."[52]

시로코고로프가 민족의 또 다른 기본적인 표식으로서, 동족결혼(endogamy) 즉 집단 내에서 성혼되는 것을 합법적으로 인정하는 가능성을 따로 분리해 냈다는 사실은 중요하다. 우리는 레비스트로스와 함께 사회를 구성하기 위하여 혈통 간의 관계라는 원칙이 매우 중요하다는 것을 살펴보았다.

민족이 최소한 두 개 이상의 족외혼 집단(혈통)으로 구성되며 이는 혈통을 넓게 해석하는 관념과는 질적으로 구분된다는 사실은 동족결혼의 원칙 안에 포함되어 있다.

시로코고로프는 극동의 다양한 부족들(퉁구스족, 만주족, 오로켄족, 울치족, 니브크족 등)에 대한 현장연구에서, 그가 만났던 모든 사회가 문화적 차

---

52 Shirokogoroff, S.M. Etnos: Issledovaniye osnovnykh printsipov izmeneniya etnicheskikh i etnograficheskikh yavleniy. Moscow: Kafedra sotsiologii mezhdunarodnykh otnosheniy sotsiologicheskogo fakul'teta MGU, 2010, p. 16.

이나 언어적 차이에도 불구하고 지속적이고 일관되게 반복되는 다수의 표식을 가지고 있으며, 이 표식은 원시적이든 근대적이든 어떤 사회에서 건 찾아볼 수 있었다는 사실을 관찰했다. 그후 이를 바탕으로 하여 그는 1912년 '민족'이라는 생각을 떠올리게 되었다. 그리하여 이 '민족'이라 는 생각은 하나의 학문적 개념으로 부상했고, 특정한 인류학적, 문화적, 사회적 성격을 지칭하는 일반화된 개념이 되었다.

사회조직

시로코고로프가 '사회조직'(social organization)을 어떻게 이해하고 있 었는지 살펴보는 것은 민족 문제를 고려하기 위해 매우 중요하다. 즉, 사회 조직은 "민족지적 요소들의 복합체인데, 사람들이 모인 지속적인 집합체로서 사회의 기능을 조절하고, 이에 속한 사람들은 특정한 내적 균형을 이룬 복합체를 형성한다. 이로써 민족이라는 단위는 스스로를 재생산하고 고유의 경제체제, 물질 문화, 정신적이고 심리적인 활동을 보존할 수 있는 기회를 갖게 되는데, 다시 말해 하나의 민족 단위는 통합성을 유지하며 존재를 존속시킬 수 있도록 보장된다."[53]

이 정의는 민족사회학의 핵심을 이룬다. 여기에서 가장 중요한 것은 민족을 통해 사회('사회 조직')를 정의했다는 점이다. 이와 동시에 시로코고로프는 의도적으로 '민족'이 아니라 '사회' 조직을 이야기하며, '민족 지적 요소', '민족 단위' 등의 관점에서 사회를 설명한다. 시로코고로프

---

53 Shirokogoroff, S.M. *Social Organization of Northern Tungus with Introductory Chapters concerning Geographical Distribution and History of these Groups.* Shanghai, 1929, p. 5.

에 따르면 사회는 처음부터 민족이다. 이런 방식으로 사회와 민족을 동일시하는 경우에, 우리는 '코이님'이라고 불렀다. 본질적으로 이것은 '사회 조직'에 대한 시로코고로프의 생각과 이해를 발전시킨 것에 다르지 않다. 문화인류학의 맥락에서는 '문화'라는 개념이, 구조인류학에서는 '구조'가 유사한 기능을 한다.

사회조직(코이님)이 가지는 다양한 특징들을 구분할 수 있다.

사회는 '민족지적 요소들의 복합체'(복합체-1)로 구성되며, 이는 '사회의 기능성'을 조절한다. 사회는 '사람들이 모인 지속적인 집합체'이며, 이에 속한 사람들은 (이차적인) 복합체를 형성하는데(복합체-2), 이 주요 목적은 '내적 균형'을 유지하는 것이며, 이를 통해 '민족 단위'(민족, 사회)가 다음 사항을 할 수 있도록 해 준다.

- 자신을 재생산한다.
- 다음에서 자신을 보존한다(지속성 및 통합성을 보장한다).
  - 경제체제
  - 물질 문화
  - 정신적이고 심리적인 활동

우리는 이 복잡한 정의의 구조를 [그림 12]와 같이 나타낼 수 있다.

이 그림을 분석해 보면, '민족지적 복합체'는 이후의 모든 지점과 단계에 선행하는 하나의 경우이며, 결과적으로 민족의 본질을 구성한다는 점을 알 수 있다. 이 첫 번째 복합체는 근본적인 의미에서 민족이다. 민족은 현실에서 구현되는 '사람들의 집합체'보다 원칙적으로 선행하며 논리적

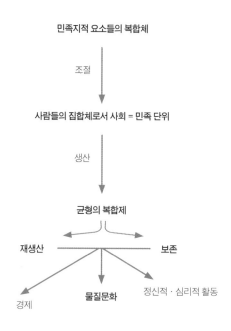

민족지적 요소들의 복합체

조절

사람들의 집합체로서 사회 = 민족 단위

생산

균형의 복합제

재생산 ——————— 보존

경제

물질문화

정신적 · 심리적 활동

그림 12. 시로코고로프가 말하는 사회

으로 시간상 '앞서' 존재한다. 우리는 이 '민족지적 복합체'를 민족의 정적인 구조, 즉 지속적이고 불변의 (조절하는) 현상으로서 민족이라고 부를수 있다. 자연적 요소와 문화적 요소 모두 불가분의 전체로서 이 민족지적 복합체에 포함된다.

　'사람들의 집합체'로서 사회(즉, 특정한 시간과 특정한 공간에서 살아가는 사람들의 집단)는 '민족지적 복합체'가 결정하고 조정하는 영향 아래에 위치해 있다. 이 영향은 '사람들의 집합체'(사회)를 민족으로 만든다. 이 영향의 결과로 (엄밀하게 영향력의 내용은 불변임) 제2의 복합체(균형의 복합체)가만들어진다. 특정한 의미에서 이 복합체는 같은 민족성을 바탕으로 하는

'사람들의 집합체'의 반작용으로 구성된다. 규범적(정상적)인 경우에 이 반작용은 균형과 균형을 위한 장치들을 직접 재구성하는 가운데 존재하며, 이는 사람들의 다음 (세대의 혹은 역사의) 집합체를 위한 '민족지적 복합체'(복합체-1)로 작용할 것이다.

사회 조직은 다른 상황에서 고려될 수 있다. 민족이 안정되고 균형 잡힌 상태에 있을 때, 복합체-2는 복합체-1과 거의 전적으로 일치한다. 전통에 따라 수용된 원칙과 지침, 그리고 이러한 기반 위에서 수립된 결정과 행동은 완전히 일치하며 엄격한 조화를 이루는 상태에 있다. 사람들과 집단은 민족 문화('민족지적 복합체')가 요구하는 바에 따라 행동하며, 동일한 민족 문화를 다음 세대에 전파한다. 이는 교육뿐만 아니라 크고 작은 의식적 행동이나 결정 및 단순한 행위를 통해 일어난다. 이 경우, 복합체-1과 복합체-2 사이의 간극은 최소화된다. '민족지적 복합체'의 안정성은 균형의 두 번째 복합체에서 일관성과 조응하며, 균형은 지속성을 보증하는 사회의 주요 순간들을 보존하며 재창조한다.

그러나 특정한 상황에서 이러한 과정이 방해를 받기도 한다. 그렇게 되면 (균형의) 2차 복합체는 (민족지적) 1차 복합체와 달라질 수 있으며, 이에 상응하여 균형의 모델과 전통 및 관습의 변형 모델에서 변화가 나타나게 된다. 이는 민족에서 발생하고 그 결과 사회에서 발생하게 되는 사회적, 역사적 변화에 대한 구조적 설명이다.

이후에 이 모델이 어떻게 작동하는지에 대해서 알아볼 것이며, 민족을 비롯하여 사회의 다른 파생 유형들의 변형을 연구하기 위해서 이 모델이 가지는 중요성에 대해서 논의할 것이다.

문화의 균형이론: 민족 균형의 계수

시로코고로프는 문화의 균형에 관한 중요한 법칙을 수립했다. 핵심 생각은 민족에 대한 현장연구에 근거하여 세 가지 요인 간의 연결성을 관찰하는 데 있다.

1. 민족 단위 구성원의 규모
2. 민족이 거주하는 영토
3. 문화적, 기술적 발전 수준

시로코고로프는 이러한 규칙성을 연구하기 위해 다음과 같은 공식을 제시했다.

$$q/ST = \omega$$

이 공식에서 q는 민족 집단 인구의 규모, S는 상대적인 문화 수준(복잡성과 기술 발전에 따라), T는 민족이 거주하는 영토의 면적, ω은 상수로 시로코고로프는 이를 '민족 균형 계수'라고 불렀다.[54]

이 방정식의 좌변에는 서로 다른 값을 취할 수 있는 변수들이 있다. 만약 우리가 민족의 양적 구성이 상수라고 가정하면(민족이 사멸하지 않는다고 가정한다면), 남은 두 변수는 서로 역의 관계가 된다. 민족 영토의 값이

---

54 Shirokogoroff, S.M. *Social Organization of Northern Tungus with Introductory Chapters concerning Geographical Distribution and History of these Groups.* Shanghai, 1929, p. 5.

감소하게 되면, 이는 문화적-기술적 발전의 값이 증가하는 것을 의미한다(일으킨다. 요구한다). 정착지 공간이 확장하게 되면 문화적-기술적 수준에서 감소로 이어질 수 있다. 도시 및 농촌 지역의 사례에서 이러한 규칙성의 작용을 추적하는 것은 어렵지 않다.

민족이 정착한 공간이 외부 조건(지리적, 정치적 조건 등)에 의해 고정된다고 가정하면, 인구의 증가는 문화 기술 수준의 성장에 정비례한다. 동일한 자원 기반에서 더 많은 수의 사람들에게 필요한 것을 제공하기 위해서는 기술을 발전시키고 동일한 자연 환경에서 더 적은 비용으로 더 많은 필요한 산물을 추출해 내는 방법을 습득하는 것이 필요하다.

마지막으로 문화 수준이 일정하게 유지될 경우 인구 증가는 영토 증가와 정비례한다.

시로코고로프는 이 법칙이 보편적이라고 생각한다. 사실 순수한 형태의 민족에 대해서는 전적으로 이 법칙을 적용할 수 있다. 다만 나로드, 국민, 시민사회 등 민족의 파생물에 대해서는 그렇지 않다. 이 법칙은 민족의 삶의 변화에서 나타나는 주요한 규칙성을 매우 타당성 있게 설명한다.

그 법칙을 구체적인 현실 사례에 적용하면서, 시로코고로프는 문화 수준이 진화론자들의 의견과는 달리 가역적이며, 따라서 성장할 수도 있고 쇠퇴할 수도 있다는 점에 주목한다. 이에 대해 그는 퉁구스 부족의 사례를 증거로 제시한다. 퉁구스족은 만주에서 집약적 정착생활을 했던 시기에는 철과 구리를 가공하고 초기 농업과 목축업 기술을 가지고 있었다. 그런데 이후 북부 타이가 지대로 밀려나고 크고 개방된 광활한 공간을 터전으로 삼으면서, 정착 시기의 기술들은 잃어버렸으며 사냥과 채집의 경제활동 기술로 이행했다. 따라서 민족 균형의 공식은 사회 발전의 가역성까지 포괄하는 보다 일반적인 법칙임이 분명하게 확인된다.

민족과 주기

민족사회학에서 일반적인 가역성 원리의 한 가지 변이로 민족의 발전에 주기가 있다는 생각이 있다. 시로코고로프는 민족을 살아 있는 유기체로 해석하면서 주기론을 착안했다. 살아 있는 유기체로서 민족은 성장과 번영 및 쇠퇴의 시기를 거친다. 각각의 시기는 여러 가지 요소들에 의해 좌우된다. 내적인 요소도 있고 외적인 요소도 있다. 그러나 민족의 과정을 단순히 관찰하는 것만으로도 우리는 민족에서 근본적으로 다른 조건들을 확인할 수 있다. 이는 어느 정도 '생명력'과 상호 관련되어 있다. 정량적 지표에서 이 점이 가장 잘 드러난다. 즉 민족 구성원의 수적 성장을 들 수 있다. 민족 균형의 법칙에 동의하게 되면, 이 과정은 자동으로 통제하는 영토의 증가 혹은 문화적-기술적 수준의 증가로 귀결될 것이다. 이러한 방식으로, 민족 균형의 공식은 추가적인 차원을 획득한다. 민족의 정량적 크기는 정성적 매개변수인 '생명력'에 따라 결정된다. 영토의 증가 또는 (만약 영토의 증가가 어떤 이유에서 어렵거나 불가능하다면) 문화적 혁신의 분출은 생명력이 존재하고 성장하는 경우에만 일어날 수 있다. 그렇다면, 민족의 정량적 증가는 그러한 성장과 연관된 과정과 함께 발생한다. 동시에, 인구 증가는 공간적 확장 또는 문화적 성장(또는, 만일 두 영역에서 확장이 일어날 수 있는 가능성이 있는 경우, 두 개 모두이지만 낮은 비율로)을 동반할 수 있다.

민족의 쇠퇴는 인구 감소로 표현된다. 그러나 인구의 숫자가 고정되어 있다면, 문화적-기술적 수준의 감소에서 민족의 쇠퇴를 찾아볼 수 있다.

민족의 삶이 순환적 성격을 가진다는 점은 시로코고로프의 민족사회학에서 중요한 점 중 하나이다. 그리고 이후 구밀레프의 민족발생론의 주요 토대가 되었다.

민족과 환경

시로코고로프는 민족이 살고 있는 환경을 세 가지로 구분했다. 세 개의 환경은 모두 민족에 대해 지대한 영향을 미친다. 민족은 환경의 일부 요소를 수용하고 동화하기 위한 존재 전략을 짜내며, 반면 다른 요소들에 대해서는 거부하고 특정한 종류의 반응을 보이는 등으로 환경에 대응한다.

첫 번째 환경은 자연환경이다.[55] 민족 균형의 공식 변수 'T'로 표현된 것이 환경이며, 질적 공간이라는 관념에 통합될 수 있다.[56] 기후, 지리, 식물지, 동물지 등과 함께 환경과의 상호작용은 민족 존재의 매우 중요한 차원을 구성하며 '민족지적 복합체'의 내용을 형성한다.

두 번째 환경은 사회 제도, 문화, 기술, 경제 메커니즘 등으로 구성되며, 첫 번째 환경과 조화를 이룬다.[57] 첫 번째와 문화의 생태적 지향성인 두 번째 환경의 구조적 통일성과 조화는 가장 원시적이고 단순한 상태인

---

55 Shirokogoroff, S.M. Etnos: Issledovaniye osnovnykh printsipov izmeneniya etnicheskikh i etnograficheskikh yavleniy. p. 47.

56 Dugin, A.G. *Sociology of the Imagination*, pp. 169 – 186.

57 Shirokogoroff, S.M Etnos: Issledovaniye osnovnykh printsipov izmeneniya etnicheskikh i etnograficheskikh yavleniy, p. 61.

민족 사회에서 나타나는 특유의 성질이다. 민족 균형의 공식에서 두 번째 환경은 변수 'S'이다.

세 번째 환경은 서로 다른 민족들 간의 관계에 관한 환경으로, 다시 말해 민족들 간의 상호작용이 일어나는 현장이다.[58] 민족 문화들('민족지적 복합체') 간의 차이점들은 간극을 만들어 내는데, 이 세 번째 민족 환경에서 민족 간 격차는 많은 사회 현상이 발생하는 원인이 된다.

민족 간 상호작용의 유형

시로코고로프는 다음과 같은 세 가지 유형의 민족 상호작용을 고려해야 한다고 보았다.

공생론(commensalism): 프랑스어 코망살르(commensal)에서 나온 것으로 '밥상 친구'라는 뜻이며, 두 개의 민족이 함께 살아가는 공생의 형태이다. 두 민족은 서로 상호작용하지만, 상호작용과 교환이 어느 민족에게도 근본적인 것은 아니며, 상호작용이 중단되어도 어느 쪽에도 실질적인 해가 되지 않는다.

협력(cooperation): 두 민족이 서로에게 필수불가결한 관심을 가지고 있고, 유대관계가 단절될 경우 두 민족이 모두 큰 고통을 받게 된다.

기생론(parasitism): 한 민족이 다른 민족의 비용으로 살아가는 경우이다. 민족 간의 협력관계가 깨지면, 기생 민족은 죽고, 숙주 민족은 건강을 되찾는다.

---

58 Shirokogoroff, S.M Etnos: Issledovaniye osnovnykh printsipov izmeneniya etnicheskikh i etnograficheskikh yavleniy, p.76..

시로코고로프는 공생론을 설명하면서 다음과 같이 말한다.

두 민족 간의 가장 약한 연결이 공생론이다. 두 민족이 하나의 영토에서 살아가고 있지만 서로를 괴롭히지 않으며, 전반적으로 볼 때 서로에게 이로운 상황이다. 어느 한 민족이 사라진다고 하더라도 다른 민족의 성공적인 삶에 전혀 부정적인 영향을 미치지 않는다. 그리하여, 예를 들어 보면, 야생 동물이 없는 지역에서 살아가는 농부가 사냥꾼과 함께 지내는 경우이다. 농부는 사냥꾼이 사냥한 동물을 나누어 먹을 수 있다. 공생자 각자는 상대방에 대해 독립적이지만, 둘 모두에게 이로운 점을 찾을 수 있다. 사냥꾼은 일시적으로 먹을 것이 없는 경우에 농산물을 공급받을 수 있고, 농부는 고기, 모피, 가죽과 같은 사냥을 통해 획득한 물품을 가질 수 있다. 시베리아의 러시아 정착민들과 그 지역 원주민들은 그러한 관계를 보여 주는 사례이다. 남아메리카의 민족들도 같은 영토에서 함께 살았던 사례이며, 특히 브라질에서 농부와 사냥꾼의 공생관계를 볼 수 있다.[59]

또 다른 민족 간 유대관계 형태에 대해서 시로코고로프는 다음과 같이 말한다.

협력이란, 한 민족이 다른 민족 없이 살 수 없으며, 두 민족은 모두 상대

---

59 Shirokogoroff, S.M. Etnos: Issledovaniye osnovnykh printsipov izmeneniya etnicheskikh i etnograficheskikh yavleniy, p. 95.

민족의 존재에 대해 동등한 이해를 가지고 있는 두 민족의 관계 형태이다. 그러한 관계를 보여 주는 사례로, 인도의 카스트들 간의 관계 혹은 귀족이나 기사의 사유지를 정복한 자들(예를 들어, 게르만인)과 지역 주민(갈리아인, 슬라브인) 사이의 관계에서 찾아볼 수 있다. 민족 간에 그와 같은 협력 관계가 성립하는 경우에, 두 민족은 양쪽 모두에게 똑같이 적합한 사회조직의 형태를 선택한다. 사회조직이 계속해서 존재할 수도 있지만, 민족의 안정성에 따라 한 민족이 다른 민족에 의해 생물학적 또는 문화적으로 흡수되는 일도 일어날 수 있다. 인도의 특정 카스트와 다른 곳에서도 이러한 사례를 찾아볼 수 있다. 그러나 혼합 또는 흡수를 통해 다른 형태의 사회조직으로 이행함에 따라, 민족적 특수성을 완전히 상실하는 경우도 발생할 수 있다.[60]

민족 관계는 또한 하나의 영토에서 세 번째 형태의 민족 간 관계를 채택할 수도 있다. 바로 기생관계이다. 이 경우 한쪽은 수동적 요소가 되며, 그 결과 다른 쪽은 이득을 얻는다. 게다가 기생하는 종족은 잃는 것이 없으며 숙주 민족으로부터 아무런 비용을 지불하지 않고 상당한 이득을 얻어 낼 수 있다. 이에 숙주 민족은 완전히 사멸할 수 있는 위험에 처하게 된다.[61]

시로코고로프는 이러한 모든 종류의 관계들이 민족 간 유대관계의 발

60 Shirokogoroff, S.M. Etnos: Issledovaniye osnovnykh printsipov izmeneniya etnicheskikh ietnograficheskikh yavleniy, p. 95.
61 Shirokogoroff, S.M. Etnos: Issledovaniye osnovnykh printsipov izmeneniya etnicheskikh ietnograficheskikh yavleniy, p. 96.

전 과정에서 역동적으로 변화할 수 있음을 강조한다. 이를테면, 공생관계가 협력관계로 변할 수도 있고, 협력관계가 기생관계로 변할 수도 있다.

민족과 전쟁

시로코고로프에 따르면 또 다른 민족 간 상호작용의 형태로 전쟁을 들수 있다. 이것은 극단적이지만 상호작용하는 관계에서 항상 존재하는 형태이다. 상승하는 민족은 스스로 안정성을 높이거나 하락하는 민족을 일으켜 세운다. 전체적으로 민족은 항상 역동적으로 맥동하고, 공간에서 섞이고, 문화적 코드를 변경하고 변형하며 적응하고, 다양한 유형의 경제 관리를 숙달하고, 새로운 기술을 습득하고, 과거의 기술은 상실한다. 이 때문에 민족들 사이에는 세 가지 공존의 유형이 존재하면서도 이와는 다른 형태인 전쟁이 빈번하게 발발한다.

전쟁을 하나의 민족적 과정으로 설명하면서, 안타깝게도 시로코고로프는 '사회다원주의'에 입각하여 '생물학적'이라는 개념에 기대고 있다. 물론 그의 민족학이 가지는 전체 구조는 전반적으로 볼 때 사회학적 접근과 훨씬 더 많은 부분에서 조응한다. 시로코고로프는 다음과 같이 말한다. "전쟁은 (정신적으로) 상승하는 민족의 자연스러운 열망이다. 이 민족은 이러한 방식으로 자신의 생물학적 능력을 표출한다. 전쟁은 순수하게 민족의 생물학적 기능으로 다양한 이념적 형태를 취하며, (민족의) 일반적인 문화 조건에 좌우된다. 마지막으로, 인구 밀도가 한계가 있는 것처럼 영토도 절대적인 한계를 가지고 있기 때문에, …… 문화의 무한한 성장은 영토를 희생해야만 가능하다. 따라서 절대적인 인구 밀도에 이르고 영토의 전체를 모두 사용하는 지점에 이르러서 한계를 넘어 문화가 성장하는 것은 필연적으로 인류의 사멸로 귀결될 수밖에 없다. 이때 영토는 상실할 것이며 다른 동물 종들이 점령하게 될 것이다."[62]

심리정신적 복합체와 샤머니즘

시로코고로프가 '심리정신적'(psychomental) 복합체라고 불렀던 영역에 대한 그의 후기 연구에 특별히 주목할 필요가 있다. 심리정신적 복합체는 정신적이고 지적인 차원에서 민족 존재의 패러다임을 구성하는 안정된 초개인적 구조이다.[63] '심리정신적 복합체'는 프로베니우스의 '파이데우마'(paideuma) 혹은 위베르와 모스의 '상상의 범주'를 떠올리게 한다. 또한 융의 '집단 무의식'과도 비교할 수 있는데, 시로코고로프에게 이 범주는 개별 민족마다 특유의 구성이 있다는 점에서만 차이가 있다. 이런 의미에서 한 문화를 다른 문화의 입장에서 평가하는 것이 비과학적이고 올바르지 않다고 주장하는 민족사회학과 문화인류학의 일반적인 프로그램과 시로코고로프는 완벽하게 들어맞는다. 이에 대해 시로코고로프는 다음과 같이 쓰고 있다. "하나의 문화 복합체에서 나온 용어를 다른 문화 복합체를 해석하는 데에 적용하는 것이, 후자에서 실제로 존재하는 기능에 대해 이해하는 것을 항상 도와주는 것은 아니다."[64]

시로코고로프는 그의 마지막 저서인 『퉁구스족의 심리정신적 복합체』 (The Psychomental Complex of the Tungus)에서 민족에 대한 연구를 위한

62 Shirokogoroff, S.M. Etnos: Issledovaniye osnovnykh printsipov izmeneniya etnicheskikh ietnograficheskikh yavleniy, p. 91.

63 Shirokogoroff S. M. *Psychomental Complex of the Tungus*. London: K. Paul, 1935.

64 Shirokogoroff S. M. *Psychomental Complex of the Tungus*. London: K. Paul, 1935. p. 268.

주요 범주 중 하나로 '심리정신적 복합체'에 관하여 중심이 되는 이론적 일반화를 만들어 냈다. 여기에서 그는 퉁구스족의 의식, 신화, 경제적 관행, 생산기술, 그리고 자연환경과 문화환경 및 민족 간 환경이라는 세 가지 환경과의 상호작용을 포함하여, 퉁구스족의 민족적 세계상에 대해 기념비적인 설명을 제시한다.

그는 민족적 존재의 중심 요소로서 샤머니즘 현상에 특별히 주목한다. 고대 사회에서 무속이 가지는 근본적인 사회적 기능에 대해 민족학자와 인류학자가 관심을 가지도록 이끌었던 인물이 시로코고로프였다. 원시사회에서 무속은 민족 존재의 유지와 '민족지적 복합체'의 전파를 위해 필요한 핵심적이고도 필수불가결한 기능을 수행하기 때문이다. 시로코고로프의 저서는 유럽에서도 진정한 돌파구로 수용되었다. 예를 들어 뮐만은 이 책에 대해 다음과 같이 썼다. "1935년『퉁구스족의 심리정신적 복합체』라는 책이 발표되자마자, 나는 시로코고로프가 (이 단어에 대한 이전의 이해에서) 민족지학의 한계들을 산산조각 내고 스스로를 민족지학의 선도적 이론가의 반열에 올려놓았다는 것을 명확하게 인식하게 되었다."[65] 이 책에서 시로코고로프는 특히 무속인의 무아지경을 심리적 질병으로 보아서는 안 된다고 주장한다. 먼저, 퉁구스족이나 다른 고대 부족의 문화에서 '심리적 질병'이라는 개념과 엄격하게 동일한 개념이 존재하지 않기 때문이다. 둘째로, 무속인은 스스로를 통제하며, 무아지경의 조건에서도 자신의 행동과 상태를 통제하는 특성이 있기 때문이다. 다른

---

65 Muhlmann, W., Shirokogoroff S. M. Nekrolog (s prilozheniyem pisem, fotografii ibibliografii) / Etnograficheskoye obozreniye, No. 1, 2002, p. 146.

경우라면 정상적인 것과는 다르겠지만, 무속인의 심리 상태는 일종의 규범을 구성한다. 셋째로, 고대 나로드의 전형적인 사례에서, 복잡한 사회의 사람들의 심리적 장애를 생각나게 하는 현상과 마주하기도 하지만, 그 심리적 장애를 겪는 유형의 사람이 무속인이 되는 경우는 매우 드물기 때문이다.

시로코고로프를 이어받아, 그리고 시베리아와 극동의 나로드 사이에서 나타나는 샤머니즘에 대한 그의 연구를 다방면으로 참조하여, 종교역사가 미르치아 엘리아데(Mircea Eliade)는 고전적인 저작『샤머니즘: 황홀경의 고대 의식』(Shamanism: The Archaic Practices of Ecstasy)을 집필했다.[66]

시로코고로프가 제시한 민족 연구의 주안점

시로코고로프의 책 마지막 부분을 인용해 보자. 여기에서 그는 처음으로 체계적으로 민족학의 원칙들을 제시하였다.[67] "민족의 발전은 각 현상들이 복잡해지면서 발생하는 것이 아니라 현상의 전체적인 복합성을 조정하면서 이루어진다. 즉 민족을 보존한다는 목적으로 민족지적, 심리적(생리적) 복합성에 조정이 일어난다. 그 결과 특정한 현상이 발전하고 복잡해지는 것과 함께 감소 또한 발생할 수 있다."[68] 이 저술은 민족사회학

66 Eliade, M. *Shamanism: Archaic Techniques of Ecstasy*. Princeton, NJ: Princeton University Press, 1972.

67 Shirokogoroff, S.M. Etnos: Issledovaniye osnovnykh printsipov izmeneniya etnicheskikh i etnograficheskikh yavleniy.

68 Shirokogoroff, S.M. Etnos: Issledovaniye osnovnykh printsipov izmeneniya etnicheskikh i etnograficheskikh yavleniy. p. 117.

의 토대가 되는 사회적 기억성의 법칙을 명쾌하게 제시하고 있다는 점에서 매우 중요하다.

"민족은 두 가지 방식으로 환경에 적응한다. 첫째, 자신에게 필요한 것, 자신을 구성하는 것, 자신만의 특별한 성격을 바꾸면서 환경에 적응한다. 둘째, 환경 그 자체를 바꿀 수도 있다."[69] 여기서 그는 주변 공간에 대한 사회적 관계의 이중적 코드에 관하여, 그리고 '공간의 생산'(르페브르의 이론)에 관하여 인류학자와 사회학자 들이 개념들을 개발할 수 있는 바탕을 마련했다.[70]

"정착지를 찾는 동안 민족의 이동과 민족의 존재는 언제나 저항이 가장 적은 경로를 따라 움직인다. 게다가, 그 힘의 하나는 민족 그 자체이다. 민족은 결정을 내릴 때 (이는 각 시점에 민족이 부분 혹은 전체를 인지하고 있다는 사실이다) 외부 조건(환경), 지식의 총합(문화), 성격(생물학적 힘)과 연결된다."[71] 여기서 역사적인 결정을 내리는 주체는 정확히 민족의 몫이라는 사실에 관심을 가질 필요가 있다. 이 점은 다른 학문의 패러다임인 계급 기반 접근이나 기술적 접근과는 대비된다.

"환경과의 관계에 대한 민족의 자각은 정착과 존재의 이동 과정에 대한 인식과 함께 민족 정신문화의 내용을 구성한다. 민족 정신문화의 발전은 무엇보다 경험적 관찰을 위해서 획득한 자료의 양에 좌우된다. 또한 역

---

69 Shirokogoroff, S.M. Etnos: Issledovaniye osnovnykh printsipov izmeneniya etnicheskikh i etnograficheskikh yavleniy. p. 118.

70 Lefebvre, H. *La production de l'espace*. Paris: Anthropos, 2000.

71 Shirokogoroff, S.M. Etnos: Issledovaniye osnovnykh printsipov izmeneniya etnicheskikh i etnograficheskikh yavleniy. p. 119.

으로 관계의 복잡성과 이동 과정의 집약성의 정도는 자료의 조건을 규정한다."[72] 이 점은 민족을 이동성 있는 역동적인 단위로 보아야 하며, 이동의 과정에서 역사적으로 '민족지적 복합체'를 형성한다는 점을 시사한다.

이후에 시로코고로프는 민족지적 방법을 근거로 미래학적 예측을 한다.

> 인간의 미래는 민족의 이동에서 볼 수 있는 범위에서 일정한 한계를 가지고 있는데, 대체로는 문화가 보다 더 발전하는(복잡화하는) 것이 멈추거나, 영토의 축소가 일어나는 등의 한계점의 방향으로 이동하며, 궁극에는 둘 중 어느 경우라도 민족의 사멸에 비견하는 결과를 초래함에 따라 현대 인간 종의 소멸로 이어진다. 다른 동물 종들과의 유사성으로부터 유추해 보면, 다음과 같은 추측이 가능하다. (1) 현대 인간 종은 다른 종들에 비해 존속 기간이 짧을 것이다. (2) 변화하려는 경향이 있는 주요 환경의 조건에 적응하는 것이 불가능해진 결과로 인간 종의 종말이 일어난다. (3) 인간의 종말에 대한 즉각적인 표현은 아마도 문화적, 지적 발달이 비대해지면서 발현될 것이며, 여기에서 인간의 생물학적 기능이 자연적으로 수행되는 것을 억제할 것이다. (4) 이러한 억압이 일어날 수 있는 형태는 인간의 자기 재생산, 즉 후손의 잉태와 출산을 관리하는 데에 인간이 개입하는 것이라고 생각할 수 있다. 더욱이, 변화하는 몸의 기관들에 대한 신체적 적응은 분명히 기관 자체의 변화들보다 더 느리게 발생하며, 인류는 신체적으로

72 Shirokogoroff, S.M. Etnos: Issledovaniye osnovnykh printsipov izmeneniya etnicheskikh i etnograficheskikh yavleniy, p. 120.

적응할 시간이 없을 것이다.[73]

1925년부터 이 부분은 타당성에서 주목을 끈다. 이 예측에서 첫 번째 사항은 생물 종들과의 유사성에서 유추하여 만들어진 것인데, 이는 다소 의심스러운 점이 있다. 그러나 두 번째 사항은 정확히 오늘날의 생태 운동 및 그 집단의 입장과 판박이이다. 오늘의 생태운동은 거의 백 년 전 시로코고로프처럼 주요 환경에 적응하지 못하는 결과로 인류가 생태학적 재앙으로 인해 종말을 맞게 될 것이라고 예측한다. 세 번째 사항은 정보 사회가 도래할 것이라는 예측이다. 정보사회에서 디지털 기술과 가상 네트워크가 점차적으로 인간의 유기적 발현을 밀어내면서 시뮬라크라(simulacra, 닮은 상)가 인간을 대체할 것이다. 특정 포스트모던 매니페스토, 특히 도나 해러웨이(Donna Haraway)의 매니페스토에 묘사된 사이보그의 형상은 이 예측이 우리의 눈앞에 나타나고 있다는 사실을 극명하게 보여 주는 사례이다. 마지막으로 네 번째 사항은 실제 오늘날 현실에서 나타나고 있는 것으로 중국이 도입한 '산아 제한'과 유전 공학의 진보를 설명한다.

시로코고로프의 민족학과 민족사회학

시로코고로프의 이론에서 중요한 사항의 대부분은 학문으로서의 민족사회학의 근간에 있으며, 민족사회학은 민족학 자체에서 직접 유래한

---

73 Shirokogoroff, S.M. Etnos: Issledovaniye osnovnykh printsipov izmeneniya etnicheskikh i etnograficheskikh yavleniy, pp. 120-121.

다. 다만 여기에서 몇 가지 분명히 해야 할 사항들이 있다.

1. 시로코고로프는 인간을 생물사회적 실체로 인식한다. 그리하여 데카르트가 도입한 고전적 서구의 이원론으로 모든 것이 '주체-객체'라는 이분법에 근거하고 있다는 생각에서 인간의 자연적 요소와 문화적 요소를 구별한다. 이것은 생물학적으로 해석될 수 있는 시로코고로프의 수많은 사항들의 원천이다. 이러한 사항들은 그의 가르침의 본질에 이르지 못하며, 더구나 그 본질을 구성하지도 않는다. 이미 살펴보았듯이, 그는 민족을 정의할 때 공통된 기원에 대해서 이야기하지 않는다. 오히려 '공통된 기원에 대한 믿음'을 이야기한다. 즉 사회적 관계 혹은 상징적 관계에 대해서 이야기하는 것이다. 그럼에도 불구하고 생물학이나 동물학에 호소하는 것은 민족사회학에서 허용될 수 없으며, 이런 식으로 해석될 수 있는 진술이나 이론적 구성은 정정되고 보다 적절하게 해석되거나, (만일 재해석이나 정정 중 어떤 것도 받아들이지 않는다면) 기각되어야 한다. 바로 여기에 민족학과 민족사회학 사이의 경계가 놓여 있다. 민족사회학은 인간을 인류학적 좌표계로부터 그리고 사회를 사회적 좌표계로부터 고려한다. 인간 현상을 비롯하여 문화적, 사회적 현상들의 설명을 위한 독립적인 권위로서 생물학을 끌어들이지는 않는다. 그리고 인간 공동체와 동물의 공동체를 비교하는 것은 그저 은유일 뿐이다.

2. 시로코고로프는 '나로드'('라오스')라는 용어 뒤에 있는 특별한 개념적 중요성을 인정하지 않았다. 불필요하다고 간주했기 때문이다. 이런 식으로 그는 민족사회학에서 매우 중요한 순간을 상실한다. 즉, 민족 사회로부터 민족의 파생물로의 이행 및 이에 상응하는 사회 구조의 변형을

놓친다. 그 결과 시로코고로프는 의미상 나로드나 국민이나 심지어 시민사회를 이야기하고 있으면서도 실제로는 '민족'이라는 용어를 사용하는 일이 빈번하다. '민족'과 '국민'을 동의어로 인식했던 경우가 많은 것이다. 결과적으로 '근원주의'가 적절하지 않거나 그 적절성이 제한적인 경우마저 근원주의 방법을 적용한다. 이러한 용어적, 방법론적 사항은 그의 저작을 이해할 때 고려해야만 한다. 그리고 여기서 정정이 필요하다. 몇몇 경우에, 그가 '민족'이라고 부르는 것은 '나로드'를 언급한 것으로 보아야 한다. 때로는 '국민'을 지칭하는 경우도 있음을 알아야 한다. 이것이 민족학과 민족사회학 간의 또 다른 주요한 차이점이다.

3. 시로코고로프는 몇몇 민족 현상을 물질적으로 해석한다. 그리하여 민족에서 나타나는 다수의 과정이 전적으로 독립적인 자연현상으로서 주변 환경이 변화하는 것으로 설명할 수 있다고 가정한다. 더욱이 인간의 주된 동기 요인은 물질적 생존을 위하여 자원을 탐색하는 것이라는 점을 암시한다. 여기서 우리는 민족에 영향을 미치는 독립적인 요인으로서 객체 및 객체의 생물학적 필요성이라는 관념을 다시 마주하게 된다.

민족사회학은 19세기 학문을 지배했던 유물론적 세계관의 '원칙'을 하나의 가설에 불과한 것으로 무시한다. 유물론의 긍정적인 내용은 거의 모두 소진되었다. 만일 고대 사회와 그 '민족지학적 복합체'의 역량을 다른 것들과 동등하고 진정한 사회학적 패러다임으로 기꺼이 인정하고자 한다면, 민족 단위(단순한 사회)가 객체도 물질도 물질적 의존성도 전혀 알지 못하고, 심지어 이 관념과 거의 동일한 것들도 민족의 언어와 문화를 가지고 있지 못하다는 사실을 인정해야만 한다. 만일에, 이를테면 어떤 민족이 이주하는 이유가 과거에 비옥했던 목초지가 사막화되었기 때문이라고 생각한다면, 그런데 이주에 대한 이들 부족의 설명이 부적절한 허튼소리라고 거부한다면(예를 들어, 사악한 영혼의 죽음의 신 에를릭이 천상의 신 텡그리를 희생시켰다고 분노하며 이주 이유를 설명하는 경우), 우리도 '야만인'과 '미개인'보다 무한한 우월성을 가지고 있다고 확신하면서 식민주의자, 인종주의자, 제국주의자와 별반 다르지 않게 행동할 것이다. 연구 대상인 민족에게 아리스토텔레스와 다윈이 누구인지를 설명하는 대신, 민족사회학자는 에를릭이 누구인지 먼저 알아야 한다. 완전하고 공평한 상호성만이 성숙한 문화들의 대화를 위한 기초가 될 수 있으며, 이것이 민족사회학의 학문적 영역이다.

레프 구밀레프: 민족학의 새로운 단계

저명한 러시아 역사학자 레프 니콜라예비치 구밀레프(Lev Nikolaevich Gumilev)는 시로코고로프가 지정하고 구성한 민족학의 발전에 완전히 새로운 수많은 사항들을 도입하였으며 자기만의 고유한 이론을 정교하게 구축했다. 오늘날 구밀레프가 어느 정도로 시로코고로프의 생각과 접근법을 따랐는지, 또 그가 시로코고로프를 거부하고 비판한 것은 어느 정도인지에 대해 논쟁이 있다. 구밀레프는 소련에서 일했지만 시로코고로프의 저서들을 알고 있었다는 사실은 확실하다. 대다수의 소련 역사가들은 사실상 시로코고로프의 저서를 구하는 것이 어려웠고, 실제로 소련 학계에서 시로코고로프의 연구를 거론하는 일이 없었다. 그럼에도 구밀레프는 시로코고로프를 단순히 언급한 것만이 아니라, 그의 이론에서 가장 중요한 사항들의 전체를 논했다. 기본 용어로서 '민족'을 시작으로,

민족 주기 이론을 비롯하여 민족과 주변 환경의 공생에 대한 생각 및 민족 간 과정이라는 개념을 마지막으로 모든 것을 다루었다. 이것은 러시아어를 사용하는 연구 및 전 세계적 차원이라는 맥락에서 정확히 시로코고로프가 발표했던 민족학적 원칙들을 발전시키고 정교화한 것이다. 우리는 독일 민족사회학의 주요 이론가 중 한 명이 시로코고로프로부터 학문적 영감과 가르침을 받았다고 말했음을 이미 확인했다.

구밀레프의 이론이 시로코고로프의 이론을 발전시킨 것은 맞지만, 구밀레프는 많은 측면을 비판적으로 받아들이고 이를 극복하고 능가하기 위해 노력했다.

우리는 구밀레프의 이론이 시로코고로프의 이론을 아우르는 상부구조라고 말할 수 있다. 동시에 유라시아주의 학파가 구밀레프에게 미친 영향도 고려해야 한다. 소비에트 시절 유라시아주의 학파도 금지되었기에, 소비에트의 다른 학자들은 접근할 수 없었다.

구밀레프의 민족에 대한 정의와 모호성

레프 구밀레프의 주요 저작으로 『민족 발생론과 지구의 생물 생활권』(Ethnogenesis and the Biosphere of the Earth)을 꼽을 수 있다.[74] 구밀레프는 이 책에서 민족의 출현, 성립, 쇠퇴에 대한 관념을 제시한다. 이런 의미에서 구밀레프 자신이 민족학 발전의 다음 단계로 고려했던 학문적 모델을 전개한다.

---

74   Gumilev, L.N. *Ethnogenesis and the Biosphere*. Moscow: Progress Publishers, 1990.

우선 구밀레프가 제시한 민족에 대한 정의는 분명하지 않고 모순적이며 시로코고로프 정의의 명확성에 미치지 못한다는 점을 알아야 한다. 어떤 곳에서 구밀레프는 "민족이 여러 가지 형태로 존재할 수 있기 때문에 사회적 현상이 아니다"라고 말했다.[75] 생각 자체는 맞다. 이 말은 민족적 차원이 단순한 사회들에서뿐만 아니라 복잡한 사회들에서도 존재한다는 것을 보여 주기 때문이다. 그러나 이것을 지나치게 문자 그대로 받아들이고 민족이 사회 형태들 중 하나라는 것을 부정한다면, 우리는 학문적 정밀성을 상실하고 모순에 이르게 될 것이다. 사실, 구밀레프는 다른 곳에서 민족이 "인간에서만 나타나는 특징으로 집단적 존재의 형태"라고 말하고 있다.[76] 이 또한 전적으로 맞는 말이다. 집단적 존재의 형태는 사회이며 사회적 현상이기 때문이다.

다른 곳에서 구밀레프는 민족을 "안정적이고 자연적으로 형성된 사람들의 집단으로, 모든 유사한 집단에 대항하며, 역사의 시간 속에서 일정하게 변화하는 자기만의 특유의 전형적인 행동으로 구분된다"라고 정의한다.[77] 여기서 섬너의 '아집단'과 '타집단', 근원주의 접근법의 '자연스러움'에 대한 관계, 그리고 역사적 차원의 규칙성(정돈된 성질) 등이 구밀레프에 영향을 미쳤다는 것이 명확하다는 점을 알 수 있다. 특히 세 번째는 구밀레프의 접근법이 가지는 구체적인 성격을 구성한다.

동시에, 구밀레프는 분명히 인간을 생물학적 종으로 생각하는 경향이

75   Gumilev, L.N. *Ethnogenesis and the Biosphere*. Moscow: Progress Publishers, 1990. p. 35.

76   Gumilev, L.N. *Ethnogenesis and the Biosphere*. Moscow: Progress Publishers, 1990. p. 104.

77   Gumilev, L.N. *Ethnogenesis and the Biosphere*. Moscow: Progress Publishers, 1990. p. 135.

있다. 이에 그는 인간이 "거대한 포식자로서…… 자연 진화의 대상"이라고 주장한다.[78] 구밀레프는 진화론과 생물학적 물질주의의 프리즘을 통해 여러 민족적 과정을 생각한다. 민족사회학의 관점에서 보면, 이러한 점은 구밀레프의 이론이 가지는 중요성을 다소 퇴색시킨다. 사실 구밀레프 이론에서 진화론적이고 생물사회학적인 접근 방식을 어렵지 않게 볼 수 있다. 이러한 점은 19세기 학계에서 특징적으로 나타나는 모습이며, 독일 민족사회학, 보아스의 문화인류학파, 말리노프스키와 래드클리프 브라운의 사회인류학, 모스와 레비스트로스의 프랑스 사회학 등에서 극복되었다. 그러나, 우리는 그러한 공식에 대해 너무 엄격하게 보아서는 안 된다. 구밀레프는 소비에트 시대에 학문적 저술을 남겼다. 그때는 유물론적이고 진화론적인 도그마가 학문을 지배하던 때였다. 이에 그도 이 도그마를 고려하지 않을 수 없었다. 그럼에도 그의 이론의 모든 사항은 전적으로 다른 방향으로 향했다. 그러므로 구밀레프의 민족발생론도 그 역사적 맥락에서 고려되어야 할 것이다. 그리고 다소 의심스럽게 보일 수 있고 민족사회학의 주요 입장과는 반대가 되는 정의나 공식 및 방법론은 제쳐 두고, 구밀레프 이론에서 가장 값지고 중요한 직관과 통찰력을 구분해 내는 노력을 해야 할 것이다. 구밀레프가 민족사회학적 맥락에 맞지 않는 이런저런 말들을 했다고 해서 배제하는 것보다 더욱 중요한 것은, 그의 이론들이 민족사회학에 진정한 실질적인 기여를 한다는 사실에 근거하여 구밀레프를 민족사회학의 본체에 포함시키는 것이다.

78   Gumilev, L.N. *Ethnogenesis and the Biosphere*. Moscow: Progress Publishers, 1990. p. 40.

열정성과 그 변형들

민족 발생론이라는 구밀레프의 이론에서 주요한 의미는 대체로 아래와 같이 요약할 수 있다.

모든 민족적 과정의 기초에는 '열정성'(passionarity)이 자리 잡고 있다. 이것은 구밀레프가 만든 용어로, '열정', '효과', '고통' 등을 의미하는 라틴어 파시오(passio)에서 어원을 찾을 수 있다. 구밀레프 자신은 첫 번째 의미를 강조한다. '열정성'은 열정, 열렬함, 풍부한 내적 에너지로서, 그 존재는 인간이 일상적인 환경에서 자신의 존재를 지탱하는 데 필요한 최소한을 넘어서서 존재하는 것이다. 구밀레프는 모든 사람을 열정적 인간, 조화로운 인간, 열정 부족 인간의 세 가지 유형으로 구분한다. 이 세 가지 유형에 근거하여 그는 민족적 과정의 발전 논리를 설명하고, 민족의 출현과 소멸의 과정인 '민족 발생'의 범주에서 이론을 일반화한다.

'열정적'(passionate) 인간은, 구밀레프에 따르면, 높은 열정성을 가진 사람으로 인간 집단이 보통의 삶을 살아가는 데에 필요한 정도와 비교해서 개인의 내적 에너지와 '열정'이 과도하여 넘치는 경우에 해당한다. 영웅, 우두머리, 개척자, 그리고 전도사는 모두 열정적 인간에 포함될 수 있다. 그러나 강도, 도둑, 미치광이, 파괴자도 역시 마찬가지이다. 열정성은 삶의 에너지이며 하나의 단위로 생각할 수 있다. 열정성은 선한 목적을 위해 소비될 수도 있지만, 반대로 사악한 목적을 위한 수단이 될 수도 있다. 동시에, 열정적 인간은 죽음에까지도 도전할 수 있다는 점이 중요하다. 열정적 인간은 삶의 에너지가 넘치기 때문에 죽음을 두려워하지 않으며, 지구상에 존재하는 것을 초월하여 삶의 에너지를 투영할 태세가 되어 있다. 그 결과, 열정적 인간은 열정적인 지지자 혹은 광신자가 되기 쉽고, 전투에서도 항상 선두에 선다. 전쟁이나 위험을 회피하지 않을 뿐만 아니라, 오히려 반대로 위험을 찾아내고 열망한다. 구밀레프에 따르면, 민족 발생의 수준은 사회에 축적되어 있는 열정성의 비율에 따라 달라진다.

'조화로운'(harmonious) 인간도 열정성을 가지고 있다. 그러나 열정성의 정도가 제한적이다. 이러한 인간은 죽음에 도전하지 않으며, 위업을 수행할 준비가 되어 있지 않다. 그러나 일정 수준의 존재를 지탱하기에는 충분한 에너지를 가지고 있다. 이러한 유형이 우세한 사회는 안정적인 상태에 있게 된다. 그런 사회는 발전하지 않지만, 또한 퇴보하지도 않는다. 정지되고 정적인 사회인 것이다.

'열정 부족'(sub-passionate) 인간은 일탈적 유형으로 낮은 열정성을 가지고 있다. 이 경우 보통의 생애 주기를 지탱하기에도 에너지가 충분하지 않다. 그러나 이 생명 에너지의 결핍은 과잉된 에너지원, 즉 열정적 에너지의 방향으로 열정 부족 인간을 밀어낸다. 열정 부족 인간은 빌려온 생명 에너지로 자양분을 공급받으면서 열정적 인간의 '수행원'이 되는 경우가 많다. 이러한 유형의 인간은 민족이 쇠퇴하고 타락하는 시기에 증가한다. 열정 부족 인간은 겁쟁이이지만, 음흉하고 지략이 풍부하다. 그래서 열정적 인간의 '이름으로' 조화로운 인간 유형에 대해 통제력을 수립하는 경우가 많다. 이들은 쇠퇴와 죽음의 에너지를 통해서 자양분을 획득한다. 사회에 열정 부족 인간형이 만연하다면, 이것은 몰락의 징후이며 역사의 궤도를 이탈하여 사라질 것임을 암시한다.

구밀레프는 저서를 통해 모든 민족에서 이 유형들이 다양한 비율로 존재하고 있음을 보여 주면서 이에 대한 수많은 역사적 사례들을 논의하고 있다.

민족 발생의 단계

민족 발생의 주기에 대한 구밀레프의 이론은 민족사회학에서 중대한 공헌이다. 구밀레프는 민족을 출생부터 성숙, 노년, 죽음에 이르기까지 생애주기 전반을 겪고 살아가는 하나의 생명력을 가진 독립체로 생각했다. 이는 매우 중요한 사항이다. 왜냐하면 진보와 정향진화를 정면으로 부정하는 한편, 진화론에 대한 구밀레프의 시각이 어떠한 의미를 가지고 있는지 보여 주기 때문이다. 구밀레프는 민족의 역사에서 진화는 없다고 생각했다. 주기가 있을 뿐이다. 상승은 하락으로 대체되고, 이러한 단계들은 번갈아 나타난다.

동시에, 구밀레프는 비록 많은 민족이 (사람들처럼) 외부 요인의 영향으로 더 일찍 사멸했지만, 민족의 완전한 생애 주기는 약 1200년의 기간이 지나면 완성된다고 생각했다. 사멸한 민족은 원시적 구성인자로 산산이 흩어지는데, 이것은 이후에 민족 생성의 과정에서 새로운 요소가 된다. 이 과정은 끝없이 계속된다.

구밀레프는 다음과 같이 민족 발생의 단계를 구분했다. 항상성, 추동력, 상승, 과열, 균열 또는 관성의 단계, 퇴색 그리고 추모 단계 등이다.

민족 발생의 과정은 항상성의 조건, 즉 민족과 그 주변 환경 간의 완전하고 안정적인 균형으로부터 시작된다. 이 조건에서는 주어진 자연 환경에서 삶을 부양하기 위해 요구되는 생명력의 필수적 예비력을 가지고 있는 조화로운 유형이 우세하다.

추동력은 민족 내부에서 열정성이 폭발적으로 분출함으로써 유발된다. 이 단계에 주변 환경과 균형을 이루며 존재하는 민족 집단에서 열정적인 사람들의 숫자가 갑자기 증가한다. 구밀레프는 이 신비로운 현상의

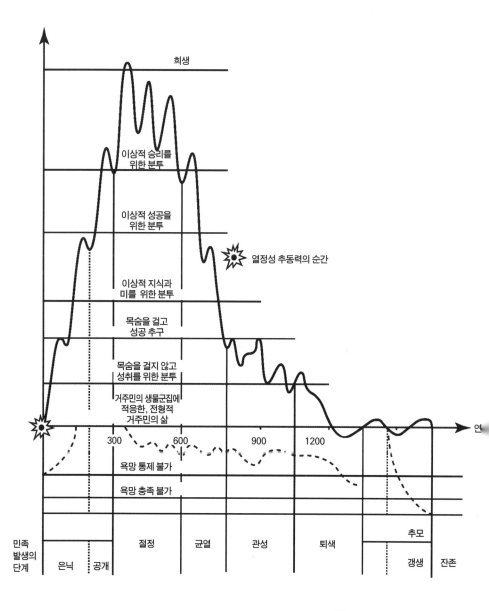

그림 13. 구밀레프가 제시하는 민족 발생의 단계[79]

원인을 특히 태양 활동 주기의 변화라는 다소 터무니없는 가설로 설명한다. 또한 서로 다른 민족들이 동일한 시간과 동일한 공간의 축에서 동시에 열정성이 폭발하는 기하학적 질서정연함에 그는 놀라지 않을 수 없었다. 그 추동력으로 인해 민족 발생의 과정이 비로소 시작된다. 이제 민족이 이동하게 되고 다수의 열정적 인간이 증가하며, 민족에 대해 영웅적 추동력을 부여하는 것도 그들이다. 또한 그들은 무력을 통한 정복과 이주, 그리고 격렬하고도 적극적인 삶의 방식을 촉구한다.

이러한 방식으로 과열의 단계에 이르게 된다. 이 시기는 민족 발생의 정점으로서, 민족이 정복과 새로운 영토의 획득 및 제국의 수립 등으로 역사적 행위의 꼭대기에 도달한다.

열정적 인간의 수와 그들이 지배하는 민족적 삶이 사회체제의 안정성을 훼손하기 시작해서 어느 순간 과열이 발생한다. 그리하여 균열이 나타나고 쇠퇴가 시작된다.

잠시 동안 민족은 생명력을 계속 유지하게 되는데, 이는 상대적으로 평화로운 영역인 예술, 문화, 기술 발전 등에서 이루어진다. 이것이 관성의 단계이다. 이 단계에 이르게 되면, 열정 부족 인간 유형이 사회에 만연하기 시작하면서 민족 체제를 본격적으로 훼손한다. 이 단계에서 나락으로 떨어지면서 민족이 붕괴되고, 다시 항상성의 단계로 복귀한다. 구밀레프는 이것을 '퇴영'(退嬰, obscuration)이라고 불렀다. 이 단계에 이르면 민족의 훌륭한 업적들에 대한 기억이 문화적인 수준에서만 남게 된다. 이

---

79   Gumilev, L.N. *Ethnogenesis and the Biosphere*. Moscow: Progress Publishers, 1990. p. 339.

것이 추모 단계이다. 어떤 경우에는, 조화로운 인간 유형이 새롭게 지배하는 대신 열정 부족 인간 유형이 이전 단계부터 일정한 임계 숫자를 유지한다면, 민족은 모두 소멸해 버린다.

민족의 척도

구밀레프는 자신만의 독창적인 분류법으로 민족을 구분했다. 민족은, 공동운명체(consortium), 공동밀집체(convicinity), 하부민족(subethnos), 민족, 그리고 초민족(superethnos) 등으로 구성된다.

"공동운명체는 하나의 역사적 운명으로 뭉친 사람들의 집단이다. 공동운명체는 붕괴하거나 공동밀집체가 된다."[80]

"공동밀집체란 유사한 생활 방식과 가족 유대에 의해 하나로 뭉친 사람들의 집단이다. 때로는 공동밀집체가 하부민족이 되기도 한다. 이는 역사가 아니라 민족지로 정해진다."[81]

"하부민족은 민족 구조의 한 요소로서 다른 요소들과 상호작용한다. 마지막 단계에서 민족 체계를 단순화하는 동안 하부민족의 수는 하나로 줄어들고 그 하나가 잔존하게 된다."[82]

"초(超)민족은 한 지역에서 동시다발적으로 민족들이 발생하여 역사에서 모자이크처럼 전체가 되어 스스로를 나타내는 민족들의 집단이다."[83]

---

80 Gumilev, L.N. *Ethnogenesis and the Biosphere*. Moscow: Progress Publishers, 1990. p. 339.

81 Gumilev, L.N. *Ethnogenesis and the Biosphere*. Moscow: Progress Publishers, 1990. p. 339.

82 Gumilev, L.N. *Ethnogenesis and the Biosphere*. Moscow: Progress Publishers, 1990. p. 339.

83 Gumilev, L.N. *Ethnogenesis and the Biosphere*. Moscow: Progress Publishers, 1990. p. 339.

구밀레프는 이러한 분류학적 단위들을 하나의 민족을 형성하는 점진적 단계로 생각한다. 그 바탕에는 어떤 과제를 해결한다는 이름으로 뭉친 사람들의 단순한 집단으로서 공동운명체가 있다. 대다수의 공동운명체는 흔적도 없이 해체된다. 일부만이 존속하게 되며, 일반적인 집단 프로젝트를 가족 관계가 보완하는 공동밀집체로 서서히 변모한다. 다음으로, 공동밀집체는 다른 공동밀집체들과 결합하면서 하나의 수준에서 유지될 수 있다. 그러나 어떤 경우에 이들은 이른바 하부민족으로서 보다 유기적이고 지속적인 공동체로 변화한다. 또 다른 민족을 형성하지 않고도 하부민족 간의 결합은 가능하다. 이 경우, 몇몇 하부민족이 개개의 차별성은 유지하면서 일종의 동거 형태를 형성하게 되는데, 구밀레프는 이를 공생이라고 불렀다.

공생으로부터 민족이 형성된다. 어떤 민족들은 초민족이 되지 않고 상대적으로 가까이서 상호의존하면서 다른 민족들과 함께 살아갈 수 있다. 구밀레프는 이것을 크세니아(xenia, '손님', '이방인'을 뜻하는 그리스어에서 유래)라고 부른다. 이들 민족은 서로 '이방인'으로 남는다.

어떤 경우에 몇몇 민족의 특정한 조합이 초민족으로 형성되고 통합된다. 만약 이 조합이 조화롭고 민족들이 상호보완적이라면 (말하자면 서로 부족한 부분을 충족시킨다면) 초민족은 안정적일 수 있다. 그러나, 만약 민족 간의 상호보완성이 약하다면, 부패와 타락으로 떨어지는 정치구조로서 '키메라'*그리스 신화에 나오는 괴수로 호메로스의 『일리아스』에 따르면, 앞은 사자, 뒤는 뱀, 중간은 염소와 산양의 모습으로 이루어져 있다. 보통명사로서 키메라는 한 개체 내에 다른 유전적 성질을 가지는 동종의 조직이 공존하는 현상을 말하기도 한다.를 만들게 된다.

유라시아의 미지의 역사

구밀레프는 유라시아 민족들의 역사에서 망각되고 제대로 연구되지 않은 수많은 사건을 역사적으로 재구축한 업적에 대해 높은 평가를 받을 가치가 있다. 지중해, 근동, 유럽, 중국, 인도, 이란 및 기타 지역의 민족 세계를 철저하게 연구했다면, 오랜 시간 동안 대초원의 나로드는 민족지학 및 역사학의 관심에서 주변부로 남았을 것이며, 일반적으로 야만적인 사회 또는 유목 제국으로 분류되었을 것이다. 이러한 민족들의 연구에 집중한 수많은 저작에서, 구밀레프는 여러 다양한 민족 집단의 역사에 관한 풍부한 자료가 유라시아에 있다는 사실을 보여 준다. 민족집단들이 누렸던 위대한 시대와 쇠퇴의 시대, 종교에 매료되었던 민족의 이야기와 원시적 다신교 및 샤머니즘으로의 회귀, 독창적인 정치 및 사회 체제의 개발, 다양한 형태의 국가 발전, 민족 간의 전쟁, 고통스러운 왕조 전복 사건, 경이로운 영웅주의와 희생, 타락과 배신의 심연 등에 관한 역사적 사건들을 발굴했다.[84] 다시 말해서, 세계사가 한두 단락을 할당하는 유라시아의 민족 역사는 많은 연구가 이루어진 세계의 다른 문화와 민족 들의 역사와 비교할 때 결코 뒤지지 않는 중요성을 갖게 된 것이다. 유라시아 민족의 역사도 못지않게 다채로우며 수많은 역사적 사건, 예기치 않은 전환, 도약, 추락, 드라마와 비극으로 가득 차 있다.

---

84 Gumilev, L.N. Drevniye tyurki. Moscow: Ayris-press, 2008; Gumilev, L.N. Tysyacheletiye vokrug
Kaspiya, Moscow: AST/Kharvest, 2008; Gumilev, L.N. Chernaya legenda. Moscow: Ayris-press,
2008; Gumilev, L.N. Khunnu. Troyetsarstviye v Kitaye. Khunny v Kitaye. Moscow: Ayris-press,
2008; Gumilev, L.N. Drevnyaya Rus' i Velikaya step'. Moscow: Mysl'. 1989; Gumilev, L.N. Poiski
vymyshlennogo tsarstva: (Legenda o "Gosudarstve 'presvitera Ioanna'"). Moscow: Nauka, 1970.

구밀레프는 민족지학적이고 역사적인 연구를 통해 유라시아의 이미지를 바꾸었고, 민족 역사의 거대하고 실질적으로 알려지지 않은 부분을 인류에게 돌려주었다. 이 점이 민족학에 대한 구밀레프의 근본적인 공헌이다.

동시에 초기 유라시아주의자들을 추종했던 레프 구밀레프는 서구 역사학의 편견에 차고 선택적인 접근법을 의식적으로 보여 주기 위해 노력했다. 즉 서구 자체의 역사와 닮아 있고 조응하는 사건들, 사회 형태들, 경제체제들만을 이야기할 가치가 있다고 여기는 태도를 드러내고자 했다. 서구 역사학은 그 근본에서 '민족 중심적'이며 인종주의적이다. 그리고 레프 구밀레프의 연구는 서구에 전혀 알려지지 않은 민족학의 역사 및 문화의 역사가 가진 거대한 현장을 독자에게 소개하면서 이러한 사실을 잘 보여 준다. 이렇게 공식적(서구적) 버전의 역사는 상대화되고, 합당하지 않게 망각된 비서구 문화와 민족이 인류 역사의 일반적 맥락에서 본격적인 역사적 존재가 될 수 있는 권리를 가지게 된다.

구밀레프의 용어와 민족사회학 분류: 수정과 대응

레프 구밀레프의 민족학은 다양하고 다차원적이며 민족사회학에 매우 중요하다. 동시에, 그의 방법과 용어, 특정 개념의 해석, 체계화 및 분류법은 완전히 독창적이며, 민족사회학과 문화인류학의 상응하는 용어 및 분류법과는 상당한 차이가 있다. 그 결과 구밀레프의 저술들을 연구할 때에 여러 민족사회학적 모델을 명확히 하기는커녕 오히려 혼란을 야기할 위험이 있다.

따라서 민족사회학과 관련된 구밀레프의 용어와 분류법 사이에 일정한 연관성을 설정하고 차이점을 밝히는 것이 타당하다. 그러면 구밀레프의 이론은 민족사회학적 지식, 방법, 도구를 상당히 풍부하게 할 수 있을 것이다.

구밀레프가 '공동운명체, 공동밀집체, 하부민족, 민족, 초민족'으로 구분한 분류법은 매우 문제가 많다. 시민들의 집단으로서 공동운명체로부터 가족의 유대 및 관습과 연결된 공동체로서 공동밀집체로의 전환은 정해져 있는 것이 아니다. 어떤 집단이라도 다른 어떤 기반 위에서 만들어질 수 있기 때문이다. 공동밀집체 및 하부민족처럼 공동운명체도 민족 내부 혹은 민족적 변형의 과정에서 하나의 사회적 단위로 구분될 수 있다. 예를 들어 몇몇 민족의 상호작용을 구성하는 부분이 될 수도 있고, 특정한 민족사회학적 과정(일탈자를 민족에서 배제한다거나 특정한 전문 집단을 자율화하는 등)의 결과가 될 수도 있다. 그러나 하부민족이나 민족은 결과적으로 이와 같은 집단에서부터 형성되지 않는다. 모든 집단은 자기만의 언어를 고안해 낼 필요는 없지만 특정한 언어를 매개로 결합해야만 한다. 그러나 공동운명체나 공동밀집체 수준에 있는 어떤 집단이 이미 민족의 성격을 가지고 있다는 의미는 아니다. 민족은 그보다 선행하며, 민족이 그로부터 구성되는 것은 아니다.

또한 민족의 귀납적인 척도로서 하부민족, 공동밀집체, 공동운명체라는 분류법으로 민족을 쪼개는 것 또한 의심스럽다. 왜냐하면 개인들로 이루어진 집단으로서 공동밀집체는 민족의 기본적인 사회집단이 아니기 때문이다. 민족의 최소 내적 요소는 가족과 혈통이다. 공동운명체는 매우 특정한 구체적인 현상이며, 이는 결코 민족의 기본적인 분류군으로 간주될 수 없다. 우리는 구밀레프가 왜 공동운명체를 이러한 기본단위로 정확하게 따로 떼어 내었는지는 이후에 논의할 것이다. 지금으로서는 구밀 레프가 제시한 민족의 척도 구조가 모든 경우에 일반적이고 정확한 모델로서 적용될 수 없다는 점을 인식해야 할 것이다. 구밀레프의 척도는 우리가 별도로 고려하게 될 특정한 역사적 상황에서만 적용이 가능하다.

두 번째 중요한 점은 민족사회학이 민족(가장 단순한 사회 형태인 코이님)으로 간주하는 것이 구밀레프의 용어에서 단지 하나의 시기에만 해당한다는 것이다. 즉 항상성의 시기이다. 민족사회학은 안정적인 조건을 유지하고 환경과의 균형을 이루는 최소의 사회 형태로 민족을 이해한다. 이처럼 민족사회학에서 이해하는 민족은 민족 발생을 비롯하여 열정성의 도약 및 복잡화와 동적 확장의 과정을 배제한다. 열정성의 추동력이 만드는 민족 발생의 시작은 민족사회학에서 볼 때 민족이 그 첫 번째 파생물인 나로드 혹은 라오스로 이행하는 것이다. 따라서 구밀레프가 '민족 발생'이라고 부르는 것은 사실상 '라오스 발생'(laogenesis)으로 부르는 것이 타당할 것이다. 즉 민족으로부터 나로드가 형성되는 과정을 말하는 것이기 때문이다. 그러나 구밀레프는 이것을 구분하지 않는다. 그의 접근법은 일반화된 근원주의적, 생물학적 접근법이고, 그는 민족과 나로드 사이의 근본적인 사회학적 차이점에 주목하지 않기 때문이다. 구밀레프에게 나로드와 민족은 동일한 하나의 주체가 서로 다른 역사적 시기에 존재하는 것이다. 따라서 그는 이를 모두 '민족'이라고 부른다. 이 점이 사회학자들의 비판에 대해 그의 이론을 취약하게 만든다. 구밀레프가 이해하는 것처럼 과열 시기에 있는 민족과 항상성의 시기에 있는 민족(가장 단순한 사회로서 적절한 민족의 의미)은 서로 완전히 다른 사회학적 현상이다. 물론 이 둘 사이에 연관성은 있다. 그러나 그 연관성은 어떤 주장과 그 주장이 발휘하는 기능 사이의 관계 정도에 빗댈 수 있을 뿐이다.

열정성이라는 현상은 구밀레프가 명확하게 확인했듯이 민족에서 라오스로 변화하는 순간이다. 이는 매우 중요한 요소이지만, 엄격하게 민족 사회학적 용어로 명시해야만 그 의미를 충분히 밝힐 수 있을 것이다. 열정적인 사람들이 충분히 모여서 그 수가 임계점에 이르게 되면, 이것은 나로드(라오스)의 특징적 징후라고 볼 수 있으며 라오스 발생의 원동력이 된다. 동시에 민족은 항상성의 단계로서 조화로운 인간 유형들이 모인 최소한의 연합으로 보아야 할 것이다.

초민족과 관련하여, 이것은 여러 면에서 웅장한 제국, 문명, 종교 문화를 만들어 내는 '큰 나로드'를 떠올리게 한다. 즉, 그것은 민족에서 나온 질적으로 새로운 파생물이 아니라, 나로드가 창조해 낸 역사적 구성의 최대 규모라는 것이다. 나로드는 정의상 항상 어느 정도 다민족적이다.

국민은 전적으로 독특한 역사적 사례이며, 거듭해서 강조했듯이 나로드와 구별되어야 하며, 더 나아가 민족과는 더욱 구별되어야 한다.

그러므로 우리는 민족사회학에서 구밀레프의 모델을 매우 신중하게 사용해야 하며, 매번 용어와 개념의 구성을 점검하면서 민족사회학에서의 개념과 이론에 어떻게 대응시켜야 하는지 살펴야 한다.

소련의 구조주의: 블라디미르 야코블레비치 프로프

저명한 러시아 학자로서, 역사가이자 러시아 민족 전통의 전문가인 블라디미르 야코블레비치 프로프(Vladimir Yakovlevich Propp, 1895-1970)는 러시아 구조주의 학파의 창시자였다. 러시아 구조주의 연구는 러시아어를 사용하는 지역에서 민족사회학적 지식의 또 다른 중요한 자료이다.

프로프는 독일의 민족지학자이자 출판가인 에밀 누리(Émile Nourry, 1870-
1935)의 사상에 영향을 받았다. 누리는 '피에르 생티브'라는 필명으로 활
동했던 인물이다. 누리는 민담을 상상 속에서 경험한 고대의 의식으로
해석할 것을 제안했다. 누리의 이론을 이어받아, 프로프도 민담을 고대와
고대 문화 및 경제적 관행에 대한 이야기로 생각했고, 이를 연구하기 위
해서는 구조적 방법을 사용해야 한다고 제안했다.[85, 86]

이 방법은 이야기 속의 수많은 줄거리와 등장인물로부터 한정된 수의
기능적 조합을 분리해 낼 것을 요구한다. 기능적 조합은 상응하는 경제
적 관행과 마술적 의식에 대한 역사적 내용을 반영하는 것으로 훨씬 더
시간이 지난 후대의 퇴적된 지층에 새겨져 있다.

프로프는 민담에서 고대의 핵심이 사냥, 채집 및 이와 연관되어 있는
의식 등과 연결된 줄거리와 상황의 조합이라고 생각했다. 그는 이 고대
의 기능적 핵심을 분리하기 위해 신중하게 방대한 자료를 분석했다.

이 고대 자료의 줄거리는 죽음에 대한 최고의 의식, 영웅의 부활, 매우
중요한 성격을 가진 동물(전설적 적수로서 괴물)의 교환 등을 기반으로 한
다. 프로프에 따르면, 그 괴물은 영웅을 집어삼켜야 하고 이로써 영웅은
새로운 삶을 부여받는다. 그리고 동물을 죽이는 사냥꾼과 상징적으로 사
냥꾼을 죽이는 동물 사이에 균형이 복원된다.

프로프는 설화에 담겨 있는 기억으로서 고대 사회의 다른 제도들에 대

---

85 Saintyves, P. *Les Contes de Perrault et les récits parallès.* Paris: E. Nourry, 1923; Nourry E.
    Corpus du Folklore des Eaux en France et dans les colonies françaises. Paris: Librairie E. Nourry,
    1934.
86 Istoricheskiye korni volshebnoy skazki. L: Izd-vo LGU, 1986.

해서도 연구했다. 여기에는 남성결사조직(Männerbunden)과 집, 성인식, 부족장의 자녀들을 위한 특별한 의식, 결혼 주기의 구조와 의식을 비롯한 기타의 제도들이 포함된다.

이후에 등장하는 유형의 민담은 농경사회의 줄거리로 구성된다. 이제 사냥과 채집에 대한 의존도가 낮아지고 농사와 가축을 통해 식량을 생산하는 사회의 성격을 가지게 된다. 농경사회의 맥락에서 여러 오래된 사냥꾼들의 의식과 마술적 제사는 의미를 잃게 되고 그 중요성에서도 변화를 맞이한다. 줄거리, 기능, 등장인물이 이제 다른 맥락에서 새로운 농경사회 질서를 반영하여 해석되는 것이다. 가령 사냥꾼을 잡아먹는 상징적 동물(물고기, 용, 괴물)과 나중에 사냥꾼이 부활하여 동물이 상호보완적 파트너로 역할을 하는 방식으로 문화(인간)와 자연을 교환하는 이야기는 농경사회 단계에 이르러 변형된다. 농경사회의 이야기는 뱀이나 용과 같은 괴물에 대한 전투로 상호보완적 차원이 없어지며, 극단적 적수로 패퇴시키고 파괴해야 하는 존재가 된다.

마지막으로 최종적인 유형의 민담은 영웅 서사시이다. 이것은 사회적 모델을 묘사한다. 그리고 유산의 상호의존성을 강조하고 개인의 유형으로 영웅과 강자의 중심적 지위를 강조하면서 사회적 계층화를 명확하게 드러내는 초기 국가 수립의 과정을 설명한다.[87]

만일 고대 사회들의 경제적 구조들의 진화에 대한 프로프의 설명에서 나타난 진화론과 유물론을 무시한다면, 그의 방법론은 완전하게 민족사

---

87 Propp, V.Y. Russkiy geroicheskiy epos. Moscow: Labirint, 1999.

회학에 통합될 수 있다. 민속학과 특히 민담에 대한 구조적이고 기능적인 분석은 값진 기여이다. 고대 사회, 즉 민족의 구조를 밝히면서 민족의 주요한 사회학적 매개변수들을 재생산할 수 있도록 해 주기 때문이다.

사냥과 채집사회 및 농경사회를 포함하여 고대의 핵심에서 민담은 민족의 문자 이전 문화와 관련이 있다. 영웅 서사시는 민족의 첫 번째 파생물인 나로드 또는 라오스와 관련이 있다. 이미 말했듯이, 프로프의 계승자는 구조주의자 알기르다스 그레마스(Algirdas Greimas)였다.

뱌체슬라프 이바노프, 블라디미르 토포로프: 문헌학과 인류학의 구조주의 연구

종종 공저자로 글을 쓴 뛰어난 러시아 소비에트 문헌학자이자 언어학자이며 문화학자인 뱌체슬라프 프세볼로도비치 이바노프(Vyacheslav Vsevolodovich Ivanov)와 블라디미르 니콜라예비치 토포로프(Vladimir Nikolaevich Toporov, 1928-2005)는 러시아 구조주의의 탁월한 대표자들이다. 그들은 로만 야콥손, 니콜라이 트루베츠코이, 클로드 레비스트로스, 블라디미르 프로프의 방법론을 신화, 신성한 텍스트 그리고 여러 언어학적, 문헌학적 전통을 연구하는 데에 적용했다. 특히, 이바노프와 감크렐리제(Gamkrelidze)는 인도-유럽 언어의 재구축과 고대 인도-유럽의 문화, 신화 그리고 사회 체계에 대한 주요한 연구를 공동으로 집필했다.[88]

이바노프와 토포로프는 일련의 주요한 연구서를 공동으로 집필했다.

---

88 Gamkrelidze, T.V., Ivanov Vyach. Vs. Indoyevropeyskiy yazyk i indoyevropeytsy. Moscow: 1988.

이는 신화적 사상과 언어적 특수성에 대한 것으로, 고대 슬라브 사회의 주요 매개변수들을 재구성하는 것, 즉 슬라브 민족 집단의 초기 형태를 설명하는 것을 가능하게 했다.[89] 토포로프의 저서 『슬라브 문학의 선사』 (The Prehistory of Slavic Literature)는 이 주제에 관한 중요한 연구 성과이다.[90] 러시아 민족사회학에서 이들 연구 성과는 근본적인 중요성을 가진다. 이 연구 성과들을 바탕으로 민족의 구조를 재구성하는 것이 가능하기 때문이다. 다시 말해 러시아 사회 변화의 역사에서 코이넘이라는 매개변수를 명확하게 밝힐 수 있는 근거가 되었기 때문이다.

이바노프와 토포로프는 두 권으로 구성된 『세계 사람들의 신화』(Myths of the Peoples of the World)를 출판하기 위한 프로젝트를 개시하고 완료했다. 이는 러시아에서 신화에 관하여 지금까지 출판된 가장 완벽하고 권위 있는 백과사전이다.[91]

이바노프가 말한 인류학의 이중 구조는 민족을 이중현상(혈통의 이중성은 족외혼 사회에서 가장 중요한 요소이다)으로 이해하는 데 매우 큰 의의가 있다.[92] 이 연구는 민족사회학에서 특별한 중요성을 가진다. 왜냐하면 민족을 비롯하여 여타의 보다 차별화된 사회 조직에서 나타나는 구조의 이중

89 Ivanov, V. & Toporov, V.N. Slavyanskiye yazykovyye modeliruyushchiye semioticheskiye sistemy: (Drevniy period). Moscow: Nauka. 1965;Ivanov, V. & Toporov, V.N. Issledovaniya v oblasti slavyanskikh drevnostey: (Leksicheskiye i frazeologicheskiye voprosy rekonstruktsii tekstov). Moscow: Nauka, 1974.

90 Toporov, V.N Predystoriya literatury u slavyan: Opyt rekonstruktsii: Vvedeniye k kursu istorii slavyanskikh literatur. Moscow: RGGU, 1998.

91 Ivanov, V. & Toporov, V.N Mify, narodov mira. Entsiklopediya. Moscow: Sovetskaya entsiklopediya, 1980.

92 Ivanov, V. Dual'nyye struktury v antropologii: kurs lektsiy. Moscow: RGGU, 2008.

적 형태를 상세하게 설명하기 때문이다. 특히 이바노프는 특정 고대 사회에서 왕권의 순수한 의례적 기능에 관한 영국의 민족학자 아서 호카트(Arthur Hocart)의 생각을 채택한다.[93] 더 나아가 이바노프는 가장 조화로운 유형의 고대 사회들이 폭력과 직접 복종을 바탕으로 지위와 직접적인 정치권력을 구분한다는 주장을 내놓았다. 이러한 사회에서 왕은 위대한 명성과 최고의 지위를 향유한다. 그러나 왕의 권위적인 권리는 사회의 다른 구성원들의 권리와 특별히 다르지 않다. 이바노프에 따르면 왕권의 의례적 성격은 직접적 권위와 전제적 권위를 통해 수립되는 것보다 시간적으로 앞선다. 이러한 그의 생각은 원시사회들이 가장 강력한 지도자에 의한 직접적 지배의 원칙에 기초한다는 통상적인 진화론적 가설들을 뒤집는다. 호카트에 이어 이바노프도 여러 사례들을 제시하면서 정확히 그 반대가 진실임을 보여 준다. 왕의 법적 우월성과 위상은 본래의 사회체제가 퇴보하고 붕괴한 결과 폭력의 합법화로 변형된다. 폭력적 지배는 일종의 강탈이자 일탈이다.[94]

이바노프는 고대 사회의 문화에서 이중체제(쌍둥이 신화, 이진 대립 등)에 대한 연구를 바탕으로 이론을 구축한 소련의 민족학자이자 인류학자인 졸로타레프(Zolotarev)에게 경의를 표하면서 그가 가진 사회학에서의 중요성을 높이 평가한다.[95] 이바노프는 졸로타레프의 미출간 원고를 언급하면서, 여기에 이중구조에 대한 문제와 사회 질서에서 이중구조가 가지

---

93   Hocart, A.M. *Kings and Councillors*. Cairo, 1936.

94   Ivanov, V., Dual'nyye struktury v antropologii: kurs lektsiy. pp. 49 – 85.

95   Ivanov, V. Dual'nyye struktury v antropologii: kurs lektsiy. pp. 86 – 126.

는 중요한 의미에 관해 가장 중요한 결론이 담겨 있음을 보여 준다.[96]

이바노프의 인류학 저술 『인간의 과학』(The Science of Man)은 고전이다. 이 책에는 현시대 인류학 관련 주제와 방법 및 이론 들이 구조주의적 관점에서 개괄적으로 제시되어 있다.

이바노프는 러시아 인문학 국립대학교에서 인류학과의 학과장이다.

구밀레프처럼 이바노프와 토포로프는 공식적인 학문의 영역에서 변방에 있었다. 마르크스주의와는 방법론에서 근본적으로 다르며 이념적 전제에서도 동떨어진 구조주의 접근법을 옹호했기 때문이다. 우리 시대에는 이 저명한 학자들의 생각에 대해 정당한 평가를 해야 할 것이다. 민족사회학에 대한 그들의 공헌은 매우 귀중하다.

소비에트 민족지학과 민족의 역사

소비에트 민족학자들 가운데, 방대한 분량의 민족지학적이고 민족학적인 자료들을 수집하고 분류한 몇몇 뛰어난 연구자들에 주목해야 할 것이다.

소비에트 시기에 러시아 민족지학 연구의 전통을 보존하고 극심한 이념 독재의 조건하에서 부분적이나마 연속성을 지키고자 했던 소비에트 민족지학의 탁월한 인물로 세르게이 알렉산드로비치 토카레프(Sergei Aleksandrovich Tokarev, 1899-1985)가 있다. 그는 시베리아 주민들 사이에

---

96 Zolotarev, A.M. Dual'naya organizatsiya pervobytnykh narodov i proiskhozhdeniye dualisticheskikh kosmogoniy (issledovaniye po istorii rodovogo stroya i pervobytnoy mifologii). Rukopis' (zakonchena v 1941). Arkhiv instituta etnografii RAN.

서 민족지학적이고 인류학적인 현장연구를 시작했다. 그러나 이후에 유럽 사람들과 인도 민족들 및 호주 원주민들에까지 관심 영역을 확장했다.[97] 토카레프는 소비에트의 학자들이 서구의 인류학자 및 민족지학자의 연구와 이론을 잘 이해할 수 있도록 만들었으며, 소련 민족학의 일반적인 역사에 대해서 집필하기도 했다.[98, 99] 그는 고대 민족들의 종교 사상에 큰 관심을 기울였다.[100] 토가레프는 기념비적인 백과사전 『소비에트 사람들의 민족지학』(The Ethnography of the Peoples of the USSR)이 출간되기까지 주도적인 감독 역할을 했다.[101]

저명한 역사학자이자 민족지학자인 보리스 알렉산드로비치 리바코프(Boris Alexandrovich Rybakov, 1908-2001)는 소비에트 학술원에서 고고학연구소 소장을 맡은 바 있으며, 고대 러시아의 사회와 사회질서 및 종교사상을 연구하는 데 헌신했다. 그의 저작으로 『고대 러시아의 연대기와 서사시』(The Chronicles and Bylinas of Ancient Rus), 『고대 슬라브의 이교사상』(The Paganism of the Ancient Slavs), 『고대 러시아의 이교사상』(The Paganism of Ancient Rus) 등을 꼽을 수 있으며, 이들은 모두 슬라브 민족에 대한 연구로 고전이다.[102, 103, 104] 그의 저작들은 러시아 사회의 고대적

97   Tokarev, S.A. Obshchestvennyy stroy yakutov. Moscow: Yakutskoye gos. izd-vo, 1945.

98   Tokarev, S.A. Istoki etnograficheskoy nauki. Moscow : Nauka, 1978; Tokarev, S.A. Istoriya zarubezhnoy etnografii. Moscow: Vysshaya shkola, 1978.

99   Tokarev, S.A. Istoriya russkoy etnografii. Moscow: Nauka, 1966.

100 Tokarev, S.A. Ranniye formy religii i ikh razvitiye. Moscow: Nauka, 1964.

101 Tokarev, S.A. Etnografiya narodov SSSR. Moscow: Izd-vo Mosk. un-ta, 1958.

102 Rybakov, B.A. Drevnyaya Rus': Skazaniya. Byliny. Letopisi. Moscow: 1963.

103 Rybakov, B.A. Yazychestvo drevnikh slavyan. Moscow: Nauka, 1981.

104 Rybakov, B.A. Yazychestvo drevney Rusi. Moscow: Nauka, 1987.

근원의 구조를 연구하기 위한 바탕이 된다.

같은 시기의 프로야노프와 유딘는 러시아 역사에서 고대 시기를 비롯하여 러시아의 민족적, 사회적, 민족지적 특성을 재구성한 매우 값진 저작을 남겼다. 그들은 소비에트 시기에 유명해졌으며 러시아 민족 연구에 중대한 기여를 했다.[105] 유딘(Yudin, 1938-1995)은 프로프의 제자이자 추종자였으며 러시아 역사에 대한 구조주의적 접근을 이어 갔다. 그는 러시아 민속에서 중심 인물들의 기능적 의미를 재구성하는 통찰력 있는 저술을 집필했다.[106] 이고르 야코블레비치 프로야노프(Igor Yakovlevich Froyanov)는 동부 슬라브 민족들의 역사에 대한 여러 저술을 남겼다. 여기에는 『케이프 러시아의 사회와 정치의 역사에 대한 소고』(Essays on the Social and Political History of Kievan Rus), 『고대 러시아: 사회적, 정치적 투쟁의 역사에 대한 연구』(Ancient Rus: A Study of the History of Social and Political Struggles), 『동슬라브의 노예제와 조공 관계』(Slavery and Tribute Relations among Eastern Slavs)를 비롯하여 여러 저작이 있다.[107, 108, 109] 동시베리아의 민족을 연구하고 야쿠트족과 에벤크족의 사회 질서에 관한 방대한 자료를 수집한 뛰어난 인류학자이자 민족학자인 아르카디 페도로비치 아니시모프(Arkady Fedorovich Anisimov, 1910-1968)도 언급해야 한다.[110] 아니

---

105 Yudin, Y.I. Ob istoricheskikh osnovakh russkogo bylevogo eposa. SPb: Russkaya literatura, 1983.

106 Yudin, Y.I. Durak, shut, vor i chert. Moscow: Labirint, 2006.

107 Froyanov, I.Y. Kiyevskaya Rus'. Ocherki sotsial'no-politicheskoy istorii. L: 1980.

108 Froyanov, I.Y. Drevnyaya Rus'. Opyt issledovaniya istorii sotsial'noy i politicheskoy bor'by. SPb: 1995.

109 Froyanov, I.Y. SPb: 1996.

110 Anisimov, A.F. Rodovoye obshchestvo evenkov (tungusov). L: Izd-vo In-ta narodov severa

시모프는 고대 사람들의 종교적 형태와 사상, 즉 '근원론적 생각'의 문제 등에 관한 일반적인 이론을 제시한 저술도 집필했다.[111]

예카테리나 드미트리예브나 프로코피예프(Ekaterina Dmitrievna Proko-fiev, 1902-1978)는 야쿠트족, 투바족, 셀쿠프족의 사회조직에 대해 연구함으로써 러시아 민족지학에 중요한 공헌을 했다.[112] 그녀는 시베리아 민족들의 샤머니즘에 대한 광범위한 자료를 수집하고 분류하였다.

가브리엘 바실리예비치 크세노폰토프(Gavriel Vasilyevich Ksenofontov, 1888-1938)는 야쿠트족과 그들의 사회 및 종교 사상을 연구했다.[113]

소비에트 민족학: 율리안 블라디미로비치 브롬리

소련 국립 학술원의 민족지학 연구소 소장이었던 율리안 블라디미로비치 브롬리(Yulian Vladimirovich Bromley, 1921-1990)는 흥미로운 인물이다. 그는 소련에서 공인받은 유일한 민족 및 민족학 전문가였기 때문이다. 브롬리는 민족 연구에 전념하면서 일련의 학술 저작을 집필했다. 그 중에 눈에 띄는 것으로, 『민족과 민족지』(Ethnos and Ethnography), 『민족의 이론에 대한 소고』(Essays on the Theory of the Ethnos), 『현대 민족지

TSIK SSSR:1936; Ibid., Religiya evenkov v istoriko-geneticheskom izuchenii I proble — my proiskhozhdeniya pervobytnykh verovaniy. L: Izd-vo AN SSSR, 1958.

111 Anisimov, A.F. Obshcheye i osobennoye v razvitii obshchestva i religii narodov Sibiri. Leningrad: Nauka, 1969; Anisimov, A.F. Istoricheskiye osobennosti pervobytnogo myshleniya. Leningrad: Nauka, 1971; Anisimov, A.F. Kosmologicheskiye predstavleniya narodov severa. L: Nauka, 1959.

112 Prokofiev, E.D. K voprosu o sotsial'noy organizatsii sel'kupov. Rod i fratriya. Moscow-L: 1952.

113 Ksenofontov, G.V. Ellayada. Moscow: 1977; Ksenofontov, G.V. Istoricheskiy fol'klor evenkov. Moscow-L.,1966; Ksenofontov, G.V. Mifologicheskiye skazki i istoricheskiye predaniya entsev. Moscow: 1977.

의 문제』(Contemporary Problems of Ethnography), 『민족사회적 과정』(Eth-nosocial Processes), 그리고 민족지에 대한 교과서가 있다. 오랜 시간 동안 민족과 관련된 저술들 중에서는 오직 그의 저술들만 읽을 수 있었다.[114, 115, 116, 117, 118]

브롬리는 구밀레프의 민족 이론을 반대한 주요 인물이었다. 그러나 브롬리의 위상과 구밀레프의 위상을 같은 기준으로 비교할 수 없다. 소비에트 시기에 '인민의 적'의 아들로서 자유사상가였던 구밀레프는 변변찮은 '괴팍한' 존재로 간주되었던 반면, 브롬리는 소비에트 학계에 완전히 통합되어 있었기 때문이다. 따라서 도덕적 관점에서 볼 때, 비록 구밀레프와 그의 사상에 대한 브롬리의 비판은 그것에 대해 일말의 진실이 있더라도(특히 그의 정당화되지 않은 생물학주의와 사회적 접근법의 불충분성에 대한 비판에서), 학문적 논쟁이 아니라 교활한 또는 일종의 억압과 닮아 있었다. 그러한 상황에서, 비판의 본질을 고려할 가치는 없을 것이다.

한편, 브롬리는 자신이 가졌던 지위로 인해 그의 민족학적, 인류학적 이론들을 마르크스주의의 엄격한 도그마와 일치시켜야 할 의무가 있었다. 그리고 고대 인류와 고대 사회에 대한 마르크스와 엥겔스의 사상은 주로 모건의 진화론적 개념에 기초하고 있었기 때문에, 브롬리와 그의

---

114 Yulian Bromley. Etnos i Etnographia. Moscow: 1973.

115 Yulian Bromley. Ocherki Teorii Ethnosa. Moscow: 1983.

116 Yulian Bromley. Sovremennie Problemy Etnografii. Moscow: 1981.

117 Yulian Bromley. Etnosotsial'nie protsessy: teoria, istoria, sovremennost. Moscow: Nauka, 1987.

118 Yulian Bromley. 'Etnografiya: Uchebnik / Pod red. Yu.B. Bromley i G.E. Markov. Moscow: Vysh. Shkola, 1982.

학파의 도그마적 접근법은 상당한 정도로 이미 결정된 것이었다. 소비에트의 사상적 맥락 밖에서였다면 그의 사상은 중대하게 받아들여지기 어려웠을 것이다. 독자적인 가치를 가지고 있지 않기 때문이다.

브롬리는 민족과 민족사회학적 유기체, 즉 마르크스주의 교리에서 정치-경제적 형태에 부속된 민족을 구분하는 기발한 용어를 개발했다. 브롬리는 부족(원시 공동체 질서), 인민(노예 소유의 봉건적 질서), 국민(자본주의 및 사회주의 질서) 등을 민족사회적 유기체의 형태라고 생각했다.

브롬리가 '국민'과 '국민자격'(nationality)＊여기에서 국민자격은 국민성(國民性)을 의미하거나, 혹은 대개의 경우처럼 한 개인이 국민으로서 가지는 자격인 국적과는 의미하는 바가 다르다. 어떤 인간 집단을 국민이라는 범주에 포함시킬 것인지를 판단하는 자격 혹은 조건이자 국민국가를 전제한 개념으로 이해하는 것이 타당하다.이라는 개념을 소비에트의 현실에 끼워 맞추고자 했던 것은 중대한 문제였다. 레닌이 시작하고 스탈린이 계승한 노력으로 러시아 역사에 마르크스주의 이론을 채택했던 복합적인 노력을 이들 개념이 반영하려고 했기 때문이다.

마르크스와 통상적인 용어 사용에 따르면, '국민'은 계급 정부에서 폭력을 조직화한 부르주아 계급의 한 형태로서, 정치 현상이다. 독일의 마르크스주의자 카를 카우츠키는 오스트리아의 마르크스주의자 오토 바우어와 논쟁하는 가운데 당대에 이러한 입장을 옹호했다. 바우어는 카우츠키에 반대했다. '국민'으로 민족 집단을 이해하는 것 또한 가능하다고 생각했기 때문이다. 바우어는 오스트리아-헝가리 제국이 붕괴하는 현실을 묘사하면서, 그 과정에서 헝가리인, 슬라브인, 루마니아인 등 민족 집단들이 분리되었고, 각기 자기들만의 국민 정부를 구성할 준비를 했지만 아직 이루어지지 않았다고 설명했다. 그러나 카우츠키는 상대적으로 단일한 민족적 구성의 독일을 근거로 해서 국민은 오로지 공동의 시민권으로 생각해야 한다는 주장을 전개하고 있었다.

레닌 시기 러시아 제국의 상황은 오스트리아-헝가리 제국과 더욱 밀접하게 닮아 있었다. 그 결과 볼셰비키의 러시아어 용어에서 바우어의 '국민자격'이라는 용어 사용이 우세했는데, 이는 이미 독자적인 정부를 구성한 국민과 그러한 정부 구성의 목적을 위해 계속해서 노력을 경주하는 민족 모두를 의미했다. '국민자격'이라는 개념을 가지고 말하고자 했던 바는, 과거 러시아에도 부르주아적 관계가 있었고 국민도 이미 발생했지만, 사회주의 사회에서 부르주아적 국민은 이내 극복되었으며 국민성으로 변화했다는 주장이었다. 레닌에게도 그랬고, 스탈린에게도 그랬던 것으로 보인다. 그래서 소련에서 '국민'과 '국민자격'이라는 용어는 극도로 모호했다. 부분적으로는 민족문화적인 의미를 말했고, 또 부분적으로는 정치적이고 행정적 (국민 공화국) 공동체를 지칭하기도 했다. 이러한 모호성으로 인해 소련에서 민족과 국민에 대한 자유로운 학문적 연구가 방해 받았다. 공식적 교리와 함께 발전했던 브롬리의 절반뿐인 이론도 이러한 모호성에 영향을 받았다.

오늘날 민족사회학의 제도화

현 단계 러시아 학계에서, 민족사회학에 대한 관심은 새로운 활력과 함께 각성되고 있다. 이제 민족사회학이 일반적인 학문 분야에 등록되고 '사회학'에서 전문화된 분야로 연방정부의 구성 요소에 포함된 사실에서 이를 확인할 수 있다.

418

오늘날, 민족사회학 교과서가 몇 권 출간되었고 교육 매뉴얼도 보급되어 있다.

아루튜얀(Arutyunyan), 드로비제바(Drobizheva), 수소콜로프(Susokolov)가 집필한 교과서는 민족사회학의 학문적 교육을 더욱 발전시키는 모범적 저작이 되었다. 저자들은 서로 다른 입장에 있었지만 이 책의 집필에 공동으로 참여했으며, 이 책은 민족사회학 연구에 대한 최초의 접근법을 대표했다. 저자들이 민족에 대해 서로 다른 의견을 가지고 있었기 때문에 이 교과서는 절충주의의 모습을 띠고 있다. 그럼에도 불구하고 이 교과서의 장점은 연방 표준을 개발하는 기초로서 역할을 했으며, 이 책과 함께 민족사회학 연구가 대학교육 체계에 도입되었다는 점이다. 이것은 그 자체로 학문적 사건이었다.

음나차카니야나(Mnatsakanyana)의 교육 자료는 보다 협소한 기반에서 만들어졌으며 민족 간 갈등 및 국제 갈등의 연구를 참고했다.

이와 함께 노보시비르스크 국립대학교(Novosibirsk State University)의 타툰츠(Tatunts), 페레펠키나(Perepelkina), 소콜로프스키(Sokolovski)와 로스토프나도누시 남연방대학교(South Federal University)의 데니소바(Denisova)와 라도벨(Radovel)의 교육 자료도 언급할 필요가 있다. [119, 120]

일반적으로 필요한 학문 분야들 사이에서 민족사회학의 존재가 그 중요성을 확인해 주지만, 현대의 러시아에서 민족사회학은 올바르게 수립되지 못했다는 점을 말해야 할 것이다. 이 경우에 제도화라는 사실을 고

---

119 Perepelkin, L.S., Sokolovsky. S.V. Etnosotsiologia. Novosibirsk, 1995.
120 Denisov, G.S. Radovel, M.R. Etnosotsiologia. Rostov-on-Don: OOO "TsVVR," 2000.

려하면 향후 본격적인 학문으로서 그리고 최종적인 학문 분야의 형태로서 민족사회학의 수립을 전망할 수 있다. 이는 민족사회학의 발전과 창의적인 이해를 위한 자극이 될 것이다.

민족은 결코 낯선 단어가 아니다. 일상에서나 프로파간다 등에서 어렵지 않게 등장하는 단어이다. 우리는 민족의 의미를 잘 알고 있다고 생각한다. 그리고 한국인으로서 민족을 떠올릴 때, 언제나 곰의 신화를 근원으로 하는 유구한 역사와 전통을 함께 생각한다. 민족은 항상 이 땅에 오랜 세월 동안 있었다고 여긴다.

그러나 '민족'이라는 단어는 역사적으로 오래되지 않았다. 우리의 조상이 쓰던 말이 아니다. 이것은 서세동점의 시기에 일찍이 서구 문물을 받아들였던 메이지 시대 일본에서 영어의 네이션(nation) 혹은 독일어의 폴크(das Volk)를 '민조쿠'(民族)라고 번역하면서 사용하게 된, 비교적 근대의 단어이다. 네이션을 번역할 당시 일본인이 서구의 중산층, 자유, 시민권 등과 같은 근대적 가치의 의미를 진정으로 이해했을 것이라 보기 어렵다. 그렇기에 네이션이 가지는 특징적인 성격을 나름 해석하여 단어 속에 담아 번역했다고 유추할 수 있다. 하나는 다수의 인간 대중의 정치적 공동체를 의미하는 '민'(民)이며, 여기에 이 집단이 역사적으로 통일된 결속체로서 다른 집단과는 질적으로 구분된다는 의미에서 '족'(族)을 붙였다. 이것을 좀 더 자세히 뜯어보면, '민'은 일반 대중을 지칭하는 것이지만, 한자가 가지는 의미상 정치권력에 대해 '피지배층'을 의미한다.

그리고 '족'은 같은 족에 속한 구성원들의 공통점을 말하는 것이기도 하지만, 여기에는 혈통상의 공통점, 즉 발생 기원을 공유한다는 점을 꼽을 수 있다. 네이션을 민족으로 번역한 것은 적절한 것이기도 하지만, 한편 동아시아가 가진 역사적 배경 속에서 피할 수 없는 오역의 한계를 보여준다.

네이션은 역사적으로 프랑스어 나시옹(nation)에서 그 유래를 찾을 수 있으며, 나시옹은 프랑스혁명과 나폴레옹 전쟁 등을 거치며 등장한 새로운 내용과 형태의 인간 공동체를 지칭하는 용어로 점차 다른 지역에도 개념과 정신이 확산되었다. 이러한 맥락에서 네이션에 대한 학문적 연구는 네이션이면 응당 가질 것이라 여겨지던 유구한 역사와 전통과는 별개로, 이 '새로운' 인간의 정치 공동체가 근대의 산물이며 의도적으로 혹은 시대의 필요에 따라 만들어진 것이라는 주장이 주류를 이루고 있다. 이를 단적으로 보여 주는 말이 베네딕트 앤더슨(Benedict Anderson)의 '상상된 공동체'(imagined community)이다. 즉 네이션은 많은 사람들이 믿는 바와는 달리, 근대라는 시대 속에서 만들어진 것이며, 그 모양이나 내용이나 특성 등은 역사적 맥락에서 자연스럽게 필연적으로 형성된 것이 아니라 인위적으로 조작되고 만들어졌다는 뜻이다.

이렇듯 네이션은 우리가 가진 민족의 뜻과는 상당한 거리가 있는 것으로 생각된다. 바로 이 지점에서 이 책과 문제의식을 공유하게 된다. 저자인 알렉산드르 두긴은 러시아의 학자이다. 러시아 학자들이 공통으로 가지고 있는 지적 배경에는 유라시아주의가 있다. 이것은 유라시아라는 지리적 공간을 기반으로 유라시아만의 독자적인 역사와 전통, 문화와 지식 체계가 존재한다는 인식이 바탕이다. 이에 두긴은 러시아의 지정학적 특수성을 강조해 왔으며 여러 저작들을 발표했다. 유라시아적 전통 혹은 러시아의 관점에서 인간과 사회에 대해 논의한 두긴은 언제나 서구 중심적인 시각과 서구적 학문에 대해 비판적 입장을 견지하고 있다. 이 점은 이 책에서도 두드러지게 나타난다. 지구상의 여러 인간 사회는 나름의 역사를 가지고 있고 그에 따라 각각의 문화를 창조하고 발전시켰다. 따라서 서구 특유의 역사적 과정의 산물로 나타난 네이션을 다른 지역의 다른 국가들에게도 일률적으로 적용할 수 없다. 이에 현대의 여러 지역과 국가에서 찾아볼 수 있는 인간 공동체의 모습을 네이션으로만 정의할 수 없으며, 네이션만이 인류 역사 발전의 과정에서 필연적으로 귀결되는 것으로 볼 수도 없다. 이것이 두긴의 기본 입장이다.

이를 위해 두긴은 다양한 인간 공동체의 모습을 이해할 때 두 가지를 강조한다. 첫째, 태고부터 현대에 이르기까지 인간은 여러 가지 형태의 사회를 이루고 살았는데, 이들 사회가 역사적으로 서로 결합되어 있으며 연속적이라는 시각을 가지고 있다. 네이션이 과거와는 단절된 새롭게 만들어진 것이라는 서구적 입장과는 다르다. 둘째, 역사의 보편적 발전 경로를 거부하며, 인간 사회 또한 한 가지 방향으로 발전하지 않는다고 본다. 인간 사회는 역사가 흐름에 따라 점점 더 복잡한 사회로 변모하기도 하지만, 때로는 단순한 사회로 되돌아가기도 한다. 그리고 단순한 사회로 간다고 해서 퇴보가 아니며 복잡성이 높아진다고 해서 진보가 아님을 강조한다. 서구화가 곧 역사의 진보라는 생각에 대한 명확한 반대 입장이다.

이러한 기본 입장에서 두긴은 다양한 형태의 인간 사회를 이해하는 방법으로 에트노스(ethnos)라는 개념을 제안한다. 영어로는 에스닉 그룹(ethnic group)과 유사한 것으로, 기존에 우리는 대체로 민족보다 시기적으로 앞서고 규모에서 작으며 문명적으로는 덜 발달되었다는 의미에서 '종족'으로 번역하는 경우가 많았다. 이 에트노스는 역사적으로 등장한 인간 사회를 이해할 때 가장 바탕에 있는 인간의 공동체로서 모든 인간 사회가 에트노스를 포함하고 있으며, 에트노스의 변형, 결합, 이탈 등을 통해서 그 파생물로 새로운 인간 사회의 모습이 나타난다고 본다. 이 책의 본문에서도 설명하듯, 에트노스는 마치 문장을 분석할 때 의미를 가진 최소 단위인 형태소를 근간으로 하는 것처럼, 인간 사회를 이해하는 기본 단위이자 바탕인 셈이다. 여기에서 에트노스를 기본으로 하여 다양한 인간 사회를 이해하고자 하는 민족사회학(ethnosociology)이 나오는 것이다.

우리가 가진 민족의 개념은 단일한 기원에 대한 믿음, 유구한 역사와 전통, 인종적인 동일성 혹은 유사성에 대한 믿음, 혈통상의 단일성, 같은 문화와 언어 등을 재료로 구성되어 있다. 물론 이런 믿음과 인식이 진정 역사적으로 진실인지 여부는 별개이다. 이 점에서 우리의 민족은 에트노스에 가깝다. 그러나 또한 우리는 근대적 가치를 적극 수용했으며 그것을 민족에 내재화했다. 이 점에서는 네이션이 아니라고 할 수 없다. 우리는 특유의 지리적 환경 속에서 유구한 역사적 전통 위에 오늘날까지 이어오면서 구축한 나름의 공동체의 이미지를 갖게 되었고 그것을 '민족'이라고 부르고 있다. 마찬가지로 한국뿐만 아니라 지구상의 여러 국가 혹은 민족들도 서로 다른 역사적 배경 속에서 나름의 공동체에 대한 개념을 가지고 있을 것이라 생각할 수 있다. 이에 두긴이 제시하는 연속적이고도 가역적인 다양한 인간 사회의 형태들, 그리고 인간 사회의 바탕을 이루는 가장 기본적이고도 본질적인 원형으로서 에트노스는 지구상의 다양한 민족과 국가를 포괄하는 대담한 시도일 것이다.

지금까지 학계에서나 때로는 일상에서도 대체로 네이션은 '민족'으로 번역하고 이해했다. 그러나 앞서 말했던 것처럼, 우리가 생각하는 민족의 개념은 서구의 네이션과는 분명한 차이가 있다. 그렇다고 우리의 민족이 네이션의 미숙한 형태로 이해되는 '종족'은 아니다. 더구나 네이션이 가진 본래의 의미를 생각할 때에도, 여기에는 정치권력에 대한 피지배층의 의미와 인종이나 혈통적 단일성의 의미는 포함되어 있지 않다. 이와 함께, 오늘날 우리가 살아가고 있는 국가와 국가를 이루는 구성원을 모두 포괄하는 정치 공동체가 있고 이를 지칭하는 가장 적절한 용어는 무엇인지에 대해서도 다시 생각해 볼 필요가 있다. 이런 사항들을 고려하여, 에트노스와 네이션, 그리고 이외에도 이 책에서 제시하는 다른 인간 공동체에 대한 용어들을 가능한 한 우리가 일상적으로 이해하는 개념과 간극을 최소화하면서 번역할 필요가 있을 것이다.

이 책은 민족사회학에 대한 이론적 논의로 다양한 개념들이 등장한다. 그중에서도 인간 사회를 지칭하는 용어들에 대한 번역은 많은 고민과 퇴고를 거쳐야 했다. 이에 앞서 설명한 이유로 지금껏 민족으로 번역되어 왔던 네이션은 이 책에서 모두 '국민'으로 번역하였다. 또한 우리에게 친숙한 내셔널리즘(nationalism), 즉 민족주의 또한 일관성을 위해 '국민주의'로 번역했다. '민족'이라는 용어는 이 책에서 오로지 '에트노스'를 지칭할 때에만 사용했다. 이론서이니만큼 수많은 용어들이 등장하고, 각 용어들은 미묘한 차이로 구분되며 서로 다른 의미를 지시하고 있다. 이에 문맥상 다소 자연스럽지 않거나 생소하다고 해도, 용어의 번역은 일관성을 우선시했다. 그래야만 저자의 의도를 왜곡하지 않을 뿐만 아니라 독자들이 낯설더라도 정확하게 이해할 수 있다고 판단했다. 그리고 도저히 역사적 맥락과 배경에서 우리말로 번역했을 때 오해의 소지가 큰 것은, 그에 따른 설명과 함께 번역하지 않고 원어 그대로 두었다.

저자 두긴은 문화의 다양성을 이야기하면서 문화인류학에서 말하는 번역 불가능성을 중요한 개념으로 제시한다. 인간 사회는 우월한 사회도 열등한 사회도 없으며, 개별 사회에서 나타나는 행위나 의식 혹은 말도 그 사회의 맥락 속에서만 이해할 수 있을 뿐 다른 사회의 시각에서는 왜곡될 수밖에 없다는 뜻이다. 이 책에서 말하는 민족이 혹은 인간 사회의 여러 모습들을 지칭하는 단어들이 모두 우리말로 일대일로 완벽하게 대응되지는 않는다. 말 그대로 번역이 불가능하다. 그러나 텍스트는 그렇다 하더라도 그 텍스트가 내포하고 있는 콘텍스트(맥락)를 함께 놓고 보면 텍스트가 말하는 진정한 의미에 가까워질 수 있다. 번역은 나의 텍스트와 상대의 텍스트를 근접시켜 나가는 과정이다. 독자들도 여기에서 등장하는 여러 용어들이 생소하게 보이겠지만, 책을 읽으면서 맥락을 이해함으로써 낯선 개념들이 점차 익숙한 의미로 이해되기를 바란다.

민족은 21세기를 살아가는 오늘날에도 여전히 인류의 중대한 과제이다. 20세기가 끝나 갈 무렵 탈냉전과 함께 세계 곳곳에서 민족 문제가 분출하면서 참혹한 비극을 낳았다. 이후 잠잠해지는 듯했지만, 민족 문제는 갈등의 불씨로 여전히 지속되었다. 그리고 오늘날에도 유럽과 캅카스, 중동, 동남아시아 등지에서 발생하고 있는 분쟁과 비극적 상황을 지켜보면서, 이 또한 민족 문제와 결부된 것임을 알게 된다. 그리고 우리도 여전히 분단된 상황에서 한 민족 두 국가라는 과제를 해결하지 못하고 있다. 우리의 지식과 학문의 상당 부분은 서구에서 지대한 영향을 받았고, 이에 시각 또한 매우 서구적인 것이 사실이다. 두긴의『민족사회학』은 민족에 대한 서구 중심적인 연구에 대한 하나의 도전장이다. 그러나 공격적이기보다는 인간 사회의 핵심 주제인 민족을 이해할 수 있는 지평을 넓히려는 새로운 시도이다. 이 책이 민족과 민족 문제를 이해하는 데에 새로운 접근과 시각을 제시할 수 있기를 기대한다.

2025년 3월
신영환

찾아보기

주요 용어

ㄱ

가모장제 172, 209, 210, 318

가부장제 85, 209, 210, 316~318,
  339

개인주의 190, 195, 241, 242, 264,
  279, 322~326

게마인샤프트(Gemeinschaft) 147,
  191~194, 343

게젤샤프트(Gesellschaft) 147, 149,
  191~194

계급 26, 38, 44~46, 77, 84, 98, 101,
  148, 151, 155, 169, 190, 195, 196,
  223, 282, 284, 291, 321, 336, 342,
  354, 359, 365, 418

계층 26~30, 45, 49, 85, 161, 337,
  355

공동밀집체(convicinity) 76, 400, 401,
  404, 405

공동운명체(consortium) 76, 400, 401,
  404, 405

교차사촌(cross-cousin) 319

구성주의(constructivism) 118, 119,
  146~152, 163, 282, 285, 287, 291

구유고슬라비아 95

구조인류학(structural anthropology) 124,
  293, 303~305, 341, 364, 365, 372

구조주의 언어학 238, 302, 330, 364,
  365

국민(nation) 43, 44, 64, 65, 69~71,
  90~102, 105~108, 112~116, 122,
  144~163, 169, 170, 172, 182,
  183, 190~196, 208, 214, 216,
  221, 225, 282~292, 296, 334,
  351, 376, 390, 406, 417, 418

국민국가(national state) 44, 91, 94~101,
  107, 151, 159~161, 164, 186,
  283, 285, 325, 417

국민자격(nationality) 69, 96, 97, 417,
  418

국민주의(nationalism) 151, 153, 169,
  282~291, 363

군인(militant) 사회 128

굼라오(gumlao) 278, 279

굼사(gumsa) 278, 279

극장의 은유 28

'극적인 야간' 모드 339

근원주의(primordialism) 118~151, 244,
  390, 393

기능주의(functionalism) 266, 270, 271,
  274, 276~281, 291, 298, 320

기본인격(basic personality) 235, 238, 250

434

문화인류학(cultural anthropology) 40, 46, 61, 167, 220, 227~231, 235, 237, 246, 253, 265, 270, 279, 303, 365, 372, 383, 394, 404

문화적 패턴 231, 233, 235

민속(folkway) 222~225

민속사회(folk society) 251, 252, 260

민족 균형 계수 375

민족방법론(ethnomethodology) 53, 220, 256~260, 290, 291

민족상징주의(ethnosymbolism) 150~152, 163, 289, 290, 292

민족성(ethnicity) 36~39, 43~46, 62, 142, 160, 188, 189, 332, 337, 374

민족중심주의(ethnocentrism) 108, 214~217, 223, 228, 304, 325

민족지학(ethnography) 42, 131, 184, 225, 237, 246, 248, 253, 271, 286, 295, 327, 332, 344, 346, 347, 351~355, 358~360, 366~369, 384, 403, 413, 415, 416

민족학(ethnology) 32, 39, 167, 171, 173, 175~181, 205, 346~420

ㅂ

번역 불가능성(untranslatability) 238~240, 265

범지구국가(Global State) 101

범지구사회(global society) 100~104, 106, 214, 296, 325

범지구시민권(global citizenship) 101

보전(conservation) 111

ㅅ

사피어–워프(Sapir–Whorf) 가설 167, 239

사회 근대화(social modernization) 101

사회계층 25, 27, 29

사회다원주의 127, 129, 222, 224, 266, 382

사회인류학(social anthropology) 167, 266, 270~281, 290~292, 320, 341, 364, 365, 394

사회적 계층화 26, 150, 156, 158, 164, 187, 196, 208, 284, 326, 336, 409

사회적 사실(social fact) 83, 244, 293

사회집단 25~29, 48, 72, 84, 86, 112, 142, 189, 190, 196, 224, 227, 248, 249, 263, 336, 405

사회학적 인종주의(b–race) 216

산업(industrial) 사회 128

3기능 이론(trifunctional theory) 326~330

상상된 공동체(imagined communities)

민족사회학

2025년 3월 27일 1판 1쇄

지은이 알렉산드르 두긴
옮긴이 신영환
편집 정진라 **디자인** 조민희
인쇄 · 제책 혜윰나래

발행인 김영종 **펴낸곳** (주)도서출판 진지
등록 제2023-000075호 **주소** (우) 03176 서울특별시 종로구 경희궁 1가길 7
전화 070-5157-5994 **전자우편** z@zinji.co.kr
블로그 blog.naver.com/zinjibook **페이스북** facebook.com/zinji.co.kr

Ethno Sociology
Copyright 2019 ⓒ Alexander Dugin

Korean Translation Copyright ⓒ 2025 by ZINJI PUBLISHING COMPANY
Korean edition is published by arrangement with Arktos Media Ltd. through Duran Kim Agency.

이 책의 한국어판 저작권은 듀란킴 에이전시를 통한 Arktos Media Ltd.와의 독점계약으로 (주)도서출판 진지에 있습니다. 저작권법에 의하여 한국 내에서 보호를 받는 저작물이므로 무단전재와 무단복제를 금합니다.

ISBN 979-11-984766-6-1 93300